傅佩榮談《易經》

樂天知命

傅佩榮 著

樂天知命

目錄

上經：從1乾卦～30離卦

下經：從31咸卦～64未濟卦

自序

樂天知命談《易經》

有這樣的學問嗎？最古老的同時也是最先進的，最抽象的居然也是最實用的？有的，答案就是《易經》。

今天是專家流行的時代，任何問題都要請教專家，但是專家的說法往往彼此不同，甚至互相矛盾，最後讓人無所適從。一個企業家為了公司營運不理想而請教五位專家，結果得到五種不同的改革方案。他正在猶豫不決時，遇到金融危機，連生存都有困難了，還談什麼改革？這個時候如果有人建議採用《易經》的占卦方法，他首先閃過腦海的念頭大概是：這是算命嗎？這不是迷信嗎？

《易經》不是算命，更不是迷信。

首先，《易經》是一本書，列在《十三經》之首，其內容涵蓋「義理」與「象數」。所謂義理，即是做人處事的道理，要你按照天道的啟示來安排人生的作為。目的是為了趨吉避凶，而方法則是鼓勵人在「德行、能力、智慧」方面不斷修練。這種積極面對人生的態度，完全符合儒家的孔孟之道。

談到趨吉避凶，具體的操作方式就要靠「象數」了。象是卦象，包括基本的八卦（三爻卦）以及由八卦所合成的六十四卦（六爻卦）。數是數字，用數字代表陽爻與陰爻，以及它們之間的變化。簡單說來，在占卦時，先得到六個數字，這些數字帶出了卦象，再由卦象得出卦辭與爻辭，然後問題也有了解決的線索。

由此可知，占卦只是一套固定而單純的操作方式，二十分鐘就可以學會。但是，占卦容易解卦難，解卦才是真正的挑戰。為了解卦，沒有捷徑，只能翻開《易經》，仔細閱讀、認真思考，明白卦辭與爻辭的每一個字。先了解原典，再突破時空限制，回到當前的處境，運用聯想與靈感，找出預示未來的答案。這一套占卦與解卦的模式，正是二十世紀心理學家榮格所強調的「共時性原理」：同時發生的事情之間，有一種微妙的互為因果關係。用通俗的話來說，就是能夠注意到「有意義的偶然」，使某些像心靈感應之類的神祕活動可以清晰展現其意義。

《易經》不談神秘感應，它以六十四句卦辭與三百八十四句爻辭來回應人間的一切提問。正因為這些卦辭與爻辭是大約三千年前的紀錄，白紙黑字寫在那兒，因此它沒有迷信的問題，而只有是否理解的問題。這就有如古代的一本密碼，已經累積在它之前的人類生活經驗所提鍊的智慧，因此可以應用在往後的無數年代而依然有效。當然，其有效的前提是地球依序運轉而人性大致相同。這些至今尚無明顯的改變。

有關《易經》的解讀與推廣，我已經出版了四本書。眼前這本書的特色是什麼？是根據我講解《易經》的錄音筆記所整理而成的。上課時的口語表達不但較為清楚流暢，並且即席發揮、舉例說明、會通比較，因而顯得生動自然，使學習《易經》變得較為容易。只要有恆心，一天讀兩卦，大約一個月看完一遍。既然是一本書，就可以且讀且思，隨手畫出卦象，寫下心得重點。如果按照本書所示範的方式進行占卦，得出結果之後，再仔細研究所得之卦辭爻辭。我相信半年下來，《易經》將成為你的良師益友，勝過一般所謂的專家或顧問。事實上，這也是我學習《易經》之後的具體收穫。本書除了講解全本《易經》之外，還附上占卦方法的詳細說明。學習《易經》，只要過了及格這一關，不難進步到八十分。八十分再往上，就需要一生的勤奮了。我仍然在勤奮學習的過程中。

引言

進入《易經》的世界

《易經》的三大啟示

一般沒學過《易經》的人，通常會對它的內容非常好奇；如果自己買書研究，看到書上的卦圖，也就是卦象，會覺得神秘難懂。其實，卦象就是符號，使用符號是人的天性。人類在面對世間充滿變化的萬物時，發明不變的符號來象徵外在事物，有以簡馭繁的效果，是非常聰明的做法。就像我們認識新朋友的時候，一定會先問他的名字，而名字就是一個人的符號。人每天都在長大、衰老、改變，但名字卻是從小一直用到老，除非你主動去改。

《易經》是古人最早的智慧，它有三點是其他經典所不及的。第一，昭示我們「文化的源頭」；第二，指引我們「人生的走向」；第三，啟發我們「個人的安頓」。

第一點，昭示我們文化的源頭。中華文化源遠流長，文化內容理念的源頭，是以儒家、道家為代表，並具體記載在《易經》、《書經》、《詩經》等書中。而《易經》是其中最早的，它的起源可以上推到伏羲氏，距今已五千餘年。當然，伏羲氏是否真的存在，還可以討論，也許他不是一個真實的人物，而是一個文明發展階段的代表。例如，人們早期為了避開地上的猛獸，像鳥一樣生活在樹上，所以以有巢氏做為代表；然後懂得鑽木取火了，就出現了燧人氏；伏羲氏代表的是進入漁獵社會；神農氏則是代表開始步入農業社會。

《易經》做為文化的源頭，啟發了儒家、道家兩派思想。儒家比較正面看待生命的發展，充滿了創造的力量，總是要向未來努力，開發生命的潛能，勇於面對變化；道家就比較注意到人生的全面，不是只有前進，有時也需要後退，才能採取適當的生活方式。但是不管儒家還是道家，源頭都可以推到《易經》，未來我們還會舉相關例子說明。

第二點，指引我們人生的走向。人生當中必然歷經各種變化。當然，人們都喜歡吉祥喜慶，討厭凶險災禍。但是，吉凶禍福並沒有絕對的標準，生命中的遭逢，有非常多相對的情況。一件事發生了，你覺得無所謂，我可能受不了，事情是相同的，但因為你我過去的經驗不一樣，現在的觀念也不同，對命運的解讀便不一樣。因此，要談個人生命的走向，就要知道「吉凶悔吝」。

「吉凶」是我們比較熟悉的，「悔吝」在《易經》裡面也常常用到，「悔」代表懊惱、後悔，「吝」則代表困難。意思是人的生命有吉、有凶、有懊惱，也有困難，當然每一個人都希望至少做到「无咎」：沒有災難。

由此可知，《易經》對於人生的發展，有比較全面性的理解。自古以來，沒有人能一輩子順利到底，也沒有人一輩子都不快樂。所以，如何面對人生的禍福，順應吉凶悔吝，也是讀《易經》時要學習的。

第三點，對於個人來說，《易經》能夠啟發個人生命的安頓。每一個人都只能安頓在現在、當下，「當下」是什麼？當下不是指眼前的這一剎那，誰能活在一剎那中呢？當我們話說出口的剎那，當下便已成為過去了，我們究竟是活在過去的剎那？還是現在？或者是未來呢？真正的「當下」，指的是一個人，在完成目標所耗費的時間單位或單元，就叫做當下。

例如，我們開始研究《易經》，目標是幾個月內把它讀完，這研究《易經》的幾個月過程，便稱之為「當下」。雖然在同一階段內，還有別的事情在繼續進行，但你心裡常常想到《易經》的內容，要不要預習？要不要複習？學過的都聽懂了嗎？這時的你，只要遇到問題，便會設法跟別人研究討論，這些都是你在這個當下會想到的。

在人生的發展過程中，你可以規畫不同時程的目標，雖然在過程中，壓力會不斷出現，最重要的是學著安頓於現況，讓當下能活得更好。例如，如果一個中學生心裡想：「考完大學我就能安頓了！」那麼他這幾年就辛苦了，因為他必須考得好才能安頓，萬一考得不好就無法安頓。即使這個人考得好、上了大學，未來還是有能不能畢業的壓力，找工作的壓力、婚姻的壓力、生兒育女的壓力。如果永遠把安頓的期待放在未來，似乎只有當生命結束時，才能真正的安頓，但這又不是我們所能夠接受的。

所以說，從《易經》中學習如何安頓於當下，可以得到非常豐富的收穫。

《易經》與《易傳》

《易經》原名《周易》，「周」是指周朝。古代還有兩本類似的書，稱為《連山》與《歸藏》。《連山》是夏朝的易；《歸藏》是商朝的易。從夏、商到周都有《易》，是因為《易》是古代用來占卜的書，也就是平常所說的算命。但在古代《易經》算的是國家的命運，當時設有專司研究《易經》並進行占卦的官，稱為「太卜」，這類官員會依據占卦結果，告訴國君該不該打仗、什麼時候播種、該不該遷都。這類事情之所以要參考占卦結果，是因為人的理性思考，常各因其利，而每一個人的利害關係又非常複雜，所以就運用這種人類理性之外的力量，讓人得知天意、神意，做為行事的參考資訊。

一般認為，《易經》的六十四個卦象，是由伏羲氏所做。有學者認為伏羲氏只做了八卦，而且這八卦基本上是不能用的，到了文王時期，才將這八卦重疊為六十四卦。其實從〈繫辭傳〉可知，在伏羲氏的時代就已開始使用六十四卦的六爻卦了。《易經》的每一卦都有一句「卦辭」，每一卦六爻，總共三百八十四爻，每一爻也都有一句「爻辭」。

卦辭與爻辭據說是周文王所做，周文王被商紂王關在羑里七年，無事可做，就替每一卦及每一爻都想了一句話，然後一直流傳到兩千多年後的現在。為什麼周文王想得出來呢？因為他有智慧，同時也具備了德行和能力。還有一種說法，是認為部分卦辭、爻辭是由文王的兒子，也就是周公所做，也就是文王周公父子合作，在兩代思想傳承之下，才完成了六十四卦的卦辭與爻辭。

《易經》的文本內容很少、很簡單，只有六十四個卦象，再加上卦辭、爻辭，總共不到三十頁。我們現在所看到的《易經》之所以是厚厚的一本，是因為加上了《易傳》。《易傳》包括了「七部十翼」，所謂七部是指〈彖傳〉、〈象傳〉、〈繫辭傳〉、〈文言傳〉、〈說卦傳〉、〈序卦傳〉、〈雜卦傳〉。《易經》從乾卦到離卦的前三十卦，稱為「上經」；從咸卦到未濟卦的後三十四卦稱為「下經」。因為《易經》分為上經、下經，所以〈彖傳〉、〈象傳〉這兩大傳也都分為上、下；〈繫辭傳〉因為篇幅龐大，漢朝學者也將其分成上、下傳。然後把〈彖傳〉上下、〈象傳〉上下、〈繫辭傳〉上下共六個部分，加上後面的〈文言傳〉、〈說卦傳〉、〈序卦傳〉、〈雜卦傳〉四個傳，就構成了十翼，「翼」為輔助之意。

〈彖傳〉是解說卦辭的。卦辭只有一句話，〈彖傳〉則是一段話，說明一卦之卦名、卦象、卦義。以乾卦為例，〈彖傳〉對卦名的解釋，就是這個卦為什麼被稱做「乾」；卦象是指六爻皆陽；卦義就是「元亨利貞」。彖字的讀音接近「斷」，意指裁斷一卦的吉凶。最初卦辭也稱為彖辭，後來為了區隔兩者，就專以「彖」代表〈彖傳〉，屬於《易傳》十翼之一。

〈象傳〉是解說卦象與爻象的，分為〈大象傳〉與〈小象傳〉。〈大象傳〉解釋卦象，附在〈彖傳〉之後；〈小象傳〉解釋爻象，附在爻辭之後，總共有三百八十四句，數量比〈大象傳〉多許多。但在《易經》的內容中，兩者皆用「象曰」來表示。〈大象傳〉是解釋整個卦的，例如一般人最熟悉的「天行健，君子以自強不息。」就是乾卦的〈大象傳〉，落實在生命裡面的意義，就是要記得「天體的運行剛健不已，君子因而要求自己不斷奮發上進。」在〈大象傳〉之中，還有一個大家耳熟能詳的句子，是在解釋坤卦：「地勢坤，君子以厚德載物。」意思是說：「大地的形勢順應無比，君子因而厚植自己的道德來承載萬物。」在這句話裡，物代表的是「人」，敦厚品德可以包容別人。由以上兩個例子可知，〈大象傳〉是以「一句話」說明整個卦對人生的啟發。

在《易經》六十四卦的象辭中，提到「君子」的就有五十三卦，君子所強調的是品德方面的修養，應為儒家的概念。因為道家對道德修養的興趣不大，擔心強調道德修養會有後遺症，認為人們可能會過度注意外在的需求。例如在修養德行，行仁義之道時，可能會希望別人稱讚自己，當人們想要獲取讚美時，便容易做出假仁假義、裝模作樣的行為，所以道家對於道德修養是抱持批評態度的。而儒家則視君子為人格的典範，一向予以正面肯定，所以《易傳》裡面的〈大象傳〉，絕對是儒家的思想。

在《易經》的六十四卦當中，只有乾、坤兩卦有〈文言傳〉，由於篇幅頗長，很多人還沒讀完乾卦時，就對《易經》失去興趣，覺得內容太難了。事實上，《易經》除了乾卦、坤卦以外，其餘每個卦都只有兩、三頁。

〈說卦傳〉說明每一卦的象徵，《易經》用符號來代表現實的世界，符號就是象徵。

〈序卦傳〉則是說明《易經》各卦的順序，以及排列的原理原則。例如泰卦（䷊，第十一卦）的後面是否卦（䷋，第十二卦），是因為泰卦代表的是通達，事情豈能永遠處於通達？最後難免會有阻礙，所以接下來是否卦。再說到「剝極則復」，剝卦（䷖，第二十三卦）之後就接到復卦（䷗，第二十四卦），這兩卦的關係是覆卦，把剝卦整個翻過去，就成了復卦。

最後是〈雜卦傳〉。〈雜卦傳〉是因為不知道應歸類在何處，故名為〈雜卦傳〉，內容只有一頁。

《易傳》相傳是孔子與弟子們合作的成果，但目前沒有定論。最初認為是孔子一人所寫，但有許多學者提出質疑，認為文中多次出現「子曰」，顯然是孔子弟子或是後代學者的筆法。事實上，從孔子之後才有《易經》傳授的紀錄可查，傳到司馬遷的父親司馬談是第十代。司馬談、司馬遷父子都是史學家，他們代表了儒家的《易經》傳統，也可見這是一門儒家的學問。

《易傳》期許古代的聖王做到三點：培養德行、領悟智慧、增強能力。其實這不只是對執政者的期許，也是對每一個人的期許。我們也許並不想當帝王、領袖，但是每一個人都必須做自己生命的主人，掌握自己的生命，這同樣需要德行、智慧與能力。

「德行」可以完全由自己負責，「智慧」指的並不是書念得好不好，而是可以觀照到整體的領悟。光念書或是學習某一項專業，其實是分而不合，很難把人生的整體建構起來。至於「能力」，當我們從培養德行做到提升智慧，進而挺身面對現實世界的操作時，能力也會慢慢地增強。

「易」之三義

讀《易經》要先認識「易」的三個意思，第一是變易；第二是不易；第三是簡易，也就是「易簡」。

其中「變易」是最重要的，亦即《易經》是一本談變化的書，英文譯成 *"The Book of Changes"*，告訴我們，人生就是不斷在變化。所以「居安思危」是《易經》中經常出現的觀念，即使現在很順利，也要懂得收斂，因為困境隨時會來。因此只要記得這四個字，一生之中就不會有太大的困難。

第二是「不易」。萬事萬物不斷的變化，但不論外在現象怎麼變，原則是不能變的。否則，這世間宇宙就會沒有任何章法，只剩一片混亂了。

第三是「易簡」。平常我們都說「簡易」，但是《易經》先講「易」，再講「簡」，因為「易」代表第一卦乾卦，「簡」代表第二卦坤卦。「乾」卦是生命的起源，代表無限的生命力，展現出世間萬物。坤卦則是大地，承受、接受乾卦給的豐富生命，並讓其自由發展，簡單、不用費力。也可以換個說法，「易」代表變化，就是時間；「簡」代表空間。由此可知，「易簡」要比「簡易」深刻得多。

從八卦說起

《易經》的卦是由「爻」所組成，所以爻是《易經》最基本的象徵符號。爻又分為「陽爻」與「陰爻」，陽爻是一條中間不斷的橫線，代表剛健進取的生命力，陰爻則是中斷的橫線，代表接受。一個是主動力，一個是受動力，兩者配合起來才能產生變化。

三個爻組成一個卦，稱之為「三畫卦」，亦即「經卦」，總共有八個；兩個經卦重疊在一起，就形成了「六畫卦」，亦即「重卦」，《易經》中的六十四個卦都是重卦。也就是說，用陽爻和陰爻兩條線做為基本的符號，排列組合成為三條線，二的三次方就是八；排列組合為六條線，二的六次方是六十四，完全符合數學演算。

八個經卦是：乾、震、坎、艮；坤、巽、離、兌，這八個卦因為不同的理由，有各種排列法。例如此處是把四個陽性卦列在一起，放在前面，乾代表父親，震代表長男，坎代表中男，艮代表少男。然後中間用分號隔開，再接四個陰性卦：坤代表母親，巽代表長女，離代表中女，兌代表少女。八個卦出現時可以有不同的排列，但一定要知道理由。

所謂卦的陰陽，是由爻的數量決定。古人以奇數為陽，偶數為陰，陽爻算一，陰爻因為分成兩段，所以算二。乾卦（☰）由三個陽爻組成，三是奇數，所以它是陽性的。震卦（☳）、坎卦（☵）、艮卦（☶）都是五畫，同屬奇數陽性。坤卦（☷）是六，巽卦（☴）、離卦（☲）、兌卦

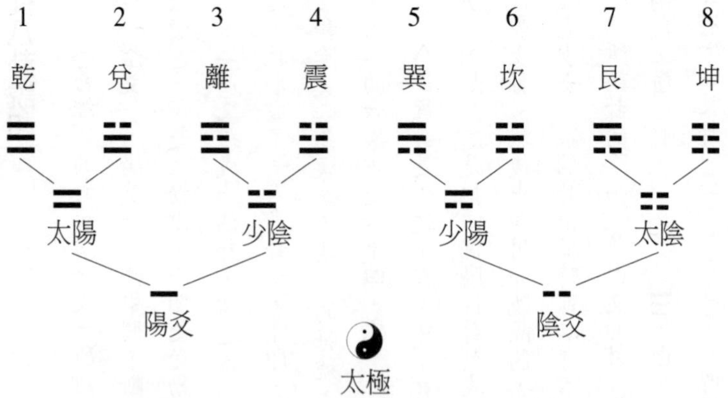

（☷）都是四，同屬偶數陰性。

記八卦有口訣可幫忙：乾三連（☰），坤六斷（☷，分成六段），震仰盂（☳，形狀像碗），艮覆碗（☶，蓋著的碗），離中虛（☲，中間是陰爻），坎中滿（☵，中間是陽爻），兌上缺（☱，最上爻是陰爻），巽下斷（☴，最下爻是陰爻）。口訣背下來之後，畫先天八卦圖就不是問題了。

接下來要以一張圖，說明八卦是如何形成的。

八卦的形成是由下往上，所以圖也要從下看起。最底下是太極，太極代表渾然一體的原始狀態，其中白色為陽，黑色為陰。但是白中有黑點，黑中有白點，所以才會形成變動。往上發展出一陽一陰兩個爻，排列的時候從左到右，先陽後陰；接著再加上一個爻成為二爻，加的順序也是先陽後陰，陽爻上面加陽爻是太陽，陽爻上面加陰爻是少陰，陰爻上面加陽爻是少陽，陰爻上面加陰爻是太陰。按照同樣的原則，四個二爻上面再以先陽後陰的順序，分別加上一個爻，就會形成八個三爻卦，由左到右依序是乾1，兌2，離3，震4，巽5，坎6，艮7，坤8。先天八卦圖與數字搭配，形成一種特定結構如下。其中的數字，在往後論及的數字卦占法時會用得到。

米字圖

八卦的基本象徵

八卦的基本象徵非常重要，相關資料可參考〈說卦傳〉。〈說卦傳〉等於是《易經》的字典，任何一卦該如何解釋，都可以參考這本字典。

一・乾卦（☰）

〈說卦傳〉對乾卦的解釋為：乾為天、為圜、為君、為父、為玉、為金、為寒、為冰、為大赤（大紅色）、為良馬、為老馬、為瘠馬、為駁馬、為木果……等等。其中最標準也最重要的是代表「天（健）」，

「健」是健行之意，就是天體不斷在運行，沒有停下來過，剛健不已，這是自然界的象徵。如果應用在家庭角色，乾代表「父」；用在人體上，則代表「頭」；這都很容易了解。至於馬代表乾卦，是因為古人見到在大地上健行不已的動物就是馬，像千里馬，就非常的剛健。還有金與玉在古代是特別珍貴的金屬跟石頭，所以也用乾卦代表。

二・坤卦（☷）

〈說卦傳〉提到：坤為地、為母、為布、為釜、為吝嗇、為均、為子母牛、為大輿、為文、為眾、為柄、為黑……等等。坤卦最重要的象徵是「地」，所謂天地乾坤，上有天、下有地，相對於乾代表剛健，坤就代表了順從，而大地是最順從的，人種什麼，它長什麼，完全配合。坤在家庭裡面當然是指「母」了；在人體則是代表腹部，因為母親可以懷孕生孩子，所以用肚子代表母親；以動物來說，就是「牛」了，有其他動物比牛

先天八卦圖

更順從的嗎？我們常說為人父母就像是做牛做馬，可不是亂說，都是有根據的。布代表比較便宜的、簡單的衣料；釜是鍋子，因為母親要燒飯。此外，坤還代表吝嗇，因為母親要負責家計，當然要小氣一點；坤為均，因為母親是公平、均勻的愛護她的子女；為子母牛，指小母牛；為大輿（車），古代車分大小，牛車稱為大車，馬車稱為小車，因為馬車載的東西比較少，牛車載得較多；為文，指文采；為眾，相對於乾代表「君」，那麼坤自然代表「眾」（老百姓）了；為柄，是握柄；為黑，其於地也為黑，意思是就地而言是黑色的。

三・震卦（☳）

〈說卦傳〉說：震為雷、為龍、為玄黃、為旉、為大塗（大馬路）、為長子、為決躁（急躁）、為倉筤竹、為萑葦（蘆葦荻子）……。震在自然界中代表「雷」，也代表「動」，因為大地一聲雷，春天就要動起來了，古人以為閃電是從天上劈下來，而打雷是從地下震動上去。在家中的角色是長男，因為震是初九（最下面的第一爻為陽），上面兩爻都是陰爻，代表第一個兒子。但為什麼不以兩個陰爻決定？因為在三爻卦中「物以稀為貴」，都是以和其他二爻不同的那一爻來決定，所以震是長男。以此類推，坎第二爻是陽爻，代表中男；艮第三個爻才是陽爻，稱為少男。

震卦在人體上代表「足」，因為行動走路都從腳開始。在生物世界中，震是「龍」，很多人質疑這世界是否真的有龍，答案是肯定的。因為古代典籍中常常提到龍，例如孔子見老子，回來對學生說：「我見到龍了。」這表示學生們沒見過老子，不知道老子學問修養有多深厚，所以孔子需要借用比喻讓學生了解。但是在做比喻時，一定是用別人所熟悉的例子來說明別人不了解的，才能達到解釋的效果，可見得龍在當時一定是大家熟知慣見的。

《莊子》裡也有一個關於龍的故事，說有一個名叫朱泙漫的人，向支離益學屠龍術，耗盡家財才學會怎麼殺龍，但是等他學成，卻已經找不到龍了。龍的特色是乘風雲而上天，雲從龍，所以是三棲動物，可以在水裡面、地面上，也可以飛到天上去。後來找不到龍，是因為都飛走了，或是藏到地裡面了。這可證明若非古代真的有龍，人們不會用得那麼頻繁。若以馬來說，震是善鳴馬，這一象徵特別有趣，善鳴就是很會叫的意思，響亮的雷聲自然代表善鳴。

四・巽卦（☴）

巽卦第一爻是陰爻，是虛的、浮動的；上面兩個陽爻，是實在的、不動的，所以巽卦在自然界代表流動的「風」。風無所不入，可以到任何地方去，所以代表順利，一路順風。在家庭中則代表長女，以此類推，離卦就是中女，兌卦就是少女。在人的身體是指「股」，也就是大腿，大腿不能自己行動，得配合身體的動作。以動物來說，巽卦是雞，雞是很順從的，不會抗議，這是長女的特性。

巽也為木，是長得繩直的樹木，可以用來做為工匠的上好材料；為工是工巧；為白是白色，因為樹木裡面是白色；為長；為高；為進退，因為風進退不定，沒定性，所以也為不果，沒有結果；為臭，它有氣味。比擬為人的話，就是寡髮（頭髮少）、廣顙（額頭大）、多白眼。巽卦還代表近利市三倍，所以占到此卦可能發財。

五・坎卦（☵）

坎卦是中間一個陽爻，上下皆陰爻，豎起來看就是水的象形字，所以坎卦在自然界就代表水。而水在古人心目中是流動而不安全的，因此坎也代表陷阱，有危險，占卦時只要占到坎卦，就要特別小心。

在家庭中，坎代表中間的男孩；在人的身體上代表耳朵，因為耳朵可以聚合聲音，就跟水會聚在低窪處一樣。以動物來說是豬，因為豬喜歡潮濕。〈說卦傳〉裡面還說坎為溝瀆、為隱伏，溝瀆就是水溝，隱伏就是隱藏在水裡面，讓人看不清楚；為矯輮、為弓輪，就是準備要作戰了。在人身上而言就是麻煩了，為加憂、為心病、為耳痛、為血卦，意思是一個人常常憂愁、有心病。就馬來說是美脊馬、心急的馬、可以拉車的馬，以及「多眚」輿，也就是多災難的車。其他較重要的象徵是月亮、強盜等，尤其後者，充分說明了坎的危險意涵。

六・離卦（☲）

〈說卦傳〉裡面詳細寫著：離為火、為日、為電、為中女。離卦在自然界代表火。離，麗也，指附麗，附是依附之意，火無法獨立，一定要依附在木材、蠟燭、火種上。火代表明亮、光明，在人身上代表的當然就是眼睛。

在家庭中，離是中女，中女不用做家事，可以打扮漂亮一點；在動物來說代表雉；離也為甲冑、為戈兵，所以坎跟離在一起就要打仗了，水火不容。其於人也，為大腹，這是它延伸的解釋。為乾（ㄍㄢ）卦，乾燥的卦；為鱉、為蟹、為蠃、為蚌、為龜，為龜比較重要，代表可以用來占卜。古時候占卜有兩種方式，一種是用烏龜的殼，另外一種是用蓍草，今天則用籌策來代替，也就是用五十根竹片來卜卦。

七・艮卦（☶）

艮代表山，含意是「止、停止」。古人看到山就只好停止，因為無法越過；家庭中代表少男，最後一個男孩；在人體是代表手，意思是你要阻止別人時，就用手。哪一種動物會看門不讓陌生人進來呢？當然是狗。〈說卦傳〉裡面還提到：艮為山、為徑路、為小石。前面提到震代表大馬路，而艮則代表小徑。它也是果蓏，結出果實來。為門闕、為鼠、為黔喙之屬。凡是黑色的、嘴巴長長的都叫黔喙之屬，例如鳥類，還有豬。

八・兌卦（☱）

最後是兌卦，一、二爻是陽爻，第三爻是陰爻，就好像沼澤，上面有水，底下是什麼就不知道了。在家庭中是少女，引申的意思就是喜悅，看到一個少女自然會感到喜悅。在人的身上是口，要讓別人高興就要說話。就動物來說代表羊，羊最溫馴。但是，有口就有口舌是非，或有缺口。

《易經》提供的同時性思考

綜觀八卦的基本象徵，可以從幾方面來理解。第一，它代表自然界的什麼；第二，它本身的性質是什麼；第三，在家裡面代表什麼樣的角色；第四，代表人身上的哪一個器官；最後，代表哪一種動物。從這五方面去聯想，可以慢慢構成一個圖案，慢慢熟悉基本的八卦，將來應用的時候會比較容易。

解釋卦象的時候還須注意，除了知道所有的象徵之外，解釋的時候還要借助靈感。為什麼重視靈感？西方的思考模式重視因果關係，很冷靜、客觀，前面的原因決定後面的結果。然而這樣的想法正確嗎？其實因果關係是人類的假設，根據英國經驗學派的說法，因果之間並沒有真正的對應，有時候一個原因生出許多結果，有時候一個結果由許多原因所造成；現在的結果，也會成為將來的結果的原因。天下沒有任何事情是一個簡單原因造成的，它必然同時存在各種狀況，所以思考模式若限於單純的因果關係，是很不周全的。

學習《易經》就要練習「同時性」的思考，了解當下同時發生的事件之間的關係，不可單以因果關係來論事。舉個例子：一個人當媳婦的時候被婆婆虐待，她將來當婆婆之後會怎麼樣？可能出現兩種極端的情況，一種是好不容易熬成婆，該來好好虐待媳婦了；另一種是覺得自己以前被虐待，好可憐，所以要對媳婦更好，不讓媳婦吃一樣的苦。為什麼同樣是被虐待，後面的發展卻兩極化？為什麼這個因所結的兩個果，不但完全不一樣，還如此矛盾呢？這說明除了因果之外，還有其他方面的條件要配合，最好的配合條件當然是觀念的轉變、德行的修養，這就是《易經》所提供的思考方式。

西方許多心理學家也開始研究《易經》，並從中得到不少啟發。例如榮格（C. G. Jung）的一位日本學生，在歐洲做心理醫生，病患很少，為什麼呢？因為日本人的說話習慣很客氣，客氣雖好，但用錯了時機也不恰當。當病人問「吃這個藥，病就會好一點嗎？」「大概吧！」；「我每天這麼做可以改善嗎？」「也許吧！」醫生講話那麼不肯定，病人就不高興了。生病的人都會希望醫生有權威，如果醫生說：「你放心！吃這個藥一定好。」只要聽到醫生這麼說，不管病會不會好，至少他的心裡會比較寬慰。這個日本醫生因為生意差，便卜個卦，結果占到「復」卦（䷗），地在上、雷在下，只有初九是陽爻，上面五個陰爻。日本醫生一看陰氣太重，這是他得到的靈感，就立刻改善，提醒自己以後要陽剛一點，病人問他「吃這個藥一定會好嗎？」他會肯定的回答「當然會好。」後來病人都覺得這個醫生很可靠、說話很有權威，於是來看診的病患越來越多。這就是個簡單有趣的例子，說明解釋一個卦的時候，要旁敲側擊、旁通統貫，從不同的面向看，不要忽略同時性造成的各種狀況。

六十四卦是真正的內容

八個經卦兩兩相重，成為六十四個重卦，才是真正的《易經》內容。朱熹在《周易本義》裡面，編寫了一首卦名次序歌，幫助學習《易經》的人背誦六十四卦。

上經：

乾坤屯（ㄓㄨㄣ）蒙需訟師，比（ㄅㄧˋ）小畜兮履泰否。

同人大有謙豫隨，蠱臨觀兮噬嗑賁（ㄅㄧˋ）。

剝復无妄大畜頤，大過坎離三十備。

下經：

咸恆遯兮及大壯，晉與明夷家人睽。

蹇解損益夬（ㄍㄨㄞˋ）姤萃，升困井革鼎震繼。

艮漸歸妹豐旅巽，兌渙節兮中孚至。

小過既濟兼未濟，是為下經三十四。

《易經》的卦名通常是一個字，但是有十六個卦是兩個字，從卦名次序歌中可以找到的是：「小畜」、「同人」、「大有」、「噬嗑」、「无妄」、「大畜」、「大過」、「大壯」、「明夷」、「家人」、「歸妹」、「中孚」，「小過」、「既濟」、「未濟」，共十五個。最後一個是「大過坎離三十備」中的「坎」卦，也稱做「習坎」。標準卦都是一個字，坎卦卻要加一個「習」字，是因為習代表「重複」，坎是水，代表危險，習坎是兩個坎，加倍危險。所以用坎卦的時候，特別稱為習坎卦，提醒大家「危險！危險！」

《易經》裡面只要是困難的卦，例如四大難卦（屯卦、坎卦、蹇卦、困卦）都跟水有關。因為古人覺得水是深不可測的，潭水表面看起來很平靜，但裡面常常暗藏漩渦，很危險。從這個例子可以知道，《易經》的每一卦都是針對現實的世界、經驗的世界。學習《易經》的時候要常常思索，這個卦描寫的現象是什麼？這個現象在人世中又應該如何理解？亦即看到一個卦就要立刻想到眼前的情況，想想生命如何在現在這個時空展現出來？

一個卦六個爻裡面的每一個爻，都有自己的位置，由下往上依序是初、二、三、四、五、上。配合六代表陰爻，九代表陽爻，就可以唸出一個卦的結構了。例如，乾卦的六個爻皆陽，從下往上分別是初九、九二、九三、九四、九五、上九。坤卦六爻皆陰，由下往上就是初六、六二、六三、六四、六五、上六。

為什麼用「六、九」兩個數字，歷來有各種說法，此處列舉三種。

第一種說法，陽為奇數，以動為主，所以取一、三、五、七、九的最高奇數九，代表陽爻。相對的，陰是偶數，以靜為主，所以取偶數二、四、六、八、十的中間六，表示靜到極點。

第二種說法，一、二、三、四、五代表生數，六、七、八、九、十代表成數，萬物是由此生成的。五個生數中，一加三加五是九，二加四是六，九跟六是這樣來的。

第三種說法是，占筮的時候，揲蓍成卦得到六、七、八、九四個數字。九是老陽，因為九大於七；六是老陰，因為陰數算是負數，負六大於負八，《易經》用老不用少，所以它稱九與六。用老不用少是因為老代表要改變了，少則還在發展。例如春夏秋冬四季，夏季是九，春季是七，夏季陽性比較旺；秋季是八，冬季是六，陰性比較強。夏跟冬都已到極點，物極必反就須改變了。

六個爻的位置以「二」、「五」得「中」為宜。因為「二」是在下卦的中間，「五」是在上卦的中間，上下都有別人護著，最安全、最安穩，也最平衡。以二的位置來說，六十四卦裡面，只有兩個九二是凶；五也只有兩、三個是凶，可見二跟五是最好的位置。「三」與「四」的位置比較不好，因為位在上下卦的交界處，有各種變化的可能。

卦的六個爻分別代表天、人、地。初與二在最底下，代表「地」；三與四在中間，代表「人」；五與上在最上，代表「天」。人的世界原本就充滿變化，所以三與四浮動性比較大，可以這樣、可以那樣，有選擇空間。六爻是由下往上走，所以第六爻不管是上六還是上九，都準備要離開了，所以只有四分之一是好的。像乾卦上九「亢龍有悔」，雖然位居最高，但高處不勝寒，總是讓人擔心。

六十四卦裡上下卦相同者稱為「純卦」，共有八個：乾卦（䷀）第一、坤卦（䷁）第二、習坎卦（䷜）第二十九、離卦（䷝）第三十、震卦（䷲）第五十一、艮卦（䷳）第五十二、巽卦（䷸）第五十七，還有兌卦（䷹）第五十八。

在一個卦的六爻中，凡是同樣性質的爻（陽或陰）由下往上連在一起，陽陰之間沒有交錯，叫做「消息卦」，消是慢慢消退，息是慢慢成長。這樣的卦總共有十二個，例如，復卦（䷗），初九陽爻其餘都是陰爻；臨卦（䷒）初九、九二之後，三至六爻皆陰；泰卦（䷊）初九、九二、九三、六四、六五、上六。以此類推，乾卦全陽（䷀），坤卦全陰（䷁），都是消息卦。

消息卦之外的五十二卦，基本上都是由消息卦變化而來，稱做「卦變」。

另外還有「變卦」和「覆卦」，六十四卦中次序相連的兩個卦，其間的關係「非覆即變」。覆卦是從下往上整個翻過去，例如泰卦（䷊）跟否卦（䷋）。變卦則是六爻皆變，例如乾（䷀）跟坤（䷁），六爻都從陽變陰，或從陰變陽。畫卦一定要養成習慣，由下往上畫，這是基本的規則，否則將來很難避免不畫錯。

六十四卦構成機體論宇宙觀

六爻卦除了下卦與上卦之外，中間四爻的上面三爻（三、四、五）和下面三爻（二、三、四）又可以組成兩個卦，稱為「互卦」。所以一個六爻卦，上有上卦，下有下卦，中間還有兩個互卦，彼此都有關係。事實上，當每一個卦的任何一爻有了變化，陰變陽、陽變陰的時候，就會變成另一個卦了。所以六十四卦完全相通，互相構成一個網絡、一個系統，就好像人活在世界上彼此相通，不可能有任何地方是隔絕的。我們今天稱做「蝴蝶效應」，一環扣一環，沒有漏洞，構成了有機體的宇宙觀。

這和西方人「機械論」（Mechanism）的宇宙觀不一樣，西方人認為宇宙和機器一樣，是各種零件拼湊而成的，可以各自切割、重新組合，沒有內在的動力；而《易經》所闡釋的宇宙觀叫做「機體論」（Organism），主張宇宙是個有機體，每一部分都會互相影響，牽一髮而動全身。西方人一向喜歡研究自然科學，以純粹的物質做為研究對象，機械論宇宙觀在十六、十七世紀科學革命以後出現，包括牛頓物理學都是機械論宇宙觀。直到二十世紀以後出現了相對論、量子論、測不準原理，這三個西方的科學學說都偏向機體論，認為宇宙並非死的、客觀的東西，而是像生命一樣的相互影響，由此才改變了說法。

《易經》雖然沒有經過科學的驗證，但它直接掌握到的智慧，已經顯示出一個有機體的真相。亦即整個宇宙就是一個變化，變化有主動、有受動，所以一個陽、一個陰，這是基本的原理。就好像生物世界有雄有雌，人的世界有男有女，這樣才能夠生生不息；所有東西都是相互、相反、相成、相需，才能一直發展下去。

古人講陰陽，並沒有輕重之別，但是在分工合作的社會中，每個人所扮演的角色皆有所不同。例如，一個人在家裡面是父親，是陽；到了上班的地方是單位主管，還是陽；但是他上面有老闆，遇到老闆的時候，他就變成了陰，老闆才是陽。否則兩個都是陽，非打成一團不可。古代中國最高權力的掌握者叫做「天子」，意思是即使活著的人裡面已經沒有人可以管他，他說的話就是法律了，但還是要稱自己是天的兒子。這是古人的智慧，所表達的是一種相互依存的關係，這表示沒有任何人可以完全不理其他人，大家都是互相在影響。

當然難免有人會提出質疑：既然互相影響，個人又該怎麼安頓呢？很簡單，你要過得快樂、趨吉避凶，首先在於培養德行。真正懂《易經》的人，不會在乎占卦的吉凶問題，而是在意怎麼培養自身的德行，讓自己遇到凶的時候懂得謹慎、收斂，補救自己的過錯；遇到吉、順利的時候也不會太囂張，知道居安思危，這樣對人生就有很大的啟發了。

幾個基本認識

了解卦的基本構造之後，接著要分辨「時」和「位」。因為萬物永遠在變化流轉之中，所以人對「時」的判斷與掌握，可以說是成事之關鍵，吉凶之樞機。「時」就是「時機」，代表大的形勢、時勢。同一件事，今天做與昨天做，可能會有完全不同的結果，因為時機不同，情勢也會不一樣。俗語常說「形勢比人強」，形勢就和時機有很大的關係。從一個卦可以觀其「時」，了解事情是在什麼樣的處境。

「位」代表位置。在大的形勢之中，不同的位置也會有不同的條件，例如在同一個公司裡，有些人只能夠潛龍勿用，而有些人已是飛龍在天了。當陽爻位於初、三、五，陰爻位於二、四、上時，稱之為「當位」，表示是在比較適切的位置上，較為穩定。爻若當位比較好，但不見得一定好，因為造成占卦後位置好或不好的相關因素很多，當不當位只是其中之一，還須從整體考量。

再看「乘（ㄔㄥˊ）」與「承」的關係，上對下為乘，下對上為承。陽乘陰，陰承陽，也就是陽爻在上，陰爻在下，才是正道。因為爻是由下往上走，在下的要依靠在上的。陰爻往上依靠陽爻比較穩當，若是倒過來，陰爻上面沒得靠，底下還壓著一個陽爻，讓陽爻也不愉快，就較為不利。但是一卦六爻，一定有乘有承，那就要看在什麼位置，是不是可以適當的配合。

接著是「比」與「應」。「比」是比鄰、鄰居之意，鄰居如何，對事情也是有影響的。例如六四當位固然不錯，但若有九五為鄰，則顯然更好。但如果是底下四個陰爻往上走，九五直接受到衝擊，就比較不好了。「應」更重要，《易經》六十四卦的每一卦都是兩個基本卦組成的，因此下卦和上卦的爻就有了對應關係：初與四對應，二與五對應，三與上對應，這叫做應。「陰陽相應」是最好的，同性相斥、異性相吸的道理，在這裡一樣適用。下卦因為離自己比較近，又稱內卦；上卦在外面，又稱外卦。占卦所得的結果是「本卦」，若有變爻（由陽變陰，由陰變陽），則變爻之後的新卦稱為「之卦」，代表卦的下一步發展。

《易經》原本是古人占卦的紀錄，占卦之後有占驗之辭，就是占卦之後會有什麼應驗的結果。《易經》中有幾個常見的占驗辭，了解它們的意義，對了解《易經》很有幫助。首先是「吉」與「凶」，就人事而言，「得」代表吉，「失」代表凶。但請記住「天道無吉凶」，這話非常好，因為六十四卦缺一不可，甚至三百八十四爻也一個都不能少。人若占到壞卦，就要想天道無吉凶，吉凶來自於人的欲望，所以趨吉避凶之道，就是修養自己的德行，化解自己的欲望。一個人若能了解《易經》的道理，就會知道任何一個逆境都是另一個順境的開始，那麼碰到困難的時候，又何必難過呢？逆境給人的啟發和收穫，說不定遠遠超過一帆風順。天道無吉凶也可以從人事方面獲得驗證，例如愛與惡、喜歡和討厭。大家都要的，每個人都去搶，但搶到了一定是吉嗎？很多人搶到之後才後悔，因為不管處在怎麼好的位置，將來總要下台的。所以一件事是吉是凶，端看自己怎麼體會。

其次是「悔、吝」，悔吝常常放在一起說，悔者愧於內，吝者羞於外。一個人只要知道懊惱、後悔，就有希望，代表你準備改善了。吝不一樣，吝只說處於困境，並沒有說到內心的變化，也就是外面遭遇到困難，別人已經來提醒了，但當事人內心沒有產生悔恨，只想到困難本身，將來只有越加陷入困境。

「厲」代表危險，「孚」代表誠信或可以驗證。「无咎」這兩個字常常出現，「无」是《易經》用的古字，无咎就是沒有災難。要做到无咎，有三個字要放在心上：「善補過」。善於補救過錯，就不會有災難。因為人的過錯多半來自於本身的性格，有什麼性格就犯什麼樣的過錯，犯了過錯知道努力去補救，怎麼會有災難？「勿用」，就是不可以有所作為，暫時要收斂，例如「潛龍勿用」。

上經

從1乾卦～30離卦

1 乾 ䷀

下乾上乾，乾為天

卦辭

乾（ㄑㄧㄢˊ）。元亨利貞。

乾卦。創始、通達、合宜、正固。

「元」字亦即原來的「原」，意思是萬物的源起由此開始；「亨」就是通，是說萬物有共同的來源，並且形成一個整體，所以彼此之間通順暢達，就好像一家人都源自於共同的祖先，彼此之間一定有相通的部分；「利」所指的是適宜萬物變遷運行，對於一切都有利而和諧；「貞」就是正，萬物可以堅持自身的途徑，進而恆久不息。

在解說「元」字時，要特別注意的是，「創始」這個解釋只能用在乾卦。「元」字在坤卦代表「順成」，具有「開始」之意。在其他卦辭出現的「元」也都代表開始，或者是「大」的意思。「元亨」、「元吉」便是代表特別通達，特別吉祥。

卦辭附在卦名之後，是對本卦所做的基本判斷。乾卦是天下第一卦，六爻皆陽，陽有剛健之意，象徵原始的生命力，充滿動態的能量。沒有人知道萬物是怎麼開始的，不過可以確定的是一定具有旺盛的生命力。當占到乾卦時，所卜的事情會很順利，力量夠大，沒有問題，但要注意盛極而衰。

爻辭

初九。潛龍勿用。

初九。龍潛伏著，不要有所作為。

爻辭是對本爻所處位置做客觀的描述，也就是可以依據占筮的結果，論斷它的出處進退、吉凶禍福，稱之為「占驗」。初九是「天、地、人」中，地的下面那一爻，既然在地的下面，就會轉成深淵。龍是古代傳說的神奇生物，充滿剛健的活力與變化的勢能，可以乘風雲而上天，但它在初九，這時候不宜有所作為。

所以，這一爻的意義大致可分為兩個方向：第一，以一個人的生命來看，初九代表十九歲之前。還不到二十歲就想要發揮，實在是太早了，而且上面還有九二、九三、九四、九五、上九五條龍，再怎麼樣偉大的英雄，不到二十歲以前都只得收斂。

第二，上面有五個陽爻，不會有人來呼應，所以動彈不得。舉一個在社會上的例子，一個中年轉業的人，四、五十歲踏入新的職場，初來乍到，當然要沉潛謙和。此外，從「呼應」的觀點來看，和初爻呼應的是九四，同初九一樣是陽爻，起不了扶持的作用；如果是陰爻的話，陰陽相應，對初九來說比較好，因為陰要隨從陽，等於是獲得了支持。

九二。見（ㄒㄧㄢˋ）龍在田，利見（ㄐㄧㄢˋ）大人。

九二。龍出現在地上，適宜見到大人。

田就是地，代表地的有兩爻，下爻是地底下，上爻就在地面上，這就是多重聯想。要想解釋乾卦九二，舜的故事就是相當貼切的例子。年少時的舜可說是命運多舛，他的家庭環境很複雜，後母所生的弟弟象還曾經意圖謀殺他。但是舜並沒有因此而意志消沉，反而磨鍊出良好的德行。不論他前往任何地方，社會的風氣都會因他而得到改善。例如，農夫原本會趁夜色已深時，偷偷把田埂推出去一點，以便竊取他人的土地。因為舜來到此地，人們都學會了互相禮讓；做生意的商人，原本是使用質地比較差的土壤製作陶器，賣給顧客容易損壞的劣質陶器；舜來到此地之後，人心變敦厚了，人們所使用的陶器也經久不壞。

所以說，當年輕時，名聲相當好的舜，就如出現在地上，適合見到大人。此「大人」所指的是堯，堯是天子，位居九五。舜在九二，跟九五相應，都是相當好的位置。這個道理可以引申為：當居下位者表現優異時，相關的上位便是指日可待了。九二在我們人生的階段，所指的大約為大學畢業，二十五、六歲，剛步入社會的階段。此階段就算是表現優異，也獲得了老闆賞識，但仍須經過磨鍊才能有所成就。

九三。君子終日乾（ㄑㄧㄢˊ）乾，夕惕（ㄊㄧˋ）若；厲，无（ㄨˊ）咎。

九三。君子整天勤奮不休，晚上還戒惕謹慎；有危險，但沒有災難。

有學者主張應斷句為「夕惕若厲，無咎。」事實上，「若」是語助詞，無義，可以當「如此」解。「厲，無咎」都是占驗之辭。「乾」字有「勉人精進不已」的意思；「乾乾」則有努力不懈的意味；如果到了晚上，仍能戒慎警惕的話，如此一來，即便是發生危險，也不至於導致災害。九三之所以提到努力的概念，是因為它到了人的位置，君子代表正在努力奮鬥的人。

九三是下卦的最上一爻，位於邊界。邊界就代表有危險，往上走會覺得前途未卜，停滯在下方，又擋不住往前推的後浪，所以必須趕快努力設法往上走。這個時候只要肯努力，即使遭遇危險，也不會發生災難。

九四。或躍在淵，無咎。

九四。或往上躍升，或留在深淵，沒有災難。

三和四這兩個爻的爻辭，有時會出現「或」字，代表有選擇性。其他生物的命運多是交由本能安排，人則是有選擇的餘地，但是既然有選擇的機會，就有可能會選錯。九四的位置可以用「上不在天，下不在田，中不在人」來形容。從第四爻再往上走就是九五，也就是通往天的方向；往下則會停留在深淵。不過第四爻已經來到了上卦，有下卦三爻做為基礎，往上走並不會有太大的危險或災難，只是選擇的問題而已。

如果將「上不在天，下不在田，中不在人」這句話再加上「內不在己」，很適合用於描寫現代人的處境。天代表宗教信仰，真正的宗教信仰一定要有超越性，也就是往上提昇、無限超越的意思。現代人對宗教的訴求多半是偏頗的，大抵是在祈求福報和個人生命的解脫，那不算是真正的宗教信仰。所以說，現代人已與神明脫離關係的，即為所謂「上不在天」。現代的生態遭到破壞的問題很嚴重，人類必須要經過特別規畫，才能親近大自然，這就是「下不在田」。為什麼說「中不在人」?因為人的腳應該踩在地上，但踩在地上的是九三，並不是九四。現代人與人之間的關係是疏離的，每一個人都怕受到傷害。大部分的人都有許多朋友，也有不少敵人，內心時時處於緊張狀態。「內不在己」則更不堪，意思是說人連對自己的內在也變得陌生，感到很孤單。這幾句話恰好能夠描寫現代人的處境，好像一直處在九四的位置。

九五，飛龍在天，利見大人。

九五。龍飛翔在天空，適宜見到大人。

每一卦都有一個爻是主爻，可以掌握住整個卦的精神，表現全卦的特色。乾卦的主爻就是九五，我們常說的「九五之尊」，指的就是這個位置。爻的位置分兩種：初、三、五叫剛位，適合陽爻；二、四、上叫柔位，適合陰爻。九五是居中且正的位置，因為它在上卦三爻的中間、全卦的天位，所以是「中」；又因為它是陽爻位居第五的剛位，所以是「正」位，龍可以大顯身手，所以是最好的。九五同樣適宜見到大人，但此時的大人變成九二了。在全部陽爻的乾卦裡面，二跟五對應，又都是陽爻，所以二跟五是互為大人的。

我們當老師的，有時看著年輕的學生，感覺怎麼看怎麼不成材。從另一個角度想，當我們年輕時，老師何嘗不是如此看待我們？事實上，很多事情都是做得越久才越有架勢。例如，一個剛剛升上總經理的人，初擔這個重任時，內心十分忐忑，不過做久了之後就會越得心應手，在旁觀者眼中，也會覺得你越來越有樣子。

所以不要焦急，每個人的一生中，都有位居九五的機會。在家庭裡，五十歲以後就是九五；在職場上，當老一輩都已退休，最高的位置也是九五。當然，步入這個位階反而面對另一種考驗。考驗一個人怎麼掌握這個階段，培養人才。

大人有兩個意思，一個是天子、一個是賢臣，這要看龍本身所居的位置而定。宋朝學者程頤說：「聖人既得天位，則利見在下大德之人，與共成天下之事，天下固利見夫大德之君也。」這句話的意思是說，天下不是一個人可以治好的，需要有人配合。

我在解釋《易經》的時候，常會引用程頤的話，因為他是宋朝義理派的代表人物。歷來研究《易經》的最主要派系為義理派、象數派。義理派說的是應該如何做人處世；象數派則專門從占卦談起，解說神奇的占驗。

宋朝的義理派基本上不談象數，他們認為象數所談到的占卦，多少帶有迷信的色彩，代表著一個人在主觀上比較相信運氣或是命運。義理派學者認為，人有思考能力，可以反省、檢討過去，當然也希望知道未來，可是未來變化很大，人的所知有限，所以就要透過占卦去了解。不過，就算我們預先知道了未來的事情，也無從改變，我們可以改變的是自己的內在及態度，這就是學習《易經》的意義，也才是對於占卦的正確觀念。

上九，亢龍有悔。

上九。龍飛得太高，已經有所懊悔。

爻是由下往上移動，處在上九的位置已經前行無路，馬上就要下台了，不只是失去九五的位置，而是要離開整個卦象了。所以在占卦算命時，有時算到了最高的位置，反而覺得有點淒涼——一個走到最高峰的人，還算什麼命呢？這時，就應該設法化解掉整個自我，然後回歸大自然。印度人就有這種觀念，他們把人生分為兩個方向，年輕的時候希望成為大人物

（somebody），希望自己能有頭有臉，所到之處無人不知，無人不曉；下台之後就應該變成無名小卒（nobody），沒有人知道你是誰。「悔」這個字代表懊惱，知道應該下台就接受它吧，這是物極必反的原則。

用九。見（ㄒㄧㄢˋ）群龍无首，吉。

用在乾卦整體，顯示六個陽爻無首無尾，吉祥。

「用九」和「用六」只分別在乾坤兩卦出現，乾卦是用九，坤卦是用六，其他任何卦都不能用這兩個詞。因為乾卦六爻皆陽，陽爻稱九，所以可以用九來描述整個乾卦；坤卦六爻皆陰，所以用六來代表整個坤卦。這句話省略了「無尾」兩個字，乾卦六爻全部是陽爻，怎麼換都一樣，所以說無首無尾。這代表古時候就有很高的民主精神，人人平等，沒有人是頭也沒有人是尾，非常吉祥。

更進一步說，群龍無首就是六爻各龍「順時而變、隨位而成」，六爻是個整體，並沒有首尾、本末、先後、上下之分，所以結果是吉祥的。萬物的變化始卒若環，開始與結束像是一個連環，無法分辨先後，因而可以一往平等。人面對生命的歷程，如果能夠體認變化的微妙，在適當的時候做合宜的事，順受其正，順著情理接受它正當的部分，自然心安理得。特別值得一提的是，「始卒若環」語出《莊子》，「順受其正」出於《孟子》，可見不論儒家或道家，都從《易經》裡得到很多啟發。

彖傳

彖（ㄊㄨㄢˋ）曰：「大哉乾元，萬物資始，乃統天。雲行雨施，品物流形；大明終始，六位時成；時乘六龍以御天。乾道變化，各正性命；保合太和，乃利貞。首出庶物，萬國咸寧。」

〈彖傳〉說：「偉大啊！乾卦所象徵的元氣，萬物藉它而開始存在，它也由此主導了天體。雲四處飄行，雨降落下來，各類物種在流動中成其形體；太陽的光明終而復始地出現，爻的六個位置也按照時序形成了；然後依循時序乘著六條龍去駕馭天體的運行。乾卦的原理是引發變化，讓萬物各自安頓本性與命運；萬物保存聚合並處於最和諧的狀態，就達到合宜而正固了。乾卦為首，創生出萬物，普世都可以獲得安寧。」

在《易經》中，除了乾卦以外的六十三卦，都是在卦辭之後銜接〈彖傳〉與〈象傳〉，然後是每一爻的爻辭，之後是對爻辭加以解釋的〈小象傳〉。唯獨乾卦是卦辭之後就接六句爻辭，其後才是〈彖傳〉，以「彖曰」開頭。和非常簡略扼要的卦辭、爻辭不同，〈彖傳〉是以文章的方式呈現。〈彖傳〉的文章寫得很好，不但將語意完全展現出來，在修辭方面也是既對稱又工整的文句，孔子不可能有空琢磨出這種文句，所以推測應是孟荀到中庸時代才有的作品。

本段是解釋卦辭的「元亨利貞」，第一句「大哉乾元，萬物資始，乃統天」說的是元；「雲行雨施，品物流形，大明終始，六位時成，時乘六龍以御天」講的是亨，亨就是能夠通達。接著把利跟貞合在一起說明，從「乾道變化」開始到「萬國咸寧」結束。

乾元是指原始的能量元氣，現在的人講能量，以前的人就直接講「元」，萬物處於變化之中，有開始也有結束，一直生生滅滅，因此需要一個總源頭。文章裡面兩次提到「天」：統天、御天，在這裡是指天體，是人在仰觀的時候所看到最大的象。天在古代有多重意義，是非常複雜的概念，但是此處所講的天體或天象，是指自然之天，跟它相對的是底下的大地，還有二者之間的萬物。自然之天的運行規律稱為天道，天道有兩種意思：一是指自然界的規則，一是指人間，所謂天道福善禍淫、賞善罰惡。「六位」就是六個爻的位置。

象傳

象曰：「天行健，君子以自強不息。」

〈象傳〉說：「天體的運行剛健不已，君子因而要求自己不斷奮發上進。」

我們從小就耳熟能詳的「自強不息」四字，原來原典在此。〈大象傳〉一般都從上下兩個單卦的組合，來分析卦象所顯示的意義，然後再推述人在德行修養上應該如何取法。譬如乾卦上下皆是乾，乾為天，為健，因此要人們效法天體的運行剛健不已。至於〈小象傳〉談的則是爻辭，乾卦有關〈小象傳〉的部分共七句話，分別對應六爻的爻辭與用九。〈小象傳〉的原文如下：

潛龍勿用，陽在下也。見龍在田，德施普也。終日乾乾，反復道也。或躍在淵，進无咎也。飛龍在天，大人造也。亢龍有悔，盈不可久也。用九，天德不可為首也。

初九爻辭「龍潛伏著，不要有所作為」，是因為這個陽爻在全卦的底部。九二爻辭「龍出現在地上，適宜見到大人」，是肯定德行可以普遍施展開來。九三爻辭「整天勤奮不休」，是說要在君子之道上反覆修鍊。九四爻辭「或往上躍升，或留在深淵」，是因為向上進取沒有災難。九五爻辭「龍飛翔在天空」，是肯定大人處於興旺的時候。上九爻辭「龍飛得太高，已經有所懊悔」，是說滿盈的狀態無法長久維持。用在乾卦整體，發現天體的運行無始無終，循環不已，因此不可認定自己居先。

初九的爻辭之所以說「龍潛伏著，不要有所作為」，是因為這個陽爻在全卦的底部，上面五個陽爻，根本就不能有所作為。

九二爻辭之所以說「肯定德行可以普遍施展開來」，是因為九二已經在中間，也是好位置，有好的德行可以普遍施展。

九四的爻辭「向上進取沒有災難」已經到了上卦了，那為什麼不繼續走呢？

用九，用在乾卦整體，發現天體的運行無始無終、循環不已，不可認定自己居先，因為每一個人都一樣，它是一種一往平等的心胸。乾卦雖為六十四卦之首，以其無限的元氣創生萬物，但由於萬物變化不已，形成一個整體，所以不可認定乾卦居於固定不移的「首」位。在乾卦六爻裡面，可以說群龍無首，在全部六十四卦裡面，乾卦也「不可為首」，如此可以讓其他各卦自然展現。當別的卦出現的時候，是它的時候到了，它的形勢成了，乾卦就要讓位。所以六十四卦中的每一卦都有機會，就好像每一個人在不同狀況中，都有機會出頭一樣。

文言傳

〈文言傳〉是對前面內容的再進一步解釋，內容很深刻、精彩。在整部《易經》之中，只有乾坤二卦有〈文言傳〉，因為這兩卦代表天地，是一切變化之始，最為重要，所以額外加以說明。一開始是總述卦辭，後面則是分述六爻的爻辭。

文言曰：「元者，善之長也；亨者，嘉之會也；利者，義之和也；貞者，事之幹也。君

子體仁，足以長人；嘉會，足以合禮。利物，足以和義；貞固，足以幹事。君子行此四德者，故曰：『乾，元亨利貞。』」

〈文言傳〉說：「創始，是一切善行的首位；通達，是美好事物的會合；適宜，是正當作為的協調；正固，是具體行事的骨幹。君子實踐仁德，足以擔任領袖；會合美好萬物，足以符合禮制；維持一切適宜，足以協調義行；守正並且堅持，足以辦成事業。君子就是要做到這四種德行的人，所以說：乾卦代表了創始、通達、適宜、正固。」

這段話非常深刻。古人對善的理解基本上是指涉一種價值，也就是說如果要肯定某個東西，這個東西必須先存在，所以存在是一切價值的開始。創始就是使萬物存在，以西方的看法來說，他們認為萬物皆為善，這並不是說萬物都是好的，而是說萬物皆為人所欲求的對象，可欲之謂善。所以元者乃善之始，如果沒有「創造」這個活動，沒有「創始」讓萬物可以出生，就沒有善的問題。

宇宙萬物的發展自有規律，所有能存在的都是適合存在的，彼此之間也能相通。但是人類社會不同，事物並不會自然而然地上軌道，需要有人來帶領和規畫設計，所以君子的角色特別重要。有創始才有萬物，一切價值由此開端；萬物之間彼此通順暢達，所有的會合都是美好的，凡是有利或適宜萬物的都有其正當性，就是義；要完成一事一物非正固不可，即使是要長成一株小草也需要時間和堅持。君子明白了仁、義和禮之後，智便已包括在內，然後可以成就事業，找到人間世的康莊大道。這就是乾卦〈文言傳〉裡面首先說明的。

〈文言傳〉接著以師生問答的方式，進一步說明乾卦各爻對人生的啟發。

初九曰：「潛龍勿用」，何謂也？子曰：「龍德而隱者也，不易乎世，不成乎名，遯世无悶，不見世而无悶，樂則行之，憂則違之，確乎其不可拔，潛龍也。」

初九的爻辭說，「龍潛伏著，不要有所作為」，這是什麼意思？孔子說：「這是指具有龍的德行而隱遁的人。他不會為了世俗而改變自己，也不會為了名聲而有所作為，避開社會而不覺苦悶，不被社會承認也不覺苦悶。別人樂於接受，他就推行主張；別人有所疑慮，他就自己退避。他的心志是堅定而無法動搖的，這就是潛伏的龍啊！」

這就好比臥龍先生諸葛亮。天下亂時，有能力的人處在初九的位置，有明確的方向與堅定的立場，不會為了世俗而改變自己，也不會為了名聲而有所作為。

孔子說：「人不知而不慍，不亦君子乎？」不要太在意沒有人了解你，只怕你自己能力不夠，不患人之不己知，患其不能也，這是一貫的思想。一個人要做到「無悶」非常不容易，有些人習慣了風光，只要稍微有幾天或是幾個月不得意，就覺得人生索然乏味，還有些人退休之後馬上就衰老了。「生不逢時」四個字，是自古以來騷人墨客的怨辭，但是孔子也生不逢時，孟子也生不逢時，他們都不會感歎懷才不遇，真正的君子會先修養內在。權力使人腐化，在世間得意的人，有時候反而容易失去人生的目標，所以大家要特別記得這種傳統文化的智慧。

九二曰：「見龍在田，利見大人。」何謂也？子曰：「龍德而正中者也，庸言之信，庸行之謹，閑邪存其誠，善世而不伐，德博而化。易曰：『見龍在田，利見大人』，君德也。」

九二爻辭說：「龍出現在地上，適宜見到大人」，這是什麼意思？孔子說：「這是指具有龍的德行而處於正中位置的人。平常說話都能守信，平常做事都能謹慎，防範邪惡以保持內心的真誠，為善於世而不誇耀，德行廣被而感化世人。《易經》說『龍出現在地上，適宜見到大人』，這是君主的德行啊！」

這段講得真好。九二也是一個正中位置，這個說法似乎和二、四、上是柔位，柔位最好是陰爻的說法相矛盾，這是因為在《易經》裡面，中勝於正，二在中間，中也是一種正，不是偏的。

「閑邪存其誠」這句話給我很大的啟發，人性向善，只要真誠，人性自然的表現就是善。西方哲學家蘇格拉底（Socrates）臨終時，學生們圍在他身邊說：「老師，你走了以後，我們有問題該找誰？人生的原則該怎麼把握呢？」蘇格拉底回答道：「你們應當依照自己所知的最善方式生活。」這句話真是千古名言，只要真誠的按照自己所知道的最善方式去生活，這樣就夠了。也許現在知道的最善，將來發現並不理想，那麼到時候再慢慢改善就行了。如果一個人始終在等待發現最善的方式才去實踐，那麼這個人恐怕到老了也什麼事都沒做，因為他永遠沒有把握這是不是最善的。所以「閑邪存其誠」是第一個原則，想要真誠嗎？一定要跟所有自己知道的邪惡誓不兩立。

九二在下卦三爻的中間，位置適當，龍德發揮了作用，依然要從自己開始反身而誠。「反身而誠」是孟子的話，就是要反省自己，讓自己合乎真誠，由近及遠再修己安人，化民成俗。這種表現已經是君主的德行，雖然還沒有君主的位置，但擔任君主亦非難事。先治理好自己才有可能治理好別人，這是一貫的原則。

九三曰：「君子終日乾乾，夕惕若，厲，旡咎。」何謂也？子曰：「君子進德修業，忠信，所以進德也。修辭立其誠，所以居業也。知至至之，可與言幾也；知終終之，可與存義也。是故居上位而不驕，在下位而不憂，故乾乾因其時而惕，雖危旡咎矣。」

九三爻辭說：「君子整天勤奮不休，晚上還戒惕謹慎；有危險，但沒有災難」，這是什麼意思？孔子說：「這是講君子應該增進德行與樹立功業。做到忠誠而信實，由此可以增進德行；修飾言詞以確保其誠意，由此可以累積功業。知道時勢將會如何來到，就設法使它來到，這樣才可以同他談論幾微之理；知道時勢將會如何終止，就坦然讓它終止，這樣才可以同他堅守正當作為。因此，處在上位而不驕傲，處在下位而不憂愁。所以能夠勤奮不休，按所處的時勢來警惕自己，這樣即使有危險也不會有災難啊！」

衡量分寸，什麼話在什麼時候對什麼人說，說出來恰到好處，使對方能夠理解我的意思，這就是修飾言辭。言詞沒有修飾，容易流於誇張、聳動，並不是由內而發。所以儒家談真誠，「閑邪存其誠」重在行動，「修辭立其誠」重在言語，隨時注意言行才能做到真誠。

任何事情都有它發生的過程，也有它結束的時機，能掌握住未來動向，就能見微知著，和別人談幾微之理。若是大勢所趨必然要結束，就不要患得患失，讓它順利而正當地結束。

孔子說：「貧而無怨難，富而無驕易。」貧窮而不抱怨很難，富有而不驕傲比較容易。基本上，儒家對富貴的觀點是，除非有正當發展的機會，否則寧可偏向貧窮這一邊。孔子也說過：「富與貴，是人之所欲也，不以其道得之，不處也。」富與貴是每個人都要的，不是正當手段得來的，即使是送上門也不要接受。「貧與賤，是人之所惡也，不以其道得之，不去也。」像柳下惠非常傑出，但是朝廷不肯給他官作，他只好流於貧賤，這叫做貧賤不依正當方式加在他身上，但他並不逃避。有才能的人看到某些人當到大官，感覺自己受了委屈，這時候不要逃避這種委屈，要自我充實修鍊。

九四曰：「或躍在淵，无咎。」何謂也？子曰：「上下无常，非為邪也；進退无恆，非離群也。君子進德修業，欲及時也，故无咎。」

九四爻辭說：「或往上躍升，或留在深淵，沒有災難」，這是什麼意思？孔子說：「上去或下來沒有一定，但不是出於邪惡的動機；前進或後退也沒有一定，但不會離開自己的同類。君子增進德行與樹立功業，都想要把握時機，所以沒有災難。」

三爻與四爻容易有變數，因為在上下兩卦的中間，在下卦的時候九三是首腦，到了上卦又變成末了，到底願意留在下卦當頭，還是往上走從基層開始，舉棋不定。但這樣的心思不是出於邪惡的意念，因為有時候要看形勢，是不是適合繼續往上走。前進或後退雖尚未定，但不會離開自己的同類。對九四來說，同類就是陽爻，所以說它「无咎」，沒有災難。

這裡再一次提到「進德修業」四個字，代表這是古代非常重視的。儒家常常將德行和功業連在一起，修養德行是為了服務人群，而非獨善其身、離群索居。

九五曰：「飛龍在天，利見大人。」何謂也？子曰：「同聲相應，同氣相求；水流濕，火就燥，雲從龍，風從虎；聖人作而萬物睹。本乎天者親上，本乎地者親下，則各從其類也。」

九五爻辭說：「龍飛翔在天空，適宜見到大人」，這是什麼意思？孔子說：「聲調相同就會互相呼應，氣息相同就會彼此吸引；水會流向潮濕的地方，火會燒向乾燥的區域。雲隨著龍而浮現，風跟著虎而飄動；聖人興起，引來萬物矚目。以天為本的事物會親近在上的天，以地為本的事物會親近在下的地，萬物都是各自隨從它自己的群類。」

老虎一直是人們眼中很可怕的生物，《孟子》裡面提到商紂王的時候天下亂了，到處徵收百姓的田地，收了之後又不用，最後良田變叢林；到周文王、周武王建立新國家時，便砍伐叢林、驅趕猛獸，以利民居，他們驅趕的四種猛獸，第一種就是虎。古時候中原地區很多老虎，虎一來，龐大的身軀捲起一陣飛沙走石，如同狂風。

替《易經》注疏的孔穎達說：「龍是水中的牲畜，雲是水氣，故龍吟則景雲出，是雲從龍也；虎是威猛之獸，風是震動之氣，此亦是同類相感，故虎嘯則谷風生，是風從虎也。」後來我們就用「雲從龍，風從虎」這句話來形容聖人興起，引來萬物矚目。聖人興起，社會便能安定，人類的社會安定了，萬物才能跟著安定。所以當聖人出現便能天下太平，萬物都希望看到這種情況。「物」包含人類在內，因為人類也是萬物之一。

上九曰：「亢龍有悔。」何謂也？子曰：「貴而无位，高而无民，賢人在下位而无輔，是以動而有悔也。」

上九爻辭說：「龍飛得太高，已經有所懊悔」，這是什麼意思？孔子說：「地位尊貴卻沒有職位，高高在上卻失去百姓，賢人居下位而無法前來輔佐，所以他一行動就會有所懊悔。」

「貴而无位」的「位」在哪裡？在九五。所以上九沒有位置；百姓是被統治者，處在比較低的位置，但是都被九五壟斷掌握。因為九五本身居中，跟九二對應，在整個卦中，五跟二通通被掌握住了，到了上的位置已經準備出局，所以上九就失去百姓。加上賢人居下位而無法前來輔佐，所以一行動就會有所懊悔。賢人居下位指的是九二，它輔佐幫助的是九五，而非上九，上九這個位置當然無法使出能力。

我們看乾卦各爻形成的對比，初九跟上九是潛龍勿用與亢龍有悔，頭跟尾都不好，都不宜行動；九二跟九五都是利見大人，因為兩者皆居中位；九三跟九四在〈文言傳〉裡面都提及進德修業，要自強不息，所以這六爻形成一個整體首尾相應。如此說來，人的行動如何配合時與位來表現呢？

潛龍勿用，下也。見龍在田，時舍也。終日乾乾，行事也。或躍在淵，自試也。飛龍在天，上治也。亢龍有悔，窮之災也。乾元用九，天下治也。

（初九）龍潛伏著，不要有所作為；這是因為處於卑下的位置。（九二）龍出現在地上；這是因為順著時勢而一步步前進。（九三）整天勤奮不休；這是因為正要進行該做的事。（九四）或往上躍升，或留在深淵；這是因為要檢驗自己的能力。（九五）龍飛翔在天空；這是因為處於上位，可以治理百姓。（上九）龍飛得太高，已經有所懊悔；這是因為走到窮困時會有災難。（用九）乾卦的元氣施展在全卦中；這是因為天下都治理好了。

「乾元用九」是因為全卦皆為陽爻，可以上下貫通無首無尾，形成一個不斷流變的過程，這跟「天下治」也是互為表裡的。《易經》講變化，不可能停下來，某種狀態待久之後就窮困，走不通了，所以政策順時而變，窮則變、變則通、通則久，久了之後又窮了，然後再不斷的循環。

潛龍勿用，陽氣潛藏。見龍在田，天下文明。終日乾乾，與時偕行。或躍在淵，乾道乃革。飛龍在天，乃位乎天德。亢龍有悔，與時偕極。乾元用九，乃見天則。

（初九）龍潛伏者，不要有所作為；這是由於陽氣處在潛伏隱藏的時期。（九二）龍出現在地上；這是由於天下萬物紛紜有序並且顯現光明。（九三）整天勤奮不休；這是由於隨著時勢一起前進。（九四）或往上躍升，或留在深淵；這是由於乾卦進展的變革已經來到。（九五）龍飛翔在天空；這是由於上達天位，可以展現天的功能。（上九）龍飛得太高，已經有所懊悔；這是由於隨著時勢走到窮困的地步。（用九）乾卦的元氣施展在全卦中；這是由於顯現了天的規律。

這一段是依各爻爻辭，說明其相關現象，所以每一段話都有特別關心的問題。

陽氣是指陽剛的生命活力，也就是乾卦的元氣。初九代表一切生命處於萌發狀態；九二陽氣升到地面，萬物顯示了文采與光明；九三是順著時勢抵達下卦的終點；九四的乾道是指陽氣所形成的乾卦已經有其進展的路線，由下卦走到上卦了，下卦本來就是一個基本的乾卦，九四的乾道往上走，所以說「乾道乃革」，革就是改變，乾道要繼續變化，變到上面完整的乾卦；九五的「天德」代表天子的位置，要治理百姓。最後用九所說的「天則」，是指天的規律，就是無首無尾的和諧境界。這一段話形成一種對比，初九跟九四是陽氣潛藏與乾道乃革，這兩個相應；九二跟九五是天下文明與位乎天德；九三跟上九則是與時偕行和與時偕極，與時有關，走到這一步是大勢所趨。

乾元者，始而亨者也。利貞者，性情也。乾始能以美利利天下，不言所利，大矣哉！大哉乾乎！剛健中正，純粹精也。六爻發揮，旁通情也。時乘六龍，以御天也。雲行雨施，天下平也。

乾卦所象徵的元氣，是萬物得以創始並且通順暢達的基礎。至於適宜與正固，則是就萬物的本性與實情來說的。乾卦的創始作用能夠以美妙與適宜來造福天下萬物，但是它並不指明自己對什麼有利，這實在太偉大了！偉大啊，乾卦！剛強勁健而居中守正，本身是純粹不雜的精氣。六爻按時位進展運作，向外貫通了萬物的實情。依循時序乘著六條龍，是要駕馭天體的運行。雲四處飄行，雨降落下來，是要使天下獲得太平。

「性情」兩字，性代表本性，情代表實情。古文講到的「情」，通常是指實際的情況，而不是情感。「美利」兩字要分開說，「美」代表美妙，萬物只要是自然的樣子都很美妙。很多人喜歡種盆栽盆景，小小的一盆，拍照很好看，細細觀察卻覺得這棵樹很可憐，從幼苗時期就被人用鐵絲繞起來，長大才會變成這個樣子，感覺就很虛假。

老子說過「天地不仁，以萬物為芻狗」，意思是天地沒有偏愛。《老子》中的仁，常常指偏愛。芻狗是用草紮成的狗，古代祭祀的時候，桌上除了放祖先牌位之外，就是放芻狗。古人對狗跟馬有特殊的感情，狗替人看門，馬替人拉車，到今天還有「効犬馬之勞」這句話。所以祭祀祖先的時候，就用草紮幾隻狗放在台上，讓它伺候祖先。芻狗在台上受祭的時候，你要向它跪拜，祭祀完畢，祖先牌位請走了，這個草紮成的狗便丟在地上讓人踐踏，可能還有人撿去當柴燒，完全由時機決定其價值。天地把萬物當做芻狗，春天開什麼花，夏天開什麼花，各有其時，不能因為喜歡這花，就非要它四季全開不可。萬物都有它興盛衰亡的規律，這是老子的思想，我們也從這裡得到一些啟發。

君子以成德為行，日可見之行也。潛之為言也，隱而未見，行而未成，是以君子弗用也。君子學以聚之，問以辨之，寬以居之，仁以行之。易曰：「見龍在田，利見大人。」君德也。九三重剛而不中，上不在天，下不在田，故乾乾，因其時而惕，雖危无咎矣。九四重剛而不中，上不在天，下不在田，中不在人，故或之。或之者，疑之也，故无咎。夫大人者，與天地合其德，與日月合其明，與四時合其序，與鬼神合其吉凶。先天而天弗違，後天而奉天時。天且弗違，而況於人乎？況於鬼神乎？亢之為言也，知進而不知退，知存而不知亡，知得而不知喪。其唯聖人乎？知進退存亡，而不失其正者，其唯聖人乎？

君子以成就道德做為行動的目標，要體現在日常可見的行為中。（初九）所謂的潛伏，是說隱藏而尚未顯露能力，行動而尚未成就道德，因此君子不會有所作為。（九二）君子努力學習以累積知識，向人請教以辨別是非，以寬容態度處世，以仁愛之心做事。《易經》說：「龍出現在地上，適宜見到大人。」因為他具備了君主所應有的德行。九三上下皆為剛爻，又未居中位（二、五），往上沒有達到天位，向下又已離開了地位，所以要勤奮不休，按所處的時勢來警惕自己，這樣即使有危險也不會有災難。九四上下皆為剛爻，又未居中位，往上沒有達到天位，向下已經脫離地位，中間又失去了人的合適位置，所以用「或」字來描寫它。所謂「或」，是疑而未決的意思，所以沒有災難。（九五）至於大人，他的道德與天地的功能相合，他的智慧與日月的光明相合，他的行事作風與四時的秩序相合，他的賞善罰惡與鬼神的吉凶報應相合。他的行動先於天的法則，天的法則不會違逆他；他的行動後於天的法則，他就會順應天的法則所界定的時勢。天的法則尚且不會違逆他，那麼何況是人類呢？何況是鬼神呢？（上九）所謂的「亢」，是說只知前進而不知後退，只知生存而不知死亡，只知獲得而不知喪失。只有聖人吧？能知進退存亡的道理而不致偏離正途的，大概只有聖人做得到吧？

最後這一大段，是對〈象傳〉所做的說明，也是最精彩的一段。全文只有第一句針對〈大象傳〉，後面全部是針對〈小象傳〉。

第一句話很短，「君子以成德為行，日可見之行也」，翻譯成白話是：君子以成就道德做為行動的目標，要體現在日常可見的行為中，這說明自強不息是指德行修養。接著是六爻。初九所謂的潛伏，是說隱藏而尚未顯露能力，行動尚未成就道德，因此君子不會有所作為。接著九二，君子努力學習以累積知識，向人請教以辨別是非，以寬容態度處世，以仁愛之心做事，這四件事情都達成了，才有可能真的表現君子或君主的德行啊！到了九三，「重剛」是說上下都是剛爻，又沒有居中間的位置，中位是指二跟五，往上沒有達到天位，往下又離開了地位，所以要勤奮不休，按照所處的時勢來警惕自己，就是有危險也不會有災難。九四的時候更進一步，也是一樣上下都是剛爻又沒有居中位，往上沒有達到天位，向下已經脫離地位，中間又失去了人的合適位置，所以用「或」這個字描寫他。或是疑而未決的意思，猶豫要不要往上走。

九五這一段文章真美，意義也很深刻。至於大人，他的道德與天地的功能相合。與天地合其德的「德」字，在天地是功能，在人是道德，代表天沒有不覆蓋的，地沒有不承載的。第二，他的智慧與日月的光明相合。人怎麼可能跟日月一樣發出光明呢？只有智慧。第三，他行事作風與四時的秩序相合，春耕、夏耘、秋收、冬藏，就按照時序來做。第四，他的賞善罰惡與鬼神的吉凶報應相合。古人相信鬼神，鬼神的能力遠超過我們所能想像。大人的行動先於天的法則，天也不會違逆他，因為他是順著中正的路線走；大人的行動後於天的法則，他就會順應天所界定的時勢。天的法則尚且不會違逆他，何況是人類呢？何況是鬼神呢？人活在世界上該怎麼修鍊自己？就是要知道天時、地利、人和，還有鬼神，連超越界的事情也要兼顧。最後上九所謂的亢，是說只知前進而不知後退，只知生存而不知死亡，只知獲得而不知喪失，因為已經到了最後階段，只有聖人能知進退存亡的道理而不致偏離正途。有些人不擇手段想要避開災難，反而不好，其實該進就進，該退就退，存、亡都是看時機，這只有聖人做得到。

2 坤 ䷁

下坤上坤，坤為地

卦辭

坤，元亨，利牝（ㄆㄧㄣˋ）馬之貞，君子有攸（ㄧㄡ）往，先迷後得主，利西南得朋，東北喪朋，安貞吉。

坤卦。開始，通達，適宜像母馬那樣的正固。君子有所前往時，領先而走會迷路，隨後而走會找到主人。有利於在西南方得到朋友，並在東北方喪失朋友。安於正固就會吉祥。

乾六爻皆陽，代表天、代表父、代表君；坤六爻皆陰，就代表地、代表母、代表臣。乾代表天，是創造的基礎，坤代表地，是接受過來的，所以必須按照天的規則與方式來運作。坤也是元亨，在大地上行走最久最有力的就是馬，而母馬除了健行不已外，還象徵柔順，坤卦上下都是坤，重複的柔順，所以用牝馬代表坤卦。

在《易經》裡面，西南代表陰的力量，也代表著順從；東北代表陽的力量，也代表剛健。在後天八卦圖裡面，在西南與東北之間劃一條線，從巽的方位到兌的方位順時針來看，代表的分別是陰性的長女、中女、母親、少女；另一邊則是從震到乾，逆時鐘來看，分別代表著陽

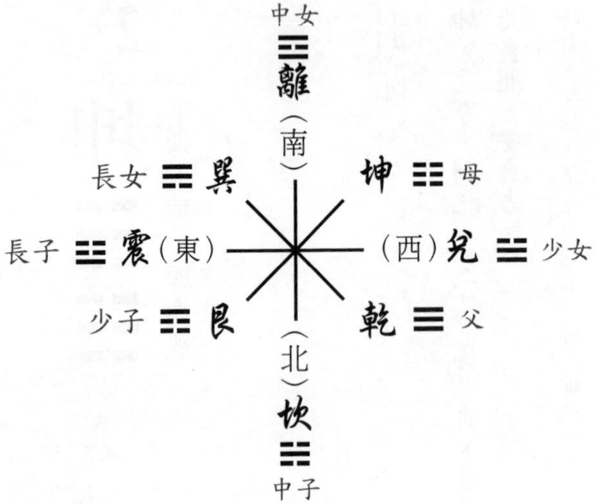

坤圖

性的長男、少男、中男、父親。「西南」這個詞在《易經》中不多見，出現的次數約為兩、三次。

坤卦的「元」，是指創始之後最初的生成作用。天地配合是萬物之母，坤卦跟乾卦不同之處在於坤卦是利牝馬之貞，適合像母馬那樣的正固，不像乾卦，是普遍的都可以有利，而且正固。牝馬象徵坤道，有如大地順著天的法則健行不已。「順」與「健」代表一方面要順，一方面要按照天行健剛健不息，並不是主動剛健，同時又能養育萬物。君子有所前往時，要參考坤卦的隨順，不能率先帶頭。西南是陰方，坤可以找到同類；東北是陽方，雖然失去同類，但獲得了主

人，因此皆為有利。

彖傳

彖曰：「至哉坤元，萬物資生，乃順承天。坤厚載物，德合无疆。含弘光大，品物咸亨。牝馬地類，行地无疆，柔順利貞。君子攸行，先迷失道，後順得常。西南得朋，乃與類行；東北喪朋，乃終有慶。安貞之吉，應地无疆。」

〈彖傳〉說：「至廣啊！坤卦所象徵的元氣，萬物藉它而得以生成，它也由此順應了天體。坤卦代表的大地以其厚重來承載萬物，功能也回應了無邊無際的需求。它包容寬裕而廣闊遠大，使各類物種都通順暢達。母馬是屬於大地的生物，馳行大地而沒有疆界，性格柔順而適宜正固。君子在前進時，率先行動會迷惑而失去正道，在後隨順就可以獲得恆常法則。在西南方得到朋友，是指伴隨同類前進；在東北方喪失朋友，是指最終會有喜慶。安於正固的吉祥，在於配合大地而沒有疆界。」

從坤卦開始，卦辭之後就接〈彖傳〉與〈象傳〉，然後是分述各爻的爻辭與〈小象傳〉。

坤卦六爻皆陰，所象徵的是無比的承受力與柔順度，這種柔順其實也是一種剛強。西方人說：「女子雖弱，為母則強」，柔弱的女子當母親之後，為了子女非要堅強不可，這是一種相對的關係。

「君子攸行，先迷失道，後順得常。」引申的意思是：如果是為人臣、為人妻、為人子，就應當順從。順從一定比較委屈嗎？其實今日為人子，將來會為人父；現在為人手下，將來可能當主管，每一個人都可以成為自己生命中的君。在我個人的範圍裡面，我就是君，我所走的就是自己可以走的路，但在占到坤卦的時候，就要記得隨順。

象傳

象曰：「地勢坤，君子以厚德載物。」

〈象傳〉說：「大地的形勢順應無比，君子因而厚植自己的道德來承載萬物。」

坤這個字，本身就代表順。古代談「物」包括人在內，比如待人接物，接物指的就是與人相處。這番話的意思是，君子要敦厚自己的品德以包容眾人。

爻辭

初六，履霜，堅冰至。

象曰：「履霜堅冰，陰始凝也。馴致其道，至堅冰也。」

初六。腳下踏著霜，堅冰將會到來。

〈象傳〉說：「腳下踏著霜，堅冰將會到來，這是因為霜是陰氣開始凝結的現象。循著此一規律發展下去，就會出現堅冰。」

初六是最底下的一爻，「履」本來是鞋子，引申為足履，因為它在整個身體的最底下。其次，談到霜，入冬的時候先下霜，接著下雪，最後凝成堅硬的冰塊，所以霜代表開始、發展的端倪。

程頤說：「猶小人始雖甚微，不可使長，長則至於盛也。」在《易經》中，有時候會將陰爻比喻為小人，指的是沒有志向的人。一個不立志、停留在原地，只知追求利益的小人，未來很難會有好的結果。

「履霜，堅冰至」這句話的涵意非常深刻，有一段故事可以證明。周朝初期封侯，將周公封在魯國，姜太公封在齊國。這兩位國之大老有一天閒聊，姜太公先問周公：你將來如何治理魯國？周公說「親親，尊尊」，意思是「親近有血緣關係的親人，尊敬德行高尚的人」，魯國就是以這四個字做為國訓。姜太公聽了就說：「魯國從此弱矣！」因為親親、尊尊代表做人處事比較厚道，再差的親戚也要讓他做官，很有德行但是沒有能力的人，還是要尊敬他，這樣一來晉用的人才有限，魯國從此就要變得衰弱了。

周公接著也請教姜太公，要如何治理齊國呢？他說「禮賢而上功」，就是要尊敬賢者，推崇功績，誰有能力，就尊重誰，誰有功勞，就提拔誰。周公聽了就說：「齊國後世必有劫殺之君。」劫就是被搶劫，殺就是殺戮，因為這樣的策略，將來一定會有大臣功高震主，不服君王治理的情況發生。

歷史應驗了這個說法。齊國傳到了二十四世時，被田氏所篡，《論語》中出現過「陳恆弒其君」，田與陳在古代是同一個姓。當時擔任國家顧問的孔子，聽到這個消息，立刻齋戒沐浴上朝去見魯君。魯君問孔子：「你要我做什麼？」孔子說：「按照天下的規則，周天子已經沒有力量了，所以各國諸侯應互相幫助，如果有國君被大臣殺掉，各國就要組織聯合軍隊去討伐那個亂臣賊子。」但是當時的魯國已一分為四，魯哀公也沒有辦法出力，他要孔子去問另外三位大夫。結果三位大夫也都沒有興趣管別人的閒事，因為他們本身也都在找機會，窺伺著魯國君主之位。

春秋時代，天下大亂，《史記》記載春秋時代「弒君三十六，亡國五十二」。齊國傳到二十四世便告結束，由別家替代，雖然還是稱之為齊國，但血統完全不同，不再是以姜太公的子孫為國君。至於魯國則是傳到三十二世，比齊國多傳了八世，雖然很弱，但生存得比較久，這與治國的國訓有關。這個歷史故事，足以讓後世的我們引以為警惕。一個國家最重要的絕對不是拚經濟，重要的是國家的方向要有公理、合乎正義，還要注重文化。

如果你占到坤卦的初六，就應該特別小心，對於正在發生的事情要見微知著，不要等到破壞形成，就來不及了。

六二，直方大，不習，无不利。

象曰：「六二之動，直以方也；不習，无不利，地道光也。」

六二。直接產生，遍及四方，廣大無邊；不必修習，無不有利。

〈象傳〉說：「六二這一爻的活動，是直接產生而可以遍及四方；不必修習卻無不有利，是因為大地之道廣大無邊。」

坤卦是土，六二是地，可以和整個坤卦的土配合，又位在下卦的中間，既中且正，沒有比它更好的位置了，因此它是全卦的主爻。

「地道光也」，光就是廣。孔穎達說：「生物不邪，謂之直也，地體安靜，是其方也，無物不載，是其大也。」「邪」是偏斜的斜，不會偏斜就是直；「方」代表四方，有四個方四個角，就很安靜。君子該怎麼效法地道的直方大呢？要真誠、方正、包容，亦即所謂的「厚德載物」。

六三，含章可貞。或從王事，无成有終。

象曰：「含章可貞，以時發也；或從王事，知光大也。」

六三。蘊含文采而可以正固。或者跟隨君王做事，沒有功業卻有好的結局。

〈象傳〉說：「蘊含文采而可以正固，是要等待時機再作發揮；或者跟隨君王做事，是因為智慮周延而遠大。」

初六、六二、六三，三個爻已合成一個小的坤卦，代表它已經有一些內涵，我們稱之為文采。但是還不夠，不能立即表現，目前只是搭好架子、舞台，得讓上面去表現。「或從王事」的「或」字代表選擇，這個字經常出現在第三和第四爻，因為這二爻是人的位置，只有人的行為才有選擇性。從每一個爻的位置來看，初爻代表士，指的是還沒有官位；六二變成大夫，正式有官位了；六三是更大的公卿；六四就是諸侯；六五代表天子；上六代表退位的天子或是宗廟祖先。六三是下卦的結束，所以「有終」，「无成」是因為它只跟著別人走，沒有屬於自己的成就。

六三是臣的位置，真的有跟隨君王的機會的話，也不宜談論功業，要把榮耀歸於君王，才能夠有好的結果。雖然六三本身是一個小的坤卦，也具有坤的基本德行，但因為處於下卦，所以合而言之要「含章可貞」，下卦已經走到終點，要換上卦出場了。

六四。括囊，无咎无譽。

象曰：「括囊无咎，慎不害也」。

六四。紮起口袋，沒有災難也沒有稱譽。

〈象傳〉說：「紮起口袋而沒有災難，是因為謹慎所以沒有禍害。」

到六四的時候要謹慎，因為這一爻是柔位，又是陰爻，根本沒有力量，所以最好能夠謹慎。而且六四開始進入上卦，處境危疑不安，最好更加收斂。不管才華如何傑出，都要紮緊袋口，不要外露，要做到守口如瓶般的謹言慎行，這樣才可以无咎。

到了這個位置，能做到无咎就不錯了，不要希望得到什麼名聲。把六三和六四這兩爻跟乾卦的九三、九四對照，就可知處在三和四，能做到无咎就應該滿意了，因為上下卦之間本來就充滿了變化。

六五。黃裳，元吉。

象曰：「黃裳元吉，文在中也。」

六五。黃色的裙子，最為吉祥。

〈象傳〉說：「黃色的裙子，最為吉祥，是因為既有文采又居於中位。」

中間的位置有時候比正位還要好，譬如六四，陰爻居柔位也是正，但不夠中，中勝於正。古時候的衣服是上衣下裳，裳是指下身之衣，據說周公輔政的時候就是穿黃色的裙子，知道自己是臣，不是君，完全符合六五黃裳元吉的原則。

依後代的五行之說，東為木，青色；南為火，紅色；西為金，白色；北為水，黑色；中為土，黃色。六五居中位，穿上黃色的裳，表示陰之順陽，不敢居上位，完全符合坤卦的角色，所以「元吉」。

元吉在《易經》出現的次數很少，大概只有十二個爻。六爻皆陽的乾卦沒有元吉，反而在坤卦出現，這代表開頭創業往往不見得被別人稱讚，通常是因為後來的世代太美好所致。

吉凶是可分等級的。元吉最好，等於上上大吉，然後是大吉，接著才是吉，吉之後是有慶、有喜，接著是无咎，人生能做到无咎就不錯了。底下還有好幾個不好的，有吝、有咎，甚至是直接講災難、講凶。所以如果沒有黃裳，後果不堪設想，等於是以臣代君，以婦代夫，元吉可能成為大凶。

六五和六二不一樣，六二是表現坤道的基本原則，順著自然沒有不利，到六五的時候只要採取適當的方式，知道自己的角色身分，穿上適當的衣服來表達，就是上上大吉。

上六。龍戰於野，其血玄黃。

象曰：「龍戰於野，其道窮也。」

上六。龍在郊野爭戰，牠的血是青黃色的。

〈象傳〉說：「龍在郊野爭戰，是因為牠的路已經到了盡頭。」

在乾卦裡面出現了五條龍，坤卦的上六是最後一條龍，以外就不再用龍這個象徵了。「龍戰於野」，邑外有郊，郊外有野，野代表最邊緣，上六在最外面，所以用「野」字。

上六是完成坤卦的一爻，此卦六爻皆陰，陰氣盛極，自以為是龍，但不是真正的龍，所以跟象徵乾卦的龍在郊野作戰。

坤卦六爻皆陰，接下來陽爻準備從底下上來，成為復卦。所以復卦叫做「一陽復起」，代表大地又重新有了活力。坤卦到上六的時候，非打仗不可，是跟在外面的陽爻之間有戰鬥。玄是天的顏色，黃是地的顏色，「其血玄黃」代表天跟地都受到損傷，如果讓坤卦一路發展到底，就沒有辦法再有生命了。

〈象傳〉說龍在郊野爭戰，因為它的路走到盡頭了。我們常常在上六或上九發現「窮」，走不動了、沒路走了，意義就在這裡。乾卦上九爻辭說「亢龍有悔」，坤卦上六象辭說「其道窮也」，代表上面的位置是個結束。因為卦是由下往上，一直在運動之中，每一個卦都是活動的，占到任何卦，不論再怎麼好，都要記得留意下一卦的發展。

用六，利永貞。

象曰：「用六永貞，以大終也。」

用在坤卦整體。適宜永久正固。

〈象傳〉說：「用在坤卦整體可以永久正固，是因為它是大的終局。」

跟只有乾卦有「用九」一樣，《易經》六十四卦之中，只有坤卦有「用六」。

只要占到坤卦，就要記得適合長期正固，因為它是大的終局。乾，創始萬物；坤，接納萬物；就好像大地讓一切安頓，把上天所造的一切都加以完成。

文言傳

文言曰：「坤至柔而動也剛，至靜而德方，後得主而有常，含萬物而化光。坤道其順乎，承天而時行。」

〈文言傳〉說：「坤卦最為柔順，但活動時卻是剛健的；最為靜止，但功能遍及四方。它隨後而走才找到主人，但卻有恆常法則；包容萬物，並且化育廣大。坤卦的原理就是順應吧，它順承天體並且按照時序運行。」

坤卦具有雙重性格，它的本身柔順，但是因為必須順從不斷運行的天體，所以也應該剛健。這也象徵著通常為人母者要比為人父者辛苦多了。

《易經》有一套相對觀，以陽代表動剛圓開，陰代表靜柔方合，但是陽與陰並非截然二分，而是彼此相合。像太極圖中所包含的陰陽魚中，白代表陽，陽裡面的黑色魚眼就是陰；黑代表陰，陰裡面的白色魚眼是陽，如此來看，正是「陽中有陰，陰中有陽」。這個圖形不是從中間縱切一半，而是曲線的，代表生命力是處於持續運作的狀態。

先天八卦圖

積善之家，必有餘慶；積不善之家，必有餘殃。臣弒其君，子弒其父，非一朝一夕之故，其所由來者漸矣，由辨之不早辨也。《易》曰：「履霜堅冰至，蓋言順也。」

（初六）積累善行的人家，必定會有多餘的吉慶留給後代；積累惡行的人家，必定會有多餘的災禍留給後代。像臣子殺害國君，兒子殺害父親這種大罪，其原因不是一天之內突然發生的，而是長期逐漸累積形成的，只是由於沒有及早辨明罷了。《易經》說：「腳下踏著霜，堅冰將會到來。」說的就是循著趨勢發展的現象。

「積善之家，必有餘慶」是在佛教傳入中國之前，論及報應的一句話，當時流傳得相當普遍。這句話所提及的報應是以「家」為單位，在一個家族裡的人一定有好有壞，但子孫對於福禍的報應，似乎必須概括承受，這難免有點不公平。然而，這個觀念至今還是有很多人信服。

其實，像臣子殺害國君，兒子殺害父親這種大罪，這些都不是一天之內突然發生的災難，而是因為一開始沒有教好，或是一開始沒有注意到問題的嚴重性，造成後來有一發不可收拾的情況發生。初六爻辭所提及的「履霜，堅冰至」，就是在談這種長期累積而形成的狀況，只是由於循著趨勢發展，沒有及早辨明罷了。這個道理大家都知道，但不見得真的能夠實踐。如果我們能從小事情、小細節做起，例如教孩子從小養成好的生活習慣，他便能一輩子受益，在生活習慣方面尚且如此，更何況是學問與德行等其他方面呢？

直其正也，方其義也。君子敬以直內，義以方外，敬義立而德不孤。「直方大，不習，無不利」，則不疑其所行也。

（六二）直接產生，是說它的正確模式；遍及四方，是說它的適當表現。君子以嚴肅態度持守內心的真誠，以正當方式規範言行的表現。做到既嚴肅又正當，他的德行就不會孤單了。「直接產生，遍及四方，廣大無邊；不必修習，無不有利。」這樣就不會疑惑自己的所作所為了。

孔子說：「德不孤，必有鄰。」「必」這個字代表必然性、普遍性。如果不是人性普遍向善，一個人無論如何行善、再有德行，也不會有人理會。正因為人性向善，所以不論到任何地方，只要有德行就不必擔心會孤單，而一定會得到支持。接著要問的是，怎麼證明人性向善？就是「直方大，不習，無不利」，這樣就不會疑惑自己的所作所為了。

陰雖有美含之，以從王室，弗敢成也。地道也，妻道也，臣道也。地道无成，而代有終也。

（六三）陰性角色雖有美好條件也要隱藏起來，以這種態度跟隨君王做事，不敢成就什麼功業。這是地的法則，妻的法則，臣的法則。地的法則並不成就什麼，只是代替天去完成好的結局。

前面說過「无成有終」，不敢成就功業，反而會有好的結果，千萬避免功高震主。不論參加任何團隊，成功之後就要收斂。

再強調一次，陰是指相對的位置，在家裡面是父親，是陽；到外面上班碰到老闆，就成了陰；每個人所扮演的角色，會隨著與別人互動的情況而有所變動。在歷史上，這樣的例子很多，譬如禹治理洪水有功勞，但是歸功給堯舜；周公輔政有功勞，但不會驕吝，孔子說過：「如有周公之才之美，使驕且吝，其餘不足觀也已。」所以孔子才會經常夢見周公，如果周公是「驕且吝」，就根本不足觀，孔子也就不會夢到他了。

天地變化，草木蕃。天地閉，賢人隱。《易》曰：「括囊，无咎无譽。」蓋言謹也。

（六四）天地之間變化不已，草木滋長茂盛。天地之間閉塞不通，賢人就會隱退。《易經》說：「紮起口袋，沒有災難也沒有稱譽。」說的就是要謹慎啊！

六四上面有六五，六五才是國君，所以位置不穩的六四應該收斂，留意到上下。當國家人才不能出頭之時，說的就是要謹慎。六四陰爻居柔位，實在沒有什麼力量，六四對應初六，都是陰爻也不相應，上上下下都是陰爻，怎麼能夠有作為呢？所以三跟四已經決定了結果。

君子黃中通理，正位居體，美在其中，而暢於四支，發於事業，美之至也。

（六五）君子採用黃的中色，表示他明白道理；坐在正確的位置上，表示他處世安穩；他內心蘊含的美德，流通在身體的行動中，再展現於他所經營的事業上，這真是美德的極致啊！

這一段所提到的兩次「美」，指的是曖曖內含光的內在美。四肢代表行動，要有源頭活水，才會真誠而自動的顯示在行動中，再擴及其他事業。

古人對事業的定義，以所經營的為「事」，經營成功才能算「業」。一個人如果說自己有事業，代表做的事已經成功。

（上六）陰疑於陽必戰。為其嫌於无陽也，故稱龍焉。猶未離其類也，故稱血焉。夫玄黃者，天地之雜也。天玄而地黃。

〈上六〉陰氣受到陽氣猜疑，必然發生爭戰。由於陰氣猜測沒有陽氣存在，所以也稱之為龍。但是陰氣尚未離開它的類別，亦即陰無法勝過陽，所以用流血來描寫。至於「青黃」，那是天地混雜的顏色。天是青色，地是黃色。

六爻代表整個天地萬物的格局，六爻皆陰，等於是陰籠罩了一切，便猜測沒有陽氣存在了，所以也稱這個坤卦為龍。因為全部都是陰爻，就自以為是龍。龍代表生命力，但它事實上沒有生命力，所以最後用流血來代表陰與陽的爭戰。

以上是坤卦的〈文言傳〉，篇幅比起乾卦少了許多。現在乾坤定了，天地安穩了，接著就出現萬物。學習《易經》的時候，會發現萬物的出現有一個發展的過程，就如同人的生命發展一樣。一個人從小慢慢長大，也慢慢老去，那是對生命所下的最簡單註解。但事實上，人生並沒有那麼單純。在人生中所面臨的人際互動是非常複雜的，有時我們會遭遇到許多不利於自己的狀態，但這些狀態從長遠來看，也可能是好的，而這些過程正給予我們磨鍊的機會。

3 屯 ䷂

下震上坎，水雷屯

卦辭

屯。元亨利貞。勿用有攸往，利建侯。

屯卦。開始、通達、適宜、正固。不要有所前往，適宜建立侯王。

屯卦是下震上坎，上卦是水，下卦是雷，讀為水雷屯。我們可以想像一個畫面：天上積著厚厚的雲層，下著傾盆大雨，同時還有閃電打雷，然後在草昧洪荒的大地之上，萬物便開始出生了。

「元亨利貞」這四個字在乾卦出現過，但在乾卦時所代表的意義是創始，這裡則是指開始，代表萬物開始萌發。屯卦是乾、坤之外的六十二卦之始，說明六十四卦順序的〈序卦傳〉

中說：「盈天地之間者唯萬物，故受之以屯。屯者，盈也。屯者，物之始生也。」屯卦教人剛開始不要著急，不要有所前往，適宜建立侯王，先安定下來，把人類所組織的社會建構好。「盈」代表充滿，天地之間充滿萬物，所以第一個叫做屯卦。

有人把「屯」加以拆解，認為其中的一橫代表地平面，然後一株草在地底下扎根，同時往上破土生長，代表著萬物開始出生，這種說法也有幾分道理，因為在遠古的時候，確實使用象形文字較多。

「元亨利貞」是卦的四德，用在乾卦表示充分而完美，在其他各卦則是具體而微，就是也都具備了條件，但是格局比較小，而且還各有限制。例如，屯卦只是利建侯。

彖傳

彖曰：「屯，剛柔始交而難生。動乎險中，大亨貞。雷雨之動滿盈，天造草昧，宜建侯而不寧。」

〈彖傳〉說：「屯卦，陽剛之氣與陰柔之氣開始交流，困難隨之而生。在險阨中活動不已，要使一切通達而正固。打雷下雨遍布各地，上天的造化仍在草創冥昧的階段，適宜建立侯王，並且勤奮努力不休。」

「動乎險中」在這裡有多重象徵，必須細心體會。屯卦下卦是震，代表動；上卦為坎，代表險，在危險裡面還努力活動，就是這一卦的基本象徵，也就是動乎險中。外面有危險，裡面再怎麼行動都不會有效果，但是目的是希望將來可以大亨通。

屯卦的下卦是震，震即為草，因為震在東方，東方是草木開始出生的地方，首先見到太陽；上卦是坎，坎即為月，月代表還沒有天亮，叫做昧；所以把這兩卦放在一起，就變成「天造草昧」。震和坎放在屯卦時，是這樣解釋，那麼將來遇到震或坎時，是不是都這樣解釋呢？當然不是，這就是《易經》的奧妙。後人可以靈活運用各種方式，來解讀不同的情況，每個人都有自己的領悟，也各有其道理，然後把少許道理集合起來，最後便會形成一門學問。例如這段文字中提到的「不寧」，在這裡所指的是「不要安定下來，要繼續努力」，但在別處用到時，就可能成了「不安寧」的意思。所以同樣的詞，放在不一樣的文路脈絡中，意思也會變得不同。

象傳

象曰：「雲雷屯，君子以經綸。」

〈象傳〉說：「上卦坎為雲雨，下卦震為雷，兩者相合就是屯卦。君子由此領悟，要努力經營籌畫。」

〈大象傳〉在解釋卦象的時候，會先說明上下卦的組合，然後再指出對人們的啟發。坎是水，是坎陷；震為足，為行動；行動入於坎陷則有迴旋難進之象，這在解析各爻時可以參考。

爻辭

初九。盤桓，利居貞，利建侯。

象曰：「雖盤桓，志行正也；以貴下賤，大得民也。」

初九。徘徊不進，適宜守住正固，適宜建立侯王。

〈象傳〉說：「雖然徘徊不進，但是前進的心意是正當的；尊貴而處於卑賤之下，這樣可以廣泛得到百姓支持。」

初九是本卦的主爻。初九的爻辭和卦辭、象傳所表達的是一樣的，「利建侯」就是線索，這是找到主爻的一個方法。「盤」是大石頭，「桓」是大柱子，有大石頭又有大柱子，根本就不能動，所以盤桓就是徘徊不進的意思。

〈象傳〉更進一步說：「雖盤桓，志行正也」，因為上面有六四，初九與六四正應，代表初九願意往上走。「志」代表心意，它的心意就是要去行動。而且初九陽爻居剛位，又有六四陰陽正應，所以說「志行正也」。

為什麼說它尊貴而處於卑賤之下呢？這時候就要看互卦，一個卦有兩個互卦，二、三、四爻組成一個互卦，三、四、五爻也是一個互卦，屯卦的第一個互卦是坤，第二個互卦是艮。下卦震代表長子、諸侯，而初九之上的互卦是坤卦，坤代表百姓，諸侯願意讓老百姓在上位，並替他們服務，所以叫「以貴下賤」，可以得到百姓的支持。由此可知，古時候的人也有一種觀念，要以服務代替領導，而不是作威作福來奴役百姓。初九願意把老百姓放在更高的位置，百姓自然會擁護這個謙虛的初九，願意推舉他為侯王，這是第一步，由初九已經可以看到全卦的基本象徵。

另一個三、四、五爻組成的互卦是艮卦，艮卦代表停止，所以初九之上，外面有水，上面又有一個停止，根本就動彈不得，只好停下來。事實上以初九或是初六做為主爻的很少，因為剛開始，還不清楚將來會怎麼樣發展。越往上變化越少，到了第五爻上面就只有一個可能：不是陽就是陰。

六二：屯如邅（ㄓㄢ）如，乘馬班如。匪寇婚媾（ㄍㄡˋ），女子貞不字，十年乃字。

象曰：「六二之難，乘剛也；十年乃字，反常也。」

六二。困難重重，徘徊難行，騎上馬也是團團打轉。要是沒有盜賊，就前去結婚了。女子守正而不出嫁，十年才可出嫁。

〈象傳〉說：「六二的難局，是因為乘駕在剛爻之上；十年才可出嫁，是因為最後一切回歸正常。」

因為六二本身是陰爻居柔位，比較柔順。在〈說卦傳〉裡面，震可以做馬來解，六二在初九上面，等於是騎上馬也是走不通。「匪」同非，可以翻譯成「要是沒有盜賊，就前去結婚了」。因為坎卦就是盜賊，六二跟九五正應，本來想往上走，但往上一看，一個強盜在外面，所以說如果不是那個強盜，就去結婚了。

如果問婚姻，占到這一爻，那就表示時機還沒成熟，慢慢來不要急。「女子貞不字」，以前人結婚配八字，「字」代表許嫁，還沒講定人家稱為「待字閨中」，問許了人家沒，說「字人否」。「女子貞不字，十年乃字」所說的十是數目的終點，代表最後還是可以的，只不過要等待一段時間。

〈象傳〉也在解釋六二的難局，六二底下是初九，柔爻乘在剛爻之上，所以有困難。六二處於困境之中，即使騎上馬也走不得，原因就在於乘剛。另一種解釋是，六二所乘的初九是寇，所欲婚媾的對象是九五。因為如果不是初九拉著我，我就到九五那邊去了，所以初九如同強搶的寇。還有一個說法是，上卦坎就是一個寇，如果不是上面那個強盜阻攔，我就過去了。

綜合以上，「寇」有兩種解釋：在六二上面或下面，因為這一卦六爻裡面有兩個陽爻，底下是初九，上面是九五，都跟六二有關，都可以選擇六二，而且也只有六二可以選擇。所以六二的困難就在這裡，到底要哪一個男人？這種左右為難的意象經常出現，因為初九是主爻，比較有力量，六二上面是一個坎卦，要上去很困難，加上六三、六四也都是陰爻，看六二上去，恐怕也不太開心。若要往下找，回頭路是不該走的；應該往上走，卻又被底下牽制。

占卦占到這個爻的時候，要用類似的方式來想，畢竟古今的生活型態差別太大，要用豐富的想像力評估眼前的處境是什麼情況。只要耐心堅持，最後還是會回歸正途，「反常」的「反」就是回去，回歸正途的意思。

六三。即鹿無虞，惟入於林中，君子幾（ㄐㄧ），不如舍（ㄕㄜˇ）。往吝。

象曰：「即鹿無虞，以從禽也。君子舍之，往吝，窮也。」

六三。追逐野鹿卻沒有獵官帶領，這樣只會困處於山林中。君子察知幾微，不如放棄算了。前往會有困難。

〈象傳〉說：「追逐野鹿卻沒有獵官帶領，是因為貪圖禽獸。君子放棄了，是因為前往會有困難，會陷於困境。」

從這句話可以聯想到「逐鹿中原」，為什麼競逐的是「鹿」，而不是其他的動物？因為鹿是一個特別的象徵，它的讀音和「祿」一樣，用鹿代表官位，是諧音雙關的用法。

六三在下卦震裡面，震為行動，所以會去追逐；這一爻又在互卦坤裡，坤為地、為田，古時候「田」這個字就是打獵的意思，因為打獵一定要在土地上奔跑，這一爻正好在互卦坤的中間，最能表現田地的特色就是田獵，也就是追逐野鹿了。問題是六三陰爻居剛位，位置不正，又跟上六都是陰爻，敵而不應，根本就沒有人帶路，也就是「即鹿無虞」。「虞」是主管山林的獵官。

接著說「入於林中」，因為另一個由三、四、五爻組成的互卦艮裡，六三已經包括在裡面了，艮就是山，到了山林裡面迷路了，沒有帶路的嚮導不行。再看「禽」，禽不是只有飛禽，還包括走獸在內，從禽代表他的貪念在作祟，君子察覺事情不妙，只好放棄了。「吝」是吉凶斷語之一，表示有困難，一般講吝的時候都有一點羞愧的意思，若是有羞愧而不改，就有困難了。綜合看六三這個爻實在很有意思，兩個互卦全部都用到了，增加了整個卦的幽微涵意。

六四。乘馬班如，求婚媾，往吉，無不利。

象曰：「求而往，明也。」

六四。騎上馬而團團打轉。若是要求結婚，前往是吉祥的，沒有什麼不適宜。

〈象傳〉說：「要求結婚而前往，是明智的做法。」

注意看這一卦裡的六二、六四與上六，三個柔位都是有馬可騎，因為震卦是一個馬，坎卦也是個馬。六四騎的馬團團打轉，意思是說要求結婚而前往是明智的做法。六四跟誰結婚呢？六四跟初九正應，如果初九要找它，它會願意求而往。一般來說，陰爻比較被動，跟隨有活力的陽爻初九，是明智的做法。六四在下卦震之上，震為作足馬（抬足而動的馬），所以說乘馬。六四乘馬之象比六二清楚，六二乘馬是因為在初九上面；六四乘馬是因為底下震卦是馬；上六也是乘馬，因為坎卦是馬，它在馬上面。所謂「上面」，有時候指的是它是三爻中的第三爻，所以是上面；有時候是第四爻，在下卦的上面，這叫做多重指示。

求婚媾的兩個方式，第一個是比，相鄰為比，也就是找相鄰的九五，但九五跟六二正應，對六四沒興趣。第二個是應，六四與初九正應，初九找六四，所以說「往吉」，捨五取初是明智的選擇。

九五。屯其膏，小貞吉，大貞凶。

象曰：「屯其膏，施未光也。」

九五。屯積恩澤，小規模的正固是吉祥的，大規模的正固就有凶禍。

〈象傳〉說：「屯積恩澤，是因為施布不夠廣大。」

仔細解讀這一爻的意涵。九五居坎卦之中，坎在此為雲，表示集聚為雲氣而尚未轉化為普施天下的雨，所以說「屯其膏」。膏是油脂膏澤，屯而未施，表示天子的恩澤未能廣布。這是〈大象傳〉之所以要說「雲雷屯」而不說「水雷屯」的原因，因為水就是雨，若是已經雲行雨施，那麼天下人就都可以受到照顧了。但是屯卦的九五沒那麼大方，只能說是雲。九五與六二正應，在此表示有所偏私，施未光也，適宜小規模的正固，也就是以漸進的方式守正，而無法全面大規模的要求正固，如果勉強為之則將帶來凶禍。

以卦象來說，底下是一個震卦，要它鎮住不動也不可能，所以說大規模正固反而會有凶禍。此外也有人主張，《易經》裡面提到的「貞」就是「占」卦的意思，但事實上並非如此，比如此處的「小貞吉，大貞凶」，若是解為小的占卦吉祥，大的占卦有凶禍，其意為何，根本無法解釋清楚。

上六。乘馬班如，泣血漣如。

象曰：「泣血漣如，何可長也？」

上六。騎著馬團團打轉，哭泣得血淚漣漣。

〈象傳〉說：「哭泣得血淚漣漣，怎麼能夠長久呢？」

水與血是相通的，人類身上的血，就如同自然界的河流一樣，人有血管，就跟河流通往各地，讓萬物可以生長一樣，所以坎卦是水卦，也是血卦。坎為下首馬，就是低著頭的馬，上六居坎卦上爻，所以也說「乘馬」。此卦二、四、上都居於柔位，也都提及乘馬，意圖有所前進，但三者都是團團打轉的處境，這是屯卦的特色。上六走到頂點前無去路，下與六三敵而不應，又騎在九五至尊上面，下場可以說是太慘了，哭得血淚漣漣，這樣當然不會持久，很快就要變化了。

綜觀整個卦和各爻，第三卦屯卦的意涵就很清楚了，陰陽開始交錯，萬物開始出生，但這時候是剛剛開始「天地草昧」的階段，所有的生命都很脆弱，行動的話很危險，所以這一卦的六爻都提到不宜行動。若非行動不可，不如回到自己的內部，建立自己的部落，找到一個領袖，來好好的規畫。

占卦時若占到屯卦，最好收斂，因為時機還不成熟，要做的事尚在起步階段，如果向外擴張太快，將來不可收拾，還不如穩紮穩打。十年乃字，當然不一定正好十年，但一定是要等很長的時間，等一個新階段的開始，才會有新的氣象。

4 蒙

下坎上艮，山水蒙

卦辭

蒙，亨，匪我求童蒙，童蒙求我，初筮（ㄕˋ）告，再三瀆（ㄉㄨˊ），瀆則不告，利貞。

蒙卦。通達。不是我去求蒙昧的兒童，是蒙昧的兒童來求我。初次占筮，告訴他結果；兩次三次占筮，是褻瀆神明；褻瀆就不告訴他。適宜正固。

蒙卦是屯卦的覆卦，也就是屯卦的六爻從下往上整個翻過去，成為山水蒙卦。山下有水，水氣看起來像霧，視線不清楚，所以叫蒙。卦辭所說的「通達」，意思是「蒙卦可以讓你通達」，並不是「蒙卦就是通達」。

在古代，小孩子叫做童蒙，好像蒙上眼睛靠本能和欲望在生活。此處說的是我們的祖先剛剛開始進入部落型態的社會，大家都蒙昧無知，像個小孩子一樣，需要卜問。古人把「老師教學生、學生找老師」，比喻為占筮。卦辭中的「我」是老師，不是老師去找學生，是學生來找老師。六爻中只有九二、上九兩個陽爻可能是老師，因為它有實力，有實實在在的學問，陰爻全都是小孩子。

蒙卦是萬物出生之後的發展階段，發展的目標是要使一切通順暢達，所以不說「元」，只說「亨」。〈序卦傳〉說：「物生必蒙。蒙者，蒙也，物之穉也。」「穉」就是幼稚的稚，意思也相同。事物在開始的時候像小孩子，蒙昧未開的狀態，要找老師開導。

《孟子》曾提到商湯的宰相伊尹，他說上天生下老百姓，有先知先覺之士，使先知覺後知，使先覺覺後覺。有人便問先知先覺怎麼會出現呢？那個時代，人們慢慢的摸索生活法則，若尋不出法則，整個部落便消失了，但最後總有人能從經驗裡體驗到一些智慧，傳承下來不再重蹈覆轍，這些人就成了「先知先覺」之士，知道人生應該如何。蒙卦說的就是這個道理。

彖傳

彖曰：「蒙。山下有險，險而止，蒙。蒙亨，以亨行時中也。匪我求童蒙，童蒙求我，志應也。初筮告，以剛中也。再三瀆，瀆則不告，瀆蒙也。蒙以養正，聖功也。」

〈彖傳〉說：「蒙卦。山下有危險，遇到危險就停下來，這就是蒙昧的狀況。蒙卦通達，是因為它以通達的方式做到合時與中道。不是我去求蒙昧的兒童，是蒙昧的兒童來求我，這表示心意相互呼應。初次占筮，告訴他結果，那是因為本卦有剛毅中正之象。兩次三次占筮，是褻瀆神明，褻瀆就不告訴他，因為他既蒙昧又褻瀆。蒙昧之時可以用來培養正道，這是造就聖人的功業啊！」

蒙卦是上山下水，水代表危險，山代表止。《易經》中特別重視「時、中」這兩個字，用儒家的話來說，就是在適當的時候，做正確的事。在蒙卦裡面九二與上九代表老師，蒙昧的兒童是六五。六五是最主要的君位，但又剛剛上台，需要大臣來輔政，這個時候說兒童來求我，表示心意互相呼應，「志應也」。「剛中」二字是指九二，陽爻為剛，居下卦中間，是這個卦的主心骨。

綜合上述內容，主要是談蒙昧如何求通達，指示的是九二這一爻所顯示的象。程頤說：「時謂得君之應，中謂處得其中。」九二得時，有六五為應，居下卦中位。所謂君是六五，這個君以柔居剛位，成為童蒙，代表本身沒有實力，像小孩子占了大人的位子，所以要找到好的老師請教。

象傳

象曰：「山下出泉，蒙。君子以果行育德。」

〈象傳〉說：「山下流出泉水，形成蒙卦的意象。君子由此領悟，要以果決的行動培育道德。」

山下流出泉水，本來很乾淨，越到下游污染越多。君子由此領悟到，要以果決的行動培育道德。小時候的小毛病不去戒除，將來就麻煩了。君子是指立志成為君子的人，在《易經》六十四卦的〈大象傳〉之中，有五十三卦提到君子，這是儒家立場，希望透過修養德行成為君子。

爻辭

初六。發蒙，利用刑人，用說（ㄊㄨㄛ）桎（ㄓˋ）梏（ㄍㄨˋ）。以往，吝。

象曰：「利用刑人，以正法也。」

初六。啟發蒙昧，適宜用刑罰來規範人們，藉此讓他們擺脫桎梏。依此有所前往，會陷入困難。

〈象傳〉說：「適宜用刑罰來規範人們，是為了端正法紀。」

初六之所以要啟發蒙昧，是因為初六以陰爻居下，代表被統治的人民處於蒙昧之中，這時候適宜用刑罰來規範人們，藉此讓他們擺脫桎梏。刑罰大家都不喜歡，但是小時候沒有約束限制，長大以後就可能作奸犯科，陷入腳鐐手銬的刑罰之中，所謂「小懲大戒」就是這個意思。桎梏在此的意義有二，一是本能欲望對人的控制；一是真正犯法受刑的狀態。啟蒙對於解脫這兩種桎梏有具體作用：一方面開導人不要只是受本能欲望的控制；另一方面提醒人避免將來陷入牢獄之中。

「以往，吝」就像孔子說的：「道之以政，齊之以刑，民免而無恥。」老百姓知道政與刑很嚴酷，所以設法避免，但是卻沒有羞恥心。就好像學生常說作弊不算錯，作弊被抓到才算錯，所以他會設法「免」，也就是不被抓到，但卻沒有羞恥心。問他以後還要作弊嗎？學生會說：「還要作弊，但是要改善技術。」這樣的教育顯然失敗了。如果換成孔子的下一句：「道之以德，齊之以禮，有恥且格。」因為有德與禮，不但有羞恥心，還能夠歸於正道。初六代表剛開始，所以必須接受這個規範。

九二。包蒙，吉。納婦吉。子克家。

象曰：「子克家，剛柔接也。」

九二。包容蒙昧，吉祥。容納婦人，吉祥。兒子能夠持家。

〈象傳〉說：「兒子能夠持家，因為剛爻與柔爻可以接應。」

「包」就是包容，這個字經常出現，往往是中間才能包底下的，第一個爻不可能包容，因為沒有可包容的對象。蒙卦裡面九二以陽爻居中位，又有六五相應，所以可以承擔責任，包容蒙昧之人。「婦」是指年紀或地位比較高的女性，「納婦」是指九二接納年齡或地位比較高的六五，「剛柔接」便是由此取象。在古代封建制度中，諸侯的封地稱「國」，大夫的采邑稱「家」，五是天子位，二是大夫位，所以九二提到「子克家」。更進一步從互卦來解釋，九二、六三、六四合成震卦，震代表長子，長子可以持家，所以說「子克家」。

九二與六五之間的關係，在歷史上有一個很好的例子，就是伊尹和太甲。九二是伊尹，六五是太甲，伊尹是商湯的宰相，太甲是商湯的孫子。伊尹不但輔佐商湯建立商朝，到太甲繼位時還幫忙教導他。太甲年輕時不學好，伊尹就將他放逐，這個作為很大膽，有篡位的嫌疑。太甲被放逐後，一方面覺得自己是天子居然被放逐，難免抱怨；另一方面他也改過遷善；三年後伊尹再把他請回來當天子。年紀輕輕就當天子的太甲，當初如果沒有伊尹的管教，一輩子胡作非為，結果一定不好，對國家更是不利。伊尹之於太甲，正是輔佐商朝的佳例。

九二是蒙卦的主爻，一般來說主爻吉的比較多，凶的很少。

六三。勿用取女；見金夫，不有躬。无攸利。

象曰：「勿用取女，行不順也。」

六三。不要娶這個女子，她見到有錢的男子，就會失身。娶她沒有任何好處。

〈象傳〉說：「不要娶這個女子，是因為她的行為不順理。」

如果問婚姻，占到這一卦就不要娶這個女子。這是古今通用的觀念，這種爻辭就算是現代人也看得懂。六三雖然與上九正應，但她當然喜歡九二，因為九二是主爻，剛爻居中，是眾望所歸的金夫，大家都歸向它。六三以陰爻居剛位，又居上下卦交接之際，原本就三心二意很不安分，現在跟九二相鄰難免見利忘義，想取悅九二。

六三、六四、六五是互卦坤，坤是母親，母親懷孕就是有身，有身就是自身。六三如果取悅九二，就往下走離開互坤，失去自己的身了，所以說它「不有躬」。至於「行不順」是指六三乘剛，凌駕九二之上。《易經》中認為乘剛不順理，也不順利，所以六三之所以不好，第一是位置不正，陰爻在剛位；第二是上面雖有相應，但是底下乘剛，所乘的九二還是主爻，為了取悅主爻離開自己同類互坤，這些都不好。

六四。困蒙，吝。

象曰：「困蒙之吝，獨遠實也。」

六四。困處於蒙昧之中，有困難。

〈象傳〉說：「困處於蒙昧之中而有困難，是因為只有自己遠離了剛爻。」

六四上下都是陰爻，和初六敵而不應，和兩個陽爻九二、上九又都隔了一個陰爻，所以無依無靠。看本卦中其他陰爻，初六上面有九二可以靠，六三有上九，六五則有九二相應，只有六四沾不上邊。所以在蒙昧的情況下，六四靠不到剛實的力量，叫做「困蒙」，無路可走。

六五。童蒙，吉。

象曰：「童蒙之吉，順以巽也。」

六五。蒙昧的兒童，吉祥。

〈象傳〉說：「蒙昧的兒童是吉祥的，因為他以謙遜來表達順從。」

前面說過童蒙是指六五，第五爻屬天人地中的天位，但卻是陰爻在剛位，可知本身是一個沒有實力、比較幼小、比較不足的狀態，幸而有九二支持。所以說蒙昧兒童是吉祥，因為他以謙遜來表達順從。六五居上卦中位，與九二正應，等於天子以柔順姿態任用剛明賢者，如此可為整個天下啟蒙。六五包含在互卦坤裡，坤為順，意味著他以謙遜來表示順從，如此好善自然吉祥。

「好善」二字孟子也用過，他有個學生叫樂正子，在魯國準備當大官，孟子高興得睡不著覺，別的學生就問：「樂正子很傑出嗎？」孟子說：「並不傑出。」又問：「能力很強？」「學問很好？」「德行很高？」答案都是「沒有！」學生說：「老師為什麼高興得睡不著覺？」孟子的答案只有一句話：「好善優於天下。」一個人喜歡聽有意義、有價值的話，就是天下最好的德行。做官的人尤其應好善，聽到別人有好事，看到別人做好事就很喜歡。所以孟子並不要求一個人是完美的，但至少要有好善的美德，聽到有價值的話立刻感謝別人。像「禹聞善言則拜」，聽到有價值的言論，立刻向別人拜謝。如此一來，天下的善言通通過來了，自然而然可以集思廣益。

上九。擊蒙。不利為寇，利禦寇。

象曰：「利用禦寇，上下順也。」

上九。擊走蒙昧。不適宜做強盜，適宜抵禦強盜。

〈象傳〉說：「適宜用來抵禦強盜，是因為上下相順。」

初六中提到，用刑是為了讓他避免成為牢獄之災的受害者，要擺脫腳鐐手銬。到上九看到他還在蒙昧，就等不及了，要出手打擊，不然就會變成強盜。蒙卦上卦是艮，在人的身上代表手。之所以可以抵抗強盜，不當強盜，是因為上九跟六三，上下可以配合。上九是陽爻，有啟蒙的責任，在上卦艮裡面，要擊走蒙昧，與上九正應的六三位於下卦坎中，坎為盜寇，但是六三見金夫不來相應，所以不利為寇。也就是說上九跟六三呼應，看到底下是一個強盜，就聯合眾人之力抵抗外來的盜寇，因此說「上下順」也，上是上九，指他自己，下指互卦坤，坤為眾為順，上九得到群眾相挺支持，上下相順，足以渡過蒙卦的階段。

從水雷屯到山水蒙，就像是人類社會的演進，屯卦先讓部落穩定下來，找到一個人來領導，接著蒙卦就設法為這個社會裡還沒有開竅的、還不懂事的人們，上上下下加以啟蒙。所以此卦提到發蒙、包蒙、困蒙、擊蒙，便是這一卦的特色。

5 需 ䷄

下乾上坎，水天需

卦辭

需。有孚，光亨，貞吉。利涉大川。

需卦。有誠信，光明通達，正固吉祥。適宜渡過大河。

「需」的讀音，古人認為是下雨的聲音，下雨的時候不能往外面跑，只好等待，因此有等待的意思，也代表實力不夠，還須進一步充實。「孚」就是誠信，位居需卦上下卦中間的兩爻都是陽爻，九二、九五，代表內心的實在，一個人有誠信，誠於中形於外，心裡面有什麼樣的基礎，就把它表達出來，不會心虛。「光亨」是光明通達，這要從互卦來看，九三、六四、九五形成一個互卦離，離就是光明，所以光明通達。然後便能正固吉祥，準備好之後，適宜渡過大河。

「利涉大川」四個字，只在整部《易經》中的七個卦出現，每一次出現必然有乾卦或巽卦在其中，乾卦三爻皆陽，力量很大，有可能利涉大川；巽代表風，有風才能夠渡過大河。〈序卦傳〉說：「物穉不可不養也，故受之以需。需者，飲食之道也。」前面蒙卦代表幼稚，那麼就要養。飲水吃飯，就是為了培養實力，壯大自己，就如我們常說的：「休息是為了走更遠的路。」就是需的意思。

彖傳

彖曰：「需。須也。險在前也。剛健而不陷，其義不困窮矣。需有孚，光亨，貞吉。位乎天位，以正中也。利涉大川，往有功也。」

〈彖傳〉說：「需卦。有所等待，因為前面出現了危險。有剛健之德而不會陷於險難，從道理上講不會走到困窮的地步。需卦有誠信，光明通達，正固吉祥。九五處在天位，可以端正而守中。適宜渡過大河，前往可以建立功業。」

需，就是須，代表等待，因為前面出現了危險，縱然是天這樣有力量的乾卦，前面有危險也急不得，因為硬碰硬往往不會有好結果。下卦為乾，乾有剛健之德，照道理不會走到窮困的地步。「利涉大川」是說已經準備得差不多，意指像大河這樣的險阻也擋不住，再往前走就可建立功業了。

象傳

象曰：「雲上於天，需。君子以飲食宴樂。」

〈象傳〉說：「雲氣上升到天空，這就是需卦的取象。君子由此領悟，要飲食與宴樂。」

坎卦代表雲氣，雲氣上升到天空，這是需卦的取象，君子由此領悟要飲食與宴樂。飲食是為了養身體，宴樂是為了養心靈，身心都必須調養，避免將來遇到患難的時候難以承受。本卦是水在天上，引申為雲，雲在天上尚未凝聚成雨，所以要耐心等待。

君子即使有才德也要待機而動，等待的時候做什麼事呢？程頤說：「飲食以養其氣體，宴樂以和其心志，所謂居易以俟命也。」就是處在平常的生活裡面，慢慢等待使命的來臨。孟子也曾說：「君子行法以俟命」，儒家很喜歡強調等待使命，強調一切圓熟後，自然就能夠水到渠成。

爻辭

初九。需於郊，利用恆，无咎。

象曰：「需於郊，不犯難行也；利用恆，无咎，未失常也。」

初九。在郊野等待，適宜守常不動，沒有災難。

〈象傳〉說：「在郊野等待，是不要冒險前進；適宜守常不動而沒有災難，是因為沒有失去常理。」

初九是需於郊，往上接著有需於沙，需於泥，越來越接近水。初九距上面的水最遠，水代表危險坎陷。下卦三個陽爻本來就一定會往上走，所以在郊野等待不要急，不要冒險前進。什麼叫險？外面一個坎卦，就是危險。初九陽爻居剛位，上有六四相應，所以可以等待時機，遠離危險。這是初九的兩個優勢，所以不會有什麼問題。

九二。需於沙，小有言，終吉。

象曰：「需於沙，衍在中也；雖小有言，以吉終也。」

九二。在沙灘上等待，有些小的責難，最後吉祥。

〈象傳〉說：「在沙灘上等待，是因為沙洲浮現在水中；雖然有些小的責難，最後還是吉祥收場。」

九二的上面有九三，九三就好像是沙洲一樣，幫九二擋住了水，而九二在互卦兌（九二、九三、六四）裡，兌代表口，「小有言」就是會有人講話，小有責難。這爻在下卦中間的位置，並且等待不前，所以還是吉祥。

所謂「衍在中也」，「衍」是水中泥沙，也就是沙洲，可以指九三，也可以指九二對應的九五。九五在坎中，坎是水，九五在中間，是實在的東西，叫做沙洲。《易經》本來就有多重解釋，從不同角度又有新的理解，不論「衍」是指哪一爻，重要的是最後以吉祥收場，因為九二代表中，位置好。

九三。需於泥，致寇至。

象曰：「需於泥，災在外也。自我致寇，敬慎不敗也。」

九三。在泥沼中等待，招來了強盜。

〈象傳〉說：「在泥沼中等待，是因為外面就有強盜。是我自己招來了強盜，所以恭敬謹慎就不會陷於禍敗。」

九三直接碰到上卦，上卦坎是強盜，是九三自己招來了外面的強盜，此時恭敬謹慎地在泥沼中等待，就不會陷於禍敗。因為九三位置不錯，陽爻在剛位，上面有上六可以相應，所以還不至於太麻煩。另一個說法是九三跟上六相應，陰要從陽，上六會來找九三，等於九三自己把強盜找來了。既然是自己找來的，就不要怪別人，要恭敬謹慎，才不會陷於禍敗。

其實做人並不難，一方面要表現恭敬、態度莊重，不要老是嘻皮笑臉、故作幽默；另一方面，在與別人相處時，態度要嚴肅，說任何話、做任何事時也都謹慎，就能避免困難。

六四。需於血，出自穴。

象曰：「需於血，順以聽也。」

六四。在血泊中等待，從洞穴中逃出來。

〈象傳〉說：「在血泊中等待，是因為以聽命來表示順從。」

六四的情況比較複雜。在血泊中等待，表示雙方已經交戰，只好從洞穴中逃出來。六四下臨三個剛爻的進逼，有如陰陽之戰，必定見血。這種交戰的觀念看消息卦就知道了。在《易經》中，共有十二個消息卦。所謂消息卦是同性爻由下往上接續著，跟異性爻沒有任何交錯，也就是陽爻連在一起，陰爻連在一起，此時接壤的位置就有壓力。通常是做為卦的變化之參考。消息卦一旦變化，陰陽爻就會有交錯，變成不同的卦。

需卦六四的處境也類似，底下三個陽爻上來，一個六四無法抵擋，還好六四位置不錯，陰爻在柔位，可以順從，不必起衝突。坎是水，也是血卦，六四在血泊中等待；另一方面坎為陷，引申為陷阱或地下之穴，六四出自穴，表示大難不死。可以逃生是因為以陰爻居柔位，叫做順，又有初九相應。六四本身的位置正確，既順從又聽話，所以是死裡逃生，還能保住性命。

九五。需於酒食，貞吉。

象曰：「酒食貞吉，以中正也。」

九五。在享用酒食中等待，正固吉祥。

〈象傳〉說：在享用酒食中等待，是因為守中而端正。

九五是這一卦的主爻。通常判斷主爻的方式，就是看爻辭是否跟〈象傳〉相應。九五居上卦中位，又以陽爻居剛位為正，行為守中而端正，所以說「中正」。

「酒食」是指在等待時機的時候，飲食宴樂也是不可或缺的。這裡提到的酒食，不但是自己個人的享受，也包括要讓天下人都可以享受酒食。至於九五和酒食的關係，來自於坎卦，坎是水，水代表水酒，再推到酒食。

上六。入於穴，有不速之客三人來，敬之終吉。

象曰：「不速之客，敬之終吉；雖不當位，未大失也。」

上六。進入洞穴中，有不請自來的三個客人到了，尊敬他們，最後吉祥。

〈象傳〉說：「不請自來的客人到了，尊敬他們，最後吉祥；上六雖然位置不當，但沒有大的過失。」

六四是「出自穴」，上六是「入於穴」。「穴」指的是坎卦，是一個陷阱。「不速之客」就是不請自來的三個客人，指的是底下三個陽爻：初九、九二、九三。因為上六與九三正應，相應之後，九三就帶著整個下卦上來。上六雖然位置不當，但沒有大的過失。上六是坎卦上爻，相對於下卦而言，是入於穴的內部，陰爻居柔位算是當位，可以安居，但上六乘在主爻上面，對九五乘剛而不順，位置當然不好。還好九三說「敬慎不敗」，上六說「敬之終吉」，兩相呼應，還是不錯。

爻辭的互相呼應有時候是「初和四」、「二和五」、「三和上」，有時候是「初和上」、「二和五」、「三和四」。比如蒙卦就是初呼應上，初六發蒙，上九擊蒙；初六用刑，而上九是用手打擊。二呼應五，九二包蒙，六五童蒙；三呼應四，六三勿用取女，六四困蒙。如此一組一組的結合，便能找出相應的關係。

從「屯卦」、「蒙卦」到「需卦」，「屯」代表萬物出現，人類的社會要先安定；「蒙」代表人的社會需要教育，就好像小孩子不教的話，將來很難走上正路；「需」代表社會慢慢穩定，需要飲食宴樂；接著就出現可怕的訟卦了，因為既然有東西吃，就會爭吵搶奪，所以爭訟是難免的。

6 訟

下坎上乾，天水訟

卦辭

訟。有孚，窒惕，中吉，終凶。利見大人，不利涉大川。

訟卦。有憑證可信，窒塞而須警惕，中間吉祥，最後有凶禍。適宜見到大人，不適宜渡過大河。

天水訟卦，上面天、下面水，天在上，水往下流，兩者之間完全不能溝通。上下分道揚鑣，會出現利益上的嚴重衝突，所以產生訴訟。人的世界不可能沒有爭訟，因為人會思考、會選擇，不同的思考方式會帶來不同的觀念，不同的選擇會造成利益衝突，所以人與人相處是不可能完全沒有爭論的。

「有孚」是有憑證可信，一個人如果沒有任何證據，如何跟別人爭論？但是「窒惕」代表別人不相信。彼此不相信對方的證據，就會出現爭訟；「中吉」指的是如果官司打到一半，雙方停下來和解，就是吉祥；「終凶」指的是如果堅持打到最後，那就是凶。打官司總不會有好結果，就算打贏了，也會損失很多精神力氣，甚至傷害感情。

本段中的「大人」代表九五，訴訟的時候最希望見到公正嚴明的法官。「不利涉大川」是因為官司還沒打完，怎麼有力量渡過大河呢？〈序卦傳〉講得很明白：「飲食必有訟，故受之以訟。」有東西吃代表有利可圖，一定會有爭訟。利益分配真的很困難，天下不可能有完全公平的狀況，僧多粥少，人與人之間必然會為了滿足需求而發生訴訟。

彖傳

彖曰：「訟。上剛下險，險而健，訟。訟有孚，窒惕，中吉，剛來而得中也。終凶，訟不可成也。利見大人，尚中正也；不利涉大川，入於淵也。」

〈彖傳〉說：「訟卦。上卦剛強，下卦險惡；遇到險惡還健行不已，就形成訟卦。訟卦有憑證可信，卻窒塞而須警惕；至於中間吉祥，是因為剛爻來到下卦並居於中位。最後有凶禍，是因為爭訟不可能成就任何事。適宜見到大人，是因為崇尚守中而端正的品德；不適宜渡過大河，是因為本身陷於深淵之中。」

「剛來而得中」這句話的意思較複雜，「來」是下來，「剛」是剛爻，「剛來」是指訟卦是從消息卦中的遯卦（䷠，第三十三卦）變來的，遯卦剛爻本來在九三，現在變成九二；遯卦的六二，到了訟卦變成六三。大多數的卦都是從消息卦變化來的，有的經過一次就變成了，有的需要兩、三次，「剛來而得中」就代表卦的變化。

象傳

象曰：「天與水違行，訟。君子以做事謀始。」

〈象傳〉說：「天與水相違而行，就是訟卦。君子由此領悟，做事要在開始時就謀畫好。」

孔子說：「人無遠慮，必有近憂。」他認為，眼前的憂慮來自於過去沒有長遠的考慮。孔子還曾提出以下有關訴訟的言論：「聽訟，吾猶人也，必也，使無訟乎？」這句話的意思是：判斷訴訟案件我跟別人差不多，如果一定要說我和別人有什麼不同，那就是我要設法做到沒有爭訟案件。

審判誰不會呢？大多數法官都可以把審判工作做得不錯，但是真正有理想的人，是要讓天下沒有訴訟。所以孔子的確了不起，簡單一句話就把他的理想表達得相當清楚。要如何讓人們沒有訴訟呢？孔子曾在《論語》中提到自己的志向：「老者安之，朋友信之，少者懷之。」其中「朋友信之」特別難做到，孔子希望天下做朋友的都互相信賴，就不會有爭訟，代表社會上了軌道，沒有黨派系各種區分，便沒什麼好爭訟的。

爻辭

初六。不永所事，小有言，終吉。

象曰：「不永所事，訟不可長也；雖小有言，其辯明也。」

初六。不要把事情做到底，有小的責難，最後吉祥。

〈象傳〉說：「不要把事情做到底，因為爭訟不可以長期堅持；雖然有小的責難，還是可以辨明道理。」

「事」就是訴訟的出發點，一定是有事情才有訴訟，在初六剛開始的階段，小事沒注意變成大事，大事就難解決了。

初六與九四正應，初六是陰爻居剛位，本身比較弱，這反而好，可以剛柔相濟。以初六來說，最後吉祥，是因為在最底下力量不夠，在訴訟當中應該不會太兇、太強悍，若是硬要堅持己見，通常最後不會有好結果。所以在訴訟之中還是盡量退一步，海闊天空。

九二。不克訟，歸而逋（ㄅㄨ），其邑人三百戶無眚（ㄕㄥˇ）。

象曰：「不克訟，歸逋竄也；自下訟上，患至掇（ㄉㄨㄛˊ）也。」

九二。爭訟沒有成功，回來躲避，他采邑的三百戶人口沒有災害。

〈象傳〉說：「爭訟沒有成功，回來躲避是要逃開爭訟的事；居下位而與居上位者爭訟，禍患來到是自己找的。」

九二是造成訟卦的主要角色，但不是主爻。主爻是九五，是「利見大人」的大人，九二是提出訴訟的，訴訟的對象是九五，因為九二跟九五敵而不應。九二不是九五的對手，爭訟沒有成功，所以回來躲避爭訟。九二已經到大夫的位置，敗訴逃回來，由於居下卦中位，所以勉強沒事，邑人也不會受到牽連。中間是好位置，只要知道回來躲避就沒有問題了。

六三。食舊德，貞，厲終吉。或從王事，无成。

象曰：「食舊德，從上吉也。」

六三。享用祖先的餘蔭，守住正固，有危險，最後吉祥。或者跟隨君王做事，沒有成就。

〈象傳〉說：「享用祖先的餘蔭，是因為跟隨上位者就會吉祥。」

六三所跟隨的上位，指的是上九。六三的問題是受九二的引誘而起爭訟，若能守住位置，服從九五，就沒問題。這些和卦的變化有關，遯卦的六二，到了訟卦變成六三，六二本來和九五正應，變成六三之後還有點老關係可以用，所以說「食舊德」。這種從消息卦而來的變化稱做「卦變」，意思就是一個卦變動的由來。「舊德」指的是祖先的恩德，「三」是公位，由祖先的餘蔭而來，只要正固守之，雖有危險尚可自保。

六三有上九正應，上九在乾卦中，乾為君，所以說「從上吉也」。至於「厲」與「无成」，都來自六三承乘皆為陽爻，所以說有危險，但是最後吉祥。在訴訟裡面低調總是比較好，剛強的話就不行了。

九四。不克訟，復即命，渝安貞，吉。

象曰：「復即命，渝安貞，吉，不失也。」

九四。爭訟沒有成功，返回到自己命定的角色，變得安於正固，吉祥。

〈象傳〉說：「返回到自己命定的角色，變得安於正固，吉祥，是因為這樣沒有失去身分。」

九四陽爻居柔位，與初六正應，初六是陰爻在剛位，陰陽調和在訴訟裡面就比較好。九二、九四的爻辭都是「不克訟」，代表在訟卦裡面都爭不過九五。九四是諸侯爭不過天子，它與初六正應，又不必興訟，所以爭訟無成。

「渝」就是變，「渝安貞」是變得安於正固回到命限。九四在上卦乾中，又在互卦巽

（六三、九四、九五）裡，巽代表風，也代表天子頒布的命令，諸侯因而守住天命，沒有失去身分，自然吉祥。

九五。訟，元吉。

象曰：「訟，元吉，以中正也。」

九五。爭訟，最為吉祥。

〈象傳〉說：「爭訟，最為吉祥，是因為守中而端正。」

九五是本卦的主爻。這是《易經》第二次出現元吉，第一次是坤卦的六五，「黃裳，元吉。」訟卦中出現元吉，代表著：第一，人世間不可能沒有訴訟；第二，訴訟的時候有九五，代表大人剛正嚴明，人民不怕權貴來欺壓，所以是「元吉」。

九五常出現中正，既中且正，所以為了訴訟問題而占卦時，第一個就要先問有沒有九五？有公正嚴明的大人或是主管時，就不必害怕。

上九。或錫之鞶（ㄆㄢˊ）帶，終朝三褫（ㄔˇ）之。

象曰：「以訟受服，亦不足敬也。」

上九。或許受賜官服大帶，但是一天之內被剝奪三次。

〈象傳〉說：「因為爭訟而獲得官服，也就不值得尊敬了。」

上九居訟卦的頂端，完成訴訟的任務，但是走到了乾卦上爻剛極之至，即使勝訴也必定結怨。從象上看，乾代表白晝「終朝」，三個陽爻就代表三次，上九有悔是可以理解的。

訟卦是跟隨前面的需卦而來，需代表需要等待以及飲食，飲食代表某種對自己有利的東西，一有飲食就會有爭訟。

7 師 ䷆

下坎上坤，地水師

卦辭

師。貞。丈人吉，无咎。

師卦。正固。有威望的長者吉祥，沒有災難。

「師」這個字一般指老師，在此指眾人，但軍隊編制也有師，所以師有兩個意思：一個代表眾人，另一個代表軍隊，恐怕要作戰了。

「丈人」這兩個字有些爭議，有人認為是筆誤，應該是「大人」才正確，這也說得通，因為丈人這個詞只出現這一次。師卦的大人當然是指九二，因為在師卦中，只有九二是陽爻，也是主爻，物以稀為貴，所以才有資格稱為丈人或大人，這種五陰一陽格局的卦很容易了解。

〈序卦傳〉說：「訟必有眾起，故受之以師。」每次打官司的時候，法院前面都聚著兩批人，各支持一方，稱為眾人。師者，眾也，爭訟的人越來越多，以致形成了軍隊，壁壘分明。「師」字也指軍隊的編制，根據古代的資料，五人是一伍，五伍為一兩，四兩為一卒，所以一卒是一百個人。五卒為一旅，一旅五百人，五個旅為一個師，是兩千五百人。有重要任務的軍隊，就必須正固。

彖傳

彖曰：「師，眾也；貞，正也。能以眾正，可以王矣。剛中而應，行險而順，以此毒天下，而民從之，吉又何咎矣？」

〈彖傳〉說：「師卦的師，由眾人組成；正固是堅持正道。能夠帶領眾人走上正路，就可以稱王天下了。剛強者居中並且上下相應，遭遇危險還能順利前進，用這種做法來役使天下，而百姓跟隨他，結果是吉祥，另外還會有什麼災難呢？」

一看即知，「剛中而應」所指的是九二，因為在師卦中，陽爻剛強者只有一個，九二又居於下卦中間，上下都與其相應，沒有與九二相應的爻根本無路可走。九二可以行正道，又有六五相應，所以有王者的氣象，可以在戰爭中統率軍隊、發號施令，但不是真正的王。

象傳

象曰：「地中有水，師。君子以容民畜（ㄒㄩˋ）眾。」

〈象傳〉說：「地裡面有水，這就是師卦。君子由此領悟，要容納百姓，蓄養眾人。」

上卦坤是地、是順從，下卦坎是水、是危險，順從的底下聚積著危險，需要有一個強者來領導，否則的話會出現動亂。師卦的覆卦比卦（䷇，第八卦）就不同了，水地比，水在地上，大家都看得到，不會有潛在性的問題。所以〈雜卦傳〉裡說：「乾剛坤柔，比樂師憂。」其中的「比」是指大家關係良好，就像兩個比肩站在一起的朋友，所以很快樂；師卦則是擔心出現亂局，甚至作戰，所以憂愁。君子在這個時候就要包容百姓、蓄養眾人，避免發生事端。

古代的社會經過訟卦之後，分成兩派恐怕要作戰了，所以接著的爻辭就和打仗有關係。

爻辭

初六。師出以律，否（ㄆㄧˇ）臧，凶。

象曰：「師出以律，失律凶也。」

初六。軍隊出動要按照軍紀，不順從的，將有凶禍。

〈象傳〉說：「軍隊出動要按照軍紀，因為破壞軍紀會有凶禍。」

初六是師卦第一爻，表示要發動軍隊去作戰，這時須以軍紀為上。初六在下卦坎中，坎為水，水為平，引申為法令與規範，所以說「師出以律」。如果失去紀律，對團體是危機，對軍隊是凶禍，打仗沒有紀律一定失敗，一個團體沒有紀律便會有災難與危險。

九二。在師中，吉无咎，王三錫命。

象曰：「在師中吉，承天寵也。王三錫命，懷萬邦也。」

九二。率領軍隊而能守中，吉祥而沒有災難，君王三次賜命嘉獎。

〈象傳〉說：「率領軍隊而能守中吉祥，是因為受到上天的寵幸。君王三次賜命嘉獎，是為了使萬國都來臣服。」

九二是此卦主爻。「承天寵也」中的「天」意即天子，所指的是六五。師卦的六五是比較沒有能力的國君，但他信賴九二，就可以穩定全局。九二居下卦中位，就軍隊而言，可以統一指揮，又可以守住中道，所以「吉无咎」。然而吉並非是絕對無咎，有時候是先吉後有咎，有時候是無咎吉。這裡講的「吉无咎」，是說只要九二能站穩，吉祥以後也沒什麼災難。

六三。師或輿尸（ㄕ），凶。

象曰：「師或輿尸，大无功也。」

六三。軍隊或許會載著屍體回來，凶禍。

〈象傳〉說：「軍隊或許會載著屍體回來，完全沒有功勞可言。」

六三之所以為災禍，第一，六三本身位置不對，陰爻居剛位；第二，它與上六不應；第三，它對九二乘剛；沒有一點是對的。解卦的時候想知道這個爻如何，可以從這三方面參考。既然這三方面都不好，肯定是不好，完全沒有僥倖的機會。若是在三方面當中，只有一個不好，就要看所遇到的事情，有時候是有彈性的。六三居下卦坎之上，坎為「多眚輿」，意即多災多難的車輛，所以「或輿尸」就是載滿了屍體的車輛。

六四。師左次，无咎。

象曰：「左次无咎，未失常也。」

六四。軍隊後退駐紮，沒有災難。

〈象傳〉說：「後退駐紮而沒有災難，是因為沒有失去常規。」

「左」代表退讓，大部分的人慣用右手做事，行動也習慣以右邊為主，所以自古以來，在左右的區分上講究尚右。在古代的軍隊中，過一個晚上叫做「舍」，再過一個晚上叫做「信」，過信則為「次」，也就是駐紮超過兩天以上稱為「次」。因為六四沒有能力打仗，所以要退後駐紮。陰爻在柔位當然沒有力量，只有聽令於九二才行。六三因為居剛位，一心想打仗，結果死傷慘重，六四寧可退讓，以退為進，沒有失去常規，所以沒有災難。

六五。田有禽，利執言，无咎。長子帥師，弟子輿尸，貞凶。

象曰：「長子帥師，以中行也；弟子輿尸，使不當也。」

六五。田裡有禽獸，適宜說明捕獲的理由，沒有災難。長子統率軍隊，弟子載屍而歸，正固會有凶禍。

〈象傳〉說：「長子統率軍隊，因為他根據中道行動；弟子載屍而歸，是使用人不恰當的後果。」

九二在互卦震中，震是長子；六三則稱為弟子，是長子以下的通稱。「田」來自於互卦坤（六三、六四、六五），坤代表田，有田就有禽獸，在此以禽獸加害作物指涉國內作亂滋事的人。既有搗亂的人，就適宜說明捕獲的理由。所謂弔民伐罪，先要師出有名，打仗以前先訓話，申明自己是正義之師，為誰而戰、為何而戰，這叫「利執言」，清楚說明了就沒有災難。

仗不是一個人打的，六五是天子，本身不打仗，所以任命九二，但是六三、六四的地位比九二高，也想當將軍，結果六三出事了，六四還好退後了。所以六五如果堅持以天子之尊，任命不適合的人當將軍，不能與主帥九二配合，那就是凶。「長子帥師，以中行也」，九二根據中道而行動；「弟子輿尸，使不當也」，弟子載屍而歸，是指用人不恰當，六五派六三也去帶兵，才有這樣的惡果。

上六。大君有命，開國承家，小人勿用。

象曰：「大君有命，以正功也；小人勿用，必亂邦也。」

上六。天子頒賜爵命，封為諸侯可以開國，封為大夫可以立家，對小人則不要任用。

〈象傳〉說：「天子頒賜爵命，是要按軍功頒布正確的獎賞；對小人則不要任用，因為他們一定會使國家動盪不安。」

「大君」當然是天子，是六五，上六代表宗廟。戰爭結束勝利成功之後，賞罰必須在宗廟中進行，有如奉行先王神靈的旨意。

「小人」是指六三，以前胡作非為打仗失敗的，是跟六三在一起的一群人，他們使國家動盪不安。關於這點，程頤有很精闢的看法，他說小人是指德行修養還不夠的人，但這種人也有可能驍勇善戰，建立軍功；君子德行很好，有時反而不會打仗，因為他們不忍心殺人。對於那些殺人如麻、建立軍功的，程頤說：「賞之以金帛祿位可矣，不可使有國家而為政也。」意思是可以賞給這種人金帛祿位，但是不能讓他擁有國家，否則可能會做出貽害他人的事。

總結師卦，來自於前面的需卦，需卦是飲食，飲食就容易有爭訟；訟卦就造成人分兩群，集結成眾，最後變成軍隊，之後就有戰爭。

8 比 ䷇

下坤上坎，水地比

卦辭

比（ㄅㄧˋ）。吉。原筮，元永貞，无咎。不寧方來，後夫凶。

比卦。吉祥。考察占筮，開始而長久正固，沒有災難。從不安定中剛剛轉變過來，後到的會有凶禍。

水地比卦是地水師卦的覆卦。為什麼後到者會有凶禍呢？因為比卦是大家團結合作，最後來的人，代表最不合作，就沒有人要搭理了，這裡指的是上六。大家團結在九五之下，已經組織好，分工合作完成，上六最後才出現，來不及了。

「比」是朋友聚集在一起，團結合作的意思。〈序卦傳〉說：「眾必有所比，故受之以比。」很多人聚在一起，當然會團結合作。「原筮」說的是辨明實情，大家團結合作的時候，最重視真實的情感，也最害怕虛偽，所以要考察清楚，不要讓虛偽的人混進來。這時候天下才從不寧轉變過來，當然要處處謹慎了。

彖傳

彖曰：「比，吉也。比，輔也，下順從也。原筮，元永貞，无咎，以剛中也。不寧方來，上下應也。後夫凶，其道窮也。」

〈彖傳〉說：「比卦，吉祥。比是輔助的意思，在下的人都能順從。考察占筮，開始而長久正固，沒有災難，是因為剛強者居中。從不安定中剛剛轉變過來，是因為居上位者有底下的人來應和。後到的會有凶禍，是因為他的路走到盡頭了。」

九五既中且正，與居柔位的六二上下相應無間，下卦坤為順，也代表百姓，所以上下相應無間，天下開始太平。

「後夫兇，其道窮也」是指上六，因為已經到了最後一爻，無路可走，所以會有凶禍。

象傳

象曰：「地上有水，比。先王以建萬國，親諸侯。」

〈象傳〉說：「大地上有水，這就是比卦。先王由此領悟，要封建萬國，親近諸侯。」

到這一步總算要建萬國、親諸侯，天下安定了。地承載水，水滋潤地，兩者相互依存。「先王」是指堯、舜、禹、湯、文武等古代天子，安定天下之後建立諸侯之國。夏朝有萬國之說，商湯時有七千七百七十三國，周初還有一千八百多國，部落之多，有如眾星拱月，共同來輔佐天子。

爻辭

初六。有孚，比之，无咎。有孚盈缶（ㄈㄡˇ），終來有它吉。

象曰：「比之初六，有它吉也。」

初六。有誠信，去親近依靠，沒有災難。有誠信如同瓦罐盈滿，會有另外的吉祥最後來到。

〈象傳〉說：「比卦的初六，將有另外的吉祥。」

「有它吉也」是指初六跟九五離得太遠了，所以拚命努力，最後終於到達，讓別人看了也很感動。六二與九五正應；六三到九五形成一個艮卦，至少有些關聯；六四上面直接靠著九五。初六一進入比卦就知道誠信很重要，拚命想靠近九五，因為九五名正言順，是整個卦的卦主。

下卦坤是釜，就是鍋子，借為缶；上卦是水，瓦罐水滿，代表他的誠信別人都可以感受到。先是无咎，至少不會有什麼災難，後面則有別的吉祥，因為初六離九五最遠，所以說將來只要保持誠信，最後還是會有好的結果。

六二。比之自內，貞吉。

象曰：「比之自內，不自失也。」

六二。從內部去親近依靠，正固吉祥。

〈象傳〉說：「從內部去親近依靠，是因為沒有失去自己的立場。」

「自內」有兩個意思，一是它在內卦，六二與九五本來就正應，所以從內部去親近依靠，別人沒有必要阻擋我。第二，「內」代表內心，發自內心願意同九五親近。

六二的位置是當位，陰爻在柔位，並且跟九五配合。這個爻非常單純，如果占卦占到這個爻就是好的，沒什麼好擔心，照著內心真正的願望去做就對了。

六三。比之匪人。

象曰：「比之匪人，不亦傷乎？」

六三。親近依靠的都是不適當的人。

〈象傳〉說：「親近依靠的都是不適當的人，不也讓人感傷嗎？」

六三親近依靠的都是不適當的人，這不也讓人感傷嗎？因為六三與上六不應，上六是「後夫」，後來的人會有凶，六三去親近依靠等於找錯人了。九五是主爻，六三在互卦艮裡面與九五雖然有關係，但艮代表止，九五要六三停止，不讓它上來，六三因而無路可走。所以在強調親近依靠的比卦裡面，還是有兩爻有問題，因為一個團體裡面會有小團體，如果所跟的不是主流九五，而是另外組的小團體時，就形同「比之匪人」，沒有好結果。

六三的不好，第一在於跟上六不應，第二在於它本身不當位，陰爻在剛位，總覺得坐不起這個位置。再者上面是六四，底下是六二，上下都是陰爻，完全沒有依靠。所以從各方面看，六三都是無路可走，「比之匪人」，讓人徒增感傷。

六四。外比之，貞吉。

象曰：「外比於賢，以從上也。」

六四。向外去親近依靠，正固吉祥。

〈象傳〉說：「向外去親近依靠賢者，是要順從上面的九五。」

從六四到九五，陰爻在下陽爻在上，陰可以奉承陽，陽可以讓陰依靠，兩者配合得很好。一般而言，六四是有能力、有權力的大臣；九五是剛正嚴明的國君；大臣要盡本分、做好自己的事情。六四正位、當位，往上又可以比九五，所以只要正固就吉祥，不用做任何特別的事。

九五。顯比，王用三驅，失前禽。邑人不誡，吉。

象曰：「顯比之吉，位正中也。舍逆取順，失前禽也。邑人不誡，上使中也。」

九五。發揚親近依靠的作風。君王用三驅之禮狩獵，失去往前跑的禽獸。國內的人沒有戒懼，吉祥。

〈象傳〉說：「發揚親近依靠的作風，是吉祥的，因為處在端正守中的位置上。捨去叛離的，容納歸順的，所以失去往前跑的禽獸。國內的人沒有戒懼，因為在上位的人所行使的是中道。」

九五是比卦的主爻，所以整個卦親近依靠的精神，要靠九五來發揚。古代君王狩獵時，會從後、左、右三面包抄，但不阻絕正前方，讓獵物有往前跑的機會。這是因為官方狩獵獲得的獵物，是要供祭祀、招待賓客或獻給君王享用的，因此獵物的顏面與外觀都必須完好無缺。因此要捨逆取順，只取與獵者奔跑方向一致的禽獸，然後設法射中牠的背面；面向獵者、衝著獵者來的，容易在射中時傷及臉部，就要捨棄。這說明了國君要捨棄叛離他的人，容納順從他的人。此處要注意掌握其中的轉折：人和禽獸不同。禽獸要殺順從的；但對順服的老百姓不是要殺，而是要照顧。

再來提到「邑人不誡」，互卦坤（六二、六三、六四）為邑，「邑」代表國，國內的人沒有戒懼。這種境界就好像是商湯發起革命的時候，《孟子》所做的精彩描述：「歸市者不止，耕者不變」，去市場買東西的人，即使是看到軍隊經過，也照買不誤，因為軍隊不會欺負老百姓；在田裡耕作的人看到周武王的軍隊過去，也都知道是來抓商紂王的，跟自己無關。所以「邑人不誡」是在行中道的好國君治理之下才會發生的境界。

上六。比之无首，凶。

象曰：「比之无首，无所終也。」

上六。要親近依靠卻沒有開始的機會，凶禍。

〈象傳〉說：「要親近依靠卻沒有開始的機會，也就沒有任何好的結局。」

上六或上九這個最高的位置，一向不怎麼好。在整部《易經》的六十四卦中，上六或上九是元吉的，只有兩卦。上六之所以要親近依靠卻沒有開始的機會，是因為站在九五上面叫做乘剛，乘剛不會有好下場，所以直接講凶。如果占到這個爻就是凶，根本沒有機會，完全不要存幻想。

9 小畜 ䷈

下乾上巽，風天小畜

卦辭

小畜（ㄒㄩˋ）。亨。密雲不雨，自我西郊。

小畜卦。通達。濃雲密布而不下雨，從我西邊的郊野飄聚過去。

〈序卦傳〉說：「比必有所畜，故受之以小畜。」這個卦的六爻是五陽一陰，只有六四是陰爻，物以稀為貴，陰爻就是主爻，而陰爻稱小，陽爻稱大，此卦以「小」來畜養很多陽爻，所以稱為小畜。

小畜卦下乾上巽，在後天八卦中，乾之位在西北，巽之位在東南，卦是由下往上畫，由西北到東南，即為「自我西郊」，「從我西邊過來」的意思。本卦以六四為主爻，六四在上巽與互兌（九二、九三、六四）中，兌位在西，所以合為西風，這是西郊的另一種說法。

彖傳

彖曰：「小畜，柔得位而上下應之，曰小畜。健而巽（ㄒㄩㄣˋ），剛中而志行，乃亨。密雲不雨，尚往也；自我西郊，施未行也。」

〈彖傳〉說：「小畜卦，柔爻得居正位而上下都來應合，稱之為小畜。健行又能順利，陽剛居中而心意可以推行，所以通達。濃雲密布而不下雨，是因為風往上吹；從我西邊的郊野飄聚過去，是因為施雨還不到實現的時候。」

「柔得位而上下應之」所指的「位」當然是六四，它得位乎中，是個正確的位置，上下都來應合，所以稱為小畜卦。在此請注意「中」與「正」是不一樣的，中一定包括正，但正是不是中，要看從哪一爻去解釋。

「健而巽」是指下卦乾健行，上卦巽順利。九二和九五兩個中間位置都是陽爻，叫做「剛中而志行」。陽爻居中的特色是卦很強健，所以可以說通達。

有風才有雨，風在天上還沒有降雨，代表時機還不成熟，只是小有積蓄，尚不能做什麼大事，在這個階段還是要儲蓄能量。

象傳

象曰：「風行天上，小畜。君子以懿文德。」

〈象傳〉說：「風在天上吹行，這就是小畜卦。君子由此領悟，要美化自己的文采與道德。」

這個階段還不是做事的時候，要以柔來畜養剛。譬如一個人要想在社會上立足，基本上當然是要有能力、負責任，如果缺少了代表文化素養、德行修養的「柔」，只是橫衝直撞的拚命奮鬥，往往會變得太過剛強而不知變通，難以與人相處。

程頤說：「君子所蘊蓄者，大則道德經綸之業，小則文章才藝。」意思是君子外顯於大處的是道德經綸，道德是為官者所須具備的人格典範，經綸是治理天下國家，把事情安排得井井有條；至於小處著眼則是從文章才藝而來，要多讀書，以內斂沉潛的心思欣賞藝文之美，從文化得到理解和啟發，而這些理解與啟發是向內的，可以形成內在的能力。因此，我們可以從小畜卦理解到，文采與道德都是君子不可或缺的。

爻辭

初九。復自道，何其咎？吉。

象曰：「復自道，其義吉也。」

初九。循著正路回來，會有什麼災難？吉祥。

〈象傳〉說：「循著正路回來，理當是吉祥的。」

一個卦的六爻裡，若有五個爻是一樣的，一個爻不一樣，這不一樣的爻就是主爻，其他各爻都希望與主爻建立關係，在師卦和比卦中都有這種狀況。小畜卦以唯一的陰爻六四為主爻，初九陽爻居剛位，原本就當位，又與主爻六四正應，一上場就跟主爻建立了適當的關係。

初九處於正位，與六四正應，所以說，初九回到這個卦所走的都是正路。

九二。牽復，吉。

象曰：「牽復在中，亦不自失也。」

九二。由牽連而回來，吉祥。

〈象傳〉說：「由牽連而回來，位置居中，也算沒有失去自己的立場。」

九二跟初九配合，整個下卦是一個乾卦，乾卦有三個陽爻，大家處境一樣，同性可以聯合，同心協力來幫助六四，所以說「牽連」。

九二居中，本身位置很好，與九五也沒有排斥。特別要說明的是，當五陽面對一陰時，陽爻彼此不會相斥。九二與九五本來是不應，但是因為本卦有五個陽爻，所以彼此會同心協力跟六四配合。

九三。輿說（ㄊㄨㄛ）輻，夫妻反目。

象曰：「夫妻反目，不能正室也。」

九三。大車脫落輻條，夫妻反目失和。

〈象傳〉說：「夫妻反目失和，是因為不能端正家庭關係。」

原來，「夫妻反目」這個辭是出自《易經》。古人所謂的家庭關係是「男主外，女主內」，主外必須工作賺錢養家，主內就要照顧子女，一剛、一柔；一陽、一陰，相互配合。九三之所以不好，是因為六四在它上面，九三和六四形成顛倒的夫妻關係，變成妻在夫之上，所以叫「夫妻反目」。九三直接碰到主爻，主爻六四乘剛，對陽性來說，是很大的壓力。

「說」在《易經》之中，至少有三個用法：一是脫，代表脫落；一是悅，代表喜悅；一是說，代表說話；此處所採取的是第一個用法。輻是車輪上的輻條，輻條脫落，大車便無法前進，就像九三的去路，被全卦唯一的陰爻六四所阻，所以走不動了。

九三也跟別的陽爻一樣，要與六四呼應，奈何六四居上乘剛，使夫妻的上下關係顛倒以致於反目。並且在下乾上巽的結構裡，乾為男，巽為長女，長女還多白眼，給人臉色看，夫妻反目，因而無可挽回，所以叫做「不能正室」。正室二字，後來多專指元配，但在這裡「正」是動詞，「正室」指的是端正家庭關係。當然，這種單純的想法今天並不適用，大家的觀念還是要隨時代調整。爻辭中沒有說凶，其實當然是凶，夫妻反目的家裡，怎麼和諧呢？不和諧又哪裡稱得上吉呢？

六四。有孚，血去惕出，无咎。

象曰：「有孚惕出，上合志也。」

六四。有誠信，避開流血並走出戒懼，沒有災難。

〈象傳〉說：「有誠信而走出戒懼，是因為與上位者心意相合。」

一個陰爻要帶動整個卦，一定要有誠信才能做到。六四主爻只說沒有災難，並沒有說大吉大利，因為小畜卦以穩定和諧為主。上位者是九五，不管九五是不是主爻，畢竟是最高的正位，能相配合當然好。

一個國家在建立時，多半是靠打仗的將軍衝鋒陷陣，但在國家成立之後，需要的是有謀略的大臣，像張良、蕭何，以及後來蕭規曹隨的曹參這些人，以柔克剛，否則驕兵悍將各自以為勞苦功高，肯定爭鬥不休。六四便是這樣的角色，還好上面有天子全力支持。六四和九五相比很適合，不過六四在九三上面，九三身處乾卦，力量很大，一衝撞便衝到六四，所以六四可能有血有惕。六四位置高，理論上只要後面有人支持便可以擋住，幸而得九五的支持，只要有所警惕，就可以做到「无咎」了。

九五，有孚攣（ㄌㄨㄢˊ）如，富以其鄰。

象曰：「有孚攣如，不獨富也。」

九五。有誠信而繫念著，要與鄰居一起富裕。

〈象傳〉說：「有誠信而繫念著，是因為不要獨自富裕。」

九五以陽剛居上卦中位，既中且正，是尊貴的領袖，又有六四緊承其下，是有孚充實之象。九五得到六四的支持，使誠信顯示出來。九五在上卦巽中，巽為近利市三倍，古人習慣用三代表多數，所以有富可言，可以同鄰居一起富裕，跟各爻分享。

上九。既雨既處，尚德載。婦貞厲。月幾望，君子征凶。

象曰：「既雨既處，德積載也。君子征凶，有所疑也。」

上九。已經下了雨，已經可以安居，要推崇道德滿載。婦女正固會有危險。月亮快要滿盈，君子前進會遭凶禍。

〈象傳〉說：「已經下雨了，已經可以安居，是因為道德累積到滿載。君子前進會遭凶禍，是因為有所疑慮。」

小畜卦是《易經》的第九卦，《易經》到了第九卦，才第一次出現「月」這個字和「月幾望」這種辭。古人也用八卦代表月的圓缺：乾卦是月滿，代表農曆十五；坤卦是月虛，代表農曆月末；農曆十六是巽卦；農曆二十三叫艮卦；震卦是農曆初三；兌卦是農曆初八。月亮代表陰性，在古代社會中，女性即使有能力、表現得很好，也要知道收斂，雖有功，但須功成身退，如果一味堅持自己是有功的，繼續下去就會有危險。其實男性也一樣要懂得收斂，再有能力也要知道自己的限制，這是《易經》基本的思維。

上九和九三不應，和六四也沒有關係，所以本身會有疑慮，在陰柔的勢力籠罩之下，君子有所行動就會遭凶禍。上九是最後一爻，無路可走，並且「月幾望」，陽未必可以勝陰。換句話說，即使陰已到了盛極而衰的地步，陽仍須待時而動。

10 履

下兌上乾，天澤履

䷉

卦辭

履。履虎尾，不咥（ㄉㄝˊ）人。亨。

履卦。踩在老虎尾巴上，老虎不咬人，通達。

履卦和小畜卦是一對覆卦，「風天小畜」從上到下整個翻轉，便成了「天澤履」，所以這個卦也是五陽一陰，而六三是主爻。六三做主爻比六四更辛苦，因為六四是正位，六三則不當位，好像踩在老虎尾巴上。至於老虎之所以不咬人，是因為他有禮貌，所以能通達。〈序卦傳〉說：「物畜然後有禮，故受之以履。」一個人有積蓄、衣食足之後，才能知禮節、榮辱。一個人吃不飽、穿不暖，要求他有禮貌是很困難的，肚子餓了上桌就搶食是人性。所以「履者，禮也。」東漢許慎的《說文解字》把這句話倒過來用，說「禮者，履也。所以事神致福也。」意思是說：禮儀是這一生行走所須具備的，由此可以侍奉神明，得到福報。因此，履卦就同禮連在一起，到最後成就上九完美的結果。

履卦的卦象是天在上，澤在下。澤是最安定的，與它類似的是水。不過，一般來說，水是指流動的河水，代表危險；澤指的是安定的沼澤。上有天，下有澤，相關位置穩定，大家都安定下來了，這時候必須以正確的方式來行走，就叫做禮。

在履卦中，提到了幾次老虎，說法各有不同。第一種說法，這一卦下兌上乾，兌卦在後天八卦中是西方，左青龍右白虎，所以代表老虎。另一種說法，是以上卦乾為虎，六三所面對的正是虎尾部分。

卦辭中的「亨」的位置也值得注意。放在最後是表示結果，意思是如果做得對就走得通；有的卦則是放在一開始，譬如前一卦「小畜。亨」，意思是說：後面的發展端看如何作為。

彖傳

彖曰：「履，柔履剛也。說（ㄩㄝˋ）而應乎乾，是以履虎尾，不咥人，亨。剛中正，履帝位而不疚，光明也。」

〈彖傳〉說：「履卦，柔順者以禮對待剛強者。以和悅去回應強健，所以踩在老虎尾巴上，老虎不咬人，通達。剛強者居中守正，踏上帝位也沒有愧疚，是因為光明坦蕩。」

下卦澤是兌卦，兌代表和悅，上卦乾代表強健，就是以和悅的態度來面對剛強的人。老虎是指上面的乾卦，可以理解為剛健進取，又在上位，應該很兇悍。柔弱勝剛強，伸手不打笑臉人，再兇悍的人看對方那麼和悅，自己也會不好意思起來，這也是一種處世的道理。

這邊所謂踏上帝王的位置，當然是指九五，九五是剛爻居中且正，又居君位，所以說它是「履帝位」。本卦的主爻是六三，六三在互卦離（九二、六三、九四）裡，離代表光明，所以稱之為「光明」。

象傳

象曰：「上天下澤，履。君子以辯上下，定民志。」

〈象傳〉說：「天在上，澤在下，這就是履卦。君子由此領悟要分辨上下秩序，安定百姓的心意。」

一個社會已經安定了，國家有些財富，就要開始講究秩序。秩序有很多種，以服裝為例，不同官階所穿的官服應有區別，如果所有官員都穿得一樣，從外表看不出官階的差異，就沒有官威了。住宅也一樣，什麼人住什麼樣的房子，該怎麼蓋，都有規定。再富有的商人，他的大宅門也不能比皇宮豪華，更不能因為有錢就做一件龍袍穿，那是要命的事情。上位者比較尊貴，人們才會尊重他，也才會鼓舞人們努力向上。「定民志」就是安定百姓的心意，「志」是指心意，不必解成志向。

爻辭

初九。素履，往无咎。

象曰：「素履之往，獨行願也。」

初九。按平常的踐履方式，前往沒有災難。

〈象傳〉說：「按平常的踐履方式前往，是因為只想實現自己的願望。」

「獨」是指初九與九四不應，沒有人理它，只能自己一個人進入履卦。初九的動力是因為陽爻在剛位，所以有行動的力量。

九二。履道坦坦，幽人貞吉。

象曰：「幽人貞吉，中不自亂也。」

九二。所走的路平坦寬闊，幽隱的人正固吉祥。

〈象傳〉說：「幽隱的人正固吉祥，是因為他守中使自己不亂。」

九二因為在中間，所以可以守中不亂。最特別的是「幽人」兩字，下卦兌為澤，有如澤中之人。古時候一個人要隱居，通常會住在沼澤裡面。《莊子》裡面有一段話：「藏舟於壑，藏山於澤，謂之固矣。然而夜半有力者負之而走，昧者不知也。」把一艘船藏在山谷，把一座山藏在沼澤裡，一定很安全，不會被找到吧？誰知半夜還是被有力氣的人偷走了，意思是滄海桑田，一切都在變化之中。莊子借這個寓言說明他的理想，說隱居最好是藏於天下，也就是不用藏，藏得越好越危險。

「幽人」除了幽隱的意思外，還指處於幽暗中，眼睛看不清楚的人。九二是下卦兌的中爻，兌代表口，口說話讓人喜悅；但兌也代表缺陷、缺口。九二在互卦離（九二、六三、九四）裡面，離代表目，兌是缺陷，眼睛有缺陷，所以稱幽人。

六三。眇（ㄇㄧㄠˇ）能視，跛能履，履虎尾，咥人，凶。武人為於大君。

象曰：「眇能視，不足以有明也。跛能履，不足以與行也。咥人之凶，位不當也。武人為於大君，志剛也。」

六三。眼有疾還能看，腳跛了還能走。踩在老虎尾巴上，老虎咬人，凶禍。勇武之人要做大王。

〈象傳〉說：「眼有疾還能看，但沒辦法看清楚。腳跛了還能走，但沒辦法走遠路。老虎咬人的凶禍，是因為位置不適當。勇武之人要做大王，是因為心意剛強。」

六三是主爻，主爻很少是凶的，但本卦就是這種情形。因為六三陰爻在剛位，位置有問題。六三在互卦離中，離代表眼睛；六三也在互卦巽裡面，巽為股，就是大腿；加上六三在下卦兌裡面，兌是毀折的意思，合起來就是眼睛有病、腿也瘸了。既看不清也走不遠，冒險前進就有凶禍。

六三已經到下卦的邊界，再往上就是乾卦，乾如果是一隻剛健凶悍的老虎，就等於踩到牠的尾巴，當然有災禍。另外一個解法是，兌是西方之卦，其象為虎。接著，勇武之人要做大王。六三是全卦唯一的陰爻，陰爻居剛位，又是乘剛，所以位不當。但它得到五個陽爻上下呼應，自信滿滿，表現有如勇武之人，又有上九與之正應，所以想「為於大君」，就是想取代九五，這當然不可能。這個想法也導致他踩到老虎尾巴，招來凶險。

九四。履虎尾，愬（ㄙㄨˋ）愬，終吉。

象曰：「愬愬，終吉，志行也。」

九四。踩在老虎尾巴上，戒慎恐懼，最後吉祥。

〈象傳〉說：「戒慎恐懼而最後吉祥，是因為心意是要往前走。」

九四在主爻六三上面，但是不敢讓它靠近，因為六三本身位置不正，有問題。對九四來說，因為剛剛進入上卦，也算踩在老虎尾巴上，還好它的心意就是要往前走，所以只要戒慎恐懼最後可以吉祥。也就是說，這個「吉」是有條件的，要戒慎恐懼，如果囂張狂妄，吉祥就不見了。

九五。夬（ㄍㄨㄞ）履，貞厲。

象曰：「夬履貞厲，位正當也。」

九五。剛決履行，正固有危險。

〈象傳〉說：「剛決履行而正固有危險，是因為位置居正而當令。」

九五畢竟是國君，居上卦中位，上下二爻皆陽，連對應的九二也是陽，等於是手握大權，行動剛決，這麼堅持下去，會有危險。程頤說：「居至尊之位，據能專之勢，而自任剛決，不復畏慎，雖使得正，亦危道也。」九五本身太剛強了，因為所見都是陽爻，只有一個六三是陰爻，難免顯得比較剛決，不給別人留餘地。「正固」指的並不是堅持不動，而是照這個方式走下去，不改變的話就有危險。

上九。視履考祥，其旋元吉。

象曰：「元吉在上，大有慶也。」

上九。審視走過的路，考察吉凶禍福，如此返回最為吉祥。

〈象傳〉說：「最為吉祥的居於上位，這是大有喜慶的事。」

履卦最有趣的一點，就是上九居然是「元吉」。「祥」不單指吉祥，而是代表吉凶禍福。古時候很多字是正反意思相通的，譬如說「治」就是「亂」，治與亂是可以互相解釋的。《論語》中有一句話：「武王『有亂臣十人』」，所謂亂臣是把亂治好的大臣。這裡也是採取相同的解釋方式，祥代表吉祥，也代表災異。上九與六三正應，是履卦的結束，只要按照禮儀來走這一生，把它走完畢就元吉。沒走完之前都有危險，如果先禮後兵、為德不卒，當然也不會有上上大吉的結果。最後說到「大有慶也」，這個喜慶是因為上九居乾卦最高位，又與六三正應，故稱為大有慶。

履卦的意義就在於，上是天下是澤，位置都合宜，使上下各有它的身分地位，每一個人都照規矩來。履也代表走路，行走在人間，按照合宜的方式履行個人的角色與責任，就不會有問題了。

這一路上來，初九是「素履」，至少不會有災難；九二「幽人貞吉」，這個地方有路可以走，沒有問題，但是要能夠幽隱，幽隱在沼澤裡面。

六三是主爻，反而有問題，因為碰到殘缺，離卦是眼睛有疾，巽卦是腳跛了，還是努力走，但能走多遠呢？能看多清楚呢？結果踩到老虎尾巴上，因為上面就是乾卦，一隻大老虎在上面。六三以為自己很厲害，因為位居下卦最上面，在下卦三爻當老大，又是全卦的主爻，但是面對上面的乾卦，踩老虎尾巴就危險了，想取代九五是不可能的。

六三之後到九四，九四只要警惕，就不會有危險，最後還吉祥；到九五的時候提醒人，一味的剛強很危險；到上九，經過這一切之後，回頭一看，原來按照禮儀來行走這一生是很適當的，所以稱為元吉。人生不可能沒有麻煩或凶險，要走到最後一步元吉，中間得經過多少患難，就看能不能通過了。

11 泰 ䷊

下乾上坤，地天泰

卦辭

泰，小往大來，吉亨。

泰卦。小的前往，大的來到，吉祥通達。

「來」跟「往」怎麼分呢？一般看卦的時候，下卦離我們比較近，上卦離我們比較遠，所以往上走是「往」，往下走是「來」。「小」代表陰爻、小人；「大」代表陽爻、君子。國君身邊都是君子，小人都被趕到外圍，當然是泰，國泰民安。〈序卦傳〉說：「履而泰然後安，故受之以泰。泰者，通也。」按照禮儀去行動，就可以通達並且平安。一個沒有禮貌的人再有本事，也很難得到別人的敬重。

彖傳

彖曰：「泰，小往大來，吉亨。則是天地交而萬物通也；上下交而其志同也。內陽而外陰，內健而外順，內君子而外小人。君子道長，小人道消也。」

〈彖傳〉說：「泰卦，小的前往，大的來到，吉祥通達。意思就是天地二氣互相交流，使得萬物通順暢達；上位者與下位者彼此來往，使得心意相同。陽剛居內而陰柔處外，內在剛健而外在柔順，進用君子而疏遠小人。君子的作風在成長，小人的作風在消退。」

陽本來在上，三個陽爻構成了乾卦，卻來到底下，就好像政治領袖到民間來了解百姓，把百姓推到上面，這是尊重百姓，「民為貴，君為輕」的想法就延伸出來了。

內陽而外陰，內健而外順，就是乾卦剛健、坤卦順從。

「君子道長」，說的是消息卦的走向，一定是由下往上，它帶三個陽爻，下一步就變成四個陽爻，叫做大壯卦（䷡，第三十四卦），聲勢非常磅礴，所以稱做「君子道長，小人道消」。陰爻代表小人，從三個變兩個，兩個變一個，最後不見了。

象傳

象曰：「天地交，泰。后以財成天地之道，輔相天地之宜，以左右民。」

〈象傳〉說：「天地二氣互相交流，這就是泰卦。君王由此領悟，要根據天地運行的法則來設計制度，配合天地運行的條件來助成效益，藉此引導百姓。」

天地運行本來就有其特色，要照這個特色來安排作息，譬如春耕、夏耘、秋收、冬藏，這就是「輔相天地之宜，以左右民」。身當國君的人要設法配合天地之道，讓上下能夠交流，意見可以相通。

爻辭

初九：拔茅，茹以其彙，征吉。

象曰：「拔茅征吉，志在外也。」

初九。拔取茅草，根莖牽連著同類，向前推進而吉祥。

〈象傳〉說：「拔取茅草，向前推進而吉祥，是因為心意是要向外發展。」

「拔茅征吉，志在外也。」這種比喻非常生動。「茅」是菅草，一種很平常的草；「茹」是根莖相連的樣子；「彙」是類，拔取這種茅草會連帶拉出許多細的根莖，就像初九的行動有九二、九三配合，相連而進。陽爻在初九，在剛位，上面有六四正應，所以往外走是合理的，並且根莖牽連著同類。初九、九二、九三是同類，拔草時一把拉起來，不只是根莖，連同樣的草通通帶上來了。

底下是乾卦，三個陽爻是同類，乾卦本來就要往前走，所以說它「征吉」。「志在外」說的是整個乾卦要向坤卦推進，初九有六四正應，為陰陽相引之象。

九二。包荒，用馮（ㄆㄧㄥˊ）河，不遐遺，朋亡，得尚於中行。

象曰：「包荒，得尚於中行，以光大也。」

九二。包容廣闊，採取徒步過河，不因遙遠而有所遺漏，失去朋黨，守中而行受到推崇。

〈象傳〉說：「包容廣闊，守中而行受到推崇，是因為光明遠大。」

九二這個爻很有特色，所用的幾個辭也很特別。九二是標準的君子典型，其「中行」之德有四。

第一，包荒。「荒」代表廣大，「包」就是包容，九二處在中間的位置，和上面的六五正應，從下乾到上坤無異於涵蓋天地，所以包容廣闊，而能包容廣闊就是有仁德。

第二，用馮河。馮河是不搭船，以徒步的方式過河，代表勇敢果決的意思。我們常用到「暴虎馮河」，這話出於《論語》，是孔子勸子路的話。子路擅長作戰，他問老師，假設率領三軍，要帶誰去呢？他以為答案非自己莫屬了，沒想到孔子說：「暴虎馮河，死而無悔者，吾不與也。」意思我是不會與徒步過河、空手打老虎的蠻勇之人率軍同行的，讓子路的期待落空了。

第三，不遐遺。就是不會把遠方的人給遺忘了。再遠再小的事都不會錯過，這是智慧。前面三點把智、仁、勇三達德都提到了。最後一點，朋亡，引申為朋黨消失了。

在政治的領域中，最害怕的就是朋黨。因為有了朋黨，就容易結黨營私，以致無法守中而行；也會有鬥爭，稱為黨同伐異，同黨的人怎麼做都相挺，不同黨的做得再好也要批評，完全失去公正。如果包荒、用馮河、不遐遺、朋亡這四點都做到了，再出來從政或是在社會上做事，就能光明坦蕩。

九三。无平不陂（ㄅㄧˋ），无往不復，艱貞无咎。勿恤其孚。於食有福。

象曰：「无往不復，天地際也。」

九三。沒有完全平坦而不傾斜的，沒有只是前往而不返回的。在艱難中正固，沒有災難。不必擔憂，保持誠信。在食物上有福可享。

〈象傳〉說：「沒有只前往而不返回的，是因為它處在天地交接之處。」

泰卦下乾上坤，九三在中間，代表已碰到改變的關鍵，當然會緊張。乾看到坤，就要知道原來有去就有回，沒有完全平坦而不傾斜的。當我們走路時，說這個路很平，一定是知道什麼叫不平，如果一路平坦，便也不知道什麼叫平坦。道家老子的思想即是如此，一個整體裡面有某一面的存在，就有相對的另外一面來平衡。

之所以說「艱貞無咎」，是因為九三居正位，又與上六正應，所以還可以穩得住，只要保持誠信，就沒什麼好擔心。「於食有福」指的是它面臨三個陰爻，有很大的發展空間。依卦象而言，九三在互兌中，兌代表口，上面是坤卦，坤代表眾，引申為有很多東西可以吃，這是一種比喻。

六四。翩翩不富以其鄰，不戒以孚。

象曰：「翩翩不富，皆失實也，不戒以孚，中心願也。」

六四。輕鬆而不靠財富就得到鄰居支持，由於誠信而不加戒備。

〈象傳〉說：「輕鬆而不靠財富，是因為都失去了實質；由於誠信而不加戒備，是因為內心願意如此。」

實是陽爻，虛是陰爻，從六四開始，三個陰爻在一起，感覺很浮，輕飄飄的，也代表很輕鬆，不靠財富就輕鬆得到鄰居支持，鄰居是六五、上六。

六四位置不錯，雖然對九三乘剛，但不至於有什麼很大的衝突，並且有初九正應，再加上六五、上六都配合，所以在泰卦裡面就一路通順上去了。

六五。帝乙歸妹，以祉元吉。

象曰：「以祉元吉，中以行願也。」

六五。帝乙嫁來妹妹，以此得福最為吉祥。

〈象傳〉說：「以此得福最為吉祥，是因為居中而實現自己的願望。」

一般認為泰卦的主爻是六五，而不是九二，因為泰卦整個架構到了六五才達到完成的階段。也就是如果想維持泰卦，就要靠九二與六五配合，所以六五出現了元吉。

帝乙嫁來妹妹是一個歷史事件，有一說帝乙是商紂王的父親，他把妹妹嫁給周朝的王季，生下了周文王。也就是說，商紂王的姑姑是周文王的媽媽，關係很親近。古時候很多諸侯都靠這種婚姻關係來維持和平，但最後打起仗來還是毫不留情。

爻辭的背景是說帝王之女嫁給諸侯，也要按照禮制規定順從其夫，六五與九二正應，所以提到結婚。婦人出嫁曰歸，歸本來是回家，古代認為女子將來的夫家才是她真正的家，所以結婚叫做歸。雷澤歸妹（䷵）是第五十四卦，泰卦中的六五在互卦震裡面，底下是一個互卦兌，既有雷、有澤之象，所以出現了歸妹。

上六。城復於隍，勿用師。自邑告命，貞吝。

象曰：「城復於隍，其命亂也。」

上六。城牆倒塌在壕溝裡，不要出動軍隊。從鄉邑傳來命令，正固將有困難。

〈象傳〉說：「城牆倒塌在壕溝裡，因為命令已經亂了。」

「城復於隍」是因為命令已經亂了，泰卦走到最後又要變了。當初建造城牆所用的土，原是來自護城河，城牆最後倒了，土又回到濠溝裡去，這正應了九三說的「無平不陂，无往不復」，任何事情都是有來有往，物極必反。

上六這個位置已經看到下面在發號施令，在上位者反而要聽命於百姓，整個情況改變，上六無路可走，只好離開泰卦了。

12

否

下坤上乾，天地否

卦辭

否（ㄆㄧˇ）之匪人。不利君子貞，大往小來。

否卦違背人的需求。君子正固是不適宜的，大的前往，小的來到。

否卦是泰卦的覆卦。人需要與人交通，「否」卻是閉塞不通，完全隔絕了同其他人的來往，君子這個時候若堅持原則，恐怕是不適宜的，在這種情況之下只有退隱。〈序卦傳〉說：「物不可終通，故受之以否。」永遠通達是不可能的，所以會有阻塞，我們只能做到持盈保泰，而前提是能夠謙虛，得意的時候要想到失意。君子順應趨勢而退隱，不宜正固不變。

彖傳

彖曰：「否之匪人，不利君子貞，大往小來。則是天地不交，而萬物不通也；上下不交，而天下无邦也；內陰而外陽，內柔而外剛，內小人而外君子。小人道長，君子道消也。」

〈彖傳〉說：「否卦違背人的需求，君子正固是不適宜的，大的前往，小的來到。意思就是天地二氣互不交流，使得萬物無法通順暢達；上位者與下位者不相往來，天下沒有國家可以存在；陰柔居內而陽剛處外，內在柔順而外在剛健，進用小人而疏遠君子。小人的作風在成長，君子的作風在消退。」

否卦代表與泰卦相反的情況。「天地不交」，因為天在上、地在下，兩者不互相交流，萬物完全處於閉塞不通的狀態。國君遠離百姓的需求，變成獨裁者。「內小人而外君子」，因為離看卦者比較近的下卦是坤，所以用小人而把君子排除在外面。

象傳

象曰：「天地不交，否。君子以儉德辟難，不可榮以祿。」

〈象傳〉說：「天地二氣不相交往，這就是否卦。君子由此領悟，要收斂修德以避開災難，不可謀取祿位來顯耀自己。」

這句話說得真好，〈大象傳〉最能代表儒家的思想，想成為君子，德行學養各方面都有所要求。小至朋黨，大至國家，凡在否時就是小人得道、當權，君子就要收斂修德，避開災難，不必在這個時候還堅持直言無隱。

儒家的思想講究「合時宜」，譬如說：「危邦不入，亂邦不居。」要依據不同的情況安排自己、安頓自己。因此，孔子也認為「邦有道，危言危行」，意思是：國家上軌道時，說話正直、行為正直；但是國家無道的時候，就要「危行言孫」，意思是：行為還是要正直，但說話要比較謙卑，否則誘使別人加害於你，就是白白犧牲了。

爻辭

初六。拔茅，茹以其匯，貞吉，亨。

象曰：「拔茅貞吉，志在君也。」

初六。拔取茅草，根莖牽連著同類，正固吉祥，通達。

〈象傳〉說：「拔取茅草，正固吉祥，是因為心意在君王身上。」

跟泰卦類似，「茹以其匯」的「匯」與泰卦初九的「彙」用字不同，但意思一樣，都是指同類。

「亨」一般代表通達，君子的「窮」也是一種通達，這是儒家很特別的觀念。孔子曾經說，如果得到富貴、貧賤的手段都不正當，富貴絕不要，貧賤則可以忍受。比如我應該得到官位，但別人擋住我，在背後毀謗我，讓我得不到，害我變得貧賤，這種情況我甘心接受。儒家思想認為，貧賤的生命比較單純，有助於修德與走上人生正路。過富貴的生活，每天都得忙著應付外面的事情，根本沒時間修養，最後反而會亂了分寸，忘了自己是誰。窮困的時候天天都可以自我反省，久而久之，收穫當然比較大，永遠不會忘了自己是誰。

此爻提到君子正固，因為他的心意在君王身上，君王代表上面的乾卦。事實上初六只能針對九四，陰陽正應，並且初六在下，九四在上，陰從陽，很好的現象。他的心意本來就是要跟從上面，和陽爻在一起，這個陽爻不只是代表九四，還代表整個乾卦。

六二。包承，小人吉，大人否。亨。

象曰：「大人否，亨，不亂群也。」

六二。包容承載，小人吉祥，大人閉塞，通達。

〈象傳〉說：「大人閉塞，六二通達，是因為沒有變亂同類成群。」

包字的用法在蒙卦九二已談過，須得底下有東西才能包，在初爻時沒有可包的對象。整個否卦是小人吉祥，大人否，既然是否，又為什麼亨呢？這就是前面說的，大人和君子窮困的時候，依然通達，這是孔子的觀念。

《莊子》裡面有一個非常生動的故事：孔子周遊列國到了陳國、蔡國之間，那裡發生了戰爭，孔子一行人被圍困，只能暫時找個地方住下。孔子在房間裡面彈琴唱詩，學生子路和子貢在外面撿野菜，越撿越生氣，就開始批評老師，說老師真是沒出息，天下這麼多人罵他，還要殺他，他居然還在彈琴唱詩，「君子之無恥也若此乎？」結果顏淵聽到了，立刻進房間向老師報告。孔子聽了，把子路、子貢請進來，對他們說：「君子窮亦樂，通亦樂，所樂不在窮通，而在於道。」莊子下筆毫不客氣，反映出他真實的想法，所以司馬遷讚美莊子，說他「其學無所不窺」，意思是他的學問廣博，沒有書不念。

莊子不懂儒家嗎？他比誰都懂。他了解孔子窮快樂，通也快樂，他的快樂不在於窮或通，而在於道，安貧樂道。這裡的「大人否，亨」就是這個意思。「大人閉塞」在六二來說是通達的，因為初六、六二、六三，在同一類裡面而沒有變亂。六二基本上是很好的爻，既中且正，並且與九五正應，只是大人和小人的遭遇不一樣。

六三。包羞。

象曰：「包羞，位不當也。」

六三。包藏羞恥。

〈象傳〉說：「包藏羞恥，是因為位置不恰當。」

「位不當也」所說的是陰爻在剛位。已經講了「包羞」，就不談吉或不吉，全是慚愧了。六三位置不好，不中也不正，並且與九四陰陽相鄰，往上有九四可以靠，就想往上走，攀附其他族類，不顧底下有兩個同類的陰爻撐著，所以變成包羞。

九四。有命无咎，疇離祉。

象曰：「有命无咎，志行也。」

九四。有所受命，沒有災難，眾人依附而得福。

〈象傳〉說：「有所受命而沒有災難，是因為心意得以實行。」

九四在互卦巽（六三、九四、九五）裡面，巽代表風，風代表命令，發布命令如同風行大地，代表命令廣傳各地。「疇」就是儔，意為同類或眾人，是指底下的坤卦。坤卦代表眾，與九四直接接觸，九四是一個當權者，陽剛處陰柔位置，與初六正應，等於是初六帶著底下老百姓上來，所以說是「眾人依附，得到福祉」。

九五。休否，大人吉。其亡其亡，繫於苞桑。

象曰：「大人之吉，位正當也。」

九五。終止閉塞，大人吉祥。想到要滅亡了，要滅亡了，這樣才會繫在大桑樹上。

〈象傳〉說：「大人的吉祥，是因為位置居正而恰當。」

「休」是終止，否卦一路否到九五，這時可以停下來了。否卦的九五有實力，既中且正，是一個可以穩住的天子。他知道否卦的下一步是什麼，陰爻從三個變成四個，就成了觀卦（䷓，第二十卦），再變成五個是剝卦（䷖，第二十三卦），再變成六爻皆陰是坤卦（䷁，第二卦），所以他說：小心！再往上走陽爻越來越少，可以停止了。

九五在九四上面，九四在底下形成一個互卦艮（六二、六三、九四），艮代表止，代表九五底下是停止，所以說「休否」。對照〈繫辭傳〉，有更精闢的說法。孔子說：「危者，安其位者也；亡者，保其存者也；亂者，有其治者也。是故君子安而不忘危，存而不忘亡，治而不忘亂；是以身安而國家可保也。《易》曰：『其亡其亡，繫於苞桑。』」這一段話就是從九五爻辭轉過來的。意思是：「危險的是安居其位的人，安居其位的人覺得天下太平，危險就開始了；滅亡的是那保住生存的人，拚命想保住生存就反而滅亡了；動亂的是那擁有治績的人，總認為自己治績卓越，結果反而發生動亂了。因此之故，君子在安居時不忘記危險，在生存時不忘記滅亡，在太平時不忘記動亂，才能使自身平安，並且保住國家。」「苞桑」為高大植物，來自互卦巽（六三、九四、九五），巽為木，為繩。

天下分久必合，合久必分，治與亂的輪替，就像是一種循環，隨時有這樣的警覺心，就不會滅亡。孟子說「生於憂患，而死於安樂。」人在憂患中可以生存，在安樂中就會滅亡。九五這爻，所揭示的就是居安思危，終能吉祥。

上九。傾否，先否後喜。

象曰：「否終則傾，何可長也？」

上九。傾覆閉塞的現象，先閉塞然後喜悅。

〈象傳〉說：「閉塞到了極點就會傾覆，怎麼會長久呢？」

一般的卦到上爻的時候都會有壓力，但是在比較不好的卦，反而是終於結束了，有撥雲見日的感覺。先否後喜，所以最後的上九很輕鬆，有六三正應，在《易經》之中，凡是提及喜慶都是陰陽相應，心願可以得到肯定。所以泰卦一定好，而否卦一定不好嗎？也不一定，要看哪一爻。泰卦的上六「城復於隍」，可不見得好；否卦的上九卻很不錯，「先否後喜」。

學《易經》就要知道，「易」代表變化，不論占到任何卦、任何爻，所代表的都只不過是眼前的情勢，並不代表永遠如此。我們所能做的就是因應下一步變化。好好修鍊自己，將來有機會出頭時，才能展現實力。

13 同人

下離上乾，天火同人

卦辭

同人於野，亨。利涉大川，利君子貞。

聚合眾人於郊野，通達。適宜渡過大河，適宜君子正固。

《易經》到第十三卦「天火同人」，終於出現火了。這代表火是人類比較後期的發明，火的出現一方面代表光明；另一方面代表熟食，健康得到保障。

關於「野」這個字，所謂「邑外有郊，郊外有野」，邑代表城池、都會；野是郊外。聚合眾人於郊野，代表光明坦蕩，沒有任何私心。

同人卦的內卦是離，離字在古代寫成「羅」，網羅的意思，在天之下用網羅把很多人網住，使大家變成一個團體，就是同人的意思。君子在光天化日之下聚合眾人，心無所私，則可不畏險阻，利涉大川。

彖傳

彖曰：「同人，柔得位得中，而應乎乾，曰同人。同人曰：『同人於野，亨。利涉大川。』乾行也。文明以健，中正而應，君子正也。唯君子為能通天下之志。」

〈彖傳〉說：「同人卦，柔順者取得合宜之位，也取得居中之位，又與乾卦互相呼應，這就稱為同人卦。同人卦說：『聚合眾人於郊野，通達。適宜渡過大河。』這是因為乾卦是向前行進的力量。文采光輝而健行，居中守正而應合，這是君子的正道。只有君子可以溝通天下人的心意。」

最後一句講得真好，「唯君子為能通天下之志」，因為他把天下人聚合起來，知道天下人需要什麼。「柔得位得中」代表六二，此卦也是五個陽爻一個陰爻，所以六二是主爻，上有乾卦與它互相呼應。

離卦是火，火代表光明，健行是因為上面是乾卦，所以「利涉大川」。「中正而應」是說有六二和九五，這兩個位置對應得非常好，陰陽位置完全正確，只有君子可以做到這一點。

象傳

象曰：「天與火，同人。君子以類族辨物。」

〈象傳〉說：「天與火組成的現象，就稱為同人卦。君子由此領悟，要歸類族群，分辨事物。」

歸類族群，分辨事物，是君子要做的事。也就是有的要「同」，把同類的合在一起，有的須「辨」，要分辨事物，把不一樣的東西分開。這是因為此時天下有火，火可以照亮萬物，讓人看得很清楚，因此知道事物該怎麼歸類。

爻辭

初九。同人於門，无咎。

象曰：「出門同人，又誰咎也？」

初九。在門外聚合眾人，沒有責難。

〈象傳〉說：「走出門外聚合眾人，又有誰來給你責難？」

「於門」之所以譯為「門外」，是因為〈象傳〉說：「出門同人」，初九是士的位置，二才是大夫，大夫才有家，有家才有門，初九是在初位，無異於家門之外。在門外聚合眾人，光天化日之下，大家都看到，誰會責怪你呢？同人卦的重點在於不要有私心。

六二。同人於宗，吝。

象曰：「同人於宗，吝道也。」

六二。在宗族裡聚合眾人，鄙陋。

〈象傳〉說：「在宗族裡聚合眾人，這是走向鄙陋的路。」

「吝」這個字在《易經》裡經常是指困難，不過在這裡是指「鄙陋」，也就是太小器了。六二進入大夫之家的位置，只與同宗族的人聚合，意思是說這個卦五個陽爻都希望與六二同心協力，但六二只跟九五正應，只願意照顧自己的宗族，其他人打不進圈子裡，顯得太鄙陋、太小器了。六二是主爻，在同人卦裡，應該大公無私、開放心胸。一般而言，陰陽正應是好事，但是也有幾個卦陰陽正應不太好，這裡就是一個例子。

九三。伏戎於莽，升其高陵，三歲不興。

象曰：「伏戎於莽，敵剛也，三歲不興，安行也。」

九三。在草莽中埋伏士兵，或者登上高陵瞻望，三年不能發動攻擊。

〈象傳〉說：「在草莽中埋伏士兵，是因為敵人剛強。三年不能發動攻擊，是因為找不到去處。」

九三陽爻居剛位，勇猛躁進，位於下卦離之中，離為甲冑、為戈兵，又在互卦巽中（六二、九三、九四），所以說「伏戎於莽」。九三又位在下卦之上，所對者為上九，有如升其高陵，站在高的位置。

前面曾說過，當一個卦裡有五個陽爻時，陽爻之間的不應不是壞事，因為大家目的相同，所以九三跟上九可以合作，「升其高陵」或者「伏戎於莽」。

九三要對付的是九五，因為底下是六二，六二是主爻，它希望與六二建立一個好的關係，但六二只與九五正應。九三處於同人卦中，想跟九五爭奪六二之心，奈何九五位尊而剛中，帶著三個陽爻等著，以致九三在上臨三陽爻的情況下，根本無路可走，找不到去處，所以「三歲不興」。

九四。乘其墉，弗克攻，吉。

象曰：「乘其墉，義弗克也；其吉，則困而反則也。」

九四。登上城牆，卻不能進攻，吉祥。

〈象傳〉說：「登上城牆，理當不能進攻；它的吉祥，是因為遇到困難就返回到法則上。」

九四、九三、加上六二，構成一個巽卦，巽代表繩直、高，有城牆之象，九四登到城牆上面，上臨九五，為一牆之隔，也想跟九五爭奪六二，不讓九五獨占。但是九四以陽爻居柔位，自己未能中正，在道義上就不能進攻。一個人能知道進退就吉祥了，它的吉在於「困而反則」，回到正確的路上，沒有何去何從的困擾。

九五。同人，先號咷（ㄊㄠˊ）而後笑，大師克相遇。

象曰：「同人之先，以中直也。大師相遇，言相克也。」

九五。聚合眾人，先是痛哭後是歡笑，大部隊能夠會合。

〈象傳〉說：「聚合眾人，會先痛哭後歡笑，是因為居於中位而行為正直。大部隊能夠會合，是說已經戰勝了敵人。」

九五居中位而行為正直，又和六二正應，但因為六二是主爻，九三、九四都想爭取，所以九五在開始的時候痛哭流涕，最後破涕為笑。同人卦在這個地方展現了它的象徵，率眾為師的目的不是戰爭，而是與同人相應；同人集合，不是為了謀求私利，而是有如「師」之護衛國家。所以「大師相遇」是為了團結，不是為了爭奪六二這個主爻，而是要以正制邪，使全卦同心同德。

上九。同人於郊，无悔。

象曰：「同人於郊，志未得也。」

上九。聚合眾人於郊外，沒有懊惱。

〈象傳〉說：「聚合眾人於郊外，是因為心意沒有得到回應。」

同人卦最重要的意義就是天下為公，不要有私心。上九在郊外反而很好，沒有任何懊惱，就算離開也沒有問題。提到「悔」是因為它和九三不應，心意沒有得到回應，而且與六二完全無關。

在整個同人卦中，其他的爻都與六二都有關係，初九在六二之下；九三在六二之上；九四跟六二構成一個巽卦；九五跟六二正應；唯獨上九跟六二完全沒有關係，正因如此，在同人卦中反而是件好事，因為沒有私心。六二雖是主爻，但是已經有私心了，反而不好；九五也很好，不過還要先痛哭一場。

同人卦大體來說是不錯的，但是仍有這麼複雜的情況，代表天下人聚在一起沒有一帆風順的，有情況大家要同心協力，一起面對，為國家社會做一些事。

14 大有 ䷍

下乾上離，火天大有

卦辭

大有，元亨。

大有卦，最為通達。

「火天大有」是同人卦的覆卦。〈序卦傳〉說：「與人同者，物必歸焉，故受之以大有。」聚合眾人之後，物產自然豐富，有土斯有民，有民斯有財。

彖傳

彖曰：「大有，柔得尊位，大中而上下應之，曰大有。其德剛健而文明，應乎天而時行，是以元亨。」

〈彖傳〉說：「大有卦，柔順者取得尊貴的位置，大行中道而上下都來應合，所以稱為大有。它的作風陽剛勁健又有文采光輝，配合天體法則又能按時運行，因而最為通達。」

本卦下乾上離，陽剛是指乾卦，乾上面是一個離卦，光輝在天上，普天大放光明。回顧同人卦的情況是光輝在天之下，算是一般的情況，如今光輝到天之上，配合天體法則又能按時運行，因而最為通達。

六五與九二正應，六五陰柔順應陽剛，有如太陽依天體而運行，一年四季得以循環進展，故稱為「應乎天而時行」。

象傳

象曰：「火在天上，大有，君子以遏惡揚善，順天休命。」

〈象傳〉說：「火在天的上方，這就是大有卦。君子由此領悟，要抑制邪惡、顯揚善德，順從上天所賦與的美好使命。」

「順天」二字，可對照孔子「六十而耳順」的說法，依照我的解讀，這句話應該是「六十而順」，理由是自孔子之後，不論是《孟子》、《荀子》、《易傳》、《中庸》、《大學》等所有古代的儒家典籍，沒有任何一個地方提到「耳朵順不順」的問題，至於《易經》也是根據之一，所以可以合理懷疑「耳」字是多出來的。

「順天休命」是一句非常關鍵的話，表達了儒家思想中對於「順」的概念。順，指的是下對上，譬如順父母、順國君、順天。孔子的六十而順，是指知天命之後要順天命，所以他周遊列國，有各種具體的實際生活經驗可以做為驗證，而不必特別強調耳朵如何。有人說六十而耳順的耳，是與聖人的「聖」字左邊的耳部相通，這樣的解說太迂迴複雜了，也不符合孔子的作風，孔子怎麼會暗示別人說自己是聖人呢？

要順天休命，就要遏惡揚善、行善避惡，我們可由此句話感受到儒家思想。能夠從《易經》聯想到對儒家的詮釋，這才是活讀書。〈繫辭傳〉中說：「天地之大德曰生，聖人之大寶曰位。何以守位曰仁，何以聚人曰財。」聖人可以守位聚人，大有卦的君子也有同樣的領悟。

爻辭

初九。无交害，匪咎，艱則无咎。
象曰：「大有初九，无交害也。」

初九。沒有因為交往所帶來的害處，這不是災難，在艱困中就沒有災難。
〈象傳〉說：「大有卦的初九，還沒有因為交往所帶來的害處。」

「匪咎」要看時機，「无咎」則靠自己，處在困境中安分修養，就可以「无咎」。

進入大有卦的初九，好像不怎麼順利，因為初九與九四不應；唯一的陰爻六五，五個陽爻都想跟它應和，而初九距離最遠，所以說沒有什麼交往。如果初九一進入大有卦，就想勉強出頭，很容易變成初富而生驕奢之念，將來就會有害處。

九二。大車以載，有攸往，无咎。
象曰：「大車以載，積中不敗也。」

九二。用大車來裝載，有所前往，沒有災難。
〈象傳〉說：「用大車來裝載，是因為積累在中間不會毀壞。」

古代的車分大小，大車是牛車，可以載重；小車是馬車，可以跑得快。「中」指的是二或五。下卦乾有向前的動力，九二在卦中已經累積了資源，又居二陽爻之中，所以可以前往而无咎。乾卦當車應該是從「有實力」來取象，「大」往往也代表陽爻。

九三。公用亨於天子，小人弗克。

象曰：「公用亨於天子，小人害也。」

九三。公侯接受天子的款待，小人不能如此。

〈象傳〉說：「公侯接受天子的款待，小人如此則是有害。」

三的位置是公卿、公侯，「亨」字在古代和「享」、「烹」通用，而且九三在互卦兌（九三、九四、六五）裡，兌代表口，有飲食之象。

很多時候同一件事要看誰做，九三位置正當，是國之重臣，天子款待是可以了解的，小人如果有這樣的機會就不好了，在《論語》裡面有很好的例子。〈八佾篇〉裡面的兩段內容，被合併為一個成語叫「舞佾歌雍」。「舞佾」指的是季氏以八佾舞於庭，「歌雍」是三家者以雍徹。

古時候祭祀祖先舉行禮儀時，天子用八佾，諸侯用六佾，大夫只能用四佾，每個階層是有差別的。但是魯國最有權力的大夫季氏，竟然在祖先的宗廟前面用八佾舞，因為他認為自己有錢，也沒有人敢管。孔子知道後很難過的說：「是可忍也，孰不可忍也。」

歌雍的事情同樣發生在魯國，孟氏、叔氏、季氏三家在祭祀祖先完畢之後，以唱雍詩來結束，但雍詩是天子祭祀才可以唱的，三家以為自己在魯國當權，自傲得跟天子一樣。後人就把「舞佾歌雍」當做一個成語，來形容僭越了本身地位的行為。

大有卦代表資源非常豐盛，但並不是人人都可任意接受與使用。今天的社會也是一樣，個人的享受不能以公家的預算來滿足。

九四。匪其彭，无咎。

象曰：「匪其彭，无咎，明辨晢也。」

九四。不仗恃他的盛大，沒有災難。

〈象傳〉說：「不仗恃他的盛大，沒有災難，是因為懂得分辨清楚。」

彭就是盛大，在《詩經》裡面用了好幾次，「行人彭彭」、「駟騵彭彭」，用彭彭描寫行人眾多，良馬壯盛。大有卦從初九、九二、九三、九四，底下不但是一個乾卦，還有一個互卦乾。九三已經受到天子款待，九四聲威更壯，連續四個陽爻，真是盛大至極。

九四位居統領這一切的位置，上面是六五天子，但是六五是陰爻，比較柔弱，看到九四一路帶著三個陽爻，天子都得禮讓他幾分。九四所在的上卦是離卦，離代表光明，代表九四已經進入光明，懂得分辨道理，所以不會有災難了。

六五。厥孚交如，威如，吉。

象曰：「厥孚交如，信以發志也；威如之吉，易而无備也。」

六五。以誠信來交往的樣子，展現威望的樣子，吉祥。

〈象傳〉說：「以誠信來交往的樣子，是要用誠信引發人們的心意；展現威望的樣子而吉祥，是要使人們和悅而沒有戒備。」

六五在互卦兌裡面（九三、九四、六五），兌為虎，虎代表有威望，一個陰爻在五個陽爻中間，如果沒有威望，憑什麼能站穩？所以這位國君看起來很謙虛、很柔弱，不是這麼剛強，但還是要有威望。

上九。自天佑之，吉无不利。

象曰：「大有上吉，自天佑也。」

上九。獲得天的助佑，吉祥而無所不利。

〈象傳〉說：「大有上九的吉祥，是獲得天的助佑。」

《易經》六十四卦中，有兩個卦結束的時候是「元吉」，兩、三個「吉無不利」，還有少數的「吉」，這是不容易的。

要特別注意的是「自天佑之」，因為「天」這個概念從《易經》到《易傳》已經轉變了。孔子說「五十而知天命」；當有人要殺他時，他說「天之未喪斯文也，匡人其如予何？」他也說「獲罪於天，無所禱也。」孔子把「天」視為信仰的對象，是最高的權威。但是在《易經》多次出現的「天」，是做為自然之天，或被視為一種規則，譬如天道。而大有卦最後得到天的助佑，這個天就不是自然界了，而是某種特定的善惡標準，呼應了〈象傳〉中所說的「順天休命」。

六五有誠信，上九如同踩在六五之上，所以說上九「履信」，也就是實踐誠信，並且順應六五，這樣的美好作為自然能獲得天佑，「吉无不利」了。

15 謙

下艮上坤，地山謙

卦辭

謙。亨，君子有終。

謙卦。通達，君子有好的結果。

謙卦很特別，六爻非吉則利，底下三爻皆吉，這是難得一見的情況。人活著，就是希望最後能善終，這一生可以圓滿結束，完成人生的使命。人身為萬物之靈，最特別之處，就在於這一生並非生下來就已經完成。西方有一個很好的觀念，認為人的生命是在不斷的完成自己、製造自己，把自己製造成為完美的結果。所以教育的目的是培養風格，或者說陶冶氣質，意思是剛開始的時候不夠好，後來經過學習與修鍊，讓自己越來越完美，然後生命才結束，叫做「君子有終」。謙卦是「地山謙」，上面是地，底下是山。地代表平順，一座高山藏在地底下，代表謙虛。一個人說自己謙虛，其實可能是沒有實力，但謙卦把高山般的力量藏在底下，表面上跟別人一往平等，這才是真正的謙。

〈序卦傳〉說：「有大者不可以盈，故受之以謙。」把大有卦變成有大，因為大有之後自然變成擁有大，不是擁有小，這時候不可以自滿，要謙遜。山本來是崇高的，卻處於地之下，越是自視卑下，別人越尊重他，越是隱晦，德行就越光輝，這樣的人會有好的結局與結果。

彖傳

彖曰：「謙亨。天道下濟而光明，地道卑而上行。天道虧盈而益謙，地道變盈而流謙，鬼神害盈而福謙，人道惡盈而好謙。謙尊而光，卑而不可踰，君子之終也。」

〈彖傳〉說：「謙卦通達。天的法則是向下救助萬物而大放光明，地的法則是讓萬物處於低卑而向上發展。天的法則是減損滿盈者而增益謙卑者，地的法則是改變滿盈者而流注謙卑者，鬼神的法則是加害滿盈者而福佑謙卑者，人的法則是厭惡滿盈者而喜愛謙卑者。謙卑者處於尊貴位置就展現光輝，處於低下位置，則沒有人可以超越他，這真是君子的歸宿啊。」

天的法則可以月亮為例，月圓則缺，月缺還會再圓；地的法則可以自然界的山川河流為例，山太高了會崩，把低的地方填滿；河流也是一樣，十年河東十年河西，自然會有一種平衡。

古人所謂的鬼神，一是指人類的祖先，人死為鬼；二是神，指更有力量的神明，古時名山大川都設有負責管理的官吏，如果在這些官吏的主事期間沒有河川氾濫的事件，山也沒有發生事故，那麼這些官員死後就會被封為山神跟河神。所以神往往會牽涉到自然界，力量較廣大；鬼神則代表有力量的靈異世界，對人間具有某種判斷和賞罰的能力。

謙卦的「亨」來自天地二氣的交流，我們可以由「卦變」，也就是卦的變化來理解這種交流。《易經》經常從消息卦來談卦的變化，是因為消息卦是標準卦，是變化的基礎，陽爻、陰爻不交錯，一旦交錯就變成別的卦。每一個消息卦都可以變成相關的卦，例如第二十三卦「山地剝」（䷖）的上九來到了九三，原來的六三升到了上六，就變成了謙卦，如此便可解釋「天道下濟」跟「地道上升」的意思。

「天道下濟而光明」指的就是上九本來在上面為天，現在往下走成九三，如同向下救助萬物；「地道卑而上行」指的是六三本來在下為地，往上走變成上六，兩個力量便交通了。

象傳

象曰：「地中有山，謙。君子以裒（ㄆㄡˊ）多益寡，稱物平施。」

〈象傳〉說：「地裡面有山存在，這就是謙卦。君子由此領悟要減損多的，增益少的，衡量事物而公平給與。」

君子在職責與能力範圍之內，要秉持公平原則，使世間更為和諧，所以強調要設法做到公平，有人少了，就多給他一點；有人多了，就少給他一點。《道德經》的最後一章說：「既以為人，己愈有；既以與人，己愈多。」給人家越多，自己增加的也越多。又說天之道是「損有餘而補不足」，把有餘的去掉，讓較少的能夠得以補足；人之道是「損不足以奉有餘」，更加剝奪窮人，讓有錢人變更有錢，很不公平。人之道使貧者越貧，富者越富，貧富差距越來越大，社會是不可能安寧的，但天道不一樣，謙卦就是說明這種道理。

爻辭

初六。謙謙君子，用涉大川，吉。

象曰：「謙謙君子，卑以自牧也。」

初六。謙而又謙的君子，可以渡過大河，吉祥。

〈象傳〉說：「謙而又謙的君子，是以謙卑的態度管理自己。」

因為初六在謙卦的最底下，故稱為「謙謙」。「用」是可行之意，「用涉大川」與「利涉大川」不同。

初六在下卦艮裡，艮代表「止」，想往上走本來並不容易，六四與它又不應，上面沒有人支持，所以動彈不得。但因為具備謙而又謙的態度，所以有力量，即使面臨上面的互卦坎（六二、九三、六四），坎為水，也可以「用涉大川」，繼續往上走。

六二。鳴謙，貞吉。

象曰：「鳴謙貞吉，中心得也。」

六二。響應謙卑的態度，正固吉祥。

〈象傳〉說：「響應謙卑的態度，正固吉祥，是因為守中而內心自得。」

「鳴」是響應，在謙卦裡凡與主爻九三有關的，都會用「鳴」這個字。六二和九三相鄰，可以依靠九三，九三和上六正應，所以六二、上六都是「鳴謙」。六二陰爻居柔位，在謙卦裡謹守分寸，所以說「守中而內心自得」。

九三。勞謙君子，有終，吉。

象曰：「勞謙君子，萬民服也。」

九三。有功勞而謙卑的君子，有好結果，吉祥。
〈象傳〉說：「有功勞而謙卑的君子，所有百姓都順服。」

九三是主爻。看到「勞」就知道有功勞，沒有功勞也有苦勞。九三當然很辛苦，因為是全卦唯一的陽爻，五個陰爻都要靠它。九三在互卦坎裡，坎代表勞，這就是〈說卦傳〉講到「勞乎坎」，而九三爻辭開頭便說「勞謙君子」的原因。

初六、六二、九三，三爻皆吉，這是前所未見的，而上面三爻都是利，利代表適宜。

六四。无不利，撝（ㄏㄨㄟ）謙。
象曰：「无不利，撝謙，不違則也。」

六四。沒有任何不適宜的事，只要發揮謙卑的精神。
〈象傳〉說：「沒有任何不適宜的事，只要發揮謙卑的精神，這是因為沒有違背法則。」

六四是陰爻居柔位，上面有六五謙卑之君，下有九三大功之臣，這時候又能做到謙卑，所以沒有違背法則。六四是當位，對於九三雖然是乘剛，但是在謙卦裡面，九三勞謙，不會在意這個狀況。

六五。不富以其鄰，利用侵伐，无不利。

象曰：「利用侵伐，征不服也。」

六五。不靠財富就得到鄰居支持，適宜進行征戰，沒有不利的事。

〈象傳〉說：「適宜進行征戰，是要去討伐不順服的人。」

六五下有六四，上有上六，本來就是連在一起的，所以不用靠財富。六五雖是陰爻在五的位置，但因為是君位，也不能一味的謙卑，當有桀驁不馴、不肯順服的人出現時，就應進行征戰，這表示謙虛還是要顧及自己的身分與責任，該堅強時就要擺出強硬的姿態。

上六。鳴謙，利用行師，征邑國。

象曰：「鳴謙，志未得也；可用行師，征邑國也。」

上六。響應謙卑的態度，適宜派遣軍隊，討伐屬邑小國。

〈象傳〉說：「響應謙卑，是因為心意未能實現；可以派遣軍隊，是因為討伐的是屬邑小國。」

上六與九三正應，所以「鳴謙」。六五和上六是統治者，上六已經退位了，但是還有自己的屬國，要表現威嚴，因此才會派遣軍隊。「志未得」是指謙卦明明是講謙德，但上六卻位居最高位置，並不符合心意。

占到謙卦，雖然非吉則利，但還是要問自己能做到謙的要求嗎？

16 豫 ䷏

下坤上震，雷地豫

卦辭

豫，利建侯行師。

豫卦。適宜建立侯王，出兵征伐。

雷地豫卦與地山謙卦是覆卦關係。〈序卦傳〉說：「有大而能謙必豫，故受之以豫。」前面是「大有」和「謙」，本身資源很豐富，又能夠謙卑，一定會帶來愉悅。所以豫代表歡喜、愉悅，另一方面也有提醒人居安思危，預做準備的意思。豫卦的主爻是九四，九四是諸侯的位置，又位在上卦震，震為動，所以適合建立侯王。下卦坤代表群眾，群眾稱為師，所以可以行師出兵征伐。

彖傳

彖曰：「豫，剛應而志行，順以動，豫。豫，順以動，故天地如之，而況建侯行師乎！天地以順動，故日月不過而四時不忒。聖人以順動，則刑罰清而民服。豫之時義大矣哉！」

〈彖傳〉說：「豫卦，剛強者得到呼應而心意可以實現，順勢而行動，就是豫。豫卦，順勢而行動，所以天地會同它一樣，何況是建立侯王與出兵征伐呢！天地順著時勢而活動，所以日月的運行不會失誤，四季的次序也不會偏差。聖人順著時勢而行動，就會做到刑罰清明而百姓順從。豫卦依時而行的意義真是偉大啊！」

剛強者指的是九四，也就是這個卦唯一的陽爻。下卦坤代表順，上卦震代表行動，順勢而行動，這就是豫。從豫卦可以看到所謂的「時機」，也就是要在適當的時候，選擇適當的事來做。《易經》重視「時」，程頤指出，《易經》中共有十一個卦談到「時」，不過他少算了一卦。這十一個卦分別是：講「時機」的豫卦（䷏，第十六卦）、遯卦（䷠，第三十三卦）、姤卦（䷫，第四十四卦）、旅卦（䷷，第五十六卦）；講「時義」的習坎卦（䷜，第二十九卦）、睽卦（䷥，第三十八卦）、蹇卦（䷦，第三十九卦）；講「時用」的頤卦（䷚，第二十七卦）、大過卦（䷛，第二十八卦）、解卦（䷧，第四十卦）、革卦（䷰，第四十九卦）。至於程頤少算的是隨卦（䷐，第十七卦）。

象傳

象曰：「雷出地奮，豫。先王以作樂（ㄩㄝˋ）崇德，殷薦之上帝，以配祖考。」

〈象傳〉說：「雷從地下出來，萬物振作，這就是豫卦。古代君王由此領悟，要制作音樂來推崇道德，再隆重地向上帝祭祀，連帶也向祖先祭祀。」

在古代，只有帝王才能祭天，一般人只能祭祀祖先。「殷」是隆重，「薦」是祭祀，上帝代表萬物的主宰，也是萬物存在之源，「考」與老相通，祖考就是祖先，這句話含有古人的宗教觀念。這裡提到「作樂」，是因為打雷的聲音很大，尤其春雷乍響，大地奮然振興，一切又充滿生機，所以是豫，是愉悅。再看下卦坤是順，是為和順積中而英華發外。

震是雷，雷是發聲，引申為製作音樂，以此讚揚生生之德，雷聲震動起來，讓萬物順利出生。仔細分辨「聲」、「音」、「樂」三個字，其實有很大的不同。動物跟人都有聲，但只有人才有音。譬如鳥叫，還有小孩子的咿嗚亂叫，都是「聲」。聲是自然發出來的，音則是經過了人的組合，用音調來表達意思。音底下加一個心就成了「意」，鸚鵡學人講話，再怎麼學都不能表達人的意思，所以依然只是聲，還不到音的程度。「樂」就更不一樣了，有所感嘆而迴旋往復，最終才會變成樂章。古代君王由雷動聲中有所感悟，因此製作音樂來推崇生生之德，這就是〈象傳〉的說法。

爻辭

初六。鳴豫，凶。

象曰：「初六鳴豫，志窮凶也。」

初六。響應愉悅的態度，有凶禍。

〈象傳〉說：「初六響應愉悅的態度，是因為心意抵達極點，會有凶禍。」

初六與九四主爻正應，九四在上卦震中，震為鳴，所以說鳴豫。但是這時候剛剛進入豫卦，響應愉悅就會變成希望一路快樂到底，不思長進了，何況陰爻在初的位置，本來就比較弱，還要響應愉悅，所以一上場就是凶。這可以說是當頭棒喝，提醒初六不能不思長進，一個人只要快樂就可能耽溺其中，會有凶禍，古今都是如此。

六二。介於石，不終日，貞吉。

象曰：「不終日，貞吉，以中正也。」

六二。耿介如堅石，不用一整天，正固吉祥。

〈象傳〉說：「不用一整天，正固吉祥，是因為居中守正。」

全卦六爻中只有六二對主爻九四無比也無應，但六二不但是陰爻在柔位，而且在下卦中間，居中守正，既然與主爻無涉，就堅持做自己。六二在互卦艮裡（六二、六三、九四），艮代表止，六二未到艮的上爻，所以說不用一整天，意思是很快就會覺悟不可耽於逸樂。

豫卦的卦象是愉悅，但也要謹慎，因為人很容易耽於逸樂，孟子說「死於安樂」，安樂反而讓人停下來，所以真正的危機往往是在成功的時候。西方有一句話說得好：「你可以用劍做任何事，但不能坐在劍上。」也就是不能無所事事，必須一直奮鬥。失敗是成功之母，但成功也是失敗之母，因為過去的成功會使人忘了奮鬥，在豫卦裡面就有類似的教訓，而這種教訓會變得越來越明顯，越來越深刻。

六三。盱（ㄒㄩ）豫，悔。遲有悔。

象曰：「盱豫有悔，位不當也。」

六三。向上瞻望而愉悅，懊惱。行動遲緩也有懊惱。

〈象傳〉說：「向上瞻望而愉悅，也有懊惱，是因為位置不恰當。」

「盱」是向上瞻望的樣子，六三向上瞻望就會看到「九四」，九四是豫卦的主爻，仰望當然是希望能夠得到愉悅，但六三陰爻在剛位，和上六又非正應，所以結果是懊惱。六三還在互卦艮裡，比六二更接近艮的上爻，艮是止，六三是遲，行動遲緩。六二離停止還遠，就已經停下來了，可以說「不終日」；六三離停止已經很近了才想要停，太晚了一點，所以說「遲」。六三行動遲緩，既不能擺脫誘惑，向上瞻望也無法果決行動，就會「悔」。悔代表懊惱，悔比吝要好，吝是有困難還執迷不悟，悔則是開始懊惱，代表有改善的希望。

九四。由豫。大有得。勿疑，朋盍（ㄏㄜˊ）簪。

象曰：「由豫大有得，志大行也。」

九四。由此而產生愉悅。大有收穫。不必疑慮，朋友都來聚合。

〈象傳〉說：「由此而產生愉悅並且大有收穫，是因為心意可以充分實現。」

九四是全卦主爻，豫卦是由於這一爻才能夠產生愉悅。一陽得五陰呼應，上下皆來應和、支持，所以會很順利，不要擔心。「盍」是闔、合的意思，「簪」是女生把頭髮聚攏起來的工具，就好像用一個陽爻把另外五個漂浮不定的陰爻聚合起來。其次，九四在互卦坎裡（六三、九四、六五），坎為加憂、疑慮、心病，所以會有勿疑的「疑」。九四陽爻居柔位，以大臣而得上下之信賴，結果是愉悅和順。回顧前一卦地山謙，和雷地豫只是九三與九四的變化，差別就很大了。

六五。貞疾，恆不死。

象曰：「六五貞疾，乘剛也。恆不死，中未亡也。」

六五。正固會有疾病，但總不至於死亡。

〈象傳〉說：「六五正固會有疾病，是因為凌駕在剛爻之上。總不至於死亡，是因為居中的位置沒有失去。」

「貞」字有兩種解讀，一是依照前面的方式不改；一是正固，走在正路上。「貞疾」是說六五堅持要柔弱而耽溺於愉悅，長此以往就會有疾病。六五是天子，九四是有權利的大臣，六五在九四上面，乘剛，九四有功高震主的意味，對六五來說當然會有一些疑慮，感覺好像大權旁落。不過六五的位置很好，因為它居中位，擁有優勢，因此不至於喪亡。

上六。冥豫，成有渝，无咎。

象曰：「冥豫在上，何可長也？」

上六。在昏昧中愉悅，最後出現改變，沒有災難。

〈象傳〉說：「在昏昧中愉悅而走到極點，怎麼會長久呢？」

「成」是終、結束；「渝」是變化。所有卦的最上面一爻，已經準備離開了，所以很少有好的。在《易經》六十四卦中，上位「元吉」的只有履卦（䷉，第十卦）和井卦（䷯，第四十八卦），一般來說「无咎」就算是不錯了。「冥」代表昏昧，豫卦上六是愉悅到了極點，有執迷不悟之象，所以說「冥豫」。上六在卦結束的位置，又在上卦震卦的最上一爻，震動得最為厲害。既然前無去路，這時候就會出現一些改變，去除這種昏昧動搖的狀態，如此就可以无咎了。

整個豫卦雖是愉悅之卦，但只有六二和九四為佳，由此可見，人在安樂中反而容易失去方向，因而必須事先有所警惕與準備。

17 隨 ䷐

下震上兌，澤雷隨

卦辭

隨。元亨，利貞，无咎。

隨卦。最為通達，適宜正固，沒有災難。

隨卦，最為通達，適宜正固，照理說應該很好，但竟然只是「无咎」而已。這說明沒有災難就是很不錯的情況了，不要奢求大吉大利。〈序卦傳〉說：「豫必有隨，故受之以隨。」意思是愉悅一定有人隨從，大家都喜歡趨吉避凶。〈雜卦傳〉裡面特別提到「隨，無故也」，意思是「『隨』並沒有特別事故，要依時勢與條件而定行止」。隨卦是下震上兌「澤雷隨」，雷震動而澤隨順，有如少女之從長男，陽居下而陰順從，所以元亨並且利貞，如此自然无咎了。

看著時機去隨順，不可能有開創性，所以元亨是說很通達，而不是創始或開創的意思。自己不用開創只要跟著走，這樣可以无咎。

彖傳

彖曰：「隨，剛來而下柔，動而說，隨。大亨貞，无咎。而天下隨時。隨時之義大矣哉。」

〈彖傳〉說：「隨卦，剛強者來到柔順者之下，活動而喜悅，就是隨卦。大通達並且正固，沒有災難，然後天下萬物隨著時勢而運行。隨著時勢的意義真是偉大啊！」

隨卦是剛強者來到柔順者之下，剛是指初九，柔是指六二、六三，最上面的爻來到最底下，就是剛來而下柔，成為隨卦。如果將它還原，陽爻回到最上面，就成了「天地否」卦（䷋，第十二卦），由此可知，隨卦是從否卦變化而來。下卦震是動，上卦兌是悅，活動而喜悅就是隨卦。

「天下」一詞可以做兩種理解，一是天下萬物，一是人間。有時候兩個解釋可以通用，不過在本卦是指天下萬物，因為人的「隨時」是必須經過判斷與抉擇的，而萬物的「隨時」是隨四季之時來表現。孔子說：「天何言哉？四時行焉，百物生焉，天何言哉？」所以四時行，百物生就是隨時。這一卦是提醒我們隨時體察時勢的變化，調整自己的行動。

象傳

象曰：「澤中有雷，隨。君子以嚮晦入宴息。」

〈象傳〉說：「大澤中有雷潛藏，這就是隨卦。君子由此領悟，要在傍晚回家安靜休息。」

「嚮」是向的意思，接近了，「晦」是晚上，「宴」是安，古代講究日出而作，日落而息。雖然雷是震，是活動，但是不要忘了到傍晚就回家休息，因為要繼續發展，一定要相對的能夠休息，我們稱為養生。

爻辭

初九。官有渝，貞吉。出門交有功。

象曰：「官有渝，從正吉也；出門交有功，不失也。」

初九。官員有變通，正固吉祥。出門與人交往會有功績。

〈彖傳〉說：「官員有變通，是因為依循正途而吉祥；出門與人交往會有功績，是因為沒有過失。」

〈彖傳〉所提到的「剛來而下柔」，就是指初九。〈彖傳〉有特別描寫的往往就是主爻，代表它可以把這個卦的特色表現出來。初九陽爻居剛位，能夠依循時勢，採取應變措施，保持本身的正固。官員以守法為首務，但是必須通權達變才會吉祥。所謂守經達權，天下人的情況都不太一樣，官員不但要依法行事，還要懂得變通，否則會造成很多人遭受委屈。初九上面是一個互卦艮（六二、六三、九四），艮卦代表門闕、門、門檻，「出門交有功」是因為初九還沒有進入互卦艮，在門檻外面光明坦蕩的與別人交往會有功績，不會有走後門、收賄等事件發生。

六二。係小子，失丈夫。

象曰：「係小子，弗兼與也。」

六二。繫住小孩，失去丈夫。

〈彖傳〉說：「繫住小孩，是因為不能同時跟從兩者。」

「係」是繫住。六二、六三、上六都用到「係」，是因為這三個陰爻本身不能自立，非要抓緊有力者，跟著別人走不可。小子是初九，因為在底下，所以稱為小；丈夫是九五。六二與九五正應，但初九是主爻，六二抓住小子，就近可以靠初九主爻，如此就失去了九五。對男性而言，丈夫位居九五是有為之君，小子初九是平凡小民，六二就近相隨是得不償失。陰爻在隨卦裡面非抓住點東西不可，有點類似人快要沉下水的時候伸手亂抓，抓到小子，卻失去了上面的正應。

六三。係丈夫，失小子。隨有求，得，利居貞。

象曰：「係丈夫，志舍下也。」

六三。繫住丈夫，失去小孩。隨從而有所求，可以得到。適宜守住正固。

〈象傳〉說：「繫住丈夫，是因為心意捨棄了下位者。」

六三並非不喜歡初九，而是初九已經被六二捷足先登了，隔了一個爻，爭不過，便往上靠九四，結果反而好。因為六三、九四、九五是一個巽卦，巽卦近利市三倍，可以有收穫。六三在互卦巽有利可圖，這時還是要提醒自己「居貞」，不能唯利是圖。

九四。隨有獲，貞凶。有孚，在道以明，何咎？

象曰：「隨有獲，其義凶也。有孚在道，明功也。」

九四。隨從而有收穫，正固帶來凶禍。保持誠信，以明智處於正道，會有什麼災難？

〈象傳〉說：「隨從而有收穫，理當遇到凶禍。保持誠信而處於正道，是明智的功勞。」

隨卦陰爻要抓緊其他的陽爻，陽爻就沒這個問題。隨從而有收穫，收穫還是來自於互卦巽近利市三倍的特質，九四正好在互卦巽中間。但正固會帶來凶禍，因為九四也在互卦艮裡，艮為止，九四可能停止。整個隨卦的精神是要順著時勢走，若以為現況不錯便停下來，就違背了全卦的走向，會有凶禍。

「在道以明」的意象，來自九四以下的四個爻。首先，初九、六二、六三是正的震，倒過來從九四往下看，九四、六三、六二變成反的震，但是這個反的震是一個艮，而正的震就變成反的艮，震是大路，艮是小路，都是「在道」。其次，這四個爻又形成一個縮小（形狀相似而爻數不同）的「風澤中孚」卦（䷼，第六十一卦），中孚代表有誠信，等於是古代的印信。最後，這四爻又是一個放大（形狀相似而爻數不同）的離卦（☲），離卦代表明，所以說「有孚，在道以明」。從這句話的解釋，可以看出歷代研究《易經》的學者們，是如何使用各種想像、用盡心思來解讀爻辭。

九五。孚於嘉，吉。

象曰：「孚於嘉吉，位正中也。」

九五。對美善之事保持誠信，吉祥。

〈象傳〉說：「對美善之事保持誠信而吉祥，是因為處在守正居中的位置。」

九五本身當位，既中且正，還有六二與它正應。一般用到「嘉」或「慶」，往往與正應有關，陰陽正應所以會有美善。九五在上卦兌中，兌為悅；在互卦巽中，巽為利；又處在隨卦中，得到百姓支持。九五的誠信在於推行一切美善，在自己的位置上做該做的事，上下正應各方面都順了，不會有問題。

上六。拘係之，乃從維之；王用亨於西山。

象曰：「拘係之，上窮也。」

上六。把他抓住捆起來，後來又放開他；君王在西山獻祭。

〈象傳〉說：「把他抓住捆起來，是因為往上走到了盡頭。」

很難得在上六看到「亨」字，亨就是享，古代的享，代表獻祭，有宗教含意。「拘係之」是把他抓住捆起來，「乃從維之」，後來又放開他，這是描寫周文王被商紂王關起來，後來又被放回去。王用亨於西山，為了感謝能夠順利回家，周文王就在西邊的岐山獻祭（西山就是岐山，周朝的根據地）。上六走到最後前無去路，與六三不應，又因為在隨卦裡面所有陰爻都要依靠陽爻，才不致於無所依歸，所以只能回頭跟從九五，等於是被抓住了。

「維」代表繩子，抓到他並把他捆起來，這個說法和去西山祭祀顯然前後矛盾，被捆起來怎麼回去祭獻呢？後來《易經》學者在馬王堆出土的帛書《周易》，看到此處用的是「巂」（ㄙㄨㄟˇ）字，解開的意思，大家才明白，原來是把他抓住捆起來，後來又放開他，這樣君王才能去西山祭獻。上六在互卦巽（六三、九四、九五）之外，巽為繩直，有捆縛之象，代表他先依靠九五，被綁住，後來又在互卦巽的外面，得到解脫了，所以他在上窮的時候還能脫困。

飽經憂患之後要順從天意，上卦兌是西方的卦，所以說是西山，在西方獻祭。獻祭當然是要感謝神明，讓他最後可以脫困。所以說隨順將可逢凶化吉，並且要心存感恩。

18 蠱

下巽上艮，山風蠱

卦辭

蠱。元亨，利涉大川。先甲三日，後甲三日。

蠱卦。最為通達，適宜渡過大河。開始之前的三天，開始之後的三天。

看到「利涉大川」，就知道卦象組合裡面一定會有巽卦或乾卦，乾是天，代表力量夠強，剛健不已；巽代表風，想渡過大河要靠風來幫忙。

〈序卦傳〉說：「以喜隨人者必有事，故受之以蠱。」蠱卦上承豫卦與隨卦，亦即愉悅與隨從別人之後，長時間因循苟且，一定會有事故。古人說：「戶樞不蠹，流水不腐。」團體要經常保持更新的力量，才不會敗壞。《老子》有一句話也很有道理，「敝而新成」，所有的事情一做完就變成「敝」，敝之後「新」才會出現，否則舊的跟新的之間如何劃分呢？

人在歲末年終的時後，常常會感歎時光飛逝，這時候就要問自己，有沒有讓自己每一年都以新的力量、新的精神重新出發呢？在一個好的環境中以喜隨人，因為不費力，很容易一眨眼就過了十年、二十年，最後出了問題，所以蠱卦主要的精神是革除積弊。

「甲」是天干的開始，先甲三日是在甲開始之前三天，後甲三日是在甲開始之後三天。意思是開始做一件事之前三天要除舊，之後三天要佈新。

彖傳

彖曰：「蠱。剛上而柔下，巽而止，蠱。蠱元亨，而天下治也。利涉大川，往有事也。先甲三日，後甲三日，終則有始，天行也。」

〈彖傳〉說：「蠱卦。剛強者上去而柔順者下來，和順而有所阻止，就是蠱卦。蠱卦最為通達，是要使天下都治理好。適宜渡過大河，是要前往積極辦事。開始之前的三天，開始之後的三天，表示終結之後又有新的開始，這是天道的運行法則。」

剛強者是指上九，蠱卦是由泰卦（䷊）變來的，泰卦的初九上去成為上九。蠱卦下巽上艮，巽卦是和順，艮卦是阻止，所以說和順而有所阻止。以和順態度來阻止偏差是本卦的精神，偏差的事就是所謂「蠱」。古人用字很特別，蠱代表亂，同時也代表治亂，把亂治好，所以說天下治也。

象傳

象曰：「山下有風，蠱。君子以振民育德。」

〈象傳〉說：「山下有風吹拂，這就是蠱卦。君子由此領悟，要振作百姓，培育道德。」

關鍵字眼是「有」，代表存在不散。風堆積在山谷裡面不散就變成瘴癘之氣，如同人事中的積弊，所以君子要振作百姓、培育道德。風遇山即回，將會拂亂一切，同時也盪滌一切。換句話說，風是瘴癘之氣的來源，但消除瘴癘之氣也有賴風，如同治與亂本出同源。一旦知道有亂就要治，君子眼見陳腐的積弊無法再因循苟且，便決心要革除弊端了。

本卦最特別的是有五個爻都提到父親或母親，談及家中的問題，就是要以家做為理解的方式，然後可以由家擴大到國。因為對於國君而言，他面對的可以說是家中問題的延伸。

爻辭

初六。幹父之蠱，有子，考无咎。厲終吉。

象曰：「幹父之蠱，意承考也。」

初六。救治父親留下的積弊，才是好兒子，他使亡父沒有受人責難。這樣做會有危險，但最後吉祥。

〈象傳〉說：「救治父親留下的積弊，用意是要繼承亡父的願望。」

「幹」就是救治，採取行動加以改正。「有子」代表有好兒子，「考」是指已經過世的父親。已經過世的父親沒有受人責難，是因為有個好兒子，使父親的積弊得到改正，不會受人責難。這樣做有危險，是因為改正父親的積弊，可能招來一些批評。譬如新君改革父親的舊政策或舊大臣，既得利益階級一定會抱怨或反彈，所以有危險，但是最後還是吉祥。古代是封建社會世襲制，父親輩留下的積弊，到兒子手中要設法救治，否則不能算是有好兒子。但是這樣做會受到別人質疑，所以說「厲」，代表有危險。

蠱卦是泰卦變來的，泰卦的上六下來成為初六，使得下卦乾消失，乾是父親，等於父親過世了。上卦變成艮，艮是少男，代表有兒子。初六的「意承考」來自於泰卦，必須持續變化，除舊佈新，否則無法因應新的形勢。初六提到父親的積弊，代表古代是一個父系社會，來自父系的事情與影響比較多一點。九二則不同，母親方面也有積弊，因此也要加以救治。

九二。幹母之蠱，不可貞。

象曰：「幹母之蠱，得中道也。」

九二。救治母親留下的積弊，不可正固。

〈象傳〉說：「救治母親留下的積弊，是要符合居中之道。」

　　九二在中間，正應在六五，六五本來是泰卦上卦坤的主爻，泰卦變蠱卦之後上卦坤消失，意謂母親過世了。對柔順的六五不可正固、過於剛強，以免傷害親情。在古代因為母親犯下過錯而造成困難的較少見，往往是由於父親方面的縱容而產生，所以手段不宜太過強烈。九二有六五正應，又在下卦的中位，所以做任何事情也不會過於離譜。

九三。幹父之蠱，小有悔，无大咎。

象曰：「幹父之蠱，終无咎也。」

九三。救治父親留下的積弊，有小的懊惱，沒有大的災難。

〈象傳〉說：「救治父親留下的積弊，最後是沒有災難的。」

　　同樣是救治父親留下的積弊，但九三與初六不同，初六陰爻在剛位，陰陽調和，手段比較緩和；而九三與上九不應，且是陽爻在剛位，手段比較激烈，就可能過剛或矯枉過正，造成一些懊惱，受到別人更多的責怪，所以「小有悔」。最後沒有災難，是因為九三位於下卦的結束，面對上卦艮，艮為止，所以最後不會有什麼災難。

六四。裕父之蠱，往見吝。

象曰：「裕父之蠱，往未得也。」

六四。寬容對待父親留下的積弊，前往會陷入困境。

〈象傳〉說：「寬容對待父親留下的積弊，前往不會有收穫。」

前面三爻都是要救治，這裡變成寬容對待父親留下的積弊。「裕」是寬容對待，「往」代表照這個方式走下去，父親有些過錯，過世之後兒子沒有救治，一味的容忍積弊。六四是陰爻在柔位，本身太軟弱，根本無法救治，只能包容了，這樣當然會遇到困難，或者受到批評，所以說前往不會有收穫。

六五。幹父之蠱，用譽。

象曰：「幹父用譽，承以德也。」

六五。救治父親留下的積弊，受到稱譽。

〈象傳〉說：「救治父親留下的積弊而受到稱譽，是因為以道德來繼承父業。」

「用」是「被」的意思，以道德來繼承父業，所以受到稱譽。六五在上卦中間，中代表中庸，陰爻在剛位，是柔順之君，下有九二正應，行動溫和而正派，所以受到稱譽。無論父業是政治或經濟，子孫唯有以德承之，才可發揚祖先的功業與榮耀。一個人光宗耀祖的方法很多，最主要的是「德行」，譬如祖先十分富裕，樂善好施，廣做善事，第二代繼承並發揚的最好方法還是多做好事。「承以德也」，意即以德承之，這四個字非常好，要繼承祖先的志業，就努力積德行善。

上九。不事王侯，高尚其事。

象曰：「不事王侯，志可則也。」

上九。不去事奉王侯，以高尚來要求自己的作為。

〈象傳〉說：「不去事奉王侯，是因為他的心意值得取法。」

王侯代表政治領袖。把積弊都治好之後，就可以不去事奉王侯，以高尚來要求自己的作為，將來不用看別人臉色。當別人不再給任何額外的規範或是壓力的時候，剩下就看自己了，要讓自己的心志行為高尚，這樣的心意值得取法。

蠱卦上九是從泰卦下卦乾的初九上來，乾卦是王，到上面後下有九三、六四、六五組成的互卦震。震代表諸侯，所以上九在王侯之上，可以不事王侯。蠱卦從下往上都要救治和改善，到了上九已經改善完畢，不用再看政治人物的臉色，不用捲入世間的活動，可以高尚其事。

上九看到社會的蠱亂，可能存心成為隱士，也可能專務修德，這兩者並不衝突。就像孔子說的：「隱居以求其志，行義以達其道，吾聞其語矣，未見其人也。」意思是：隱居的時候，要好好釐清自己的志向，自問到底這一生要往哪裡走；有機會發展的時候，就做該做的事，讓自己人生的路可以走得通達，充分實現理想。孔子說只聽過這樣的說法，沒見過這樣的人。事實上，孔子自己就是這樣的人，孔子的一生行事，正好呼應了蠱卦的上九，他的心意值得取法，成了後代高尚其事的典範。

19 臨 ䷒

下兌上坤，地澤臨

卦辭

臨。元亨利貞。至於八月有凶。

臨卦。最為通達，適宜正固。到了八月將有凶禍。

這句話要從消息卦與月份的配合來解讀，臨卦和下一卦觀卦（䷓）都是「消息卦」，彼此為覆卦，任何一個卦只要有兩個陽爻、四個陰爻，就是從臨卦或觀卦而來。

八月是指觀卦，臨卦是十二月，臨卦往上加一個陽爻就是地天泰（䷊），農曆正月，所謂三陽開泰。陽爻繼續往上增長，就成了代表二月的大壯卦（䷡），代表三月的夬卦（䷪），代表四月的乾卦（䷀）。然後陽爻開始減少、陰爻增加，順序是代表五月的姤卦（䷫），代

表六月的遯卦（䷠），代表七月的否卦（䷋），代表八月的觀卦（䷓），代表九月的剝卦（䷖），代表十月的坤卦（䷁）。然後陽爻又開始增長，變成代表十一月的復卦（䷗）。

簡單的記憶法是先把最基本的乾、坤記住，乾卦在四月，跟它相對的坤卦在十月。因為農曆一至三月是春天，到四月的時候進入夏天，陽氣全面展開，以乾卦代表。而農曆十月進入冬天，陰氣全面得勝，以坤卦代表。臨卦十二月，出現時陽爻往上走，整個氣勢往上行，但經過八個月陽消陰長，成為臨的覆卦觀卦，陽爻剩兩個，很危險，所以是「有凶」，提醒的還是四個字：居安思危。

《易經》是以陽爻為主，陽代表君子，代表實力，陽爻少就危險。此外臨卦是「地澤臨」，澤本在地之下，但八月多雨，最易洪水氾濫，一旦氾濫會形成相反的局面，澤在地之上，所以有凶相。

〈序卦傳〉說：「有事而後可大，故受之以臨。臨者，大也。」「臨者，大也」，也要從消息卦來說明。臨卦前面是復卦，只有一個陽爻，臨卦是兩個陽爻，代表陽爻在往上成長，所以臨卦代表大；再下一步泰卦三個陽爻、大壯卦四個陽爻，也就是大還不夠，還要壯，合在一起稱大壯。有事而後可大，蠱卦代表有事，把積弊全部除掉，然後壯大，臨卦表示開始要來臨了，接著經過泰卦到大壯卦，每一爻的變化都影響重大。

彖傳

彖曰：「臨。剛浸而長。說而順，剛中而應，大亨以正，天之道也。至於八月有凶，消不久也。」

〈彖傳〉說：「臨卦。剛強者漸漸發展而成長。喜悅而柔順，剛強者居中而有應合，大通達又能正固，這是天的運行法則。到了八月將有凶禍，是因為消退之期不久將會來到。」

剛強者居中是指九二，應合是指六五。一個人正在發展的時候，一定也要想到消退的時候。江山代有才人出，一代新人換舊人，就是這個道理。

象傳

象曰：「澤上有地，臨。君子以教思无窮，容保民无疆。」

〈象傳〉說：「沼澤之上有大地，這就是臨卦。君子由此領悟要教導思慮而不懈怠，包容保護百姓而無止境。」

沼澤一般比地稍微低一點，如果高出地面就氾濫了。君子領悟到教導思慮的原因，可由

《尚書・洪範篇》談到的五行和五事得知，其中土和思是相應的。先看五行：「一曰水，二曰火，三曰木，四曰金，五曰土。水曰潤下，火曰炎上，木曰曲直，金曰從革，土爰稼穡。潤下作鹹，炎上作苦，曲直作酸，從革作辛，稼穡作甘。」五行是自然界的五種基本物質，順序是水、火、木、金、土。水的自然特性是潤下，因為水往下流，一定是滋潤下方，而不是上方；火的自然特性是炎上，往上燒；木的自然特性是曲直，樹木有的彎曲，有的直；金的自然特性是從革，金是金屬，革是變，金屬有延展的特性，經過冶煉之後可以改變形狀；土的自然特性是稼穡，前面都用「曰」，唯獨這裡用「爰」，意思是地不會自己長出糧食，必須經過人的設計與加工。潤下作鹹，水往下流，吸收了其他各種味道，到最後是鹹的；炎上作苦，東西燒焦了就苦；曲直作酸，樹木結的果實基本上都是酸的，要放一陣子才甜；從革作辛，辛是辣，冶煉金屬的時候，會感覺刺耳、刺眼和刺鼻；稼穡作甘，人類種出來的糧食基本上是甜的。

再看五事，五事則是人類表現出來的五種特性：「一曰貌，二曰言，三曰視，四曰聽，五曰思。貌曰恭，言曰從，視曰明，聽曰聰，思曰睿。恭作肅，從作乂（一），明作哲，聰作謀，睿作聖。」第一是貌，每一個人都有容貌，容貌要表現得恭謹；第二是言，用嘴說話，說話要設法實踐，「從」代表跟著你的話做到言而有信；第三是視，用眼睛看，看要看得明白；第四是聽，用耳朵聽，聽要聽得清楚；第五是思，用心去思考，思考要有睿智，想得透徹。恭作肅，容貌恭謹的話，就會顯得嚴肅；從作乂，「乂」和「從」同義，是更進一步的描述德行，本來說話算話已是個事實，乂代表值得肯定、值得稱讚；明作哲，哲也是代表聰明；聰作謀，耳聰目明可以謀略；睿作聖，聖在古代代表智慧特別高，這個字左邊从耳，因為真正聰明的人一聽就懂。所以孔子教導顏淵時，一開始對他不太放心，曾經說：「吾與回言終日，不違如愚。」我跟顏淵講話講了一整天，他完全沒有違背我，好像很愚笨。事實上顏淵是一聽就懂，所以沒有任何反對的意見。

將五行和五事配合來看，水是坎卦，代表耳朵；火是離卦，代表眼睛；金是兌卦，是言，說話算話，二人同心其利斷金；木是巽卦，代表貌，枝葉茂盛的樹才長得好看；土是坤卦，就是思，像土地一樣安定才可以思考。了解這些後，就明白君子何以能從地澤臨中領悟到要教導思慮而不懈怠，包容保護百姓而無止境。

爻辭

初九。咸臨，貞吉。

象曰：「咸臨貞吉，志行正也。」

初九。一起來臨，正固吉祥。

〈象傳〉說：「一起來臨而正固吉祥，是因為心意與行為正當。」

初九和九二都用「咸臨」，因為兩者連袂而來，臨卦就靠這兩個陽爻，等於是接著復卦之後繼續發展。初九是陽氣始生的第一步，必須守住正固，做為後續發展的基礎，初九的志行被稱為正，是因為它陽爻在剛位。

九二。咸臨，吉，无不利。

象曰：「咸臨，吉无不利，未順命也。」

九二。一起來臨，吉祥，沒有不適宜的。

〈象傳〉說：「一起來臨，吉祥而沒有不適宜的，是因為它不是靠順從命令而做到的。」

九二是臨卦主爻，要注意「未順命」的理解並不是不順命，而是「不是靠順從命令而做到的」。九二居下卦兌中位，是兌的代表，兌卦就是喜悅，九二居中，本身有正確的位置，上面還有六五正應，六五是坤的代表，下悅上順，陰陽正應，形勢自然如此，並不是靠順從命令才做到吉无不利。

六三。甘臨，无攸利。既憂之，无咎。

象曰：「甘臨，位不當也，既憂之，咎不長也。」

六三。以和柔態度對待來臨者，沒有什麼利益。已經對此憂慮，就沒有災難了。

〈象傳〉說：「以和柔態度對待來臨者，是因為位置不適當。已經對此憂慮，災難就不會長久了。」

很多事情如果毫無憂慮，後面就有災難，一旦有擔憂就不會有災難，因為已經在留神防備了。甘是《尚書》之中所提的五味之一，六三在下卦兌中，兌為口，上接坤卦，坤為土，土爰稼穡，稼穡作甘，所以坤為甘，口中有甘，十分和柔，就是這個人說話非常甘甜、和柔的意思。六三是陰爻在剛位，面對底下兩個陽爻初九跟九二來勢洶洶，首當其衝，只好以甘臨之，用非常和順的態度來面對。六三位置不恰當所以會有點擔心，但是也不須太過於憂慮，因為已經有所警覺，災難就不會長久了。

六四。至臨，无咎。

象曰：「至臨无咎，位當也。」

六四。直接面對來臨者，沒有災難。

〈象傳〉說：「直接面對來臨者而沒有災難，是因為位置適當。」

六四在互卦震裡，震為足，足可行，所以有主動前往、直接面對之意。六四陰爻在柔位，又有初九正應，位置適中，所以運氣比六三要稍微好一點。

六五。知臨，大君之宜，吉。

象曰：「大君之宜，行中之謂也。」

六五。以明智態度面對來臨者，這是偉大君主的合宜表現，吉祥。

〈象傳〉說：「偉大君主的合宜表現，所說的是推行中道。」

六五與明智有關，還是來自《尚書》所說的「思曰睿」。六五在坤卦，坤是地，地的特色是能夠思考，並且有甜味。思考也代表明智，所以以明智態度對待來臨者，這是偉大君主的合宜表現，吉祥。

上六。敦臨，吉，无咎。

象曰：「敦臨之吉，志在內也。」

上六。以敦厚態度面對來臨者，吉祥，沒有災難。

〈象傳〉說：「以敦厚態度面對來臨者是吉祥的，因為心意在於國內的百姓。」

上六居坤卦，坤為地、為后，又為順，所以要以敦厚態度臨民。陰爻在上，原本無法臨民，但由於敦厚而順下，所以是「吉，无咎」。上六之吉是因為志在內，內是指內卦兌，尤其是初九跟九二這兩個陽爻，就國家而言是指百姓。臨卦是陽氣上升的卦，上六即將退位，它的心意向內卦進展是恰當的。六爻的變化由下往上推，到最上面並不是消失不見了，而是又回到底下，所謂「終則有始」，不斷的循環。所以在這一卦裡，上六本來就願意回到下面再往上走，所以說是「志在內也」。

臨卦比較特別的是它有好幾個无咎，六三、六四、上六，无咎代表一切事情都很平常，占卦時占到无咎，就應該滿意了。如同西方諺語所說：沒有消息就是好消息，平安就是福。

20 觀

下坤上巽，風地觀

卦辭

觀。盥而不薦，有孚顒（ㄩㄥˊ）若。

觀卦。祭祀開始時洗淨雙手，還未到進獻祭品的階段，心中誠信已經莊嚴地表現出來。

「盥」是宗教用詞，是祭祀開始時洗淨雙手的儀節；「薦」是進獻祭品；「顒若」是非常莊嚴的樣子。風地觀，風代表命令，象徵國君發布命令可以像風一樣吹行大地，大地代表百姓，天下人都聽到了。觀也代表從上觀察老百姓，因為底下是坤，坤代表百姓，風代表可以觀察。卦辭提到祭祀，意思是政治領袖對待百姓一定要有虔誠的心意。

〈序卦傳〉說：「物大然後可觀，故受之以觀。」臨是大，要慢慢壯大，大了才有可觀。

可觀代表規模宏偉，可以讓人觀察、欣賞，聖人由仰觀俯察而領悟天之道，再依此安排人之道，這是《易經》的基本觀念。

古代的祭祀儀式十分複雜，祭祀之前必須齋戒沐浴；祭祀的時候首先洗淨雙手，稱為盥，此時態度應恭敬肅穆；接著是灌禮，澆酒在茅草上面，因為茅草上面放著供品，象徵請神享用。然後才進入複雜的薦禮，進獻腥的和熟的犧牲，腥的是指活的，熟的是煮過的。

古人相信祭祀是與神明來往，應該以虔誠心意為重，不必過度強調牲品，所以說「盥而不薦」，儀式尚未完成就已經莊嚴肅穆，讓別人可以仿效了。《易經》在萃卦（䷬，第四十五卦）、升卦（䷭，第四十六卦）、既濟卦（䷾，第六十三卦）裡都顯示類似的思想，也就是虔誠最重要，不在乎祭品多寡。神明代表靈界的力量，靈界要求的是人的靈與其相通，相通的辦法只有虔誠。可以用一點祭品代表心意，像祭品酒杯原來是可以直接放在地上的，底下多鋪一層茅草便可表示心意虔誠，根本不用花太多錢。

觀卦的卦辭很特別，提醒我們要有宗教的心態。《易經》有幾卦提到祭祀的正確心態，相較於今天，古人的世界比較完整，除了看到現實世界之外，還有祖先的世界和神明的世界。現代人受到科學的洗禮，只注意到經驗所及的現實世界，委實太過狹隘。學習《易經》可以多多熟悉這種完整的世界觀，對自己的人生或許能多所裨益。

彖傳

彖曰：「大觀在上，順而巽，中正以觀天下，觀。盥而不薦，有孚顒若，下觀而化也。觀天之神道，而四時不忒。聖人以神道設教，而天下服矣。」

〈彖傳〉說：「偉大的德行展現在上位，教化柔順而順利，能夠居中守正來觀察天下的人，這就是觀卦。祭祀開始時洗淨雙手，還未到進獻祭品的階段，心中誠信已經莊嚴地表現出來，百姓仰觀時就受到教化了。觀察天地神妙的法則，就知道四季的運行沒有偏差。聖人依循這種神妙的法則來設立教化，天下的人都順服了。」

觀的上卦是巽，代表順利，底下是坤卦，代表柔順，所以說偉大的德行展現在上位，教化柔順而順利。能夠居中守正來觀察天下的人是指九五，「大觀」是指偉大的德行，「上」位是指九五與上九兩爻，尤其以九五為主。「下觀而化也」是指百姓見了政治領袖在祭祀時虔誠的態度，就產生教化效果，這是身教勝於言教。

「神道設教」四個字經常用來描寫古代聖人的做法，但是不要忘記，神道一詞的重點在於「道」這個字，而不是神。神是形容詞，聖人根據神妙的「天道」來設立教化，使百姓生活合乎「人道」的原則，百姓自然心悅誠服，也可以說整本《易經》就是觀察天之道來安頓人之道。這四個字後來被解釋為用神的道來設教，與原來的用法不完全一樣。

象傳

象曰：「風行地上，觀。先王以省（ㄒㄧㄥˇ）方觀民設教。」

〈象傳〉說：「風吹行在大地上，這就是觀卦。古代帝王由此領悟，要巡視四方，觀察民情，設立教化。」

先王是指古代帝王，做為統治階級，這裡反映出古代帝王應做的事，如同風吹拂過大地，周覽遊歷，對天下萬物無不知情；風有影響力，可以比喻政令教化。孔子也說過：「君子之德，風；小人之德，草。草上之風，必偃。」這裡的君子當然是指統治階層，說的是君子的作風像風；小人的作風像草，風吹在草上，草就跟著傾倒。

爻辭

初六。童觀，小人无咎，君子吝。

象曰：「初六童觀，小人道也。」

初六。像孩童那樣觀看，小人沒有災難，君子就有困難。

〈象傳〉說：「初六像孩童那樣觀看，是小人的作風。」

初六剛剛進入這個卦，距離主爻九五最遠，有如純樸百姓，對國家的德政教化並不了解，像小孩子一樣看問題，算是情有可原，所以無咎。但君子是有官位或有德行的人，如果也是「童觀」，就會陷於困境。觀卦有如放大一倍的艮卦（☶），所以談到小人（少男）。

六二。闚（ㄎㄨㄟ）觀，利女貞。

象曰：「闚觀女貞，亦可醜也。」

六二。從門縫向外觀看，適宜女子正固。

〈象傳〉說：「從門縫向外觀看，雖然女子可以正固，但對君子則應覺得羞愧。」

原文並沒有把女子及君子說得那麼明白，而是在後面直接說「亦可醜也」，暗示對君子來說應該覺得羞愧。

觀卦是放大的艮卦，艮是門闕，下卦坤為女，有如女子由門內向外觀看，所見難免偏限而偏差。古代女子受的教育有限，又很少到戶外走動，對國家政教所知不多，實為無奈之事。六二是陰爻在柔位，位置是對的，所以提到適宜女子正固，又有九五正應。「亦可醜」是指對君子而言，君子童觀則吝，闚觀則可醜，意即不可忽略更高的自我要求。

這一段會讓人想到孔子說的：「唯女子與小人為難養也」，反應出古代生活的實況，因為古代女子沒有受教育的機會，無法開發潛能、具備專長，觀點與作為都比較局限，所以「近之則不孫，遠之則怨」。

從這段爻辭可以看出古代的思想觀念，一個社會本來就需要分工合作，就兩性來說，女子可以生育子女，對整個家庭而言有其重要性；至於家庭外的社會、經濟、軍事、政治等活動，都是由男性負責，肩負大責的男性如果無法抱持正確的觀點就是小人，所以說女子與小人不好相處。孔子所說的是反映當時的社會現象，占到這個爻時，要提醒自己不應從狹隘的角度看事情，要盡量放寬心胸。

六三。觀我生，進退。

象曰：「觀我生進退，未失道也。」

六三。觀察我的生民，再決定該進或該退。

〈象傳〉說：「觀察我的生民再決定該進或該退，並未偏離正途。」

六三在下卦坤中，坤為眾，又接近上卦巽，巽是進退。一個卦的第三、四爻在中間，有選擇進退的機會。六三已經有初六、六二做為觀察對象，三和四是人的位置，六三為臣，又是陰爻居剛位，很難有什麼作為，所以有進退的考慮。不過此時因有配合身分進行考量，又有上九正應，所以未失道也。在這個時候有上位的呼應是比較重要的。

六四。觀國之光，利用賓於王。
象曰：「觀國之光，尚賓也。」

六四。觀察國家的政教光輝，適宜從政追隨君王。

〈象傳〉說：「觀察國家的政教光輝，是要往上追隨君王。」

「賓」是客人，「賓於王」是指古代為官者有如應邀當賓客。程頤說：「古者有賢德之人，則人君賓禮之。故士之仕進於王朝，則謂之賓。」在朝廷為國君效力的讀書人是客人，國君是不會去改變他的；國君可以選擇自己想要的客人，但不能要求客人因他而改變。所以從政者要知道自己的位置，讓別人來安排。六四觀察國家的政教光輝，是因為已經到上卦的位置了。這一卦的主爻有兩種說法，一是九五，但也有人認為六四是關鍵，因為他承上啟下，兩者都可以參考。

九五。觀我生，君子无咎。
象曰：「觀我生，觀民也。」

九五。觀察我的生民，君子沒有災難。

〈象傳〉說：「觀察我的生民，就是觀察我的百姓。」

此處出現了和六三一樣的「觀我生」，九五是天子，如果想了解自己的德行表現，或者自己是否做到「大觀在上」，最好的辦法就是觀察百姓的苦樂。如果百姓都受苦，此時如果要說天子的德行有多好，也沒有人會相信。善就是自己與他人之間適當關係的實現，人們都得到安頓，儒家思想就是在此處充分展現。所以國君的德行是好或壞，要觀察百姓生活的情況，人民都安居樂業，才能說國君盡到責任。

儒家的思想在這一點上很明確，比如管仲這個人極具爭議，子路、子貢都曾對他批判，孟子也公開說看不起管仲，只有孔子對管仲是毫無保留的稱讚。孔子知道管仲有缺點，但是因為管仲擔任齊桓公的宰相時，透過外交手段讓春秋時代的各國免於戰爭，將一國宰相所能發揮的影響力，擴展到全天下各國，所以孔子對他非常稱讚。

在《論語》中受到孔子稱讚，合乎行仁要求的只有六個人：微子、箕子、比干、伯夷、叔齊、管仲。前五人的下場都十分慘烈，微子、箕子、比干都是被商紂王所迫害；伯夷、叔齊講道義，不肯吃周朝革命成功之後的食物，活活餓死；只有管仲一輩子吃飽喝足有各種享受，最後居然也得到孔子稱讚，因為他做對一件事，就是「觀我生，觀民也。」使齊國人以及天下人都得到太平。孔子說：「民到於今受其賜。」這裡的「民」並不單指齊國人，而是天下百姓，到現在還受到管仲的恩惠。

孔子是有歷史眼光的人，讀歷史時不要詭辯，說反正沒有戰爭，怎麼知道他有什麼功勞；或說假如時光倒退有戰爭，又當如何？管仲避免了戰爭，當然不會產生因為沒有預防而發生的可怕結果，也不能因為沒有戰爭而認為本來就沒事，這樣的論斷很不公平。就好像孟子說大禹治理洪水，稷教老百姓稼穡，是人溺己溺，人飢己飢，接著用歷史眼光談到顏回，說：「禹、稷、顏回，易地則皆然。」顏回其實沒做過什麼事，四十歲就過世了，根本來不及做官，孟子卻說他們若易地而處，所做的事情會是一樣的。顏回若地下有知，一定會很感動於孟子的了解。

另一個例子是子路，子路活著的時候成就有限，他很講道義，參與衛國的政事，在戰亂中被剁成肉醬。孟子說子路「聞過則喜」，聽到別人講自己的過錯就很開心；接著舉禹來比較，「禹聞善言則拜」，聽到有價值的言論便向別人拜謝；另一位是舜，「大舜有大焉，善與人同。」從這兩個例子可以明白，孟子評斷人是基於歷史眼光，顏回和子路都是孔子的學生，一個完全沒有表現，另一個的表現也沒有什麼過人之處，但孟子將他們與古代聖賢並列，這真是睿智。有孟子這樣的哲學家，足以令「君子有所恃而不恐，小人有所畏而不為」，因為有人會說公道話，真理不可能永遠被埋沒，真相不可能永遠被扭曲。從觀卦延伸的說法，就是做為一個政治領袖，一定要觀察百姓，從百姓生活中看出最適切的做法。

上九。觀其生，君子无咎。

象曰：「觀其生，志未平也。」

上九。觀察他的生民，君子沒有災難。

〈象傳〉說：「觀察他的生民，是因為心意不得安定。」

有一句話說得很好：「君子無位而有憂，小人有位而無憂。」意思是：君子沒有當官的位置，但他有憂愁，憂的不是自己，而是其他人的生存生計；小人有官位，但他沒有憂愁，意味著小人只顧自己的身家性命，並不在乎百姓的事情。上九和六三正應，願意去觀察底下百姓的生活，卻居上而無權無位，只能觀察九五的生民，所以不能說「觀我生」，只能說「觀其生」。觀卦四個陰爻在下，再往上推升就成了剝卦（䷖，第二十三卦），上九處在即將消退的位置，還在觀其生，實在是因為心意不得安定。

觀卦是消息卦，兩個陽爻在上，再往上走就變成剝卦，所以必須警惕，治理百姓要能夠「樂以天下，憂以天下」，也就是以天下人之樂為樂，以天下人之憂為憂。這一卦的卦辭完全用宗教祭祀的活動來說明虔誠的態度，孔子的學生仲弓問仁，孔子說：「出門如見大賓，使民如承大祭。」可以被視為孔子對觀卦的應用。仁是人生正途，但是每個人行走的方式仍有些許不同，所以孔子提供的答案也符合因材施教的原則。孔子曾說仲弓有面向南方擔任政治領袖的條件，古代說人「可以南面」，包括三種情況，第一是天子，第二是諸侯，第三是諸侯國的正卿，就是宰相。孔子認為仲弓可以做第三種，就是當魯國的宰相，所以告訴他，一出門就好像要接見國家的重要賓客；使喚老百姓做事，譬如說蓋城牆、修溝渠，要像奉行大的祭典，非常莊嚴神聖。這種大觀在上、觀我生民的態度，就是觀卦的重要精神。

21 噬嗑 ䷔

下震上離，火雷噬嗑

卦辭

噬（ㄕˋ）嗑（ㄏㄜˊ），亨，利用獄。

噬嗑卦。通達。適宜判決訴訟。

「用獄」是判決訴訟案件，包括調查、審判、用刑、定罪等等作為，噬嗑卦適宜判決訴訟。卦象是「火雷噬嗑」，火代表光明，雷是打雷震動，兩個意象相合是打雷閃電，閃電的時候代表光明，沒有人可以遮蔽或欺瞞。〈序卦傳〉說：「可觀而後有所合，故受之以噬嗑，嗑者合也。」「嗑」跟「合」同義，推行政教制度有了可觀的成就，民心自然相合，所以接著出現了噬嗑卦。但是〈雜卦傳〉又說：「噬嗑，食也。」這是什麼意思呢？噬是吃東西，代表咬斷，咬斷之後才能使民心相合。所謂咬斷，是指正確判斷訴訟案件。人與人相處不可能沒有訴訟，訴訟的時候都希望得到公平的判斷，也就是所謂的正義。要使民心相合，先決條件就是正確判斷訴訟案件，正如我們在吃東西的時候，先用牙咬斷才能夠加以消化。

彖傳

彖曰：「頤中有物曰噬嗑。噬嗑而亨，剛柔分，動而明。雷電合而章。柔得中而上行，雖不當位，利用獄也。」

〈彖傳〉說：「口腔中有東西，這種象就稱為噬嗑卦。噬嗑卦咬斷而合之就通達了。剛強者與柔順者分開，一行動就見到光明。雷聲閃電相合而彰顯一切。柔順者取得中位而向上前進，雖然位置不恰當，但適宜判決訴訟。」

看到「柔得中而上行」，就知道噬嗑卦是從消息卦否卦（䷋，第十二卦）來的，否卦的初六上行成為這一卦的六五。頤卦（䷚，第二十七卦）除了上九與初九，其他全部是陰爻，像是一張張開的口，上下兩排牙齒，中間是空的；噬嗑卦則是在九四的位置多一個陽爻，像是上下兩排牙齒，咬著中間的東西，要把它咬斷，咬斷而合之就通達了。下卦震代表行動，上卦離代表光明，一行動便見到光明，雷聲閃電相合而彰顯一切，果決的行動可以完成訴訟案件的判斷。柔順者取得中位而向上前進，雖然位置不恰當，但適宜判決訴訟。

象傳

象曰：「雷電噬嗑，先王以明罰敕（ㄔˋ）法。」

〈象傳〉說：「打雷與閃電合在一起，這就是噬嗑卦。古代帝王由此領悟，要明辨刑罰，端正法律。」

一個社會能夠明罰敕法，社會治安自然就變得比較好，壞人沒有受到懲罰，對好人是一種折磨、一種壓力，所以要以公平正義為依歸。

爻辭

初九。屨（ㄐㄩˋ）校（ㄐㄧㄠˋ）滅趾，无咎。

象曰：「屨校滅趾，不行也」。

初九。帶上腳枷，遮住腳趾，沒有災難。

〈象傳〉說：「帶上腳枷，遮住腳趾，不能行動了。」

「校」是枷鎖的總稱，在腳稱「桎」，在手稱「梏」，一般常說桎梏，是先說腳鐐再說手銬；在頸子上稱為「枷」，枷鎖就是頸子上的刑具。「屨」是鞋子，引申為穿鞋子。初九在下卦震的底部，震是足；又在互卦坎（六三、九四、六五）的底下，坎是水，所以初九淹沒在水之下，合而言之為「屨校滅趾」，真是生動。

初九陽爻在剛位，本來行動力很強，想做點事，但此時被帶上腳鐐，遮住腳趾，無法行動，反而沒有災難。〈繫辭傳〉中提到，子曰：「小人不恥不仁，不畏不義，不見利不勸，不威不懲。小懲而大誡，此小人之福也。《易》曰：『屨校滅趾，无咎。』此之謂也。」孔子說，小人不知羞恥所以不會行仁，無所畏懼所以不會行義，不見到利益就不會振作，不受到威脅就不知懲戒，所以受到小的懲戒而避開大的錯誤，這是小人的福氣。

小時候因不明事理犯錯而受到懲戒其實是好事，因為知道錯誤之後，未來就不會再犯；如果犯下小錯不懲戒，錯誤越來越大，到最後恐怕會危害整個社會。所以屨校滅趾可以无咎，是因為噬嗑卦講的是實現公平正義，在啟蒙的階段便引導走上正路，可以成就聖人的功業。

初九是受刑的小民，小懲而大誡對小民未必是壞事。初九受刑，與九四又不應，等於無路可走，表示不能再為惡，所以无咎。

六二。噬膚滅鼻，无咎。

象曰：「噬膚滅鼻，乘剛也。」

六二。咬食肥肉，鼻子沒入，沒有災難。

〈象傳〉說：「咬食肥肉而鼻子沒入，是因為凌駕在剛強者之上。」

膚是指連著皮膚的肥肉，大口咬食會使鼻子也跟著沒入食物之中，這是很生動的描述。六二在互卦艮（六二、六三、九四）裡，艮是果蓏，果蓏是硬殼裡的軟食，由此推出連膚帶肉的具象。同時，艮為黔喙之屬，鼻口相連，所以會噬膚滅鼻。六二既中且正，陰爻在柔位，所以不會有問題，但是他不是受刑人而是用刑人，凌駕在剛強者初九之上，又須用刑於剛強之人，所以吃相不雅，懲罰的手段比較激烈一點。六二與六五敵而不應，不可能往上發展，對付的對象就只有初九。

六三。噬臘肉，遇毒。小吝，无咎。

象曰：「遇毒，位不當也。」

六三。咬食臘肉，遇到有毒的部分。有小的困難，沒有災難。

〈象傳〉說：「遇到有毒的部分，是因為位置不恰當。」

前一爻說要吃肉，六三接近代表火的上卦離了，肉就烤乾變成臘肉。同時六三在互卦坎（六三、九四、六五）裡，坎是危險，所以「噬臘肉，遇毒。」六三是用刑者，陰爻居剛位，不是很好的位置，所以用刑的時候招來怨毒的反應，不過只是小小的困難，並不會導致災難。

九四。噬乾胏（ㄗˇ），得金矢。利艱貞，吉。

象曰：「利艱貞吉，未光也。」

九四。咬食骨頭上的乾肉，獲得金屬箭頭。適宜在艱難中正固，吉祥。

〈象傳〉說：「適宜在艱難中正固，吉祥，是因為作為還不夠光明。」

九四已進入上離，所以肉被火烤得更乾了。九四陽爻居柔位，位置不太好，總會有點困難。它既在互卦艮中，又進入離卦，加以本身是剛爻，便成了骨頭上烤過的肉乾，「胏」是骨頭上的肉。其次，九四在互卦坎裡，和六三有些類似，坎是弓輪，又在上卦離中，離為戈兵，坎和離就是水和火，一相碰就容易有戰爭。噬嗑卦的上卦離是由否卦的初六來到六五變成的。乾為金，金做的箭頭是為「金矢」。坎也為險，所以適宜在艱難中正固。九四雖然在上卦離，但不是位居中爻，光明比不上六五，所以說「未光也」。但是審判訴訟的時候一定需要光明，看得非常清楚，才不會被遮蔽。

六五。噬乾肉，得黃金。貞厲，无咎。

象曰：「貞厲无咎，得當也。」

六五。咬食乾肉，獲得黃金。正固有危險，但沒有災難。

〈象傳〉說：「正固有危險，但沒有災難，是因為作為都還恰當。」

六五是主爻，也是用刑者，面臨結案的難關，咬的也是乾肉。六五得到黃金，黃金來自於原本的消息卦天地否，否卦的上卦是乾，乾是金；而六五從否卦的下卦坤上來，坤卦是黃色，就合而為黃金。六五以陰爻居剛位，下乘九四，所以正固有危險，不過能夠秉持中道，溫和而明鑑，是為得當而无咎。

上九。何（ㄏㄜˋ）校滅耳，凶。

象曰：「何校滅耳，聰不明也。」

上九。肩扛著枷，遮住耳朵，有凶禍。

〈象傳〉說：「肩扛著枷，遮住耳朵，聽不清也看不見。」

初九是滅趾，上九是把耳朵給遮蔽了，這是以人的身體部位做為象徵。「何」是擔負的意思，上九在離卦最高的位置，又在互卦坎上面，離是眼睛，坎是耳朵，所以刑具遮住了耳與目，導致聽不明，聽不清也看不見。初九與上九都是受刑者，刑罰從屨校到何校，可見嚴重程度已到極點，所以「凶」。初九屨校滅趾到最後是无咎，因為小時候犯的錯是小錯，改正之後就沒問題；到上九犯錯就無法收拾，因為已經沒有機會改過，馬上就要離場了，所以是凶。直接用凶的爻並不多，所以若占到凶，當然諸事不宜，應先自我反省，不要期望奇蹟出現。表面上是何校滅耳造成不聽不明，實際上是不聽不明、胡作非為，才招致何校滅耳的結果。

為非作歹的人得到懲戒，好人才能心平氣和。若一個社會胡作非為的人都可以出頭，老實人必然受委屈，誰能夠心服？噬嗑卦很特別，用咬斷而合代表一個社會有各種訴訟，必須達到判斷正確、公理正義能實現，民心才能相合，這就是噬嗑卦最大的特色。

22

賁

下離上艮，山火賁 ䷕

卦辭

賁（ㄅㄧˋ）。亨。小利有攸往。

賁卦。通達。小的方面適宜有所前往。

小的方面通常是指陰爻，或是比較小的事情，因為「賁」是裝飾的意思，沒有實力，只是裝飾、點綴一下。賁卦與噬嗑卦是一組覆卦，火雷噬嗑（䷔，第二十一卦）倒過來，變成山火賁。

〈序卦傳〉說：「物不可以苟合而已，故受之以賁。賁者，飾也。」事物不是勉強相合就行了，還須加以文飾。一個社會或團體聚合起來之後，接下來就需要文化活動加以調和，這就是裝飾，所以噬嗑卦之後是賁卦。〈雜卦傳〉說：「賁，无色也。」這個解釋很精彩，所謂的文飾並非加上顏色，而是以無色來突顯其原有的面貌。換句話說，裝飾並不能夠取代實體，只是更加突顯一樣東西原本的特色與表現，《論語》中的「繪事後素」，正可以說明這種精神。

孔子的學生子夏，是文學科的代表人物之一，對文獻資料非常熟悉，也就是很用功研究典籍的學生。子夏看到《詩經》中的：「巧笑倩兮，美目盼兮，素以為絢兮。」意思是說，一個女孩子笑瞇瞇的臉真好看，滴溜溜的眼真漂亮，穿上白色的衣服顯得很絢爛，便請教孔子，白色是很樸素的顏色，為什麼會使女孩子炫麗奪目呢？

孔子回答他四個字：「繪事後素」，繪畫通常是到了最後一步才塗上白色。這是因為古人是在絹布上繪畫，絹布都是咖啡色或深黃色，而白色是一種很特別的顏料，看起來好像沒有顏色，事實上是使所有顏色能夠突顯出來的最後一道手續。

子夏聽了立刻問：「禮後乎？」禮是後來才加在人的身上的嗎？就這麼簡單的一問，孔子立刻說：「能啟發我的就是子夏，以後可以同子夏討論《詩經》了。」有人以為孔子謬誇了子夏，實際上孔子是很實在的，他認為真正的美是人性向善的品質，真誠的心才是漂亮的色彩，外加的人文教化、禮儀則是白色、是裝飾，只能用來突顯人的內在品質。如果沒有真誠的心，不能把向善的人性表現出來，不論學了多少禮儀規範並且加以表達，都只是個幌子而已。

子夏把繪畫印證到人生上，贏得了孔子的讚賞，代表孔子本來也沒想到這種比擬。

彖傳

彖曰：「賁，亨，柔來而文剛，故亨。分剛上而文柔，故小利有攸往，天文也。文明以止，人文也。觀乎天文，以察時變；觀乎人文，以化成天下。」

〈彖傳〉說：「賁卦，通達。柔順者來到，文飾剛強者，所以通達。分出剛強者往上行，去文飾柔順者，所以是小的方面適宜有所前往，這是合乎自然界的文飾。以文明的方式規範人的行為，則是人間的文飾。觀察自然界的文飾，可以探知季節的變化；觀察人間的文飾，可以教化成就天下的人。」

我們現在所使用的「文化」一詞，就來自最後一句。《說文解字》對「文」的解說是「錯畫也」，也就是筆畫交叉，若僅是直線或橫線而沒有交叉，就構不成人的設計安排，顯示人文的特色。

由「柔來而文剛」可以知道下卦的六二是由上卦來的；「分剛上而文柔」，剛強者往上行是指上九，從原本泰卦（䷊，第十一卦）的第二爻上行成為本卦的第六爻。所以這一卦的主爻有兩個選擇，一個是六二，文來；一個是上九，分剛上而文柔，因為上面原本是三個陰爻，剛上去可以加以文飾。

象傳

象曰：「山下有火，賁。君子以明庶政，无敢折獄。」

〈象傳〉說：「山下出現火光，這就是賁卦。君子由此領悟，要明察各項政務，不能依此果敢判決訴訟。」

噬嗑卦要判斷，但賁卦沒有行動的力量，因為噬嗑卦的震卦不見了，震才是行動，這裡不但沒有行動，反而要停止。賁卦的光明只能用來照亮平常各種政務，是為了文飾，無法得其實情，所以不可用來斷案。這是從卦的組合看出來，內容也和前一卦一樣，以身體做為生命的參考象徵。

爻辭

初九。賁其趾，舍車而徒。

象曰：「舍車而徒，義弗乘也。」

初九。文飾腳趾，捨棄車子而徒步行走。

〈象傳〉說：「捨棄車子而徒步行走，是理當不用坐車。」

以人的身體來說，初的位置是最底下的腳趾頭，趾甲塗了也修過了，腳洗得很乾淨，就是要走路讓別人看，因為坐在車上別人看不到。初九在互卦坎（六二、九三、六四）底下，坎是通輿，就是一般所坐的車，既然在坎之下，所以下車走路，在道理上是不該乘車的。

六二。賁其須。

象曰：「賁其須，與上興也。」

六二。文飾鬍鬚。

〈象傳〉說：「文飾鬍鬚，是要隨著上位者而行動。」

六二就文飾鬍鬚，忽然從腳跳到鬍鬚，是因為從九三到上九形成一個小的頤卦（䷚，第二十七卦），呈現口的形狀，六二在口之下，就是鬍鬚了。《莊子》裡曾提到，一個優越男人的條件之一就是鬚，所以有人號稱美髯公。在卦的變化時，六二是和上九交換的一爻，是隨著上位者而行動的，所以說它「與上興也」，意思在於文飾只是外在的修整，不足以改變實質，只能隨之調整。若占到六二，代表沒有實體，如果從事生意，不能多做投資，只能從旁幫忙別人，道義支持而已。

九三。賁如，濡如，永貞吉。

象曰：「永貞之吉，終莫之陵也。」

九三。有文飾的樣子，潤澤的樣子，長久正固吉祥。

〈象傳〉說：「長久正固吉祥，是因為終究沒有人凌駕其上。」

九三在互卦坎裡，坎為水，水有潤澤之意，九三又是二柔文一剛，可謂賁之至也。九三底下是六二，上面是六四，居於中間，上下都來裝飾、支持它；陽爻在剛位，位置也很好。以賁為飾而言，九三地位最理想，沒有其他爻比得上，上卦為艮，艮為止，止於此之意，到此處往上就停止，其他爻都沒辦法超過它，所以「終莫之陵」。

六四。賁如，皤（ㄆㄛˊ）如，白馬翰如，匪寇婚媾。

象曰：「六四當位疑也，匪寇婚媾，終无尤也。」

六四。有文飾的樣子，潔白的樣子，白馬壯碩的樣子。不是強盜，而是來求婚配的。

〈象傳〉說：「六四處在多疑的位置。不是強盜，而是來求婚配的，這是說終究沒有怨責。」

看到「匪寇婚媾」四個字，就知道一定跟坎卦有關，因為坎是強盜。提到婚媾一般都是陰陽正應，所以六四與初九正應，六四在互卦坎裡如果不是強盜，就可以有婚配的機會。六四不但跟初九正應，還是陰爻在柔位，位置好。「皤」是指老人鬚髮之白，有文飾而潔白，因為跟初九正應，可以完全發揮賁卦的特質。提到白馬，是因為互坎可以解為強盜，也可以是美脊馬，賁卦裡面就用白。

六五。賁於丘園，束帛戔（ㄐㄢ）戔。吝，終吉。

象曰：「六五之吉，有喜也。」

六五。所文飾的是丘山田園，只用很少的一束布帛。有困難，最後吉祥。

〈象傳〉說：「六五的吉祥，是因為有喜慶之事。」

六五在艮卦，艮為山，上卦原本為坤，坤為地、為田園。地代表園，山代表丘，丘園來自於此。六五的位置很尊貴，但是卻注意丘山田園的裝飾等小事情，這代表它的格局很小，所以有困難。坤又是布，「束帛戔戔」是只用一點點的布。六五表現並不大方，所以說「吝」，雖然有困難，最後還是吉祥，是因為有上九可以相承，仍有陰陽相鄰之喜。談到喜慶，一定是陰陽之間的關係，六五的喜慶從何而來？以賁為飾來說，陰柔要文飾陽剛，六五的喜慶與上九有關，因為六五和六二沒有相應，便去依靠上九。陽爻代表有實力，裝飾上可以有具體的表現，陰爻就顯然需要有所依靠，文飾的時候，所重的是實質而不是禮物的豐厚。

上九。白賁，无咎。

象曰：「白賁无咎，上得志也。」

上九。用白色來文飾，沒有災難。

〈象傳〉說：「用白色來文飾而沒有災難，是因為在上位者實現了心意。」

〈彖辭〉中說分剛上而文柔，上九是由下卦上來文飾柔爻的，圓滿達成了任務，所以「上得志也」。上九居賁卦最高位，覺悟了文飾的最高境界是以白為貴，就是前面說的「繪事後素」。這裡非常具體說明了賁卦山下有火的卦象，山是很實在的，而火只能夠照亮，山下有火使這座山變得更明亮。文化、文飾使人優雅，但如果沒有真誠的心，徒有外在的表現，就是孔子說的「文勝質則史」，史是客套，甚至虛偽。反過來，孔子也說「質勝文則野」，人的本質超過了外在的文飾，直來直往，大而化之，便會顯得不太注重禮貌上的細節，行為有些粗糙。孔子認為最好的是「文質彬彬，然後君子」，文與質要搭配得恰到好處，也就是適當文飾有其必要性。

23 剝 ䷖

下坤上艮，山地剝

卦辭

剝，不利有攸往。

剝卦。不適宜有所前往。

占到剝卦時，要知道不宜行動，先穩住再說。剝卦是十二消息卦之一，只剩下一個陽爻在上九，底下五個都是陰爻，當然令人心生警惕。因為爻是由下往上運動，接下來就要到六爻皆陰的坤卦，本身不能平衡，馬上又要陷入新的循環了。

山地剝卦，下坤上艮，〈序卦傳〉說：「致飾，然後亨則盡矣，故受之以剝。剝者，剝也。」從噬嗑卦（䷔，第二十一卦）咬斷而合；接著是賁卦（䷕，第二十二卦），以文化裝飾，整個社會呈現有禮的狀態，非常文雅；然後亨走到盡頭，就要剝蝕了，因為物極必反。

剝卦是五陰一陽的局面，《易經》以陽爻為君子，陰爻為小人，所以「不利有攸往」，以免陷入困境，因為再往前走，陽爻就全部不見了。

彖傳

彖曰：「剝，剝也。柔變剛也。不利有攸往，小人長也。順而止之，觀象也。君子尚消息盈虛，天行也。」

〈彖傳〉說：「剝卦，就是剝蝕的意思。柔順者要改變剛強者。不適宜有所前往，因為小人的力量在增長。順著時勢停止下來，是觀察卦象的結果。君子重視消退、生長、滿盈、虛損的現象，因為那是天的運行法則。」

下卦是坤，代表順；上卦是艮，代表止，順著時勢而停止，就是剝卦的意思。天道無關乎個人好惡，了解之後就要懂得出處進退，行止得宜。

象傳

象曰：「山附於地，剝。上以厚下安宅。」

〈象傳〉說：「山依附於大地上，這就是剝卦。上位者由此領悟，要厚待下民，穩固根基。」

在剝卦裡下面的地代表百姓，上面的山代表統治者，山過於高聳，與地距離太遠，這就是剝，代表危險。所以應厚待下民、穩固根基，這是古代政治方面的考量。上與下相對，宅是根基。

自古我們就有民本思想，《尚書》說：「民惟邦本，本固邦寧」；也談民貴，孟子說：「民為貴，社稷次之，君為輕。」但是這些都不是「民主」。民主是一種制度，而「民本」與「民貴」是一種理念，古人很好的觀念，要變成制度需要很漫長的演變過程。

爻辭

初六。剝床以足，蔑貞，凶。

象曰：「剝床以足，以滅下也。」

初六。剝蝕床腳，除去正固，有凶禍。

〈象傳〉說：「剝蝕床腳，是要消滅底部。」

「蔑」是除去，「蔑貞」就是除去正固，有凶禍，這時不可能有所行動。「床」的出處可以從乾卦說起，乾卦（䷀，第一卦）的初爻一改就成為姤卦（䷫，第四十四卦），姤卦是乾卦變化開始出現陰爻的第一個卦。姤卦下卦為巽，巽為木，其象如床，在初六則是床足。

剝卦是陰爻驅逐陽爻，以邪勝正，是為蔑貞；從底部開始受到剝蝕，所以是凶，六二也是凶，到六四仍是凶，一個卦六爻有三個凶，可見此卦並不好。

六二。剝床以辨，蔑貞，凶。

象曰：「剝床以辨，未有與也。」

六二。剝蝕床腿，除去正固，有凶禍。

〈象傳〉說：「剝蝕床腿，是因為沒有相應的支持。」

六二剝蝕床腿，「辨」是分開上下，下面是床腳，上面是床的本身，中間就是床腿，代表床支撐的部分。六二與六五不應，又距離主爻上九很遠，所以沒有依靠。剝卦一陽五陰，主爻自然是唯一的陽爻上九，距離上九越遠，越沒有辦法得到支持，但六三例外，因為和上九相應。

六三。剝之无咎。

象曰：「剝之无咎，失上下也。」

六三。剝蝕它，沒有災難。

〈象傳〉說：「剝蝕它而沒有災難，是因為離開了上下的小人。」

初六、六二和六四都是凶，六三无咎，因為它與上九正應。六三位在五個陰爻中間，失去上下，離開它們和上九正應，可以避免剝卦帶來的凶險。事實上六三陰爻在剛位，本身位置也不是很理想，但是在剝卦裡面越低調越好，所以反而无咎。而六二、六四都是正位，代表正好應了剝卦，反而不佳。

六四。剝床以膚，凶。

象曰：「剝床以膚，切近災也。」

六四。剝蝕床蓆，有凶禍。

〈象傳〉說：「剝蝕床蓆，迫近災難了。」

六四在上卦艮中，如噬嗑卦所云「艮有膚意」，就床來說，「膚」是指床蓆，人坐臥在床的時候，直接觸及床蓆，這時就是接近災難。

六五。貫魚，以宮人寵，无不利。

象曰：「以宮人寵，終无尤也。」

六五。連成一串魚。以宮人身分獲得寵愛，沒有不利。

〈象傳〉說：「以宮人身分獲得寵愛，終究沒有人會責怪。」

魚在水中，水中是寒的，所以魚代表陰爻，這是《易經》常用的比喻。相反的，羊代表陽爻，這是取其發音。六五的底下，真的像一串魚，代表宮裡面的服務人員，稱為「宮人」。六五是國君的位置，往下看，準備伺候皇上的宮人排列整齊，如同貫魚，亦即天下都是聽話的人，都處在服從的情況，所以沒有什麼不利的事情。剝卦至此，小人大勝，若小人安其位與守其分，如宮人魚貫受寵，則可化險為夷。六五前面是上九，艮為止，也合乎順而止的原則。《易經》常常會提到，一個人只要了解自己的角色，能夠安分知足，就不會有差錯，六五便把這個象表現出來。

上九。碩果不食，君子得輿，小人剝廬。

象曰：「君子得輿，民所載也。小人剝廬，終不可用也。」

上九。碩大的果子沒有人吃。在君子將獲得車馬，在小人將剝除屋宇。

〈象傳〉說：「在君子將獲得車馬，是因為受到百姓擁戴；在小人將剝除屋宇，是因為終究是行不通的。」

碩果二字，一方面是說唯一的陽爻有如碩果僅存，另一方面指上九是剛爻，又在艮卦中，艮為果蓏，就是結實纍纍的樣子。下卦坤是大輿，上九底下五個陰爻，所以君子獲得大的車子，受到萬民擁戴。〈象傳〉說「民所載也」，「載」就是擁戴。「小人剝廬」，就全卦來看，上九有如屋宇之頂，即將被陰爻掀掉。同樣一個爻，兩個相反的意思，所以占到這個爻，吉凶是以君子小人來判斷的。要看所問的是大人的事，還是小孩的事，前者為吉，而後者凶。

24 復 ䷗

下震上坤，地雷復

卦辭

復。亨。出入无疾，朋來无咎。反復其道，七日來復，利有攸往。

復卦。通達。外出入內沒有疾病，朋友前來沒有災難。在軌道上反覆運行，七天回來重新開始。適宜有所前往。

〈序卦傳〉說：「物不可以終盡，剝窮上反下，故受之以復。」剝卦走到極點，陽爻又回到底下重新開始，所以說一陽復始，復卦為剝卦的覆卦，稱做「由剝而復」，或是「剝極而復」，大地重現生機，所以亨通。

復卦是農曆十一月，「出入无疾」是因為陽氣始生，充滿活力，以出入描寫其生長狀態；

「无疾」則是不再有任何麻煩或阻力；「朋來」代表別的陽爻會跟著來，越來越多。自古以來萬物消長便是循環輪替，也就是「反復其道」。從剝卦的上九出發，經過坤的六爻到陽爻回到初位，是經過七步才成功的，叫做「七日來復」。七只是一個單位，可以是七天、七個月、七年，總之就是要經過一個週期再回來。

彖傳

彖曰：「復。亨。剛反，動而以順行，是以出入无疾，朋來无咎。反復其道，七日來復，天行也。利有攸往，剛長也。復，其見天地之心乎？」

〈彖傳〉說：「復卦。通達。剛強者回來，行動是順勢前進的，所以外出入內沒有疾病，朋友前來沒有災難。在軌道上反覆運行，七天回來重新開始。這是天的運行法則。適宜有所前往，因為剛強者正在成長。從復卦，大概可以看出天地的用意吧！」

本卦可以動，因為下為震卦；上面是坤，所以順。軌道可以指整個宇宙軌道，也可以指陽爻又回到初九，是正當的位置。適宜有所前往，是因為剛強者正在成長，從復卦大概可以看出天地的用意，好像是刻意安排，要讓陽爻重新開始。

相對於復卦，陰爻開始的姤卦（䷫，第四十四卦）應是天地的無奈，陰爻慢慢把陽爻趕走，最後成了坤卦，然後從頭再來，復卦重新出現。

這說明上天有好生之德，天地間必然有陰陽消長的相反相成，但是仍以生生之德為其鵠的。當陷入剝卦（䷖，第二十三卦）的困境，甚至全陰的坤卦（䷁，第二卦）時，也不要失望，要知道底下還會有希望出現，上天一定會讓一切重新開始。人活在世界上也一樣，不要管年齡多大、身體多差，只要修養德行，人的生命還是有重新開始的機會，一方面是永遠不嫌晚，另一方面是永無止境。

象傳

象曰：「雷在地中，復。先王以至日閉關，商旅不行，后不省方。」

〈象傳〉說：「雷還藏在地下，這就是復卦。古代帝王由此領悟，要在冬至之日關閉城門，商人旅客不得通行，君王也不去四方視察。」

雷還藏在地下，要做三件事。復卦是農曆十一月，冬季的中間月，這個時候已經有一個陽爻從底下出現，所以第一個冬至之日，所有的人應該收斂，停下來休息，關閉城門，商人旅客不得通行，君王也不去四方視察，叫做休養生息。

爻辭

初九。不遠復，无祇悔，元吉。

象曰：「不遠之復，以修身也。」

初九。走得不遠就返回，沒有到懊惱的程度，最為吉祥。

〈象傳〉說：「走得不遠而返回，是為了修養自己。」

在六爻皆陰之後，首先回來的陽爻就是初九。一般講「復」是指回到正道，陽爻好不容易回到卦裡，不必急著一直往前走，否則會有懊悔出現。初九往前走就變成地水師（䷆，第七卦），師卦就會有戰爭，所以先安定下來，就有元吉。初九是陽爻位居剛位，與六四正應，又是全卦的主爻，它有動力，可以有所行動。但是在復卦裡還是回來，一回來就非常好，表示要先修養自己。

六二。休復，吉。

象曰：「休復之吉，以下仁也。」

六二。停下來返回，吉祥。

〈象傳〉說：「停下來返回而吉祥，是為了向下親近仁者。」

初九是主爻，六二最接近初九，當然要靠他，並且位置在中間，相當不錯，所以說停下來返回而吉祥，是為了向下親近仁者。《易經》的三百八十四爻，只有這裡提到「仁」字，說明仁的概念確實是儒家所提倡，但是在此只是泛泛的說親近好人。孔子有時候也用仁指一般的情況，譬如「弟子入則孝，出則弟，謹而信，汎愛眾而親仁，行有餘力，則以學文。」仁在當時也可以用來指行善的人。

孔子、孟子都經常使用善字，但為什麼不直接說人要成為善者？「善者」與「仁者」有兩點差別，第一，善者是努力行善的人，但未必知道為什麼應該行善。仁者便不同，仁者真誠，所以行善的力量由內而發。第二，善者很少會為善而犧牲生命，但是仁者就要殺身成仁，孔子的哲學不直接談善，而談仁，原因就在這裡。

「仁」這個概念是孔子特別使用的，他賦予它各種新的涵義，用這個概念表達人性的真相。「仁」是由內而發的力量，這樣才會自己覺得應該做，而不只是外表上去做；當最後必須犧牲時，也會視為完成而不是放棄。朱熹說儒家主張人性「本善」，本善等於是接受善做為人性的描寫，但真正孔孟的主張應該是「向善」，是由真誠引發的力量。這裡的「以下仁也」也一樣是基於「向」的力量。

六三。頻復，厲无咎。

象曰：「頻復之厲，義无咎也。」

六三。再三地返回，有危險但沒有災難。
〈象傳〉說：「再三地返回而有危險，是理當沒有災難的。」

下卦為震，代表震動不已，六三在震卦的第三爻，震動得最厲害。再三返回，因為六三陰爻在剛位，這樣的位置對陰爻而言不恰當，等於是屢戰屢敗、屢敗屢戰。既能不斷改過，理當沒有災難，只要知道悔改，就可以无咎。

六四。中行獨復。

象曰：「中行獨復，以從道也。」

六四。走在行列中間而獨自返回。
〈象傳〉說：「走在行列中間而獨自返回，是為了追隨正道。」

六四在五個陰爻裡面居中，叫中行。只有它與初九正應，另外上下總共四個陰爻都與它不同，所以說是中行獨復，有眾人皆醉我獨醒的意味。〈小象傳〉解釋為追隨正道，「道」當然是指初九，追隨陽爻並且在復卦中，回來就是對的。所以六四即使沒有明說吉凶，我們也知道當然是好。

六五。敦復，无悔。

象曰：「敦復无悔，中以自考也。」

六五。敦厚地返回，沒有懊惱。

〈象傳〉說：「敦厚地返回而沒有懊惱，是因為居中而能自我省察。」

「敦」就是厚的意思。在五和二這兩處中間的位置，一般來說都是比較好的，六五居上卦坤的中爻，坤為地、為厚，可以承載萬物。六五陰爻在剛位，不能全然居中守正，跟主爻又有點距離，所以有「悔」。但又因為是居中而能自我省察、警惕自己，所以終能「敦厚无悔」。「中」常指人的心，因為心的位置約在人的身體正中，所以一般來講，中就代表用心思考。再則坤卦是土地，前面曾提到五行可與五事配合，土地的特性是可以思考，所以「中以自考」。

上六。迷復，凶。有災眚（ㄕㄥˇ）。用行師，終有大敗。以其國君凶，至於十年不克征。

象曰：「迷復之凶，反君道也。」

上六。在迷惑中返回，有凶禍。出現危難與災禍。發動軍隊作戰，最後會大敗，對國君的凶禍最大，甚至十年之內都不能再用兵。

〈象傳〉說：「在迷惑中返回而有凶禍，是因為違背了君王的正道。」

上六既與六三不應，又離初九最遠，如同失去了光明、失去了方向，所以是在迷惑中返回。災是由外而來，眚是由內而發；災代表天災，眚是自己找來的麻煩，災眚合在一起，代表外面不好，裡面也有問題。這種情形下發動軍隊作戰，最後會大敗。

上是一個卦最後的位置，要成功可能性不大，何況上卦是坤，坤卦上六「龍戰於野，其血玄黃」，流血損傷很重，所以終有大敗，是從坤卦上六找到的象。對國君的凶禍最大，以至於十年都不能再用兵。講國君還是應該回到六五，因為上六應該是已經退位的，或是太傅（國君的老師），或是宗廟的位置。〈小象傳〉裡面說得很簡單，在迷惑中返回而有凶禍，是因為違背了君王的正道。

25

无妄 ䷘

下震上乾，天雷无妄

卦辭

无妄。元亨利貞。其匪正有眚，不利有攸往。

无妄卦。最為通達，適宜正固。如果不守正就會有危難，不適宜有所前往。

「无妄」就是沒有虛妄，代表真誠，沒有什麼特別的念頭、其他的動機或複雜的想法。「元亨利貞」代表可以從頭開始，不守正會有危難，告誡大家要真誠；不適宜有所前往，一旦有所前往，就有目的、方向和念頭，所以在无妄卦裡面要守住正固，將現在的情況穩住，不要急著去行動。

這一卦的卦象是下震上乾，「天雷无妄」，打雷的時候會使人受到驚嚇，如同天災會示警，警告人們要回到生命比較原始的狀況。人活在世界上，總希望有所作為，努力追求外在的成就，但是欲求太多就常忘失自我，一旦碰到天空雷聲乍起，感覺到大地震撼的時候，就會警覺到究竟人生最根本、最重要的是什麼，這就是天雷无妄。〈序卦傳〉說：「復則不妄矣，故受之以无妄。」能夠返回正道就不會虛妄了，所以它接在復卦之後，變成「无妄」。

彖傳

彖曰：「无妄，剛自外來而為主於內。動而健，剛中而應，大亨以正，天之命也。其匪正有眚，不利有攸往，无妄之往，何之矣？天命不佑，行矣哉？」

〈彖傳〉說：「无妄卦，是剛強者從外部來到內部成為主力。行動充滿活力，剛強者居中而有呼應，十分通達而能守正，這是天命的要求。如果不守正就會有危難，不適宜有所前往，不虛妄時還要前往，能去哪裡呢？天命不肯保佑，能夠行得通嗎？」

无妄卦是剛強者從外部來到內部成為主力，行動充滿活力，從這句話可知，這一卦的主爻是初九，因為剛強者從外面來，當然先到初的位置，所以初九便成為主爻。

上卦乾是剛健不已的活力，下卦震是動，行動充滿活力。「剛中而應」是指九五在中而且與六二相應。「大亨以正」，因為守正而能十分通達，這是天命的要求。

卦辭用「元亨利貞」四個字，〈彖傳〉把「元亨」變成「大亨」，「利貞」變成「其匪正有眚，不利有攸往」，因為不虛妄代表沒有任何圖謀、任何構想，能去哪裡呢？天命不肯保佑，能夠行得通嗎？古人很喜歡強調「中」、「惟精惟一，允執厥中」，孟子讚美孔子為聖之時者，有如《中庸》所說的「時中」，任何時機都做得恰到好處。

象傳

象曰：「天下雷行，物與无妄，先王以茂對時，育萬物。」

〈象傳〉說：「有雷在天下運行，萬物全都不可虛妄。古代帝王由此領悟，努力配合天時，養育萬物。」

「與」是一起。雷震動時聲音很大，對大地帶來很大的影響，讓萬物跟人一樣有所警醒，各自真誠守份，不要有複雜的作為。古代帝王由此領悟努力配合天時，養育萬物。「茂」就是努力，「對時」是配合天時。

爻辭

初九。无妄，往吉。

象曰：「无妄之往，得志也。」

初九。沒有虛妄，前往吉祥。

〈象傳〉說：「沒有虛妄而前往，是因為實現了心意。」

這一爻的爻辭似乎與卦辭矛盾，卦辭說「不利有攸往，无妄之往，何之矣？」那是就全卦來說，但各爻還是有些不同。初九陽爻在剛位，並且在震卦裡，所以往前走是正常合理的。初九的得志是因為剛自外來而為主於內，所以得心應手。

无妄卦是從消息卦天山遯（䷠，第三十三卦）變來的，「剛自外來」是指上九到底下來，從底下往上推。遯卦的上九離開，離開之後又回來，找到自己的位置，於是出現无妄卦。初九是主爻又是適當的位置，本身在正位往前走，很真誠。所以真誠无妄，並不是什麼事都不做，而是什麼情況都適合，該做就做，沒有特別的想法，不以利益為考量，否則就是有妄了。

六二。不耕獲，不菑（ㄗ）畬（ㄩˊ），則利有攸往。

象曰：「不耕獲，未富也。」

六二。不耕種卻有收穫，不墾荒卻有熟田，那就適宜前往了。
〈象傳〉說：「不耕種卻有收穫，是因為沒有求取財富。」

「菑」是開墾，「畬」是開發三年的熟田。六二又正又中，位置極佳，上面還有九五與之正應。什麼事都不用做，不耕種就有收穫，是因為沒有求取財富，換言之，沒有求取財富，自然就富。六二在互卦巽（六三、九四、九五）之外，巽是近利市三倍，表示六二並未心存財富，而是順其自然便接近財富。雖然只是接近，但它本身條件完足，所以未刻意追求就有很好的收穫。若是特別追求，在无妄卦裡就會有災難產生。

六三。无妄之災，或繫之牛，行人之得，邑人之災。
象曰：「行人得牛，邑人災也。」

六三。沒有虛妄卻遇上災難。有人拴了一頭牛，過路人把牠牽走，村裡人遭殃。
〈象傳〉說：「過路人牽走牛，使村裡人遭殃了。」

「无妄之災」一語正是出於此，意思是只要有人有作為，就會造成連鎖反應，使他人受到連累。六三陰爻居剛位又不是居中，所以遇上了无妄之災。六三在下卦震裡，震為行，引申為行人；六三也在互卦艮裡，艮在人的身體代表手；六三也在互卦巽裡，巽是繩子，合起來就是行人手牽繩子，繩子繫著一頭牛，帶走了牛。以牛與邑人做比喻都是來自坤卦，下卦現在是震卦，但本來是坤卦，因為來了一個陽爻就變成震卦，亦即初爻由陰變陽。坤是牛，也是土，土引申為國邑，現在一變兩失，坤卦變成震卦之後牛不見了，鄉邑或是一個都縣也不見了，這代表受災。此爻說明了有人得，就有人失，因此人在有所得時就要有所戒懼。

談「得失」最有名的例子是道家的一段故事：楚國國君楚恭王有一張知名的寶弓，稱為烏號之弓，一日，他帶著烏號之弓去狩獵，但是在回來的路上遺失了。楚恭王倒也豁達，並沒有生氣，而說：「楚王失弓，楚人得之，何必求之？」意思是：我楚王的弓掉了，被楚國人撿去了，何必再找？孔子聽了之後認為不須強調楚國，可以更寬容的說：「人失弓，人得之。」因為儒家主張人文主義，不強調國家、省籍、族群間的不同。道家學者聽到孔子這話，認為何不連「人」都不必強調呢？「失弓，得弓。」不管是誰丟失的，都是在這片土地上，難道只有人可以撿嗎？道家的說法更寬廣，認為萬物是個整體。至於佛家根本就沒有得失心了。

六三有災是因為位置不好，又牽扯在互艮、互巽、坤、震之間，情況特別複雜，等於是一個人開始產生複雜的念頭，後面就出現一連串複雜的問題。无妄要人以真誠本性為出發點，這爻顯然違背了卦的方向，自然就不好了。

九四。可貞，无咎。

象曰：「可貞无咎，固有之也。」

九四。可以正固，沒有災難。

〈象傳〉說：「可以正固而沒有災難，這是它本來就具有的條件。」

雖然九四陽爻在柔位，位置不好，可能會有一些責怪，但因為在无妄卦裡，與初九不應，不能有所行動，又已離開了下卦震到上卦，免於立刻付諸行動，所以可以正固。再則九四下乘六三，有六三奉承；上比九五之君，有九五可以依靠，乘比皆優，不用變動；又居互卦艮的上爻，艮為止，所以九四到此可以停止。如此衡量九四的各種條件，的確是不錯，至少無咎。

九五。无妄之疾，勿藥有喜。

象曰：「无妄之藥，不可試也。」

九五。沒有虛妄卻生了病，不用吃藥也會痊癒。

〈象傳〉說：「沒有虛妄時所開的藥，不可嘗試服用。」

「无妄」是指沒有虛妄，引申為無緣無故。無緣無故生了病，不可輕意服藥，否則无妄變成有妄，會出現別的後遺症。九五守正居中，又有六二正應，當然是「无妄」，但是對應的六二在震卦裡面，震卦是行，是急躁，行動急躁算是小毛病，原因在外不在內，不要隨便吃藥，吃了藥反而變成有害，單靠九五的時與位就可以化解。「有喜」針對疾病而言指的是痊癒，所以生病有時候必須吃藥，有時候不用吃藥，要看這病痛的來源。孔子有一次生病了，魯國的正卿、最有權勢的季康子饋藥，可以想像這藥一定非常名貴，但孔子卻說：「丘未達，不敢嘗。」意思是：我不了解這個藥的藥性，不敢輕易服用。藥再好也不能亂吃，更何況九五的无妄之疾根源在外，更不能輕易嘗試了。

上九。无妄，行有眚，无攸利。

象曰：「無妄之行，窮之災也。」

上九。沒有虛妄，行動會遇到災禍，沒有任何好處。

〈象傳〉說：「沒有虛妄而行動，是窮困處境帶來的災難。」

上是最後的位置，代表窮，窮途末路，無路可走。上九想要行動是因為與六三正應，有正應就有動象，有時候是對方過來依靠，有時候是自己前去依靠對方，總希望透過行動而有所改變。但是六三在互卦艮裡，艮為止，使上九行不通。上九的災難，來自於位居全卦最高的位置，前無去路，徒呼奈何。

26

大畜 ䷙

下乾上艮，山天大畜

卦辭

大畜。利貞。不家食，吉。利涉大川。

大畜卦。適宜正固。不吃家裡的飯，吉祥。適宜渡過大河。

如果占到這個卦，可能是做官吃公家飯，所以不吃家裡的飯，這是很有趣的卦辭。「山天大畜」是无妄卦的覆卦。前面介紹過「風天小畜」（䷈，第九卦），只有六四一個陰爻，其他全部陽爻，所以六四是主爻，陰爻稱小，陽爻稱大，用小畜大，叫做小畜。而大畜顯然是用大畜小，因為陽爻占了四個。大畜也代表「大有積蓄」，就好像小畜是小有積蓄。

《易經》六十四卦中，共有七個卦出現「利涉大川」，其組合不是有乾卦就是有巽卦，不是有天的「剛健不已」，就是有風的力量。〈序卦傳〉說：「有无妄然後可畜，故受之以大畜。」不虛妄是真誠而實在，由此培養內涵，然後可以大有積蓄。積蓄了德行與學識之後成為賢者，將會受到國家禮遇，不必在家裡吃閒飯，這表示政治上軌道，所以吉。面對艱難險阻的時候，也可以大步前行，是為利涉大川。這是兩種不一樣的情況，如果國家上軌道，占到這個卦可以做官；如果國家混亂，去做官豈不是要同流合汙？那就利涉大川，繼續走自己的路吧！

彖傳

彖曰：「大畜，剛健篤實，輝光日新，其德剛上而尚賢。能止健，大正也。不家食吉，養賢也。利涉大川，應乎天也。」

〈彖傳〉說：「大畜卦。剛強勁健又厚重實在，輝映光彩而日日更新，它的作風是要讓剛強者居上位，由此推崇賢人。能夠止住勁健，是因為充滿正固的力量。不吃家裡的飯而吉祥，是因為國家在培養賢人。適宜渡過大河，則是為了配合天的法則。」

大畜卦，底下乾卦是「剛健」，上面一座山非常厚重，所以叫「篤實」。輝映光彩而日日更新，輝光來自九三、六四、六五、上九，因為這四爻合起來像一個放大的離卦（☲），而下卦是乾卦，代表日，所以說「輝光日新」。其德剛上而尚賢，德字在《易經》中經常代表「作風」，而不是道德，道德是必須修鍊的，作風則是本來就具備的。大畜卦的作風是要讓剛強者居上位，這是指上九居上面的位置，由此推崇賢人。能夠止住勁健，是因為充滿正固的力量，這力量來自於上面的艮卦山。

象傳

象曰：「天在山中，大畜。君子以多識前言往行，以畜其德。」

〈象傳〉說：「天處在山裡面，這就是大畜卦。君子由此領悟，要廣泛學習並記得古人的言行，以培養自己的深厚道德。」

大畜積蓄的不是錢，而是品德。如果積蓄錢財，也許被騙被偷；但積蓄品德，卻不會有任何損失。天在山中，山顯然小於天，天卻可以處在山裡面，代表其蓄積之大。君子由此領悟要廣泛學習，並且記得古人的言行。

「前言往行」就是古人的嘉言懿行，人的一生能被後代記憶的就是「言、行」兩字，後人會選擇好的加以學習。一個人要培養深厚的道德，往往要靠其他人的示範、師長的教導，從這點也可以看出人性向善是較合理的說法。

孟子曾提到舜住在深山裡，和深山裡面的野人相去不遠，但他聽到一句善的話、見到一件善的行為，內心就好像江河決堤，沛然莫之能禦。這表示舜和其他人一樣，並不是生來就超凡入聖，但是他聞一善言，見一善行，內心向善的力量就像江河決堤般發散出來。如果人性本善，本善的力量怎麼會若決江河？所有儒家的經典，都說要先學別人的言行，聽、看，然後再自己修養，非常符合人性向善的觀點。

爻辭

初九。有厲，利已。

象曰：「有厲利已，不犯災也。」

初九。有危險，適宜停止。

〈象傳〉說：「有危險而適宜停止，是為了不要招惹災禍。」

「已」就是停止，大畜卦以積蓄涵養為原則，初九陽剛易動，又有六四正應，有躍躍欲試之象，所以要加以警惕。《易經》中常教人以靜制動，大畜卦正在積蓄的時候就要行動，那不是違背這卦的要求嗎？初九和六四正應，但六四在上面的艮卦裡，艮是止，所以不能夠往前走。在這卦裡面，上下正應的陽爻都以「止」為宜。

九二。輿說（ㄊㄨㄛ）輹（ㄈㄨˋ）。
象曰：「輿說輹，中无尤也。」

九二。車廂脫離了車軸。

〈象傳〉說：「車廂脫離了車軸，是因為居中而沒有過失。」

九二居下乾的中爻，又與六五正應，會有行動，但車廂卻脫離了車軸，這種狀況當然要停下來。「輹」是連接車廂跟車軸的零件，九二在互卦震（九三、六四、六五）底下，震是車，代表行動，和車子分離了，所以說脫落，脫離之後便不會非行動不可；且九二正應的六五在艮卦，是止，更是必須停止。九二本身的結構使車輪與車廂脫離，所以沒有過失。

九三。良馬逐，利艱貞。日閑輿衛，利有攸往。
象曰：「利有攸往，上合志也。」

九三。駿馬奔馳，適宜在艱難中正固。每天練習駕車與防衛，適宜有所前往。

〈象傳〉說：「適宜有所前往，是因為與上位者心意相合。」

「閑」是嫻熟、練習；「輿」是動詞，駕車；「衛」是防衛。駕車和防衛是古代作戰的必備能力，要每天練習，才適宜有所前往。九三在互卦震中，震卦為車，所以說駕車。又，

九三、六四、六五、上九構成的一個放大的離卦，離是戈兵，有作戰之象，所以可以作「防衛」。九三也在乾卦裡，乾為良馬，也是剛健的動力，所以說良馬奔馳。因為九三的上面是艮卦，上面有山擋住，這樣才能大畜，始終在活動中，就無法停下來積蓄。文明是經由沉澱、積累而來，一味的求發展，根柢太淺，便難有深厚的文化內涵。適宜有所前往，是因為與上位者心意相合，對九三而言，雖跟上九無應，但兩者皆為陽爻，在本卦中可謂心意相合。

六四。童牛之牿，元吉。

象曰：「六四元吉，有喜也。」

六四。小牛在角上綁了橫木，最為吉祥。

〈象傳〉說：「六四最為吉祥，是因為有了喜悅之事。」

關於「童牛」，一種簡單的說法是六四和初九相應，初九就是童牛。另外一個說法是六四在艮卦，艮為少男，所以說童；牛則來自於放大的離卦，因為離卦中間的六二得自於坤，坤為牛。一個卦所有陰爻都來自於坤，所有陽爻都來自於乾。離卦三爻以中間的陰爻最重要，因為第二爻變成陰爻，才能使它成為離卦，所以離卦最核心的部分既來自坤，坤為牛，所以離也為牛。

至於同為二陽一陰的巽，最底下的一爻必然也來自坤，但因為在最底下，不具有代表性，所以不說「巽為牛」。六四陰爻在柔位，在互卦兌裡面，兌為喜悅，又與初九正應，也是喜悅。

古人把動物馴養成對人有利的牲畜，最常養的就是馬、牛和豬。牛角是牛唯一的武器，會頂撞人，所以要在牛小的時候，就在牛的角綁上橫木，再怎麼頂，人都是先碰到木頭，木頭對人傷害很有限。牛頂了半天發現沒用，久而久之變乖了，就被馴養了。程頤說：「人之惡止於初則易，既盛而後禁，則扞格而難勝。」壞毛病應在剛形成時就要把它治好，不要等積習已久，就不容易改了。

六五，豶（ㄈㄣˊ）豕之牙，吉。

象曰：「六五之吉，有慶也。」

六五。閹豬口中的牙，吉祥。

〈象傳〉說：「六五的吉祥，是因為有了喜慶之事。」

前一爻有喜，這一爻有慶，大畜在這裡表現出它的效果。「豶」是指去勢或閹過的豬，豬一旦去勢之後就沒有野性，牠的牙對人沒有威脅，所以說吉。也有另一種解釋，認為「牙」可能是「互」的訛字，互代表柵欄，把豬關在柵欄裡，人有了食物，當然是件吉祥有慶的事。

六五和九二正應，也是有慶。

上九。何（ㄏㄜˋ）天之衢（ㄑㄩˊ），亨。

象曰：「何天之衢，道大行也。」

上九。位處上天所賜的通路，通達。

〈象傳〉說：「位處上天所賜的通路，正道可以充分實現了。」

在上九看到亨是不容易的，正道可以充分實現當然就是通達。「何」同「荷」，上九居天位，所以稱為「何天」；衢是交通要道，意象來自上九在互卦震（九三、六四、六五）的上面；震為大馬路。上九處在天的位置，底下又有大馬路，所以說是「何天之衢」，到處都走得通。大畜卦所蓄積的條件在上九發揮了作用，可以無往不利，充分實現正道。畜就是止，一定要停止才有積蓄，好像蓄水池，如果一直流動就沒有積蓄了。

從无妄卦到大畜卦，无妄卦教人真誠，該動就動，不該動絕對不要輕舉妄動；到大畜卦先止為佳，接著要有方法對應，比如對牛、豬等，元吉跟吉便出現了；最後大畜的結果當然很好，是為亨通。

27 頤

下震上艮，山雷頤

卦辭

頤，貞吉。觀頤，自求口實。

頤卦。正固吉祥。觀察養育狀況，自己求取食物。

頤卦是比較特別的卦，卦象上面是艮，艮為山，底下震，震為雷，合為「山雷頤」，像張開口準備吃東西。前一卦大畜談到不用在家裡吃飯，這一卦是自己找飯吃。這一卦是罕見的下面三爻皆凶，上面三爻稍微好一點，所謂口舌是非、病從口入、禍從口出，都是問題，所以要特別小心。〈序卦傳〉說：「物畜然後可養，故受之以頤。頤者，養也。」頤就是養，「養」有很多種，有口腹之養，吃飽喝足；推到養身、養德、養人與養於人。

我們觀察一個人，不能只看他的個人表現，因為彼此接觸機會或許有限，所以還要看他與哪些人來往。譬如有關孔子在衛國的住處，後世有很多謠言，說孔子是住在一個宦官家裡。宦官不是不好，只不過他們被寵幸之後，有很多奇奇怪怪的行為。《孟子》之中就有一章，是特別為孔子辯護，說孔子絕不會去住那種人的家裡。這是因為一個人交友的對象及範圍，當然與養德、養人與養於人是絕對相關的。

彖傳

彖曰：「頤，貞吉。養正則吉也。觀頤，觀其所養也；自求口實，觀其自養也。天地養萬物，聖人養賢以及萬民，頤之時大矣哉。」

〈彖傳〉說：「頤卦。正固吉祥。養育合乎正道，就會吉祥。觀察養育狀況，是要觀察他所養育的對象；自己求取食物，是要觀察他如何養育自己。天地養育萬物，聖人養育賢人，從而養育所有百姓。頤卦隨順時勢，真是偉大啊！」

「貞吉」二字，除了頤卦外，還出現在第三十九卦蹇（䷦）、五十六卦旅卦（䷷）。「元亨利貞」四個字，只取一個「貞」，代表占到這個卦時，最好能夠堅持固定的正道，千萬避免衝動。譬如說水山蹇卦，前面是山擋住了，必須停下來，山上還有水，又有危險，這時候最好守住正固。旅卦也是一樣，旅行的時候最好守住一些原則，出門在外不比在家裡，很多時候要收斂些。

在頤卦裡養育合乎正道，就會吉祥。觀察養育狀況，是要觀察他所養育的對象，究竟是什麼樣的人，譬如一家公司聘請什麼樣的員工，就會構成什麼樣的企業文化。讓他自己求取食物，是要觀察他從事什麼行業，做什麼工作來養育自己。就自然界來說，天地養育萬物，天無不覆，地無不載，四時寒暑使萬物各得其時與其所；就人間來說，聖人首先要養賢，這是指政治領袖首先要找到賢人，包括賢良、賢明、賢能的人，任用他們一起來照顧百姓。

頤卦所提示的是人要養正，就不會有問題。人活在世界上無不有所養育，觀察一個人有兩個方法：第一個是看他養育的是小人還是君子，譬如教養子女時注重的是什麼。許多做父母的要求子女有好成績，其實更重要的是子女的性格，為了好成績而作弊，會造成子女為了目的而不擇手段。

第二個方法是看他如何自養，這一點我個人有較深的感慨。經常看到社會上層階層的人，養育自己的方法都是打高爾夫球、出國旅遊，這些當然都是高尚的娛樂，但是只顧養育自己的食衣住行，而忘記了學習進修，實在可惜。人生在世其實有一個任務，就是要尋找自我，探討人生的意義。想想自己生而為人，到底在天地之間有什麼意義？該如何理解自己的人生？這是很有挑戰、很有價值的任務。

象傳

象曰：「山下有雷，頤。君子以慎言語，節飲食。」

〈象傳〉說：「山下有雷在震動，這就是頤卦。君子由此領悟，言語要謹慎，飲食有節制。」

頤卦是張開的嘴，言與行所賴也是這張口，能管好就不簡單了，所以說話要謹慎，吃東西要節制。

爻辭

初九。舍爾靈龜，觀我朵頤，凶。

象曰：「觀我朵頤，亦不足貴也。」

初九。拋棄你的大烏龜，看著我嚼食東西，有凶禍。

〈象傳〉說：「看著我嚼食東西，也就沒什麼可貴了。」

初九居頤卦之始，頤卦有如放大的離卦，離為龜，大離則為大龜，所以取之為喻。在這裡「爾」是初九，「我」是六四。頤卦底下是震卦，震為動；上面是艮，是止，正如人在吃東西的時候，是下巴動而上顎不動。

底下動代表初九羨慕，因為六四陰爻與它正應，六四是口中間空的地方，有東西吃，六四因此說：「你自己有靈龜，居然忘了而捨棄它，只看著我嚼食東西。」古人以龜為靈驗之物，可供占卜之用，此處指烏龜自有高明的養生之法，現在主人卻捨棄不用，去羨慕別人口中的食物，這是捨己求人，既不足貴，也會有凶禍。

六二。顛頤，拂經；於丘頤，征凶。

象曰：「六二征凶，行失類也。」

六二。顛倒養育方式，違背了常理；往高處求養育，前進有凶禍。

〈象傳〉說：「六二前進有凶禍，是因為前往會失去同類。」

六二本身是陰爻，與六五不應，必須有所依靠，只好往下求初九。六二對初九乘剛，卻又回頭依靠它，所以說是顛倒養育方式，違背常理，也就是「拂經」。

在這一卦裡面，兩個陽爻是有實力的，中間四個陰爻都要設法前往依靠。六二如果前進，往高處求隔很遠的上九，又會失去同為陰爻的三、四、五。上九在艮卦是山，所以稱丘，稱高處。前進脫離同類去求不比又不應的上九，當然會有凶禍。

六三。拂頤，貞凶。十年勿用，无攸利。

象曰：「十年勿用，道大悖也。」

六三。違背養育方式，正固有凶禍。十年不能有所作為，沒有任何適宜的事。

〈象傳〉說：「十年不能有所作為，是因為過度背離了正道。」

六三在震卦的第三爻，非動不可，無法安於室，就是「拂頤」。六三與上九正應，想往上走，但上卦為艮，代表止，所以出現進退維谷的尷尬。「十年勿用」之所以為「十」，是因為六三在互卦坤（這一卦的兩個互卦都是坤）裡。十是偶數，是陰的極數，當然是坤的最高數字。十年都不能動，因為上面是艮，不論怎麼動都得停下來。六三陰爻在剛位，本來就不好，雖與上九正應，但反而不好，因為過度悖離了正道，也就是和它自身的動向是相悖離的。在《易經》六十四卦中，這是唯一底下三爻皆凶的一卦。

六四。顛頤，吉，虎視眈眈，其欲逐逐，无咎。

象曰：「顛頤之吉，上施光也。」

六四。顛倒養育方式，吉祥。像老虎般瞪視，欲望接連而來，沒有災難。

〈象傳〉說：「顛倒養育方式而吉祥，是因為上位者廣施恩惠。」

六四已經到了上卦，向正應初九尋求奧援，這種回頭求助就稱為「顛頤」。一樣是顛頤，不同於六二的凶，是因為六四與初九正應。同樣是正應，又不同於六三跟上九的正應終凶，是因為位置的好壞。六四已經脫離震卦，又在互卦坤裡，坤代表柔順，位置正又很柔順，依靠初九完全不會有問題。

四的位置已進入到諸侯或是正卿，所以要表現出官威，否則無以服眾，因此用「虎視耽耽」，像老虎般目不轉睛的樣子。「逐逐」是迫切追逐的樣子，如果沒有這個欲望的話，官威顯不出來。做官的人一定要表現官威，因為官威是有所圖謀，意圖做成一些大事。他的无咎在於能夠居上位而廣施恩惠，「光」代表廣，是恩惠能夠廣泛的施展出來。這一卦走到六四，總算是无咎了。

六五。拂經，居貞吉，不可涉大川。

象曰：「居貞之吉，順以從上也。」

六五。違背常理，守住正固就吉祥。不可以渡過大河。

〈象傳〉說：「守住正固而吉祥，是因為順應與跟隨上位者。」

六五陰爻居剛位，和六二又不應，這對於負責養育百姓的國君而言，顯然是違背常理。守住正固就吉祥，不可以渡過大河，此時的君王要考慮退而守成，不可草率前進。六五承上九，符合以柔順剛的原則，所以能夠有守住正固的吉祥。

上九。由頤，厲吉。利涉大川。

象曰：「由頤厲吉，大有慶也。」

上九。由此而得養育，危險而吉祥。適宜渡過大河。

〈象傳〉說：「由此而得養育，危險而吉祥，是因為大有喜慶。」

「由」代表這個卦的由來，通常是指主爻，這一卦的主爻便是上九。有危險因為陽爻在柔位，位置不恰當，適宜渡過大河，事實上是非渡不可，最上一爻本來就要離開了。上九和六三正應，就好像太傅一樣，是帝王之師，六五也要順以從上，所以上九要深自警惕，因為自己畢竟不是天子，但又對全局有利。上九使天下百姓皆得養育，大家團結一致可以利涉大川，自然是「大有慶也」。

頤卦看起來像一張口，跟口有關的一是言語，一是飲食。底下三爻都是凶，跟飲食比較有關係，大家容易爭奪，要再三的提醒謹慎。到了上面飲食已經準備好了，可以提供很多人分享，所以是從上面來照顧底下的。這就是頤卦的特色。

28 大過 ䷛

下巽上兌，澤風大過

卦辭

大過，棟橈（ㄋㄠˊ）。利有攸往，亨。

大過卦。棟樑彎曲，適宜有所前往，通達。

頤卦與大過卦是變卦關係。在六十四卦裡面，只有四組卦是變卦的關係，另外三組是乾（䷀，第一卦）和坤（䷁，第二卦），習坎（䷜，第二十九卦）和離（䷝，第三十卦），中孚（䷼，第六十一卦）和小過（䷽，第六十二卦）。所謂變卦是六爻皆變，所以大過卦是初六與上六，中間四個陽爻，組成下巽上兌的「澤風大過」。

棟樑的取象來自中間四爻是實實在在的，就好像蓋房子，兩端比較弱，中間比較強，棟樑太重，就彎下來了。適宜有所前往，則因為下卦巽是風。〈序卦傳〉說：「不養則不動，故受之以大過。」養育有成才可以行動，一行動就可能過當。

頤卦講究養育，開始有實力了，接著就要行動，但是一行動就可能過度，所以大過是指有所超過，做得太多了。大過卦陽盛於陰，陽爻就是大者，大者過多了，故稱大過。四個陽爻的卦很多，為什麼只有這卦稱大過？因為陽爻相連，連在一起力量特別大，容易顯示出來。

彖傳

彖曰：「大過。大者過也。棟橈，本末弱也。剛過而中，巽而說行，利有攸往，乃亨。大過之時大矣哉。」

〈彖傳〉說：「大過卦。大的方面勢力過當。棟樑彎曲，是因為首尾兩端太過柔弱。剛強者過盛卻能守中，行動順利而和悅，適宜有所前往，可以通達。大過卦隨順時勢，真是偉大啊！」

大過卦大的方面勢力過當，大者就是指陽爻。棟樑彎曲是因為首尾兩端太過柔弱，剛強者過盛卻能守中，因為九二、九五都在中。下卦是巽卦，代表順利；上卦是兌卦，代表和悅，行動順利而和悅，適宜有所前往，可以通達。

前面講頤卦，也提到「時」，《易經》很重視時機，遇到恰當的時機該動就動，該靜就靜，這是時機的判斷。大過卦的「時」是處在危機時刻，應懂得如何自處。宋代學者程頤也談到這點：「大過之時，其事甚大，故贊之曰大矣哉。如立非常之大事，興不世之大功，成絕俗之大德，皆大過之事也。」

象傳

象曰：「澤滅木，大過。君子以獨立不懼，遯（ㄉㄨㄣˋ）世无悶。」

〈象傳〉說：「沼澤淹沒了樹木，這就是大過卦。君子由此領悟，要堅定不移而無所畏懼，避世隱居而毫無苦悶。」

上面是沼澤，底下巽是風，也是木，所以是澤滅木，沼澤把樹木淹過去了，樹木非枯死不可，生機被淹沒。危機時代，天下即將大亂，但危機也可能是轉機，就看君子如何自處。堅定不移而無所畏懼，避世隱居而毫無苦悶，在整部《易經》裡面，這是很高的稱讚，人不能選擇時代，正好碰到亂世就要獨立自處、堅持原則。一旦覺得苦悶就容易灰心喪志，往往機會再來時也不想奮鬥；反之，只要獨立不懼，遯世无悶，堅持正義，最後一定得勝。

爻辭

初六。藉用白茅，无咎。

象曰：「藉用白茅，柔在下也。」

初六。用白色茅草墊在底下，沒有災難。

〈象傳〉說：「用白色茅草墊在底下，是因為柔弱者處在下位。」

下卦巽為木、為白，木在底下，代表木是柔者，所以就用茅為意象。「藉」是墊在底下，祭品直接放在地上，也可以用來獻祭，但是多了舖墊白茅的動作，就多了誠意，代表恭敬的態度。〈繫辭傳〉中引用孔子的話：「苟錯諸地而可矣，藉之用茅，何咎之有？慎之至也。夫茅之為物薄，而用可重也。慎斯術也以往，其无所失矣。」意思是說：把祭品擺放在地上也可以啊！底下還要墊一層茅草，這會有什麼災難呢？這是謹慎到了極點。茅草是一種微薄的東西，但是可以產生重大的作用，按照這種謹慎的方法去做事，就不會有什麼過失了。初六戒慎恐懼，上面四個陽爻力量太強了，重複兩個互卦乾在上面，初六以本身的柔弱來面對，所以无咎。

九二。枯陽生稊（ㄊㄧˊ），老夫得其女妻，无不利。

象曰：「老夫女妻，過以相與也。」

九二。乾枯的楊樹長出新的枝葉，老頭子獲得少女為妻，沒有不適宜的事。

〈象傳〉說：「老頭子以少女為妻，是走過之後再來相識。」

下巽上兌，巽為木，兌為澤，樹木靠近沼澤的就是楊樹，在澤滅木的卦裡面，沼澤把樹木淹沒了，樹木當然是乾枯不可能有生機了。這卦只有初六跟上六是陰爻，其他幾個陽爻都會設法跟它們有所接觸，九二上面沒有對應，只能回頭看初六，陰陽相合。「稊」就是枝葉，乾枯的楊樹長出新的枝葉，老夫女妻无不利，因為還可以生育，還是有生機的。

九三。棟橈，凶。

象曰：「棟橈之凶，不可以有輔也。」

九三。棟樑彎曲，有凶禍。

〈象傳〉說：「棟樑彎曲而有凶禍，是因為沒有辦法得到幫助。」

九三雖有上六相應，但上六本身很弱，也到了最後的階段，根本幫不上忙。九三、九四在全卦中間，所以就以棟為象。〈彖傳〉說「大者過」，九三以陽爻居剛位，正犯了大過卦「剛過」的大忌，過剛必折，棟樑彎曲，屋頂隨時會塌下來，所以沒有好結果。九四就不一樣，九四陽爻在柔位，本身有所調節。

九四。棟隆，吉。有它吝。

象曰：「棟隆之吉，不橈乎下也。」

九四。棟樑隆起，吉祥。會有別的困難。

〈象傳〉說：「棟樑隆起而吉祥，是因為不向下彎曲。」

三和四的差別在於九三在下卦，棟樑一彎，房屋就要垮；九四已到了上卦，在上卦棟樑彎是向上隆起，房屋暫時不會崩塌。以陽爻居柔位，使剛強獲得調合，所以吉。九四與初六正應，有支撐，初六在下卦，對九四構成誘惑，所以有別的困難。

九五。枯楊生華，老婦得其士夫，无咎无譽。

象曰：「枯楊生華，何可久也？老婦士夫，亦可醜也。」

九五。乾枯的楊樹長出花朵，老婦人獲得壯男為夫，沒有責難也沒有榮譽。

〈象傳〉說：「乾枯的楊樹長出花朵，怎麼會長久？老婦人以壯男為夫，是一件難堪的事。」

九二是枯楊生稊，「稊」為枝葉，還有希望；到了九五是枯楊生華，「華」就是花，花開花落，無法長久，不如枝葉穩固。陰爻是女性，前面初六比較小，稱為女妻，就是少女；上六在最高的位置，成為「老婦」。「婦」指女子已經嫁了，「士」代表未婚男性。乾枯的楊樹長出花朵，花很容易凋零，怎麼會長久呢？就九五而言是无咎，但是結出的花不能持久，所以无譽，不會有什麼責難，也沒有稱譽。但從另一方面來說，算是一件難堪的事。這個觀念代表《易經》強調人與萬物生生不已，枯楊生稊還可以再生第二代，「枯楊生華」就沒有辦法再生下一代了。

上六。過涉滅頂，凶，无咎。

象曰：「過涉之凶，不可咎也。」

上六。發大水時渡河，淹沒了頭頂，有凶禍，但沒有責難。

〈象傳〉說：「發大水時渡河而有凶禍，是不應該加以責怪。」

這一爻，沼澤到了最高的地方，把全卦都淹住了，當然是凶。沒有責怪，因為是發大水時渡河，本來就有凶禍，換句話說是非戰之罪。

大過卦很少有好的爻，占到此卦，就知道要苦撐待變，練習修養，以「獨立不懼，遯世无悶」做為處世的座右銘，自然就能走出困境了。

29

習坎

下坎上坎，習坎為水

䷜

卦辭

習坎。有孚。維心亨。行有尚。

習坎卦。有誠信。因為內心而通達。行動表現了上進。

「有孚」就是陽爻在中間，表示內在有誠信；「維心亨」是內心真誠自然通達。習坎卦是由消息卦「地澤臨」卦（䷒，第十九卦）的初九和六五交換而來的，此之謂「行有尚」，指九五是從底下走上去的。九二、九五剛爻在中間，行動表現了上進。〈序卦傳〉說：「物不可以終過，故受之以坎。坎者，陷也。」前面的大過卦有行動過當的意思，也代表順利通過，坎卦接著而來是險阻，讓順利稍微停下來。

《易經》的八個基本卦：乾，震，坎，艮，坤，巽，離，兌，本身重複一次的卦都維持原來的卦名，只有坎卦多加一個「習」字，重複的意思。程頤說：「習謂重習，它卦雖重，不加其名，獨坎加習者，見其重險，險中復有險，其義大也。」意思是看到危險要加倍小心。

習不但是重複，還有要人多練習的意思，面對危險如果能多練習，就能履險如夷。走慣山路的人能健步如飛，住在水邊的人深諳水性，一般人做不到，是因為缺乏練習。任何地方都有危險，做事情不要怕危險，要看是否準備好了，加一個習字，就是提醒人要多做準備，以便應付各種可能的危險，才能使危機變成轉機。

彖傳

彖曰：「習坎，重險也。水流而不盈，行險而不失其信。維心亨，乃以剛中也。行有尚，往有功也。天險，不可升也；地險，山川丘陵也。王公設險以守其國，險之時用大矣哉。」

〈彖傳〉說：「習坎卦，它就是重重險阻。水流動而不滿盈，行動有險阻而不失信。因為內心而通達，正是由於剛強者居於中位。行動表現了上進，是說前往會有功勞。天象的險阻，是沒有辦法跨越的；地理的險阻，是山川丘陵。王公設置險阻來守衛自己的國家。險卦的時勢作用太偉大了。」

上卦是水，下卦也是水，水持續流動永遠不會停止，如果滿了就會停下來。行動有險阻而不失信，因為內心而通達，正是由於剛強者居於中位。行動表現了上進，表示前往會有功勞，這是指九五前往有功勞，使這個卦可以成功。

天象的險阻是沒有辦法跨越的，譬如要去救災的時候剛好下一場大雨，或是要出國卻遭遇颱風，這是天象的險阻。地理的險阻是山川丘陵。王公要保護國家，也要設一些危險，王指九五，公指九二，人險包括國家的政教制度，讓一個社會安定，讓別人不敢犯法。「險之時用」就是要以險為用，目的是讓自己不斷的練習，適應各種危險。

人總希望可以面對各種困難，增強自己的能力，流水不腐，使物常新，永不失去原貌。孔子曾在河川上望著水流說：「逝者如斯夫，不舍晝夜。」水不分白天黑夜，一直在流，意味著堅定守信。

《易經》裡面提到「時用大矣哉」的有三個卦：習坎卦、火澤睽卦（䷥，第三十八卦）、水山蹇卦（䷦，第三十九卦），這三個卦很明顯的，都是不好的卦，但是都是「時用」，只要能「用得其時」都很好。譬如睽卦，天地睽別，萬物才能生長；說到人類，則是要把男女分開，才會感受到認識、結合的喜悅。

象傳

象曰：「水洊（ㄐㄢˋ）至，習坎。君子以常德行，習教事。」

〈象傳〉說：「水連續不斷流過來，這就是習坎卦。君子由此領悟，要不斷修養德行，熟習政教之事。」

「洊」是重疊連續之意，「常」與「習」在此處是動詞，常代表始終，習就是一而再、再而三。君子的學習要像水一樣，日夜不停的努力練習，擇善固執。

爻辭

初六。習坎，入於坎窞（ㄉㄢˋ），凶。

象曰：「習坎入坎，失道凶也。」

初六。在重重險阻中，掉入陷阱。有凶禍。

〈象傳〉說：「在重重險阻中掉入陷阱，是迷失道路造成的凶禍。」

初六剛剛進入習坎卦，上下都是有險阻的坎，感覺掉入陷阱了。如果占到這個卦這個爻，表示重重險阻在外面，沒有任何機會。這是迷失道路造成的凶禍，因為初六是陰爻居剛位，本身柔弱，上與六四不應，當然希望能依靠九二，但九二自己有困難，故初六得不到幫助。

九二。坎有險，求小得。

象曰：「求小得，未出中也。」

九二。坎陷中出現險阻，求取小的會有收穫。

〈象傳〉說：「求取小的會有收穫，因為尚未從中間離開。」

九二在下坎中，難免遇到險阻，不過有初六來承比，是求小而有得。小代表初六，九二幫不上初六，初六卻可以幫忙九二，因為九二本身還是有實力。九二居中陷於兩個陰爻的中間，所以沒有離開困境。

六三。來之坎坎，險且枕，入於坎窞，勿用。

象曰：「來之坎坎，終无功也。」

六三。來去都是險阻，險難還到處遍布。掉入陷阱，不可有所作為。

〈象傳〉說：「來去都是險阻，終究沒有功勞。」

「來之」二字要理解為來與往，之就是往。六三往上，外面是坎，本身也是一個坎，險難還到處遍布，掉入陷阱不可有所作為。即使是有作為，終究是沒有功勞，也不會有成就。習坎卦的下卦三爻因為上面還有另外一個坎卦壓著，所以難有發揮，再者這三爻都不當位，初六陰爻在剛，九二陽爻在柔，六三陰爻在剛，很明顯的難有吉象。上面三爻就不同了，六四、九五、上六都當位，同樣是坎，上下差別很大。

六四。樽酒簋（ㄍㄨㄟˇ）貳，用缶，納約自牖（ㄧㄡˇ），終无咎。

象曰：「樽酒簋貳，剛柔際也。」

六四。一盅酒與兩盤供品，用瓦盆盛著。從窗戶送進簡約的祭品，終究沒有災難。

〈象傳〉說：「一盅酒與兩盤供品，是因為遇到剛強者與柔順者交往的時候。」

「樽酒」是一盅酒，「簋」是外圓內方的容器，「貳」是用瓦盤盛著的兩盤供品，看似簡樸，但是表達了誠意。「約」是簡約的祭品，「納約自牖」是從窗戶送進簡約的祭品，古代貴族家庭的女子在出嫁前，舉行牖下之祭，就是在窗前舉行的祭祀。六四處於上坎，以陰爻居柔位，面對的是九五之君，這時候要以真誠態度取得信賴，所以搬出祭祀時的擺設，表示自己質樸又順服的心意，樽酒簋貳是很簡單的東西，這樣才可以无咎。四是大臣的位置，古代為臣者處險之道大致如此，有權力的大臣要特別約束自己做到謙虛和真誠，這樣就不會有危險。

九五。坎不盈，祗既平。无咎。

象曰：「坎不盈，中未大也。」

九五。坎陷尚未滿盈，抵達齊平的程度。沒有災難。

〈象傳〉說：「坎陷尚未滿盈，是因為居中而不夠壯大。」

爻辭中有與〈彖傳〉相同的，多是主爻，流水而不盈，正是前面〈彖傳〉說過。水不斷的流，永遠不會滿，如果滿了怎麼還會再流呢？坎陷尚未滿盈，是因為雖居中但與九二不應，同性相斥，所以本身力量還不夠壯大。九五居全卦尊位，但還是陷在兩個陰爻之間，有如流水無法滿盈。九五在互卦艮裡，艮是止，有齊平之意，也就是九五保持平衡的狀態，這樣就可以无咎。

上六。係用徽纆（ㄇㄛˋ），寘（ㄓˋ）於叢棘，三歲不得，凶。

象曰：「上六失道，凶三歲也。」

上六。用繩索捆綁起來，放在牢獄中，三年不能出來，有凶禍。

〈象傳〉說：「上六迷失道路，所以凶禍持續三年。」

坎本身就是監獄的象，代表危險、陷阱。「徽纆」是繩索，「叢棘」指牢獄。三年繫於牢獄不能出來，當然是凶。上六以陰爻居習坎卦之極，已經完全發揮習坎卦的效果了，其處境之危險更甚於陷在重重陷阱裡面的初六。

三年代表多數，不見得就是指三，也可以參考《周禮》中關於牢獄之災的說法：「收教罷民，能改者，上罪三年而捨。其不能改而出圜土者，殺。」意思是：能悔改的關三年而後釋放，如果三年還不能改過，怙惡不悛的人就不給他機會，可以處以死刑。儒家總給人機會，但是三年還不悔改，要覺悟恐怕也很難。

上六最大的錯誤在於乘九五之剛，很不禮貌，在危險裡面完全不自覺，所以給他最重的懲罰。上六雖然是當位，但在最上的位置本來就是很危險，前無去路，又對九五乘剛，與六三不應，還有什麼路可走呢？

習坎卦提醒我們要常常練習、習慣這樣的危險，就能勝過別人。人生不可能都很順利，在遇到凶險時要記取教訓，從中學到因應之法。

30 離

下離上離，離為火

卦辭

離。利貞，亨。畜牝（ㄆㄣˋ）牛，吉。

離卦。適宜正固，通達。畜養母牛，吉祥。

利貞在前，亨在後，先以柔為主的正固，就可以亨通。能夠採取像牝牛這樣的態度，就可以吉祥。離卦與習坎卦是變卦，六爻皆變。這兩卦沒有覆卦，不論如何翻覆總是一樣。

一般卦辭中很少出現生物，少數出現的就特別值得注意。離卦來自於坤卦，坤是母牛，離是母牛所生的小母牛，特別柔順。此卦六二、六五兩個中間的爻都是柔順的，所以這一卦以柔取勝。〈序卦傳〉說：「陷必有所麗，故受之以離。離者，麗也。」離代表麗，麗代表依附，離卦是火，火一定要有所依附，依附在木材上、蠟燭上。前一卦習坎是陷入陷阱，現在得有依附，否則一路陷下去就沒有了。

彖傳

彖曰：「離，麗也。日月麗乎天，百穀草木麗乎土。重明以麗乎正，乃化成天下。柔麗乎中正，故亨，是以畜牝牛吉也。」

〈彖傳〉說：「離卦，就是附麗的意思。日月附麗在天上，百穀草木附麗在地上。以雙重光明來附麗於正道，就可以教化成就天下人。柔順者附麗於居中守正的位置，所以通達，因此畜養母牛是吉祥的。」

日月附麗在天上，百穀草木附麗在地上，有天有地代表萬物都有所依附。人的世界，以雙重光明附麗於正道，代表光明之後還要有光明，不能只有一次光明，如此才可以教化成就天下人。「麗」是火，火就是光明，有光明便可以驅逐黑暗；「重明」是指日和月配合起來。

萬物無不有所依附，連日月也不例外，古人的宇宙觀局限於天與地之間，如果追問天地依附什麼？則只能推到一個無以名狀的太極。「《易》有太極，是生兩儀，兩儀生四象，四象生八卦。」離為火為明，雙離就是重明，也就是說人不能只求活著，還要考慮以什麼樣的方式活下去，要設法走在光明正路上。

象傳

象曰：「明兩作，離。大人以繼明照於四方。」

〈象傳〉說：「光明重複升起，這就是離卦。大人由此領悟，要代代展現光明，來照耀四方百姓。」

「大人」當然是指德行完備的人，每一個時代都需要大人出來，因為一般百姓需要可以效法的楷模。「繼明」的用意，就如同「明明德」、「日日新」，要能堅持、持續，修德沒有中止的時候。

爻辭

初九。履錯然，敬之，无咎。

象曰：「履錯之敬，以辟咎也。」

初九。腳步中規中矩。採取恭敬態度，沒有災難。

〈象傳〉說：「腳步中規中矩的恭敬態度，是為了避開災難。」

初九剛剛進入這個卦，用走路穿鞋來比喻。「錯」代表交錯，自然界生出萬物是沒有交錯的，一物即是一物，人類文明則不同。例如蓋房子不能只用木頭，還需要其他的水泥鋼筋，所以人類文明就來自於交錯，把自然界的東西加以交錯，產生某種作用。陽爻居剛位，有向前走去的動力，但如果貿然行動難免遇咎，因此要恭敬而謹慎。初九與九四不應，所以不能貿然前行，盡量收斂一點比較好。

六二。黃離，元吉。

象曰：「黃離元吉，得中道也。」

六二。黃色的附麗，最為吉祥。

〈象傳〉說：「黃色的附麗最為吉祥，是因為獲得居中之道。」

這一爻辭讓人想起坤卦的六五：「黃裳，元吉。」穿上黃色的裙子，代表知道自己的分寸，所以元吉。離卦六二就如同習坎卦九五，居中守正。關於顏色，木在東方為青色，火在南方為紅色，金在西方為白色，水在北方為黑色，土在中間為黃色。黃色居中最為尊貴，離卦六二則是黃離，表示美好的文明，所以得元吉。

六二陰爻居柔位，上下有陽爻守護，並且處在下卦的離中，可以光而不耀，光耀太亮，會讓人覺得刺眼。這種概念後來啟發道家的思想，主張要能保持柔弱，能夠「和光同塵」，意思是緩和光芒、混同塵垢，不要太耀眼。六二上下是陽爻，有陽爻來幫助，但是對照習坎卦的九二，卻說是陷在上下兩個陰爻中間，差別如此大，因為《易經》基本上是從陽爻的角度來說明，陽爻代表君子，陰爻代表小人；若從主動力、受動力來看，初九、九三可以幫助六二。

九三。日昃（ㄗㄜˋ）之離，不鼓缶而歌。則大耋（ㄉㄧㄝˊ）之嗟，凶。

象曰：「日昃之離，何可久也？」

九三。太陽西斜的附麗。不能敲著瓦盆唱歌，就會發出垂老之人的哀嘆，有凶禍。

〈象傳〉說：「太陽西斜的附麗，怎麼會長久呢？」

九三、九四這兩爻是火燒時最危險的，所以難有好結果。「離」是日，九三是下卦的末爻，太陽已走到西邊了，本身又在互卦兌（九三、九四、六五）中，兌是西方，日薄西山，光明走到尾聲了。鼓盆而歌代表樂天知命，後世講到莊子之妻過世，惠施到莊子家去弔喪，看到莊子敲著臉盆唱歌，就責怪他。莊子跟他解釋一番道理，說人本來是一股氣，氣聚成這個人的身體，然後才有這樣的一生，所以從氣而形而生。如今，身變成一個屍體，屍體變成氣，回到天地之間，這是回家，何悲之有？所以鼓盆而歌代表覺悟，一切都過去之後，樂天知命、自得其樂。九三陽爻居剛位，難以就此認命，奈何大勢已去，只能發出垂老之人的哀嘆了。

九四。突如其來如，焚如，死如，棄如。

象曰：「突如其來如，无所容也。」

九四。貿然闖進來的樣子，灼熱的樣子，沒命的樣子，被棄的樣子。

〈象傳〉說：「貿然闖進來的樣子，是因為沒有容身之地。」

《易經》三百八十四爻沒有比這爻更凶的。九四接著下卦而來，陽爻在柔位，不中不正，無異於以其剛猛性貿然闖進來。九四居臣位，如此剛猛的面對六五柔順之君，將無所容於天下。離是火，三和四在二火之間，本來應該是差不多的，但是火往上燒，上面的九四比底下的九三更苦。

爻辭中提到「死」這個字，須得費心找尋線索，若將九四一變，上卦便變成艮卦，艮代表門，鬼門關，所以言「死」，這是特別的解法。講一個爻時，這個爻如果變成對立的爻（亦即陽爻變陰爻，陰爻變陽爻），整個卦會有什麼改變？可以給出什麼暗示？這是值得探討的。接下來的「棄如」更可怕，人死了也就算了，如果名聲還被人家糟蹋，被人家唾棄，那就更不堪了。離卦九三、九四夾在兩個火之間，非常凶險，尤其九四看起來特別不堪。

六五。出涕沱若，戚嗟若，吉。

象曰：「六五之吉，離王公也。」

六五。眼淚湧出的樣子，悲痛哀嘆的樣子。吉祥。

〈象傳〉說：「六五的吉祥，是因為附麗於王公的位置上。」

看前面兩句會認為不吉祥，但是很多時候，在適當的時機有適當的表現，反而是好的。六二六五以陰爻居尊位，下無應援，雖和六二一樣在兩個陽爻之間，但感受的壓力卻是兩樣。六二在下卦非但沒有壓力，還得到陽爻的幫忙；而六五在君位，能伸出援手的人，力量應該很大，恐怕功高震主，六五因此憂患畏懼到極點。在取象上離是目，六五在九三、九四、六五的互兌裡，兌為澤，代表眼睛出水，眼淚很多。兌也為缺，缺就是缺陷，六五在缺陷裡面，陷入困境，所以哀聲嘆氣。因為居中，在位置上還是不錯的，並且在強權之間保持柔弱的低姿態，所以吉祥。

上九。王用出征，有嘉。折首，獲匪其醜，无咎。

象曰：「王用出征，以正邦也。」

上九。君王可以出兵征伐，會有功勞。斬了首領，俘獲的不是一般隨從，沒有災難。

〈象傳〉說：「君王可以出兵征伐，是為了使國家走上正道。」

君王用上九來出征，王指五的位置，但是上九是陽爻有實力，可以出兵征伐，會有功勞。「首」代表九三，「醜」代表同類，也代表一般的群眾，上九對付九三，兩個相衡，所俘獲的不是一般的隨從，而是擒賊擒王，斬了首領。之所以出現戰爭，因為離本來就是戈兵甲冑，兩個離並現，上下互相爭鬥。最終上九當然贏，因為本來就在上位，要對付九三不是問題。君王出兵征伐，光明在上，天下的一切行事都很清楚，此時用軍事武力是為了使國家走上正道，而不是窮兵黷武。

習坎與離都是八個純卦之一，習坎卦裡面只有九五比較好，離卦則是六二，這兩爻都是居中守正，位置和各方面都比較恰當。

下經

從31咸卦～64未濟卦

31

咸 ䷞

下艮上兌，澤山咸

卦辭

咸。亨，利貞，取女吉。

咸卦。通達，適宜正固。娶妻吉祥。

咸字加心，有心成感，互相感應，結成夫妻必須彼此之間有感應。〈序卦傳〉說：「有天地然後有萬物，有萬物然後有男女，有男女然後有夫婦。」咸卦上兌下艮，艮卦是少男，兌卦是少女，少男在下代表年輕的時候男性追求女性，是男生主動，擺低姿勢，女生則含蓄一點。

提到夫婦是指咸卦的覆卦雷風恆（䷟，第三十二卦），雷是長男，風是長女，成了夫婦之後位置完全不同，震卦為長男在外，巽卦為長女在內，變成男主外，女主內。〈序卦傳〉又說：「有夫婦然後有父子，有父子然後有君臣，有君臣然後有上下，有上下然後禮儀有所錯。夫婦之道不可以不久也，故受之以恆。」這裡直接進入「受之以恆」，捨去咸卦不談，艮是少男，兌是少女，皆純潔而多情易感，需得男女彼此之間有感應，然後人類的適當關係才能繼續發展下去。

彖傳

彖曰：「咸，感也。柔上而剛下，二氣感應以相與。止而說（ㄩㄝˋ），男下女，是以亨利貞，取女吉也。天地感而萬物化生，聖人感人心而天下和平。觀其所感，而天地萬物之情可見矣。」

〈彖傳〉說：「咸卦，就是感應的意思。柔順者上去而剛強者下來，陰陽二氣相互感應才結合在一起。穩定而喜悅，男方以謙下態度對待女方。所以通達而適宜正固，娶妻吉祥。天地相互交感流通，萬物才得以變化生成，聖人感化人心，天下才會祥和太平。觀察這種感應現象，就可以看出天地萬物的真實情況了。」

柔上剛下指咸卦是由天地否卦（䷋，第十二卦）而來，亦即由否卦的六三與上九換位而得咸卦。這個變化使陰陽二氣互相感應，結合在一起。天地否陰陽不交、上下不通，如今稍微變動，柔上剛下，便有交錯也開始溝通了。

這樣的溝通感應很快，下卦艮為止，上卦兌是悅，是以「止而悅」，兩個人認識後停下來喜悅，意即穩定而喜悅。男方以謙下態度對待女方，所以通順而暢達，娶妻當然吉祥。感就是感應、感動、感化，這個字來源是咸，咸是皆，大家皆如何如何，有心就變成感了。

象傳

象曰：「山上有澤，咸。君子以虛受人。」

〈象傳〉說：「山上有沼澤，這就是咸卦。君子由此領悟，要以謙虛態度接納別人。」

山雖然高聳，卻能空出一片地方容納沼澤，沼澤的水可以滋潤養育山上眾物，兩者搭配得宜，自然感應。君子在德行知識能力方面都高人一等，還是應該以謙虛的態度來容納別人。從這個卦象可看到山原本就修養很好，學問極佳，但還是要容納沼澤；沼澤本來是在地上的，也可以放到山上去滋養萬物。

爻辭

初六。咸其拇。

象曰：「咸其拇，志在外也。」

初六。感應到腳的拇趾。

〈象傳〉說：「感應到腳的拇趾，是因為心意在外面。」

整個咸卦談的是感應，卦辭很生動的以身體的各部位來舉例說明。「拇」是腳的拇趾，不是手的拇指，因為初六是最底下的位置，與手無關。初六與九四正應，所以說心意在外面。初六居全卦最初的位置，在下為足，如人的腳趾受到感應，但這時候所受到的感應最淺，還不足以付出行動。

六二。咸其腓，凶，居吉。

象曰：「雖凶居吉，順不害也。」

六二。感應到小腿肚上，有凶禍，安居就會吉祥。

〈象傳〉說：「雖有凶禍，但安居就會吉祥，是因為順應就沒有災害。」

「腓」是指小腿肚。這爻有凶也有吉，這裡提供了選擇性，六二上有九五正應，也尋思有所行動，但因為底下是一個艮卦，艮是止，怎麼能行動呢？所以和初六一樣，想動卻不可能。只要一有感應就開始行動，有時候反而不好。人與人的感情非常微妙，依這兩爻可知，在剛認識一個人時，如果一有好感便立刻採取行動示好，往往會因過於冒昧而嚇著對方。應該等雙方心意相通時行動，才能夠有效果，這也符合一般人交往的情況，所以說安居就會吉祥，有動向而不可得。

九三。咸其股，執其隨，往吝。

象曰：「咸其股，亦不處也。志在隨人，所執下也。」

九三。感應到了大腿，控制住跟隨的動作，前往會有困難。

〈象傳〉說：「感應到了大腿，也是不能安處的。心意是要跟隨別人，但是卻被下方控制住了。」

「股」是大腿。九三跟上六正應，這兩爻是從否卦互換了位置而來，所以感應特別強。雖然如此也沒用，因為九三在艮卦中，艮為止，使它不能隨意走，上面又有兩個陽爻擋住，所以就控制住跟隨的動作，前往會有困難。九三陽爻在剛位，本身動性很強，又處於互卦乾（九三、九四、九五）中，更有動力，但是前往還是會有困難。

九四。貞吉悔亡，憧（ㄔㄨㄥ）憧往來，朋從爾思。

象曰：「貞吉悔亡，未感害也。憧憧往來，未光大也。」

九四。正固吉祥而懊惱消失，忙著來來往往，朋友跟從你的想法。

〈象傳〉說：「正固吉祥而懊惱消失，是因為尚未受到感應帶來的災害。忙著來來往往，是因為感應還不夠廣大。」

九四是這一卦的主爻，代表心。從「朋從爾思」的「思」字所指的思考，就知道那是心的作用了。朋友是指互卦乾的三個陽爻，像是同類的朋友，以及底下相應的初六也想跟著走。九四到了上卦，對應人體，位置在心臟。《孟子》中說：「心之官則思。」心是感應的主體，這個爻顯示了此卦的主旨，是為「貞吉」。能貞則吉並且懊惱消失，感應在於心胸，坦然而無私念。

關於這爻，孔子在〈繫辭傳〉裡有更進一步的探討。《易》曰：「憧憧往來，朋從爾思。」子曰：「天下何思何慮？天下同歸而殊途，一致而百慮。」人以真誠之心體驗萬物，會發現「殊途同歸，百慮一致」的道理，所以不必忙著交際應酬，也不必擔心朋友不認同自己的想法，只要秉持誠意待人處事，自然是「德不孤，必有鄰」。學習《易經》到了能占卦的地步，有許多地方可以慢慢去參詳，老祖先的智慧在學會之後來應用，會發現都非常合理。想占卦必然是有所疑，既然占了就要有所抉擇，仔細判斷。

咸卦描述感應，並且六爻皆有正應，代表感應很明顯，但是又以貞為吉，要正固，不能夠隨感而應，否則將出現患得患失的心態，如果有感就應，對每一個有應的人都表示好感，會很辛苦。九四在互卦乾裡，陽剛勁健，忙著往來，並且處於三個陽爻的中間，可謂「朋從爾思」，但如此就違背貞吉的原則。狹隘而有私心的感應是有害的，九四還沒感受到害處，但是也還沒有光大理想的感應。

九五。咸其脢（ㄇㄟˊ），无悔。

象曰：「咸其脢，志未也。」

九五。感應到了後背上，沒有懊惱。

〈象傳〉說：「感應到了後背上，是因為心意尚未實現。」

後背靠肩膀的地方叫做「脢」，位置比心臟更高。九五居中守正，又有六二正應，本來非常好，但聖人感人心而天下和平，九五以帝王之尊所要感應的是天下百姓，如今只和六二有感應，未免太狹隘了。平凡人可以選擇朋友，帝王則不能有所偏私，不只是天子，大夫也不行。有句話說「大夫無私交」，身為國家的大夫大臣，跟外國的大臣不能有私人的交情，否則雙方交戰時該怎麼辦？要為國？還是為朋友？九五感應天下人的心意尚未實現，所以只能說「无悔」，而談不上吉祥。

上六。咸其輔、頰、舌。

象曰：「咸其輔、頰、舌，滕（ㄊㄥˊ）口說也。」

上六。感應到牙床、臉頰、舌頭。

〈象傳〉說：「感應到牙床、臉頰、舌頭，所以會信口開河。」

「輔」是上牙床，「車」為下牙床，這些詞如今很少用。上六位在全卦的頂端，有如人的口部，上卦兌代表口，「滕」通騰，用於口代表能言善道，試圖以言語表達豐富的感應。

在上位而信口開河，是因為感應到後來有時候太過於衝動，說得天花亂墜，顯然缺乏誠意，如此表現有巧言取寵之嫌，應該知所警惕。

整個咸卦是描寫感應的過程，六二居吉，九四貞吉，都是希望人能夠停下來不要太衝動。人在有感應的時候很容易衝動，但是如果完全沒有衝動，便不可能結婚，至於結婚之後變成什麼情況，就看咸卦的覆卦雷風恆。

32 恆

下巽上震，雷風恆

卦辭

恆。亨，无咎，利貞。利有攸往。

恆卦。通達，沒有災難，適宜正固。適宜有所前往。

恆卦的恆有兩個意思，一是貞，代表固定不動，是不易、不改變的恆；另一是不已、不停止的恆。也就是說不改變和不停止都是「恆」，譬如堅持一個原則，一輩子不改變，這是有恆心；而永遠在改變、不停的改變，這也是恆心。一般大家都強調不動的恆，而忽略了不斷的變動、進步也是恆。

恆卦的卦辭一方面說「利貞」，一方面又說「利有攸往」，這是因為用於女子是利貞，適宜正固；對於男子，就適宜有所前往。〈序卦傳〉說：「夫婦之道不可不久也，故受之以恆。」恆者，久也。前面的咸卦描述男女感應，在迅速引發情感之後，就要推及夫婦之道，考慮長久維持。震是長男，巽是長女，這並非指家裡面的排行，而是指已經成年，成為夫婦。

彖傳

彖曰：「恆，久也。剛上而柔下。雷風相與，巽而動，剛柔皆應，恆。恆亨，无咎，利貞，久於其道也。天地之道，恆久而不已也。利有攸往，終則有始也。日月得天而能久照，四時變化而能久成，聖人久於其道而天下化成。觀其所恆，而天地萬物之情可見矣。」

〈彖傳〉說：「恆卦，就是長久的意思。剛強者上去而柔順者下來。雷與風相互配合，隨順而行動，剛強者與柔順者都能上下應合，這就是恆卦。恆卦通達，沒有災難，適宜正固，是要長久走在自己的路上。天地的運行法則，是有恆長久而不停止的。適宜有所前往，是因為終結之後會有新的開始。日月依循天時，才能長久照明；四季變遷推移，才能長久形成；聖人長久保持自己的正道，才能教化成就天下的人。觀察這種恆久現象，就可以看出天地萬物的真實情況了。」

恆卦是泰卦（䷊，第十一卦）變來的，泰卦初九上去變成九四，六四走到底下變成初六，所以說「剛上而柔下」。

〈繫辭傳〉曾經描述過復卦（䷗，第二十四卦）與恆卦：「復，德之本也。恆，德之固也。」復是德之本，如果想要修德行善一定要用復卦，因為復卦是回到正路上，透過真誠回到自己內在，也就是德的根本一定要由內而發；而恆是德之固，回到根本後還需要長期努力，才能夠穩固德行的修養。道德修養不可能一蹴可幾，一定是漸漸地、長期的、恆久的結果。又說：「復小而辨於物，恆雜而不厭。」雜就是要交錯，有交錯才不會厭倦。

人生本來就要在正常跟變化之中調和，比如說在學校學習，如果一整天上同樣的課程，一定會厭煩，不同的科目交錯才有變化，也才有趣味，學習才能持久。所以道德修養必須有本有固，既須從細微處分辨善惡，也須在常與變中不斷前進而永不滿足。

象傳

象曰：「雷風恆，君子以立不易方。」

〈象傳〉說：「雷與風相互配合，這就是恆卦。君子由此領悟，要立身處世不改變自己的正道。」

「方」代表正確的路、正道。大體來說，恆卦不算特別好，凶倒是很多。

爻辭

初六。浚（ㄐㄩㄣˋ）恆，貞凶，无攸利。

象曰：「浚恆之凶，始求深也。」

初六。深入追求恆久，正固會有凶禍，沒有任何適宜的事。

〈象傳〉說：「深入追求恆久會有凶禍，是因為一開始就追求得太深。」

「浚」就是深入。初六在恆卦裡急著追求恆久，希望能守常而不變，但是上有九四與之正應，想要追求恆久卻不見得能安定下來。如果初六忽略九四的正應，守常而不知變，則會成為凶；但想要回應九四，因為中間夾著九二、九三兩個陽爻，又將困難重重。九四是上卦震的開始，充滿上進的動向，初六不見得可以配合，積極配合是違反本性，要配合也不見得配合得上，何況不配合呢？所以說「无攸利」，不論做什麼都沒有適宜的事。這種凶來自於初六陰爻居剛位，又一開始就執著於恆久，以致於泥足深陷，欲速則不達。

九二。悔亡。

象曰：「九二悔亡，能久中也。」

九二。懊惱消失。

〈象傳〉說：「九二懊惱消失，是因為能夠長久保持中道。」

九二居中，位置不錯，「悔」來自於陽爻居柔位，是為不正，不正就難以恆久。《易經》談到位時，中優於正，九二在中間，上有六五正應，因此可以穩定而長久居於中位。居中位者代表行中道，不至於有悔。

九三。不恆其德，或承之羞，貞吝。

象曰：「不恆其德，无所容也。」

九三。不能恆守德行的人，常常會受到羞辱，正固會有困難。

〈象傳〉說：「不能恆守德行的人，無處可以容納他。」

《論語．子路》曾引述過這段爻辭，子曰：「南人有言曰：『人而無恆，不可以作巫醫。』善夫！『不恆其德，或承之羞。』子曰：『不占而已矣。』」這是在《論語》一書中，孔子唯一一次引用《易經》的資料。孔子強調要有恆心，他提到南方的人說：「一個人如果沒有恆心，連巫醫也治不好他的病。」「作」字代表可以興起、重新站起來的意思，「作巫醫」是巫醫讓病人站起來，把病治好。一個人生病就要吃藥，吃藥如果沒有恆心，醫生也沒辦法。孔子引用這段話說明不能恆守德行的人，常常會受到羞辱，強調理性思考勝於占卜求福。

九三以陽爻居剛位，充滿動力很難穩定，常常有變動，如此無恆而受到羞辱，也是情理之常。九三在互卦乾（九二、九三、九四）與互卦兌（九三、九四、六五）中，乾代表有動力，兌代表有缺陷，所以有吝，正固會有困難，幸而遭遇的困難還不算太嚴重。

九四。田无禽。

象曰：「久非其位，安得禽也？」

九四。打獵而沒有獲得禽獸。

〈象傳〉說：「長久處在不恰當的位子，怎麼會獲得禽獸？」

看到「久非其位」，就知九四的位置不好，因為陽爻在柔位。九四在上卦震中，震是行動。然而上卦原本由坤卦變來，坤卦代表田、土地，田就是田獵，坤卦消失了，田都不見了，當然是田無禽，打獵沒有收穫。位置不中不正，怎麼會有收穫呢？下有初六正應，但中間隔兩個陽爻加以阻擋，仍是一無所獲。

六五。恆其德，貞。婦人吉，夫子凶。

象曰：「婦人貞吉，從一而終也。夫子制義，從婦凶也。」

六五。恆守自己的德行，正固。對女子吉祥，對男子有凶禍。

〈象傳〉說：「女子正固吉祥，是說她跟隨一個丈夫到生命結束。男子要受道義的約束，是說他跟隨妻子不知變通，就會有凶禍。」

談「婦人夫子」是講陰陽，不是單指男生女生，可引申為長官與屬下。在家裡面是家長為陽，出外面對長官就成了陰；長官是陽，遇到更高的長官時，又成為陰；如此廣義的理解才能符合時代需求。「從一而終」是古時候的觀念，古時候重男輕女，女子沒有受教育的機會，潛能不能開發，根本沒有競爭力，經濟上不能獨立，也很難形成獨立的人格，所以女子跟隨一個丈夫到生命結束，是正固吉祥的。以當今社會的例子，可以說屬下若遇到一個老闆是正人君子，就好好跟隨他的腳步。相對的，當主管的角色就不一樣了，男子要受道義的約束，不能完全聽婦人的話不知變通，否則就會有凶禍。

六五處上卦中間的位置，男主外、女主內的格局在這一爻中很清楚的呈現。以時代意義來看，對應在領導者與被領導者，勞心者與勞力者各自扮演自己的角色和應盡的本分，是非常恰當的。

上六。振恆，凶。

象曰：「振恆在上，大无功也。」

上六。震動長久不停，有凶禍。

〈象傳〉說：「居上位而震動長久不停，完全沒有功勞可言。」

上六在震卦的第三爻，震動得很劇烈，所以長久不停。這和整個卦的要求完全背道而馳，恆卦需要穩定不動，而上卦震卻非動不可，很明顯的是凶，完全沒有功勞可言。上六居全卦最高，有如上位者，上位者不斷改變政策與作風，天下百姓著實無所適從，所以大无功也。

縱觀咸恆兩卦，咸卦男女有感應，談情說愛很容易，感情迅速發展。一旦結為夫婦之後，要恆久維持下去真的不容易，所以恆卦主張居於什麼位置，就要有什麼樣的態度與原則。

33

遯

䷠

下艮上乾，天山遯

卦辭

遯（ㄉㄨㄣˋ）。亨。小利貞。

遯卦。通達。小的一方適宜正固。

「遯」字的中間是豚，旁邊是辵部，如同一隻豬跑掉了，同現在的「遁」字。小的一方是指陰爻，也就是卦中初六跟六二，適宜正固，因為陰爻向上增加就會變成否卦（䷋，第十二卦）。遯卦通達，意思是「遯而後亨」，身體逃走了，道才能亨，意即在亂世中，選擇避開才能夠堅持自己的道，不避開恐怕就要碰到危險。所以這個卦的爻「遯不嫌遠，越上越吉」，越是上面的爻越是準備離開這個卦了。〈序卦傳〉說：「物不可以久居其所，故受之以遯。遯者，退也。」前面是恆卦，代表恆久，但是任何事不可能恆久，須得退讓才能再度進取，這正是《易經》屈伸往來的道理。

遯卦是十二消息卦之一，配合節氣來看是夏曆六月，陰氣發展已具規模，陽氣有向上退避的趨勢。陽爻代表君子，《易經》的觀點多半從君子來看，因此所謂的「遯」是指君子要離開。這一卦底下二個陰爻，上面四個陽爻，表面上看來陽爻比例比較大，但是觀其趨勢，陽爻往上走漸漸消失，陰爻則將越來越多，對君子來說就要遯了，適宜正固而不宜躁進。

彖傳

彖曰：「遯亨，遯而亨也。剛當位而應，與時行也。小利貞，浸而長也。遯之時義大矣哉。」

〈彖傳〉說：「遯卦通達，是說退讓就可以通達。剛強者坐在恰當的位置上又有應合，是說要隨著時勢而運行。小的一方適宜正固，是說要漸漸發展再成長。遯卦順應時勢的意義太偉大了。」

剛強者指九五，有六二與它應和。「浸」是漸，小的一方適宜正固，漸漸發展再成長，這是指六二要漸漸來，不可躁進，帶著陰爻往上走。最後特別提到「順應時勢」，形勢比人強，時勢造英雄，是這一卦特別提醒我們的。

象傳

象曰：「天下有山，遯。君子以遠（ㄩㄢˋ）小人，不惡（ㄨˋ）而嚴。」

〈象傳〉說：「天的下方有山，這就是遯卦。君子由此領悟，要疏遠小人，不去憎惡他們，但要嚴肅以對。」

君子眼見小人逐漸得勢，也明白人間正道必有消長，所以先求明哲保身，遠離小人，但不要憎惡太甚。孔子曾經說：「人而不仁，疾之已甚，亂也。」對一個做壞事的人太過痛恨，逼他立刻改過，到最後無路可走時，他反而會造反作亂。這一卦告訴我們，對人生觀、價值觀有偏差的人，不要過度厭惡他，但也不可妥協，要不假辭色，嚴守分際，就是「不惡而嚴」。每一個人都可以立志成為君子，但修養是一條漫長的過程，當小人道長時，君子的行止更應留意，以免招致不必要的誤解及禍害。

《孟子》裡有一段記載，孟子曾在齊國擔任客卿，當時有一位很受齊王寵信的官員，名叫王驩。當滕文公過世時，齊國派人去弔喪，由孟子率領，王驩擔任副使，事實上孟子只是掛名，王驩才是真正以大官的身分代表齊國。從齊國到滕國路程很長，孟子鮮少與王驩談話，孟子的學生們頗不以為然，因為這些學生將來仕進之途還須靠王驩提拔，便暗中希望老師能與王驩親近，與他談出使滕國的事。其實孟子的態度就是不惡而嚴，不公然表示厭惡對方，但是嚴肅以對。儒家的立場並不與所厭惡之人虛與委蛇，但也認為走偏差路的人或許有他的困難，也許是家庭因素所致、也許是社會風氣影響、也許結交了損友又缺乏良師益友的規勸。當以了解的態度來處理彼此的關係時，雙方便都能自在，而不至於把對方逼入絕境。

爻辭

初六。遯尾，厲。勿用有攸往。

象曰：「遯尾之厲，不往何災也？」

初六。退避時居後尾隨，有危險。不可以有所前往。

〈象傳〉說：「退避時居後尾隨會有危險，不前往又有什麼災禍呢？」

爻是由下往上走，遯離也是由上面的先走。初六是整個遯卦的尾巴，在最底下、力量最小，不能決定要不要走。退避時走在後面，表示見機太晚，身陷險境，所以不可以有所前往。初六以陰爻居陽位，性格溫和而地位卑微，還算容易收斂隱藏，上雖有九四正應，不要前往就可以沒有災難。

六二。執之用黃牛之革，莫之勝說（ㄊㄨㄛ）。

象曰：「執用黃牛，固志也。」

六二。用黃牛皮製成的繩子捆住，沒有人能夠解開。

〈象傳〉說：「用黃牛皮製成的繩子捆住，是為了固守心意。」

《易經》爻辭中，提到好幾次「用黃牛皮製成的繩子捆住」。古代社會一般的繩子都是用樹藤或是某種樹葉搓揉而成，「黃牛之革」所做的繩子是最堅韌的，很少人能夠掙脫開。「說」借用為「脫」。「執」就是捆縛，這樣牢牢捆住是為了固守心意，這裡指的是要配合九五。六二代表陰爻上升的氣勢，但是它位處中正，又有九五正應，必須安定不動。

在取象上來說，黃是中間的顏色、土的顏色，六二在下卦的中間，所以用黃色很符合；牛是坤卦，六二向上再走一步，下卦就變成坤了；「革」是牛皮，「艮」代表皮膚；再看到六二在互卦巽（六二、九三、九四）裡，巽為繩直；艮為止、為手；這些象合起來正是「執之用黃牛之革」。

九三。係遯，有疾厲。畜臣妾，吉。

象曰：「係遯之厲，有疾憊也；畜臣妾吉，不可大事也。」

九三。繫住退避，出現疾病與危險。蓄養奴僕侍妾，吉祥。

〈象傳〉說：「繫住退避的危險，是因為有疾病而疲累；蓄養奴僕侍妾的吉祥，是因為不可能辦成大事。」

所謂奴僕侍妾，指的是家裡面的僕人，男的稱臣，女的稱妾。九三直接碰觸底下兩個陰爻，對它來說，這兩爻是管得住的，如同臣妾、手下的人。繫住退避的危險是因為有疾病而疲憊，畜養奴僕侍妾的吉祥是因為不可能辦成大事，就在家裡面做一點事情，好好把家裡的人都養活，不要想著對外發展，如此就能吉祥。在遯卦裡應該退避，拋頭露面出名不見得是好事，名之所至，謗亦隨之。

我們常提到在三和四的位置經常有選擇性，本爻便是如此，九三以陽爻居剛位，在阻擋不住退勢時放棄辦大事的念頭，退而自保，照顧家人，便能吉祥。九三和上九不應，沒有人支持，這是缺點，稱為「疾」。「厲」是危險，其危險是因為首當其衝，直接碰到初六、六二，所以有危險。

九四。好遯。君子吉，小人否。

象曰：「君子好遯，小人否也。」

九四。合宜的退避。君子吉祥，小人困阻。

〈象傳〉說：「君子做到合宜的退避，小人做不到而陷於困阻。」

九四與初六正應，本身在上卦乾，乾卦代表力量，動性很強，剛健不已，可以實現心願，在本卦中的心願就是退避。但九四也在互卦巽（六二、九三、九四）裡，巽為進退，為不果，就像風吹一般，忽東忽西，這表示其中有選擇性，其煎熬可想而知，所以九四有取捨上的困難。

「君子好遯」意指只有君子才是好遯，小人做不到退避，因而陷於困阻，所以顯現了修養的高下。小人難免貪戀安逸而捨不得退避，與初六應合，認為有利可圖，以致陷入初六所在的下卦艮裡，艮是止，停下來。如果是君子便吉，如果是小人便否，「否」代表無路可走。每一個人都可以成為君子，也可以成為小人，如何順應時勢，伺機而動，這便是君子與小人不同之處。

九五。嘉遯，貞吉。

象曰：「嘉遯貞吉，以正志也。」

九五。美好的退避，正固吉祥。

〈象傳〉說：「美好的退避，正固吉祥，是因為心意正當。」

九五既中且正，位置很好，所以是美好的退避，因為心意正當，所以正固吉祥。「志」就是心意，六二爻辭中提到「固志也」，這是對應，六二固志是要固九五之志；九五則是「以正志也」，要正自己之志。九五距離陰爻的進逼尚遠，卻能明辨時勢而不戀棧，同時並未放棄自己當下的職責，所以「貞吉」。任何一個卦只要有九五配上六二，基本上就有較多吉與利的把握，縱觀本卦的六爻中，有四爻明白說出吉、无不利，所以算是很好的卦。

上九。肥遯，无不利。

象曰：「肥遯无不利，无所疑也。」

上九。高飛而走的退避，無所不利。

〈象傳〉說：「高飛而走的退避無所不利，是因為沒有任何疑慮。」

「肥」字借為「飛」。因為上九在天，最高的位置，沒有任何阻擋。初與二在地；三和四是人，常常有選擇性；五、上是天的位置。尤其是上，一片海闊天空，想離開沒有人會阻擋，高飛而走，無所不利，因為沒有任何疑慮。上九和九三不應，所以可以非常坦然、非常瀟灑的離開舞台。

遯卦是消息卦，陰陽不交錯，卦象比較特別，應分析了解其中的趨勢。陰陽交錯的卦便不一樣，因為有交錯，本身穩定，所以比較沒有關乎趨勢的狀況。

34 大壯 ䷡

下乾上震，雷天大壯

卦辭

大壯。利貞。

大壯卦。適宜正固。

雷天大壯是遯卦的覆卦，底下四個陽爻，趨勢上一定是往上走，但最好不要太快，因為目前是很美好的時候。再往上行將變成五陽一陰的夬（ㄍㄨㄞˋ）卦（䷪，第四十三卦），盛極必衰，最後會變成六陽爻的乾卦（䷀，第一卦），又要準備重新再循環了。所以到了大壯卦不要急，讓這個美好的時刻維持得久一些，適合正固。從爻辭來看，六爻多是警惕之語，因為美好的時候需要的不是掌聲，而是警惕。人不可能一帆風順，一旦走到頂點，很快就有接班人上來。孟子說：「生於憂患，而死於安樂。」憂患讓人生存，安樂讓人滅亡，提醒人要能居安思危，是大壯卦的主要涵義。

〈序卦傳〉說：「物不可以終遯，故受之以大壯。」退避到一定程度，就須轉而走向大壯。〈雜卦傳〉說得很好：「大壯則止。」一般講大壯應該是勢力很大，雷天二字聽起來有赫赫威嚴，但此時需要「止」，在美好的時刻要讓它停下來，持久一點。因為知道停不住，所以發出警惕，提醒人最美好的時刻過後就是黑暗了。在十二消息卦裡，大壯代表二月，正是春暖花開，一年中最美好的季節。

彖傳

彖曰：「大壯，大者壯也。剛以動，故壯。大壯利貞，大者正也。正大而天地之情可見矣。」

〈彖傳〉說：「大壯卦，是說大的一方壯盛。剛強者還能行動，所以壯盛。大壯卦適宜正固，是大的一方為正。守正而能大，就可以看出天地萬物的真實情況了。」

大代表陽爻，有四個陽爻所以很壯，與遯卦的「小利貞」相對，小代表陰爻。下為乾卦，是剛強者，內在剛強，行動是指上面的震卦，外在行動，此之謂剛強者還能行動。在陽爻壯盛的情況下，有如君子居位得勢，所以利貞。由正大可以明白天地的實情，天地之大在於無不覆載，天地之正在於無所偏私，人若守正能大，則合乎天地之道。從這裡看得出天地希望陽長一點，而陰消一點，因為天地若平均，能動性便不夠，生命力也不夠，將不能表現天地的特色。

象傳

象曰：「雷在天上，大壯。君子以非禮弗履。」

〈象傳〉說：「雷在天的上方，這就是大壯卦。君子由此領悟，對不合禮儀的事都不要進行。」

「禮」代表正，不合正道的事就不要做。做人要走在正路上，正路可以理解為禮儀。孔子告訴顏淵，「仁」是「克己復禮」，顏淵接著說：「敢問其目。」實施的細節要從哪裡下手？孔子說：「非禮勿視，非禮勿聽，非禮勿言，非禮勿動。」這四個辭使人忽略了孔子教導學生時的特色，誤把「克己復禮」理解為：克制自己的欲望，再去實踐禮儀的要求。其實，孔子的教學通常是前面「綱舉」，後面「目張」，如果綱跟目一樣，何必再談四個「勿」呢？再則顏淵是個聞一知十的人，如果還要孔子來點撥細則，就不會被老師稱讚聰慧了。

以我的理解來說，當顏淵請教「仁」時，孔子回答的是：「能夠自己作主去實踐禮的規範，就是人生的正路。」接著又說：「你只要有一段時間能夠自己作主去實踐禮的規範，天下人都會肯定你走在正路上。走上人生的正路要靠自己，難道要靠別人嗎？」孔子這段話是把被動化為主動，把被要求做的事，變成自己願意做的事，這是儒家思想的關鍵，也是人生的關鍵。所以「克」要理解為「能夠」，我能夠自己作主，去實踐禮儀的規範。然後顏淵才問老師：「具體上該怎麼做？」孔子才說：「你先從最簡單的做起吧，非禮勿視、非禮勿聽、非禮勿言、非禮勿動。」這裡提出的「四勿」和大壯卦提到的「非禮弗履」是一樣的意思。

爻辭

初九。壯於趾，征凶，有孚。

象曰：「壯於趾，其孚窮也。」

初九。強壯在腳趾上，前進會有凶禍，但仍有信實。

〈象傳〉說：「強壯在腳趾上，它的信實會走到盡頭。」

初九在全卦底部，所以說「趾」。下卦是乾卦，所以雖然壯在最底下，力量還是很強，但大壯卦是希望能停止，往前走大壯就無法繼續維持了。但又為何有誠信呢？誠信來自於它要繼續推動陽爻上進，既有信心，也想真正去做。但這種信實上無正應，初九與九四不應，所以要走也得不到幫助，不見得走得動。

九二。貞吉。

象曰：「九二貞吉，以中也。」

九二。正固吉祥。

〈象傳〉說：「九二正固吉祥，是因為居於中位。」

九二和六五正應，九二以陽爻居柔位，躁進之勢稍緩，既在下卦中間，又有六五正應，因此正固便能吉祥。大壯卦原本就利貞，要止住。

九三。小人用壯，君子用罔，貞厲。羝（ㄉㄧ）羊觸藩，羸（ㄌㄟˊ）其角。

象曰：「小人用壯，君子罔也。」

九三。小人仗恃的是強壯，君子憑藉的是蔑視，正固會有危險。公羊衝撞藩籬，卡住了羊角。

〈象傳〉說：「小人仗恃的是強壯，君子就只能蔑視了。」

公羊衝撞藩籬，卡住了羊角，這個生動的畫面呈現了「小人仗恃的是強壯」。九三以陽爻居剛位，又在下卦乾中，可謂十分強壯。小人乘勢而用壯，君子所蔑視的不只是小人的做法，也可能因為身居壯勢而輕忽外物，這時候想要正固也不可能，所以說正固真是不容易。既然連正固都會有危險，何況不正固呢？當然是更危險了。

由取象來說，九三在互卦兌（九三、九四、六五）裡，兌是羊，「羝羊」是大角公羊。上卦為震，震卦是長子，長子在古代是要繼承的，所以也是諸侯，為天子屏藩，保護天子。九三和上六正應，往前衝的力量比較大，但被震卦擋住，再怎麼衝撞也在上卦震之下，過不了這一關，不僅如此，還會「羸其角」。「羸」就是纏繞、困住的意思，它的角被纏繞困住，所以君子即使不「用壯」或蔑視「壯」，同樣會陷於進退不得的困境。在大壯卦中從九三開始都提到羊，是因為互卦兌，兌是羊；上六也提到羊，則是因為它與九三正應，所以也跟羊有關。

九四。貞吉悔亡，藩決不羸，壯於大輿之輹（ㄈㄨˋ）。

象曰：「藩決不羸，尚往也。」

九四。正固吉祥而懊惱消失，藩籬裂開不再纏住，因為大車的車輹十分堅固。

〈象傳〉說：「藩籬裂開不再纏住，是因為要往上前進。」

九四已進入上卦，上面是兩個陰爻六五和上六，對它來說藩籬可以衝破，所以正固吉祥而懊惱消失。它陽爻在柔位，陰陽調和，可以穩住。「輹」是連接車廂跟車軸的重要零件，輹若堅固則車行順利而難以阻擋。九四在上卦震中，震是坤的初爻變為陽爻，有如大輿下方的橫木。「坤」是可以載東西的牛車，震卦像車廂，下有底部，上面是空的可以坐人，很堅固。

六五。喪羊於易，無悔。

象曰：「喪羊於易，位不當也。」

六五。在邊界失去羊，沒有懊惱。

〈象傳〉說：「在邊界失去羊，是因為位置不恰當。」

羊一路衝到邊界了，六五可理解為邊界，直接面對底下四個陽爻，為陽爻上升的趨勢所迫，由互卦兌來取象，所以說它「喪羊於易」。不過它居於上卦中位，又有九二正應，所以無悔。但它以陰爻居中位，並且碰到四個陽爻首當其衝，所以說是「位不當」。一般而言，居中位者少有位不當的情形，但一個卦就是一個天地，當然可以就本身的特定情勢來理解，因此大壯的六五在此是位不當。一個人如果有這樣的情況，代表德逾其才，也就是道德修養超過才幹。一個人要居高位絕對不能只靠道德，完全不貪污是個好官，但是才幹不夠、聰明不夠，到最後弄得天下大亂，再清高也沒有用。才德兼備的人才自古就難得，曹操說即使不仁不孝但有治國用兵能力的人皆可用，所以他可以在這麼紛亂的局勢下崛起；但也因為不要求德行，最終被司馬家推翻了，這是曹操自作自受，禍及子孫。所以該如何選擇，自當仔細琢磨了。

上六。羝羊觸藩，不能退，不能遂，无攸利。艱則吉。

象曰：「不能退，不能遂，不詳也；艱則吉，咎不長也。」

上六。公羊衝撞藩籬，不能退後，也不能如意，沒有任何適宜的事。在艱難中才會吉祥。

〈象傳〉說：「不能退後，也不能如意，是因為沒有詳察處境；在艱難中才會吉祥，是因為災難不會持續太久。」

「遂」是如意、如願，讓自己的意念可以實現。大壯卦是放大的兌卦，等於是一頭羊，上六與九三正應，九三不能遂，想要進進不得；上六跟九三一樣碰到角，想要退退不得，進退不得所以「无攸利」。上六在上位，「咎不長也」，就算有些什麼缺點也不會太久，稍微忍耐一下就過去了。「詳」是詳察處境，上六未能認清自身的處境，才會希望有九三的正應，以致陷入困境而動彈不得。意思是上六想要履行「大壯則止」，與九三正應而停下腳步。事實上，雖然大壯卦希望止，但到上六的時候，就該知道退，順著消長之勢而功成身退，若能忍受艱難則吉，這就是上六應認清的處境。

回顧整個大壯卦，很少提到吉。就如一開始所言，在順境中要知所警惕，世事總盛極而衰，所以要能居安思危。從大壯卦的趨勢走向中，我們也必然有所領悟。

35 晉

下坤上離，火地晉

卦辭

晉。康侯用錫馬蕃庶，晝日三接。

晉卦。安邦的諸侯受賞眾多車馬，一日之內獲天子接見三次。

晉卦是火在上、地在下，很合理。下卦坤是地方百姓，順從；上卦離是領導者，光明有智慧，君明臣順，很理想。「康」代表好的，「康侯」是安邦的諸侯；「錫」就是賜，「蕃」是盛，「庶」是眾，就是受到很多賞賜。

古代諸侯來朝，天子有三禮待之：接見、設宴與慰勞。如果君王對臣子並不滿意，也許只接見，而不設宴和送禮慰勞，所以三禮都具備，當然是代表非常滿意，臣子能得到國君的寵

信。〈序卦傳〉說：「物不可以終壯，故受之以晉。晉者，進也。」大壯卦有「止」的意思，但不能總是止，接著就要往前進，光明在上，底下又順從，合起來往前進。〈雜卦傳〉說：「晉，晝也。」其象為「明出地上」，有如白日，適宜行動。

彖傳

彖曰：「晉，進也。明出地上，順而麗乎大明。柔進而上行，是以康侯用錫馬蕃庶，晝日三接也。」

〈彖傳〉說：「晉卦，是進展的意思。光明出現在大地的上方，順從而依附於大的光明。柔順者前進而往上走，因此安邦的諸侯受賞眾多車馬，一日之內獲天子接見三次。」

順從是指下卦坤，依附於大的光明是指上卦離。由「柔進而上行」，柔順者六五前進而往上走，可知晉卦是從消息卦風地觀（䷓，第二十卦）變來的，亦即觀卦六四與六五換位而來。

象傳

象曰：「明出地上，晉。君子以自昭明德。」

〈象傳〉說：「光明出現在大地的上方，這就是晉卦。君子由此領悟，要自己彰顯光明的德行。」

君子要自己彰顯光明的德行，不要靠別人，這是非常清楚的觀點。從這個卦可知，光明要不斷向上升，「昭」是昭明彰顯，「明德」是光明的德行，問題是明德是天生固有的呢？還是後天培育的？「大學之道，在明明德」，句中第一個「明」當動詞，彰明、昭顯之義，既然已經是明德，為什麼還需要彰明呢？這問題值得思考，代表明德的本身還不夠，還要努力去彰顯。

以人性的善惡來討論「光明的德行」，孟子只說性善，沒有說本善還是向善，我主張應理解為「向善」，否則所有的教育都將落空。「明德」也是一樣，若是天生固有，何以會受到人欲蒙蔽以致需要自昭呢？人欲難道不屬於人性嗎？宋朝學者很喜歡談「天理、人欲」，認為天理是全善的，只有人欲有問題。難道人欲不屬於人性的範圍嗎？如果把人性中的人欲拿掉，還算人性嗎？事實上，人的生活總是會受人欲干擾，沒有人可以避開後天的、受人欲干擾的實際情況，而宋朝學者卻避而不談，講人性時只講先天的、完全美好的天理，這樣的學說對人生有什麼幫助呢？充其量只能給人信心，教人要努力，以為只要努力就可以恢復本善。

事實上孟子並未主張本善，他曾說：「思誠者，人之道。」《中庸》裡也有一句：「誠之者，人之道。」都提到真誠，唯有真誠才能引發動力，由內而發，這份動力就是「向」。自有人類以來，人間一直是善惡並存的狀態，每個人同時具備行善與為惡的能力。儒家知道這一點，所以把思考焦點放在「真誠」上。當我們內心真誠，以「人」的身分與他人交往時，內心會出現自我要求的力量，敦促自己去實現「我與別人的適當關係」，這股力量就是向善。「自昭明德」就如同人要秉持真誠來向善、擇善，最終能止於至善，而火地晉使君子領悟到自昭明德，要讓火的光明在個人生命裡表現出來。

爻辭

初六。晉如，摧如，貞吉。罔孚，裕，无咎。

象曰：「晉如摧如，獨行正也。裕无咎，未受命也。」

初六。進展的樣子，擁擠的樣子，正固吉祥。未受信任，寬裕，沒有災難。

〈象傳〉說：「進展的樣子與擁擠的樣子，是因為獨自走在正路上。寬裕而沒有災難，是因為尚未接受任命。」

前面提到進展、擁擠，都顯得著急，因為晉是進展，進入晉卦之後初六一開始就緊張，想要趕快前進。它與九四正應，似乎可以進展，但九四在互卦艮（六二、六三、九四）裡，艮是止；此外它是陰爻在剛位，這一調和，進的力量就小了。所以按照卦的要求，初六本來是要前進的，卻在這雙重因素的影響下，以貞為吉，須正固，也就是不能太著急。初六因為有九四正應，本來就應該往上走，也願意走，這與相鄰的六二無應的狀況不同，所以想進展便有獨行之感。至於初六之所以沒有受到信任，就得從消息卦觀卦來看了。晉卦從觀卦變化而來，九五下來變成九四，九四不僅要顧到自己的變，還要支持上面的六五，便沒有辦法照顧到底下的初六，因此說初六沒受到信任。

六二。晉如，愁如，貞吉。受茲介福，於其王母。

象曰：「受茲介福，以中正也。」

六二。進展的樣子，憂愁的樣子，正固吉祥。從王母那兒蒙受這樣的大福。

〈象傳〉說：「蒙受這樣的大福，是因為居中守正。」

「介」這個字有兩面涵義，有時候代表很小，像常用的「一介不取」，便是代表極小的東西，而在此卻是代表大。進展的時候有憂愁，是因為它以陰爻居柔位，又在互卦艮裡，艮是止，所以進展之心不強；並且面臨互卦坎（六三、九四、六五），坎是有危險，危險使人憂愁。幸而六二居中守正，雖與六五不相應，仍能蒙受大福。「茲」是此，就是前面說的寵遇，「王母」是指居中位的六五，也可以指祖母。何以能有如此厚福，是因為位置好，中正之故。

六三。眾允，悔亡。

象曰：「眾允之志，上行也。」

六三。眾人答應追隨，懊惱消失。

〈象傳〉說：「眾人答應追隨的心意，是要往上前進。」

對六三而言，「眾」當然是指初六和六二。一個爻底下如果有兩個陰爻，往往會構成追隨者，如臣妾、家人或眾人的支持。前進是晉卦的特質，所以大家來支持。下卦坤是眾，六三居上位，所以群眾的意味特別明顯，即使處在互卦坎裡也無須憂悔，而且六三與上九正應，有頗佳的前進條件。「悔亡」是懊惱消失，一定是先有「悔」，才談得上「亡」。六三在互卦坎，又是陰爻在剛位，所以有懊惱，但是能與上九正應，下又有初六、六二支持，所以它的優點還是占多數，悔可以消失。

九四。晉如鼫（ㄕˊ）鼠，貞厲。

象曰：「鼫鼠貞厲，位不當也。」

九四。進展像梧鼠一樣，正固會有危險。

〈象傳〉說：「梧鼠正固會有危險，是因為位置不恰當。」

「鼫鼠」就是梧鼠，《說文解字》之中稱為五技鼠：「能飛不能過屋，能緣不能窮木，能游不能渡谷，能穴不能掩身，能走不能先人。」這是「五技而窮」的情況，代表十八般武藝樣樣通，樣樣稀鬆。

九四以陽爻居柔位，是位不正，因為在互卦艮與互卦坎中，既是停止又有各種危險，底下還有三個柔爻在進逼。不要以為柔爻沒有力量，三個連起來力量很大，往上進逼九四，正固當然有危險。

六五。悔亡，失得勿恤，往吉，无不利。

象曰：「失得勿恤，往有慶也。」

六五。懊惱消失，不用顧慮損失與獲得，前往吉祥，沒有不適宜的事。

〈象傳〉說：「不用顧慮損失與獲得，是因為前往會有喜慶。」

六五是本卦主爻，陰爻在剛位，所以有懊惱，但是懊惱會消失，不用顧慮損失與獲得，前往吉祥，沒有不適宜的事。觀卦變成晉卦的主因，是它的六四變成六五，觀卦的六四本來在互卦巽裡，巽是近利市三倍，代表有很多好處，如今變成晉卦的六五，巽消失，不僅無利可圖，還落在互卦坎裡面，坎，加憂也。但從另一角度來看，得到六五這樣的尊位，又大有收穫，失得之間就不用多顧慮了。有時候得到好的地位，比賺錢更重要，所以說「往有慶」。六五是六四上來的，往前面走是有好事，處於晉卦尊位，上卦因此出現了離，大放光明，天下的百姓同獲其利，果真是「无不利」。

上九。晉其角，維用伐邑。厲吉無咎，貞吝。

象曰：「維用伐邑，道未光也。」

上九。進展到頭上的角，可以用來征伐屬國。有危險，吉祥而沒有災難，正固會有困難。

〈象傳〉說：「可以用來征伐屬國，是因為正道還不夠光大。」

上九在最高位置，對動物來說，最高的就是頭上的角，「頭」大部分是指五的位置，再高就是「角」了。上九想要正固並不容易，因為已經要離開這個卦了。它前無去路，卻可以用來安定內部。「邑」是屬邑，指附屬的小國，上卦離是戈兵，是甲冑，有征伐之象，「伐邑」暗示要自昭明德，前去討伐屬國，就必須把明德表現出來，才不會變成暴君。所以雖有危險，但最後沒有災難。上九位置太高，既不居中，又陽爻在柔位，不中不正，所以正道不夠光大。

縱觀整個晉卦，一般來說不錯，初六、六二就有吉祥，但是有各種條件，有時候推擠、有時候憂愁，說明在有所進展、升官發達的時候，常會蒙受一些壓力。

36 明夷

下離上坤，地火明夷

卦辭

明夷。利艱貞。

明夷卦。適合在艱難中正固。

卦辭中常見到「利貞」，適合正固，這裡特別提到艱難，說明情況確實非常危險。〈序卦傳〉說：「進必有所傷，故受之以明夷。」夷者，傷也，明夷二字，就是光明受到傷害了，因為上面是地，地把光明遮住，一片漆黑。〈雜卦傳〉說：「明夷，誅也。」就是誅滅光明，使它熄滅，結果則是黑暗。

黑暗代表處境艱難，在艱難中最好正固。宋朝的學者程頤說：「晉者明盛之卦，明君在上，群賢並進之時也。明夷昏暗之卦，暗君在上，明者見傷之時也。」

彖傳

彖曰：「明入地中，明夷。內文明而外柔順，以蒙大難，文王以之。利艱貞，晦其明也。內難而能正其志，箕子以之。」

〈彖傳〉說：「光明陷於大地之下，這就是明夷卦。內心文明而外表柔順，以此承受大的災難，周文王是這樣做的。適宜在艱難中正固，是要隱晦自己的光明。面臨內部的患難而能端正自己的志節，箕子是這樣做的。」

離在內為文明，坤在外為柔順，內心文明而外表柔順，以此承受大的災難，周文王是這樣做的。大災難是指天下都陷入困難，因為當朝的是暗君、昏君。周文王被商紂王關在羑里七年之久，兒子周武王想盡辦法把父親救了回來，但不久之後父親就過世了。周武王一方面要報仇，一方面要照顧天下百姓，所以起來革命。這種情況下適宜在艱難中正固，要隱晦自己的光明，周文王是這樣做的。當面臨內部的患難時，要端正自己的志節，箕子是這樣做的。提到內部的患難，一方面是指代表光明的離卦在底下；一方面是說箕子是商紂王的叔叔，自己家人造成的災難，的確是內部的災難。

箕子看見國內大亂，如何自處呢？《尚書》及《史記‧殷本紀》提到：「箕子懼，乃佯狂為奴，紂又囚之。」箕子假裝發瘋，裝瘋賣傻，商紂還把他關起來。倖免於難之後，商朝滅亡，箕子還曾指導周武王治國的道理。《尚書‧洪範》中記載周武王打敗了商紂，得到天下，他知道自己在馬上得天下，但不能冀望治理天下也能在馬上達成，因為商朝延續了六百多年，文治武功各方面都上了軌道，而周畢竟是西方比較落後的諸侯，所以周武王就拜訪箕子，向他請教如何治理國家。所以明夷卦的重要性，在於卦中舉出歷史人物的具體作為，讓後人了解他們的遭遇，並學習他們面對困難的方式。

象傳

象曰：「明入地中，明夷。君子以莅（ㄌㄧˋ）眾用晦而明。」

〈象傳〉說：「光明陷於大地之下，這就是明夷卦。君子由此領悟，在治理眾人時，要隱晦明智而使一切明白呈現。」

「莅眾」是面對百姓，「用晦而明」是上位者極高明的智慧。老子說「大智若愚」，又說「天網恢恢，疏而不失」，天網代表自然界的規則，看起來好像很寬鬆，但卻不會錯過任何東西。上位者若是精明苛察，則百姓無所不隱，反而難以發現真相；上位者寬厚包容不計小過，則百姓易於光明坦蕩。所以為政者要以隱晦自己的明智與能力為方法，不要精明嚴苛。

爻辭

初九。明夷於飛，垂其翼。君子於行，三日不食。有攸往，主人有言。
象曰：「君子於行，義不食也。」

初九。在昏暗中去飛翔，垂下翅膀。君子要出行，三天不吃東西。有所前往，主人說出責怪的話。
〈象傳〉說：「君子要出行，理當不吃東西。」

明夷卦是明入地中，大地陷入昏暗，初九有動向，想要迅速離開。「於飛」當然是指鳥，鳥飛是古人所了解最快的離開方式。陷入昏暗的情況太可怕了，但是迫於時勢必須「垂其翼」，垂翼代表低調保密，不敢把翅膀舉得太高，宣布自己將高飛遠舉。從這句話可以了解明夷卦是由小過卦（䷽，第六十二卦）變來，特別的是小過卦並非消息卦，其中的牽連在於小過卦的〈彖辭〉有「飛鳥之象」，卦的結構橫看有如飛鳥張翼，中間是鳥的身體，兩旁上下是翅膀。如果將小過卦初和四換位置，就變成地火明夷。因為明夷卦中提到「垂其左翼」、「垂其翼」，所以須得用明夷卦從小過卦變化而來這一說法，才能找到合理的解釋。

陽爻是君子，君子由四位來到初位需要經過三爻，所以是「三日不食」。君子既然有所往，要出行離開，也就不在乎俸祿了，所以理當不吃東西。小過卦的九四在互卦兌（九三、九四、六五），兌為口，變成明夷卦之後，口象毀去，所以不食。兌也表示悅，悅象毀去，主人不悅，是說六五不高興，因為九四本來可以支持六五，變化之後，上面成為坤卦，六五變得很弱，當然不高興了。非但不悅，而且「有言」，說出責怪的話。言也來自口，也與兌有關，若不從小過卦來解釋明夷卦的形成，實在很難理解這些取象的由來。

但小過卦並非十二消息卦，為什麼可以做為卦的變化呢？有時候卦的變化不只一次，先由別的卦變成小過卦，小過卦又變成明夷卦，但這種情況不多。另外一個可以解釋其他卦的形成的是風澤中孚（䷼，第六十一卦），小過與中孚在結構上有共同特質，都是中間兩爻一樣，上下四爻相同。所以要解釋卦的變化，除了十二個消息卦，還要加上小過、中孚。

六二。明夷，夷於左股。用拯馬壯，吉。

象曰：「六二之吉，順以則也。」

六二。在昏暗中，傷到左股，用來拯救的馬強壯，吉祥。

〈象傳〉說：「六二的吉祥，是由於隨順而有原則。」

六二既中且正，就取象而言須回溯到小過卦。小過卦裡六二處互卦巽（六二、九三、九四）中，巽為股，變成明夷卦後，九四變成初九，股象消失，並且是左邊的變動。六二在互卦坎

（六二、九三、六四）裡，坎是美脊馬，為曳馬，專門拖拉的，所以「用拯馬壯」，能獲救援而逃離黑暗，當然就吉祥。六二可以避開危險，最後還是可以成功。

九三。明夷於南狩，得其大首，不可疾，貞。

象曰：「南狩之志，乃大得也。」

九三。在昏暗中，去南方狩獵，獲得大首領，不可過於急切，要正固。

〈象傳〉說：「去南方狩獵的心意，是要大有收穫。」

九三陽爻居剛位，又在下卦最終的位置，具有動向又心存光明，可以付諸行動。下卦是離，離是南方，而明夷卦之中有小的師卦（捨去初九，是個地水師卦，䷆，第七卦），明夷卦的九三如果以師卦來看，正好是九二的位置，師卦是軍隊，有作戰之象，古人所謂的狩獵可以兼指戰爭而言，所以說「南狩」。周武王在盟津與諸侯會合，最後革命成功，以地理位置而言，商紂王在河南，周武王從陝西過來，也符合南狩之說。

往南的方向「得其大首」，首指的是上六。在明夷卦裡，上六要負造成明夷最主要的責任，因為上六是上卦坤的最後一個爻，九三與上六正應，中間沒有陽爻相阻，可以直取上六，「乃大得也」。雖然沒有任何阻礙，但是上卦坤為眾，不可能接受一夕變天的事實，所以說不可過於急切，要正固，意即革命必須等待時機成熟。會把九三比喻為周武王原因在此，因為他實際付諸行動。

六四。入於左腹，獲明夷之心，於出門庭。

象曰：「入於左腹，獲心意也。」

六四。進入到左腹部，得知昏暗者的心思，往外走出門庭。

〈象傳〉說：「進入到左腹部，是要得知心思與用意。」

明夷卦的昏暗在於上卦，下卦三爻所指的官吏，都是受統治者；上卦則捲入昏暗的宮廷中，所指的是商紂王的親人，六四是哥哥微子。六四是從小過卦的初六和九四換位而來的，上卦因此變成坤，坤就是腹，六四從底下上來，入於左腹，到左邊去了解他的心思。六四本身在互卦坎，坎是心病，所以他「獲明夷之心」，就是得知昏暗之君惡毒的心思與用意。微子知道他的弟弟商紂在想什麼，有什麼心思，所以離開了。

六五。箕子之明夷，利貞。

象曰：「箕子之貞，明不可息也。」

六五。像箕子那樣處於昏暗中，適宜正固。

〈象傳〉說：「像箕子那樣處於昏暗中，是因為光明不可以熄滅。」

六五在上卦坤裡，坤是壓制光明的大地，六五以陰爻居尊位，身段柔軟，守中待時，展現了明夷中的智慧。箕子之貞使光明得以續存，就是前面說的幫助新君周武王，讓他了解《尚書・洪範・九疇》，使光明傳到後代。

六五與六二無應，等於無路可走，箕子如何做到「明不可息」呢？《史記・宋世家》記載商朝被滅亡之後，其後代微子啟受封於宋，其中有一段：「箕子者，紂親戚也。紂始為象箸，箕子嘆曰：『彼為象箸，必為玉杯；為杯，則必思遠方珍怪之物而御之矣。輿馬宮室之漸自此始，不可振也。』」箕子很有遠見，他看到姪子商紂開始喜歡象牙做的筷子，就知道他接著會喜歡玉杯，然後必然會沉溺於蒐集非常珍奇的東西，就沒有什麼希望再振作了。「紂為淫佚，箕子諫，不聽，人或曰：『可以去矣』，箕子曰：『為人臣，諫不聽而去，是彰君之惡而自說於民，吾不忍為也。』」這話真是感人，身為臣子的進諫，國君不聽就離開，等於是彰顯君王的邪惡，而自己取悅百姓。箕子不忍心這樣傷害君王，這是非常忠厚的心。「乃被髮佯狂而為奴，遂隱而鼓琴以自悲，故傳之曰〈箕子操〉。」「操」字常常用在琴譜裡面，是指他作的曲子，用來歌頌跟他有關的事實。

因此箕子之明夷，可以理解為箕子處於明夷中，也可以理解為箕子將自己的光明隱晦起來，兩者皆可通。他在這種情況下，當然只有設法先裝瘋賣傻，把智慧隱藏起來，暫時保住光明。否則光明全部被消滅的話，將來世間就沒希望了。

上六。不明，晦。初登於天，後入於地。

象曰：「初登於天，照四國也；後入於地，失則也。」

上六。沒有任何光明，一片晦暗。起初升到天上，後來陷入地下。

〈象傳〉說：「起初升到天上，是為了照耀四方邦國；後來陷入地下，是因為失去了法則。」

一般把上六指為商紂，商紂要為全卦沒有任何光明負責。商紂是君王，為什麼不是六五呢？每個卦取象方式不同，在明夷卦裡是以箕子為主，因為箕子表現的是在危難裡面如何自處；商紂是上六，是整個坤卦形成的最後一爻。他初登於天，代表他起初升到天上，是天子；後入於地，後來居然跑到地底下去了，就如同是最大的光明變成最深的黑暗。

明夷卦的問題出在上位者，上位者居高位，他的責任本來是要照耀四方邦國，讓四方的諸侯可以走向光明大道，現在上位者自身失去法則，倒行逆施，反而成為最大的黑暗之源，古人處在這種情況，痛苦可想而知。

明夷卦非常特別，卦的變化來源與其他卦不同。自古研究《易經》的人不知凡幾，但沒有人敢說自己絕對正確，因為爻辭的內容如同先給出答案，大家再依答案找解釋，要能將每個字的來歷一一從卦的變化中找出來，的確是極大的考驗。

一般人對《易經》明夷卦各爻的理解，常會對應到商末周初的史事。把六二理解為周文王，周文王最後脫離危險，雖然傷到左股，受傷嚴重，但最終還是回到了自己的屬地；九三去打仗了，代表周武王；六四入於左腹，獲明夷之心，代表微子；六五直接說箕子之明夷；上六則指出要對全卦沒有任何光明負責的商紂王。這一卦顯示光明在地之下，受到傷害了，各爻一般來說都不是很好，但是卻教導我們怎麼樣在患難中設法安排自己的作為，值得深思。

37 家人 ䷤

下離上巽，風火家人

卦辭

家人，利女貞。

家人卦。適宜女子正固。

光明受到傷害後，最好就是回家療傷止痛，所以緊接著是第三十七卦風火家人，適宜女子正固。

男性占到這一卦該如何看待呢？前面討論過陰陽，父親在家為陽，工作時面對上司便為陰；上司為陽，面對更高長官時便是陰，所以男性在某些情況，也像女子一樣。上有老闆，下屬正固，可以說是先韜光養晦、以安家為前提。

家人卦上巽下離，巽卦是長女，離卦是中女，一看便知家人卦適合女子。〈序卦傳〉說：「傷於外者必反於家，故受之以家人。」明夷卦談的是從政當官所受的傷害，現在應該回歸家庭，尋求安定。

在古代男主外、女主內的觀念下，女子是家庭的主要角色，所以說「利女貞」。程頤說：「夫夫婦婦而家道正，獨云利女貞者，夫正者身正也，女正者家正也。」為人夫者正的是自己一身，女生如果正則一家都正。家中的女性長輩如果正，教育出的兒子或女兒都會正，這叫作女正者家正；男生正多屬自我要求，在外任事能奉公守法，家中的事務還是以母親為主，這是「男有分，女有歸」的觀念。

彖傳

彖曰：「家人，女正位乎內，男正位乎外。男女正，天地之大義也。家人有嚴君焉，父母之謂也。父父，子子，兄兄，弟弟，夫夫，婦婦而家道正，正家而天下定矣。」

〈彖傳〉說：「家人卦，女子在家內有正當地位，男子在社會上有正當地位。男女都有正當地位，就合乎天地間偉大的道理了。一家人要有嚴格的領袖，所說的就是父母。父要像父，子要像子，兄要像兄，弟要像弟，夫要像夫，妻要像妻，這樣家道就會端正，端正了家庭，天下就會安定。」

這段話講得非常好，我們也覺得很熟悉，因為《論語》有一段：「齊景公問政於孔子。孔子對曰：君君，臣臣，父父，子子。」這裡則始自父父、子子，再加上兄兄、弟弟、夫夫、婦婦。這一連串疊詞，第一個字都代表實際的身分，第二個字則表示理想的或標準的表現。譬如兄兄，代表做哥哥的要有做哥哥的樣子。對人類社會而言，每一個小家庭安定了，社會當然安定了，古今皆然。家人卦下離上巽，內卦離有六二，外卦巽有九五，六二對九五，合乎陰柔與陽剛相互搭配的大道理，是個比較安定的卦。

象傳

象曰：「風自火出，家人。君子以言有物而行有恆。」

〈象傳〉說：「風從火中生出，這就是家人卦。君子由此領悟，說話要有根據，行動要有常法。」

下卦離為火，代表家裡有溫暖；風自火出，這樣的溫暖透過風傳到外面，推而廣之，修身齊家再治國平天下。言有物，物是不虛，有事實根據；行有恆，恆是不改，有常法操守。風自火出，所以君子的言行都要有所本。

爻辭

初九。閑有家，悔亡。

象曰：「閑有家，志未變也。」

初九。家中做好防範措施，懊惱消失。

〈象傳〉說：「家中做好防範措施，是因為心意還未改變。」

「閑」代表防範、防備。初九以陽爻居剛位，勇於任事，開始要治家時，又有六四正應，所以悔亡。治家為什麼有悔呢？悔最容易在講究情感的家人間出現，所以早做防範是必要的。我們常聽說「兄弟鬩牆於內」，就是家人的意見不合，不合有很多因素，最常見的是性格不同。成為一家人是天生命定的，無法改變，所以相處時必須互相體諒。但是不見得家中每個成員都有這種共識，意見不同的時候，一定要有人妥協，這時候就容易有懊惱。妥協的人覺得總是自己讓步，永遠是吃虧的一方；占便宜的人也不見得是壞，只是過於堅持。

因此要讓家庭上軌道，就須防範個性不同或想法差異造成的爭執，在家人心意尚未受到影響前，便設下規矩，否則養成不良習氣再來改正就困難了。父母若能家教甚嚴，讓孩子是非分明，孩子的行為便不易偏差。

家人卦中，古人經營家庭的方法，與現代的生活情況頗為相近，由此可知所謂的家庭倫理與家庭教育，古今皆然，隨著時代進步雖有些差異，但根本的想法與做法卻是相同的。

六二。无攸遂，在中饋。貞吉。

象曰：「六二之吉，順以巽也。」

六二。不可隨心所欲，要主持家庭中的飲食。正固吉祥。

〈象傳〉說：「六二的吉祥，是因為柔順並且隨順。」

六二是主爻，位置很好，又有九五正應，非常安定。雖然如此，卻不能隨心所欲，因為若隨心所欲，就變成揚棄了規矩。六二常指妻子或母親，要負責家中的飲食，當然也要負責家裡的錢財，如果隨心所欲拿錢去買珠寶，家裡經濟便會出問題。六二在下卦離中，離為火，又在互卦坎（六二、九三、六四）裡，坎是水，水和火加起來就是料理飲食，所以六二在家人卦裡是一個重心。

九三。家人嗃（ㄏㄜˋ）嗃，悔厲，吉。婦子嘻嘻，終吝。

象曰：「家人嗃嗃，未失也；婦子嘻嘻，失家節也。」

九三。家中有訓斥之聲，會帶來懊惱及危險，但還是吉祥；若是婦女孩子放肆嘻笑，最終會有困難。

〈象傳〉說：「家中有訓斥之聲，表示尚未失去家庭規矩；若是婦女孩子放肆嘻笑，則已經失去家庭的規矩了。」

我們常常強調三、四有選擇的可能，家人卦就是個典型的例子。家裡面有長輩在訓斥晚輩，大人罵、小孩哭，但是小孩往往在這樣的訓誡中學乖了，最終吉祥。相反的，古時候女子沒有受教育的機會，不懂得用大道理來教孩子，家裡面如果從來沒有打罵之聲，等於沒人給規範，孩子愛怎麼做就怎麼做，到外面與人交往也不懂規矩，最後必然會遇到困難，甚至做出蒙羞之事。現代父母大多強調愛的教育，但不應該是盲目的溺愛、無條件的寬容，仍應嚴格的要求，一有錯要立刻改過。

九三以陽爻居剛位，治家易嚴不易寬，家人犯錯，愛之深而責之切，怎能不加訓斥呢？九三在下卦離中，離為目，又在互卦坎中，坎為水，目中之水為淚，這可以解釋為家人受到訓斥而啼哭，也可以說是九三訓斥家人而自己落淚。

六四。富家，大吉。

象曰：「富家大吉，順在位也。」

六四。使家庭富裕，非常吉祥。

〈象傳〉說：「使家庭富裕而非常吉祥，是因為隨順而處在適當的位置上。」

大吉在層次上比元吉略低，元吉是最為吉祥，大吉是非常吉祥，然後才是吉。家人卦當然是以六二、六四最好，因為位置適當能使家裡和諧。六四進入上卦巽中，巽是近利市三倍，可以使家庭的經濟條件大為改善。六四的大吉在於陰爻居柔位，下有初九正應，上有九五可承，等於是有了靠山；本身又在上卦巽裡，巽是隨順，合起來即是「順在位也」，因此能「富家大吉」。

九五。王假（ㄍㄜˊ）有家，勿恤，吉。

象曰：「王假有家，交相愛也。」

九五。君王來到家中，不必憂愁，吉祥。

〈象傳〉說：「君王來到家中，大家互相親愛。」

九五把家提升到國的層面，因為九五是天的位置、是君位。九五已經脫離互卦坎，坎是加憂，所以說「勿恤」。九五以陽爻居剛位，是個賢君，下有六二正應，可謂修身齊家兼而有之，推廣之後可以治國平天下，這也是古人交相愛的開始。

「交相愛」這三個字在墨家裡也曾提到，但墨家的說法是「兼相愛而交相利」，差別雖然只有一個字，但墨家的兼相愛，儒家不能接受。兼相愛主張不分親疏遠近，對每個人都要關懷，並且程度是一樣的；儒家則認為愛是有差別等級的，對親人和路人的愛是絕對不同的。孟子就曾批判墨家的兼愛，等於是捨棄了自己的父母親。儒家的主張是這裡所說的，從治家之道推及天下，大家互相親愛。

上九。有孚威如，終吉。

象曰：「威如之吉，反身之謂也。」

上九。有誠信而有威嚴的樣子，最終吉祥。

〈象傳〉說：「有威嚴的樣子可以吉祥，是說能夠約束自己。」

「反身」是能夠約束自己，這兩個字再度提醒我們，一切都要回到修養自己這一層面上。上九居全卦終位，可以總結全卦主旨，上九陽爻，陽爻為實，所以說「有孚」；又居天位，所以說「威如」，結合此兩項條件則是「終吉」。家人相處不能只靠恩情，還需要有誠信，雖是自家人，說的話、許的諾也都要履行。尤其是長大後金錢利益的借貸，更不可因為是自己家人而不在乎，以免壞了情誼。在家中的常法要靠長輩的威嚴來維持與體現，威嚴不能光靠名分，還要長輩能夠約束自己，率先以身作則。

38 睽

下兌上離，火澤睽 ䷥

卦辭

睽，小事吉。

睽卦。對小事吉祥。

「睽」代表隔離，大家睽別已久。〈序卦傳〉說：「家道窮必乖，故受之以睽。睽者，乖也。」「窮」是走到盡頭，家人卦走到盡頭，就是乖離了，睽卦的主旨在此。人生的聚散分合乃是事理之常，家庭也不例外，生物成長到一個階段，就要發展自己獨立的生命。人是社會性的動物，結合的力量較強，可以用禮教來約束，所以睽卦對個人的事尚可稱吉，這就是所謂的「小事吉」。若就社會整體或人類全體來說，則要存異求同，不能讓睽卦成為主流觀念。

彖傳

彖曰：「睽，火動而上，澤動而下。二女同居，其志不同行。說而麗乎明，柔進而上行，得中而應乎剛。是以小事吉。天地睽而其事同也。男女睽而其志通也，萬物睽而其事類也。睽之時用大矣哉。」

〈彖傳〉說：「睽卦，火的活動是向上燃燒，澤的活動是向下流注。兩個女兒一起住在家裡，心意卻不會一同進展。喜悅並且依附在光明上，柔順者前進而往上走，獲得中位又與剛強者應合。因此對小事吉祥。天與地分隔，但是化育的工作相同；男與女有別，但是愛慕的心意相通；萬物各有領域，但是進行的活動相似。睽卦配合時勢的運用方式太偉大了。」

睽卦是下兌上離，離為火，兌為澤，火往上燒，澤基本上還算穩定，但絕不可能往上，兩者當然是要分開的，這就是乖離。「二女同居，其志不同行」，離是中女，兌是少女，家中中女與少女在一起，將來都要分別結婚嫁人，這也正是睽卦分離的寫照。再從「柔進而上行，得中而應乎剛」這兩句，就知道柔順者當然是指六五，而睽卦應該是從中孚卦（䷼，第六十一卦）來的，中孚的六四上行成為六五，得中；與九二相應，應乎剛。六五是陰爻，陰是小，所以這樣的變動便以「小事吉」來說了。

睽隔乖離在自然界與人間世，都有因時而用的必要性，天地不分隔，如何天覆地載？男女如果同性，如何繁衍子孫？萬物千差萬別，所展現的生存狀況依然是大同小異的。所以要分工才能夠產生各種活動，如果全部合一就不會有創新與發展了。《易經》講變化，由此可知，睽卦不見得不好。

象傳

象曰：「上火下澤，睽。君子以同而異。」

〈象傳〉說：「火在上面而澤在底下，這就是睽卦。君子由此領悟，要求同而存異。」

求同但保留各自的差別，反而使世界多采多姿。若以體用來說，卦辭中所論天地、男女、萬物為「體異而用同」，強調分離是為了合作；而君子再次領悟的，則是「體同而用異」，肯定合作而尊重差異。

爻辭

初九。悔亡，喪馬勿逐，自復。見惡人，无咎。

象曰：「見惡人，以辟咎也。」

初九。懊惱消失，丟失的馬不必追尋，自己會回來。見到惡人，沒有災難。

〈象傳〉說：「見到惡人，是為了避開災難。」

若占到這一爻，代表可能有什麼損失，但不要擔心，那損失會再回來。初九的「悔」來自於與九四無應，同在下卦的九二、六三皆有正應，只有初九完全無應，當然是一種懊惱。但懊惱隨即消失，因為這是睽卦，本來就是要乖離，所以無應反而合乎卦的要求。睽卦由中孚卦變來，初九本來和六四正應，但是六四與九五換位，形成睽卦之後，原先六四所在的互卦震消失了，六三、九四、六五成為互卦坎。震是善鳴馬，坎是美脊馬，少了一匹會叫的馬，來了一匹背很美的馬，真是有失有得。在睽卦裡面，陰陽正應未必是好事，初九與九四不應，見到九四反而可以避開災難。稱九四為惡人，因為九四在互卦坎裡，坎是惡人、是盜賊。「見惡人，以辟咎也」，這種說法匪夷所思，所以可以理解為「見惡人，无咎」，與惡人無應，當然可以避開災難了。

九二。遇主於巷，无咎。

象曰：「遇主於巷，未失道也。」

九二。在巷子中遇見主人，沒有災難。

〈象傳〉說：「在巷子中遇見主人，是因為尚未失去道路。」

九二居下卦之中，以陽爻居柔位，正應在六五，六五居上卦之中，以陰爻居剛位，兩者皆是中而不正。因為兩爻皆中而不正，在睽卦中相遇只能侷限於小巷子，不能在光明大道上，可以無咎。六五是君，二人相遇是因為皆未失去中間這條道路，所以象辭裡說「未失道也」。何以「遇主於巷」呢？在睽卦裡，上卦為火，九二、六三、九四形成互卦離，也是火；六五在離卦，九二在互離，離是見，兩方都有光，可以見到面，但因為在睽卦正應並不符合全卦的要求，所以只能在小巷子中，不能在大街上。

六三。見輿曳，其牛掣（ㄔㄜˋ）。其人天且劓（ㄧˋ），无初有終。

象曰：「見輿曳，位不當也。无初有終，遇剛也。」

六三。看到車往前拉，牛卻往後拖，車夫受過斷髮割鼻的刑罰，起初不好而最後有結果。

〈象傳〉說：「看到車往前拉，是因為位置不恰當；起初不好而最後有結果，是因為遇到剛強者。」

「終」代表結果，如果是受苦，可以結束；如果想追求好的情況，會有結果。六三處境困難，以陰爻居剛位，又有上下兩個陽爻擋住去路，以致進退不得。處在互卦坎中，坎是曳馬，拖拉馬，又是多眚（ㄕㄥˇ）輿，也就是多災多難的車子，馬拉著一輛遇難的車；六三也在互卦離裡，離為牛，因此牛在後拖著，曳跟掣都有拖拉之意。「其人天且劓」的「天」是指髡首，斷髮之刑；「劓」是割鼻之刑。睽卦由中孚卦變化而來，六三在中孚卦時位處互卦艮

（六三、六四、九五），艮為鼻；上有巽卦，巽為寡髮人，如今一變為睽卦，兩象皆消失，變成去鼻斷髮之人，這樣當然是「无初」，開始不好，但卻「有終」，因為六三在下卦最終的位置，上面有上九做為正應。

九四。睽孤，遇元夫。交孚，厲无咎。

象曰：「交孚无咎，志行也。」

九四。乖離而孤獨，遇到有為之士。互相信任，有危險但沒有災難。

〈象傳〉說：「互相信任而沒有災難，是因為心意得以實現。」

九四以陽爻居柔位，為不安之象，又處在下卦澤與上卦火分道揚鑣之際，下卦澤比較穩定，上卦火則一定往上燒，首先受影響的就是九四。上下兩個陰爻，阻擋了九四與同類相比鄰的機會，所以是睽孤。九四與初九無應，在睽卦中卻反而合乎卦意，就如同初九與九四無應，對初九來說反而是好事。九四「遇元夫」，所指的是初九，「元」為大、為初，「夫」是男子，引申為有為之士，這兩者的關係合乎卦的要求，所以可以互相信任，以至於沒有災難。

六五。悔亡，厥宗噬膚，往何咎？

象曰：「厥宗噬膚，往有慶也。」

六五。懊惱消失，他的宗人在吃肉，前往有什麼災難？

〈象傳〉說：「他的宗人在吃肉，是因為前往會有喜慶。」

「厥」就是其，「宗」指宗族、家人。六五本來是從底下的爻上來的，稱為「往」，這是《易經》的常用辭。中孚卦的六四往上走變成六五，在五的位置當然可喜可賀，並且與九二正應。在睽卦中正應並非有利之事，但參考〈彖傳〉所說「柔進而上行，得中而應乎剛，小事吉」，可知應該不會有什麼災難。

六五來自中孚卦在互卦艮中的六四，艮為膚，膚是帶皮的肉。到了睽卦六四成為六五，九五成為九四，等於九四一口咬進肉裡。六五為君，九四為其宗人，宗人在吃肉，六五的往，不就是有喜慶嗎？

上九。睽孤，見豕負塗，載鬼一車。先張之弧，後說（ㄊㄨㄛ）之弧。匪寇婚媾，往遇雨則吉。

象曰：「遇雨之吉，群疑亡也。」

上九。乖離而孤獨，見到豬背上都是泥，載了一車的鬼。先張開弓，後來放下弓。不是強盜而是要來婚配的，前往遇到下雨就吉祥。

〈象傳〉說：「遇到下雨的吉祥，是因為許多疑慮都消失了。」

上九位居睽卦終點，充滿了乖離孤獨的心思，也就是犯了疑心病，因為人在分離兩地的時候，很容易胡思亂想。上九的位置已到最後的階段了，位在上卦離中，離為目，所以看見了自己與下卦之間橫著一個互卦坎（六三、九四、六五）。坎是水、是豕，也是溝瀆，豬在水溝裡面，所以「負塗」，背上全是泥巴，十分骯髒。坎為水是正北方之卦，為萬物之所歸，而人之所歸為鬼，所以坎又變成鬼。坎也是多眚輿，所以上六又看到一個多災多難的車子，變成「載鬼一車」。此外坎是弓輪，六三前為互卦坎，後為下卦兌，兌為毀折，所以說「先張後脫」。再則坎為盜，上九下有六三陰陽正應，形成「匪寇婚媾」。六三在下卦兌中，兌為澤，六三得到上九正應上升，進入互卦坎，坎為水，形成雨，遇雨火就熄掉了，一切誤會冰釋，所以說「往遇雨則吉」。

程頤將這一段發揮得非常生動，他說上九和六三雖為正應，但上九在睽卦的極端，無所不疑。他看到幾樣東西，第一是這個人像豬一樣污穢，背上都是泥巴，見其可惡之甚也。既然如此可惡，就更加猜測他的罪惡，如同看見載了滿車的鬼。鬼本來是無形的，現在居然見他載了一車，這種無中生有，就是疑心的極致。這段話描寫人與人之間猜疑之可怕，值得戒惕。好朋友分開一段時間，便容易互相猜忌，猜忌到最後，遇雨則吉，雨可以想成是淚水，最後流下淚來，誤會冰釋，彼此又言歸於好。

39

蹇 ䷦

下艮上坎，水山蹇

卦辭

蹇（ㄐㄧㄢˇ）。**利西南，不利東北，利見大人，貞吉。**

蹇卦。西南方有利，東北方不利。適宜見到大人，正固吉祥。

從後天八卦可知，西南方都是陰性的，西南是坤，東北是艮，這兩者之間畫一條線，巽、離、坤、兌都是陰性，震、艮、坎、乾都是陽性，所以就以西南代表柔順，東北代表剛強。利西南不利東北，意即最好柔順，不要剛強。《易經》裡不曾出現利東北、適合剛強的字句，老子也可能受到啟發，主張柔弱者生之徒、柔弱勝剛強等類似觀念。

《易經》有四大難卦，蹇卦是其中之一，這四大難卦依序是第一屯卦，第二坎卦，第三蹇卦，第四困卦。這四卦都包含了坎，由此可以看出古人的觀念，認為水很危險。〈序卦傳〉說：「乖必有難，故受之以蹇。蹇者，難也。」難是艱難險阻，也可以說是冒險犯難。睽卦跟蹇卦互為變卦，睽卦六爻皆變，即成為蹇卦。在睽卦的乖離之後，一定會出現艱難險阻。處於蹇卦，適宜順守而不可冒進。

彖傳

彖曰：「蹇，難也，險在前也。見險而能止，知矣哉。蹇利西南，往得中也；不利東北，其道窮也。利見大人，往有功也。當位貞吉，以正邦也。蹇之時用大矣哉。」

〈彖傳〉說：「蹇卦，就是困難，有危險在前面。看到危險而能停止，真是明智啊。蹇卦對西南方有利，是因為前往可以取得中位；對東北方不利，是因為道路困阻不通。適宜見到大人，是因為前往會有功勞。身當其位而正固吉祥，是為了導正邦國。蹇卦配合時勢的運用方式太偉大了。」

有一些看起來不好的卦，都有「時用」、「時義」的字眼，提醒人要特別注意到時機。《易經》談變化，人不可能永遠一帆風順，就算艱難險阻橫在前面，只要配合時機，就能在艱難中知所進退，趨吉避凶了。

由「往得中也」，可知蹇卦是由小過卦（䷽，第六十二卦）變來，小過卦的九四往上取得六五的位置，往前面走是好的。從小過卦的變化也可以理解「利西南」，小過卦的九四在互卦兌（九三、九四、六五），變為蹇卦的九五在互卦離（九三、六四、九五）裡，兌為西方之卦，離為南方之卦，合之則為利西南。

象傳

象曰：「山上有水，蹇。君子以反身修德。」

〈象傳〉說：「山上面有水，這就是蹇卦。君子由此領悟，要反省自己，修養德行。」

水山蹇，山已經阻止我們前進了，水更是危險，豈不是重重險阻嗎？遇到困難，一定首先要省察自己，了解困境是否自己造成的，或者思索如何化解難題，這就是「反身修德」。孟子說：「行有不得者，皆反求諸己，其身正而天下歸之。」又說：「仁者如射，射者正己而後發。發而不中，不怨勝己者，反求諸己而已矣。」自己射箭沒射中，不會怨怪別人射中了，更不會怪箭靶沒放對，當然要先自我反省。《孟子》裡面經常強調這樣的觀念，與《易經》此處所說的是一樣的意思。

爻辭

初六。往蹇來譽。

象曰：「往蹇來譽，宜待也。」

初六。前往有險難，回來有稱譽。

〈象傳〉說：「前往有險難，回來有稱譽，是因為應該等待。」

初六是蹇卦剛剛形成之時，本身是陰爻屬柔，上面和六四沒有正應，並且一往上走就遇到互卦坎（六二、九三、六四），不適宜行動，勉強走也走不通，宜靜不宜動。上進是往，不進則是來，所以說「往蹇來譽」，既然往前走有阻礙，那就回來吧，回來之後會有稱譽。初六能夠等待時機，在蹇卦裡本來就不應該多所躁進。

六二。王臣蹇蹇，匪躬之故。

象曰：「王臣蹇蹇，終无尤也。」

六二。君王的臣子遇到重重險難，不是為了自己的緣故。

〈象傳〉說：「君王的臣子遇到重重險難，終究沒有責怪。」

六二居中且正，上與九五正應，各方面都非常好，所以六二的辛苦不是在於自己，而是替國君分憂。六二、九三、六四是互卦坎，上卦也是坎，等於是習坎卦了，重重險阻，稱為蹇蹇。六二往上看，兩個水，但他不是為自己而陷於這種危險災難之中，所以是「无尤」。无尤是指不受別人責怪，也指自己沒有怨尤。六二是任勞任怨的忠臣，雖然辛苦，但並非自己的緣故，所以沒有問題。

九三。往蹇來反。

象曰：「往蹇來反，內喜之也。」

九三。前往有險難，又返回來。

〈象傳〉說：「前往有險難，又返回來，是因為家裡的人喜歡他。」

所謂「內」，指陽爻九三之下有兩個陰爻，這兩爻就象徵他家裡面的人。九三和上六正應，有上進的心，但上卦是坎，有危險，所以去了還要再回來。

六四。往蹇來連。

象曰：「往蹇來連，當位實也。」

六四。前往有險難，回來有連結。

〈象傳〉說：「前往有險難，回來有連結，是因為位置恰當而實在。」

六四是好位置，因為陰爻在柔位。在上卦坎中同樣是「往蹇」，回來所連結的是九三，充分顯示了蹇卦宜退不宜進的特色。六四以陰爻居柔位是當位，連結九三則有後盾支持，是為「實」。九三與六四都是「往蹇」，結果九三是「來反」，六四是「來連」，大家都不能前進，那就聯合起來吧！在蹇卦裡都是沒辦法往前走，但是九三比較辛苦，因為九三動性很強，六四比較容易，因為它本身是柔的，不前往正符合柔者的本性。

九五。大蹇，朋來。

象曰：「大蹇朋來，以中節也。」

九五。在大的險難中，朋友來到。

〈象傳〉說：「在大的險難中，朋友來到，是因為居中而有節度。」

九五是小過卦變為蹇卦的關鍵，也就是「蹇利西南，往得中也」。九五做為主爻，等於是大蹇的主因，但九五居中守節，所以「朋來」。「朋」是指六二，六二在下卦艮裡，艮為堅多節之木，所以特別提到以中節的「節」字。在大蹇這種困難裡能夠居中，並且要有節度、有節制，體認很多困境源於自己缺乏約束，如此方有突破困境的機會。

上六。往蹇來碩，吉。利見大人。

象曰：「往蹇來碩，志在內也；利見大人，以從貴也。」

上六。前往有險難，回來有豐收，吉祥。適宜見到大人。

〈象傳〉說：「前往有險難，回來有豐收，是說心意在於內部；適宜見到大人，是指跟隨了貴人。」

上六居蹇卦終位，不可能再往前走，所以說「往蹇」。如果回來，會有九三正應。九三在下卦艮裡，艮為果蓏，有如得到碩果而豐收。「志在內」的「內」是指下卦而言。九五居尊位，是「大人」也是「貴」，上六之「來」與九五相比，是為「從貴」。

水山蹇代表有山擋住，又有水的危險，雖是這種情況也不用太擔心，只要記得一個原則：走不通就回來，不要勉強。利西南，不利東北，盡量採取柔順的姿態。人與人是平等的，聞道有先後，術業有專攻，每個人各有所長，同別人來往的時候要秉持平等的心，這是蹇卦所給我們的啟發。

40 解

下坎上震，雷水解

卦辭

解。利西南。无所往，其來復吉。有攸往，夙吉。

解卦。西南方有利。無所前往，那麼返回來就吉祥。有所前往，早些行動吉祥。

解卦和蹇卦一樣，西南方有利，無所前往，返回來就吉祥，意即走不通就回來。但有另外一個選擇是有所前往，早些行動吉祥。〈序卦傳〉說：「物不可以終難，故受之以解。解者，緩也。」解卦象徵化解險難，與蹇卦是正覆卦，所以卦辭要對照才可理解。

解卦之「利西南」與蹇卦同，表示還是適宜順守而不必冒進。當大難緩解時，有兩種選擇：一是「无所往」，因為剛剛才經歷大的險難，譬如漢朝初年，選擇不採取任何行動，先固守陣地，盡量與民休息，就可吉祥。第二是「有攸往」，也就是仍須紓解患難，應該及早為之，否則便錯過時機了。

彖傳

彖曰：「解，險以動，動而免乎險，解。解利西南，往得眾也。無所往，其來復吉，乃得中也。有攸往夙吉，往有功也。天地解而雷雨作，雷雨作而百果草木皆甲坼（ㄔㄜˋ）。解之時大矣哉。」

〈彖傳〉說：「解卦，有危險而行動，一行動就脫離了危險，這就是解卦。解卦對西南方有利，前往可以得到眾人支持。無所前往，那麼返回來就吉祥，如此可以取得中位。有所前往而早些行動吉祥，是因為前往會有功勞。天地之氣化解開來，雷雨就會興起，雷雨興起則百果草木都破殼而出。解卦的時勢太偉大了。」

雷水解，上卦震為行動，下卦水為危險，行動在上面，一行動就離開了底下的危險。取得中間的位置是指九二，解卦是小過卦（䷽，第六十二卦）變來的，解卦的具體作為有二，一是「无所往」，是說小過卦的九三來到九二的位置，形成了解卦，三到二雖然是退後一步，但結果得到中位。二是「有攸往，夙吉」，早點行動會得吉祥，這要回應前面蹇卦所說「利見大

40 解

下坎上震，雷水解

卦辭

人，往有功也」，關鍵在於「夙」，早些行動，就可以像前面的蹇卦一樣，「往有功」也。

「天地解」是指原本小過卦的天位（五、上）與地位（初、二）之間有兩個陽爻相隔，變為解卦後，天地中的陰陽二氣交感流通，有雷雨之象。上雷下水，雷雨大作，萬物復甦，百果草木皆破殼而出。解卦彰顯了時勢的重大意義。

象傳

象曰：「雷雨作，解。君子以赦過宥（ㄧㄡˋ）罪。」

〈象傳〉說：「雷雨興起，這就是解卦。君子由此領悟，要赦免過錯，寬待罪犯。」

就好像把許多事情解開，使萬物重獲生機，要給犯錯的人再生的機會。

爻辭

初六。无咎。

象曰：「剛柔之際，義無咎也。」

初六。沒有災難。

〈象傳〉說：「處在剛柔交接的位置，理當沒有災難。」

初六上面是九二，剛柔交接，兩者交會。九二原本在小過卦中是九三，初六與這一陽爻並沒有相接，如今變成解卦之後，初六便上承它，與之陰陽相接，所以理當沒有災難。初六本身是陰爻在剛位，力量有限，但有九二可以依靠，還與九四正應，所以在解卦初始，剛剛紓解的時候，不用採取行動，也不會有災難。

九二。田獲三狐，得黃矢，貞吉。

象曰：「九二貞吉，得中道也。」

九二。打獵抓到三隻狐狸，獲得黃色箭頭，正固吉祥。

〈象傳〉說：「九二正固吉祥，是因為找到居中的路。」

九二是小過卦的九三與六二換位所生，到了二的位置屬於地，為田，也就是下田狩獵。古人以坎為狐，在第六十四卦未濟卦（䷿）的卦辭就提到狐狸，狐狸要渡河，沒渡成叫做未濟。九二的換位造成兩個坎，下卦為坎，六三、九四、六五又是一個互卦坎，這都是因為九二形成的。九二如果不肯走，天地便不能相通，一旦變成解卦，天地相通，造成兩個坎，其中有三個陰爻初六、六三、六五稱作「三狐」，所以說「田獲三狐」。九二在下卦坎，坎是弓輪，又在互卦離（九二、六三、九四）裡，離為戈兵，合之則為矢，黃是中間的顏色。以上有獲有得，乃因九二居中，又有六五正應，還有上下兩個陰爻相從，所以正固吉祥。

六三。負且乘，致寇至，貞吝。

象曰：「負且乘，亦可醜也；自我致戎，又誰咎也？」

六三。背著東西坐在車上，招來了強盜，正固有困難。

〈象傳〉說：「背著東西坐在車上，乃是難堪的舉動；自己招來了匪寇，又能怪罪誰呢？」

背東西是小人、僕役之事，坐在車上是君子、官員的特權，背著東西還坐在車上，一看便知不是一個正派的人，恐怕是透過某種非法手段得來的，這便引起惡人的覬覦。亦即招來盜寇，往往是因為自己的作為讓別人有可乘之機。六三是小過卦的六二和九三換位所成，在小過卦裡，六二在下卦艮中，艮為背、為負，如今變為解卦的六三，則形成下卦坎，成為多眚輿，所以說「負且乘」。坎本身就是強盜，所以說強盜來了。六三以陰爻居剛位，又與上六無應，即使正固也會有困難。

〈繫辭傳〉對這爻做過一些評論。子曰：「作《易》者，其知盜乎？《易》曰：『負且乘，致寇至。』負也者，小人之事也；乘也者，君子之器也。小人而乘君子之器，盜思奪之矣。上慢下暴，盜思伐之矣。慢藏誨盜，冶容誨淫，《易》曰：『負且乘，致寇至。』盜之招也。」這段話講得非常透徹，孔子說《易經》的作者大概懂得強盜的心理吧，背負東西是小人的工作，車子是君子代步的工具，小人卻坐在君子代步的工具上，強盜就會想要搶奪他，因為強盜認為小人有這樣的待遇，必然是用不合禮儀也不合法的手段獲得的。居上位的傲慢，在下位的粗暴，強盜就會想要攻擊這樣的國家。

九四。解而拇，朋至斯孚。

象曰：「解而拇，未當位也。」

九四。解開你的腳拇趾，朋友來到才會有誠信。

〈象傳〉說：「解開你的腳拇趾，是因為不在恰當的位置上。」

九四到了上卦震，震為足、為行，應該採取具體的化解行動。一個卦經常是底下三個爻搭好一個舞臺，到上面三個爻才明確表現出卦的特色。對九四而言，正應的初六在下而微，有如腳拇趾，又在下卦坎中，坎為陷，所以只有解開腳拇趾，才能夠大步前進。九四、初六正應，正應本來是很好的，但是底下是個代表危險的坎卦，如同陷阱把九四綁住了，所以要先解開。

「朋至斯孚」是假設的情況，前提是「解而拇」，九四的「朋」是上下兩個陰爻，與六三、六五結伴，這種複雜的處境來自於九四以陽爻居柔位，位置不是很恰當，但至少得到朋友的幫助，要解決各種問題的時候，絕不能缺少朋友。

六五。君子維有解，吉。有孚於小人。

象曰：「君子有解，小人退也。」

六五。君子來紓解，吉祥，對小人有誠信。

〈象傳〉說：「君子來紓解，是因為小人退避了。」

有一些爻同時出現君子、小人，就代表有選擇性。君子與小人面對相同的狀況，會有不同的做法，至於占卦的人，就要問自己是屬於君子還是小人，或者所占問的是大人的事還是小孩的事。陽爻是君子，陰爻是小人，本卦兩個陽爻皆與六五有關，六五與九二正應，九四又被六五所乘，所以對六五來說，是君子來紓解。

六五位置佳，九二、九四都對六五有誠信，六五也不再阻礙解卦的進展，是為「小人退」也。

上六。公用射隼（ㄓㄨㄣˇ）於高墉之上，獲之无不利。

象曰：「公用射隼，以解悖也。」

上六。王公去射高牆上的鷂（ㄧㄠˋ）鷹，擒獲牠就無所不利。

〈象傳〉說：「王公去射鷂鷹，是為了要解除悖亂。」

上六居解卦終位，此時仍有未化解者，必是兇猛小人，「隼」就是猛禽，且盤旋於高位。上六位尊而非君，所以稱「公」，要解決的小人應該是六三。解卦是由小過卦變來，橫看小過卦有如大鳥，可以視之為隼，本身有飛鳥之象。其六二、九三、九四構成互卦巽，巽為繩直，代表高，像城牆一樣。上位最高，就好像是在高墉之上。變為解卦之後，上卦仍在，而上六以下出現了互卦離與互卦坎，離是戈兵，坎是武器，合成弓箭，合而觀之正好是「公用射隼於高墉之上」。所以要解決問題，需要動用武力了。

〈繫辭．下傳〉有關於這一段的解說：「《易》曰：『公用射隼於高墉之上，獲之無不利。』子曰：『隼者，禽也；弓矢者，器也；射之者，人也。君子藏器於身，待時而動，何不利之有？動而不括，是以出而有獲，語成器而動者也。』」孔子說，鷂鷹是飛鳥，弓箭是武器，要去射的是人。君子身上帶著武器，時候到了就要行動，會有什麼不利呢？所以君子就是要藏器於身，待時而動。「藏器」並不是藏著武器，而是先準備好，因為我們永遠不知道什麼時候會有什麼樣的挑戰，譬如地震、水患，這些天災隨時會來，必須有一套應變之法，若發生了問題再來準備就太慢了。接著孔子談到「動而不括」，「括」是約束限制，行動沒有任何約束限制，不至於施展不開，因此一出手就有收穫。這是在強調練好了武器，再去行動，乘機而動。

解卦帶給我們日常生活上許多啟發，人到了某一個年紀，就會發現過去所做的一切，都是準備。生命中不會有白流的汗、白走的路，有些付出也許一時之間看不到效用，但往往在人生的某一個時刻派上用場，紓解了當時的困境。所以平常就要準備好，等到困難出現時，就是表現的大好機會。

41 損 ䷨

下兌上艮，山澤損

卦辭

損。有孚，元吉，無咎，可貞。利有攸往。曷之用？二簋（ㄍㄨㄟˇ）可用享。

損卦。有誠信，最為吉祥，沒有災難，可以正固。適宜有所前往。要使用什麼？二簋就可以用來獻祭。

卦辭一開頭就有「元吉」二字的只有兩個卦，一是損卦，一是第五十卦鼎卦。鼎卦可以理解，因為鼎是國之重器；但是損卦憑什麼元吉？這是很有趣的一點，生意人說損益表，為什麼先說損，再說益？因為由儉入奢比較容易，先減、先損，再談益，從虛到實比較好。山澤損，上山下澤，這個卦顯然從地天泰卦（䷊，第十一卦）變來的，把泰卦的九三變成上九，等於是損下益上，損己利人。損卦的好，便在於這四個字：「損己利人」，一生只要抱著這個原則，必定無往不利。就山澤來說，我們會發現，最美的景色並不是山本身，而是沼澤或湖泊把山映現在水面上時。水對山有幫助，山下有水，山上的樹木一定茂盛，各種飛禽走獸都可以滋養發展，所以山澤損，是用澤來幫助上面的山，損下而益上。

「簋」是古代裝祭品的祭器，外圓內方，可以盛放黍、稷、稻、粱。用「二簋」代表簡單而節省，注重的不是祭品奢華而是心意真誠。人的心意是祭祀裡唯一的考量，有真誠的心就會周到。

〈序卦傳〉說：「緩必有所失，故受之以損。」解卦在緩和了困難之後，一定會為了息事寧人、解決問題而有些鬆懈，便造成損失。不要在意損失，因為是以誠信態度跟別人交往、用自己的能力來幫助別人，所以說「利有攸往」。

彖傳

彖曰：「損，損下益上，其道上行。損而有孚，元吉，无咎，可貞。利有攸往，曷之用？二簋可用享。二簋應有時，損剛益柔有時。損益盈虛，與時偕行。」

〈彖傳〉說：「損卦，減損下方而增益上方，它採取向上走的路。損卦有誠信，最為吉祥，沒有災難，可以正固。適宜有所前往，要使用什麼？二簋就可以用來獻祭。使用二簋獻祭應該配合時機，減損剛強者而增益柔順者，也要配合時機。減損與增益，滿盈與空虛，都是隨著時序而運行的。」

這裡一再提到「時」，代表時機，既然都在變化，變化當然要看時機。到了損卦就要知道此時該有些犧牲，由此反而得到別人的肯定。損卦減損下方而增益上方，採取向上走的路，指上九是從下面上來的。損卦是從泰卦變來，特別重要的是「損而有孚」，以減損來表示誠信，肯定損己利人的美德效果。

象傳

象曰：「山下有澤，損。君子以懲忿窒欲。」

〈象傳〉說：「山下有沼澤，這就是損卦。君子由此領悟，要戒惕憤怒，杜絕嗜欲。」

「懲忿窒欲」這四個字是很好的座右銘，因為最容易一發不可收拾的情緒就是憤怒，所以要懲忿；一旦形成之後，就很難斷絕的是欲望，所以要「窒欲」。所以在《EQ》這本書中提到希臘哲學家亞理斯多德的話，他說任何人都會生氣，但是在什麼時候、對什麼人、生什麼氣、氣到什麼程度，則很難控制。

很多人一生氣就口不擇言，講完之後便後悔莫及，世間有多少好朋友因為一點點嫌隙而失去交情。我印象比較深的是沙特與卡繆，沙特出道較早，住在法國文化重鎮巴黎，卡繆來自前法屬阿爾及利亞。卡繆第一本小說《異鄉人》出版時，沙特並不認識他，但他覺得這本書寫得好，便率先公開撰文推薦。後來他們成了好朋友，一起參加抗德運動，在二次大戰期間從事地下運動，可說是生死之交。一九五七年，卡繆獲得諾貝爾文學獎，比沙特早了七年。卡繆比沙特年輕八歲，出道又較晚，結果卻先得獎，沙特當然會覺得很難忍受，雖然以前是很好的朋友，最後還是絕交了。所以「懲忿窒欲」四個字很有道理，自我要減損的就是忿和欲。孔子在樊遲請教辨惑的時候特別指出：「一朝之忿，忘其身以及其親，非惑與？」一時的忿怒，往往讓人忘記自身的安危，也忘記父母的安危。比如和別人打架，打輸了會受傷；就算打贏了，仇家或許會遷怒父母，那不是更大的禍害嗎？這都來自於忿怒。所以孔子提出做到四十不惑的方法，就是調節、控制情緒，讓自己清楚的思考。

爻辭

初九。已事遄（ㄔㄨㄢˊ）往，無咎，酌損之。

象曰：「已事遄往，尚合志也。」

初九。辦成了事就趕快前往，沒有災難，要酌量減損。

〈象傳〉說：「辦成了事就趕快前往，是因為與上位者心意相合。」

雖是損卦，也有各種損法，有的不要損，有的要酌損。損卦初九是泰卦的九二降下一級所成，泰卦本來下有三個陽爻，現在只剩兩個，代表辦成了這個損卦之事。初九在損卦之初，要「酌損之」，不可過度和過量，因為已經損一個上去了，若再損一個就不是損卦了。

「遄」代表迅速，「遄往」是因為跟六四陰陽正應，與上位者心意相合。請注意「志」字，本卦初九、九二與上九三個陽爻都提到志，志是心意，在損卦裡面都有損的心意。

九二。利貞，征凶。弗損，益之。

象曰：「九二利貞，中以為志也。」

九二。適宜正固，前進有凶禍。不要減損，就有增益。

〈象傳〉說：「九二適宜正固，是因為以居中為其心意。」

九二適宜正固，因為已經有一個陽爻上去，底下兩個陽爻就不要著急，前進有凶禍，不適合再前進。九二在中位，以居中為其心意，得中則弗損。在損卦裡也須自我約束，雖然要損己利人，但損到最後自己什麼都沒有，也是不宜。

六三。三人行則損一人，一人行則得其友。

象曰：「一人行，三則疑也。」

六三。三人一起行走就會減去一人；一人行走就會得到友伴。

〈象傳〉說：「一人行走，因為三人會引起猜疑。」

三人一起行走就會減去一人，泰卦下乾上坤，皆為三個同性爻走在一起，一變而為損卦，就是新的局面，把三分開來看，成了兩個一組，另外一個有異性來做伴，上九有六四跟六五為友，六三有初九跟九二為友，大家都有利。古人說「朋」與「友」是不同的，同性相處為朋，異性為友。消息卦的特色是陰陽不交錯，這一損成了大家都有利。造字之初以三人為「众」，就是現在的「眾」，三人相處就會有疑，就容易計較誰比較吃虧，三個和尚沒水喝的故事大家都很熟悉。

〈繫辭．下傳〉說：「天地絪（ㄧㄣ）縕（ㄩㄣ），萬物化醇。男女構精，萬物化生。《易》曰：『三人行，則損一人，一人行則得其友。』言致一也。」天地的陰陽二氣親密流通，萬物得以變化而豐富。雌性與雄性精血交合，萬物得以變化而產生，這就是陰陽互動，要合而為一。消息卦中陰陽不交錯，不能長期發展，變成損卦之後，雙方都滿意了。

六四。損其疾，使遄有喜，无咎。

象曰：「損其疾，亦可喜也。」

六四。減損他的疾病，讓他趕快有喜慶，沒有災難。

〈象傳〉說：「減損他的疾病，也是值得歡喜的。」

六四和初九正應，所以也提到「遄」字。六四在互卦震（九二、六三、六四）裡面，震為決躁，引申為猶疑不定之疾。為什麼說「損其疾」呢？因為互卦震代表坐立不安，陰爻居柔位，有待支援，在上卦中等著下卦來增益，其疾可知。此時需要初九來幫忙，有初九幫忙就是有喜，喜往往是指陰陽正應。喜在遇到疾病的時候，並不是指喜事，而是說疾病已經去掉了，困難解決了。

六五。或益之十朋之龜，弗克違。元吉。

象曰：「六五元吉，自上佑也。」

六五。有人增益他價值十朋的龜，不能拒絕。最為吉祥。

〈象傳〉說：「六五最為吉祥，是因為從上位者得到保佑。」

損卦的特色為在卦辭出現元吉，在六五又出現元吉。六五上面有上九，上九是損卦的關鍵，因為這一爻從泰卦中向上走才形成損卦，所以對六五而言，上面這一爻是特別來幫忙的。

「十朋之龜」的取象十分有趣，古人把貝當貨幣，一串五貝，兩串為朋，十朋之龜是價值不菲的寶龜。從象上看，六五下有九二正應，上有上九可以相承，從九二到上九形成一個大的離卦，離為龜。六五又在互卦坤（六三、六四、六五）之中，坤為地，而十就是地數，合起來叫作十朋之龜。所以有人送十朋之龜，對六五來說，代表著在上面接受別人的幫助。

上九。弗損，益之，无咎。貞吉。利有攸往，得臣无家。

象曰：「弗損益之，大得志也。」

上九。不是減損，而要增益，沒有災難。正固吉祥。適宜有所前往，得到臣民而沒有自己的家。

〈象傳〉說：「不是減損而要增益，是為了充分實現自己的心意。」

上九下臨互卦坤，坤代表人民，上九得到人民支持，得民又得臣，卻沒有家，因為上九是從底下上來，離開自己的家。雖然離開自己的家，但得到了臣民的支持，所以說不是減損而要增益，充分實現了自己的心意。換句話說，上九使得損卦完成，對它而言本來就是要來幫助別人的，現在可算是完成這個任務了。

42 益

下震上巽，風雷益

卦辭

益。利有攸往，利涉大川。

益卦。適宜有所前往，適宜渡過大河。

一看到「利涉大川」，就知道與風或是與天有關，一定要很有力量，才能夠渡過大河。

〈序卦傳〉說：「損而不已必益，故受之以益。」一直減損下去，接著一定要有所增益，如同先投資，後面才會有收穫。

〈雜卦傳〉說：「損益，盛衰之始也。」損卦損下益上，有如損民利君，為衰退之始。換個角度想，百姓一定要交稅給政府，原是損下益上，但政府有了稅收，才能發展建設，也才能照顧到人民的需要。而益卦的特色是損上益下，上面犧牲一點來照顧百姓，這是對的。

彖傳

彖曰：「益。損上益下，民說（ㄩㄝˋ）无疆。自上下下，其道大光。利有攸往，中正有慶。利涉大川，木道乃行。益動而巽，日進无疆。天旋地生，其益无方。凡益之道，與時偕行。」

〈彖傳〉說：「益卦，減損上方而增益下方，百姓的喜悅沒有止境。從上方來到下方之下，它的道德大放光明。適宜有所前往，如此則居中守正而有喜慶。適宜渡過大河，是因為木舟之道從此可以通行。益卦一行動就能順利，每日進步沒有止境。天體旋轉，大地生養，增益並沒有固定的方式。凡是增益的法則，都是隨著時序而運行的。」

益卦從天地否卦（☰☷，第十二卦）變來，初九本來在上面，他能夠了解老百姓的需要，道德就大放光明。九五與六二居中且相應，所以益卦更進一步適宜渡過大河，因為木舟之道從此可以通行。風雷益，雷代表行動，風代表木，木頭要行動當然是在水面上。益卦一行動就能順利，因為下卦震是行動，上卦巽是順利，每天進步沒有止境。否卦上九來到初位，有如天體旋轉。天在旋，地就往上提升一步，天地這種增益沒有什麼固定的方式，凡是增益的法則，都是隨著時序而運行。

象傳

象曰：「風雷，益。君子以見善則遷，有過則改。」

〈象傳〉說：「風與雷的組合，這就是益卦。君子由此領悟，看到善行就要跟著去做，自己有錯就要立即改正。」

「見善則遷，有過則改」這八個字是很好的座右銘，配合上下兩個卦來說，遷善當如風之速，學著別人做好事行善，要像風一樣；改過當如雷之勇，打雷的時候聲音大，又可以震動，是真勇敢的表現。一般人易於遷善，好像立刻得到了某些改善；其實把舊惡除掉更重要，並且更困難。君子的修養在於取法別人的優點來增益自己的德行，並且察覺自己的過失，勇於改正。

爻辭

初九。利用為大作，元吉，无咎。

象曰：「元吉无咎，下不厚事也。」

初九。適宜用來推動大事，最為吉祥，沒有災難。

〈象傳〉說：「最為吉祥而沒有災難，是因為下位者不必全力事奉上位者。」

初九是益卦的主爻，它是從上面下來幫助底下的，是損上益下的具體作為。在下卦震中，震為行，所以說能夠有所作為。「下不厚事」指初九不用奉承伺候六四，反而六四要跟從初九，因為陰要從陽。這話很有民主精神，因為上位者要來幫助底下的人民，讓每一個人都能過著和樂的生活。

六二。或益之十朋之龜，弗克違。永貞吉，王用[illegible]帝，吉。

象曰：「或益之，自外來也。」

六二。有人增益他價值十朋的龜，不能拒絕。[illegible]正固吉祥，君王用[illegible]祭獻上帝，吉祥。

〈象傳〉說：「有人增益他，是從外部來[illegible]」

這段爻辭和損卦六五類似，[illegible]損和益是覆卦關係，損卦六[illegible]和益卦六二的相關位置是一樣的。益卦的六二有九五正[illegible]，底下有初九可以依靠。關於[illegible]朋之龜」，是指互卦坤（六二、六三、六四）與放[illegible]離卦，可以參考損卦六五的說法。

在前一爻初九中提到「利用為大作」，「大作」就是大事情。第一件大事就是祭獻，古代一向把祭獻當作國家的大事。六二居中而正，在下卦震中，震為諸侯，可以代王行事，將他人的增益祭獻上帝。〈象傳〉說「或益之，自外來也」，指的是初九從否卦的上九轉過來。

六三。益之用凶事，无咎。有孚中行，告公用圭（ㄍㄨㄟ）。

象曰：「益用凶事，固有之也。」

六三。用增益之物救助災荒，沒有災難。有誠信而行中道，用珍圭告知王公。

〈象傳〉說：「用增益之物救助災荒，這是本來就有的職責。」

這裡出現第二件大事，要賑災，救濟災荒。因為百姓力量微弱，沒有辦法面對大的困難，在災難中最需要行政資源的幫助。「中行」二字在這一卦的六三、六四都出現，因為三和四在整個卦的中間，代表行中道。「圭」是珍圭，《周禮・春官・典瑞》裡面說：「珍圭以征守，以恤凶荒。」得到國君的命令，帶著珍圭做為信物，可以用來征守，或是救災，到處開倉分發糧食。對六三而言，救災本來就是職責所在，所以〈象傳〉說「固有之也」。

六三在下卦震裡，震是長子，在古代長子要繼承，所以也是諸侯。六三要照顧百姓，因為在互卦坤（六二、六三、六四）裡，坤是眾、是百姓。百姓何以有凶事呢？因為坤卦本身是虛，虛空有所需求，百姓需要幫助。整體而言，就是用益來說明百姓的苦難，在上位者宜損己利民。

六四。中行，告公從，利用為依遷國。

象曰：「告公從，以益志也。」

六四。行中道，告知王公跟從，適宜用來做依靠而遷移國都。

〈象傳〉說：「告知王公跟從，是要增強自己的心意。」

六四的大事是遷國。周朝的祖先古公亶（ㄉㄢˇ）父（ㄈㄨˇ）原本住在豳（ㄅㄣ），狄人來要土地，古公說土地是用來養人的，若是為了爭土地而讓人犧牲，這是本末倒置，所以決定遷國到岐山腳下。跟他走的人很多，到一個新地方之後，就變成新的國家了。「告公從，以益志也」，他的心意就是全卦的主旨「損上益下」，給予百姓最大的安全與福祉。

九五。有孚惠心，勿問元吉。有孚惠我德。

象曰：「有孚惠心，勿問之矣。惠我德，大得志也。」

九五。有真誠施惠之心，不必占問也最為吉祥。實實在在感念我的恩德。

〈象傳〉說：「有真誠施惠之心，就不必再去占問了。感念我的恩德，是充分實現了我的心意。」

六四講「益志」，六五講「大得志」；初九元吉，九五也元吉。一個卦裡出現兩個元吉的爻，只有益卦。因為為政者能損上益下，是很好的事情。人之所以占卦，通常是因為心中有疑慮，或是面臨了抉擇。如果是存心要幫助別人，怎麼會有問題呢？所以只要有真誠施惠之心，不必占問也最為吉祥。爻辭裡出現兩次「孚」，意思不完全一樣，上面的「有孚」是「有真誠」，第二個「有孚」是「實實在在」。

九五感受到百姓確實是感念恩德。在此充分實現了損上益下的心意；九五居中守正，又有六二正應，處於益卦志在造福百姓，加上居於大離卦的上位，離為龜可以占卜，但不用占問也最為吉祥。到九五的位置龜已經完成了，所以說「勿問」。九五又居互卦坤之上，坤為眾，有萬民感念而擁戴之象，對天子而言是「大得志」也。一個陽爻底下有三個陰爻構成互卦坤，陽爻一定得到很大的支持。

上九。莫益之，或擊之。立心勿恆，凶。

象曰：「莫益之，偏辭也；或擊之，自外來也。」

上九。沒有人來增益他，卻有人來打擊他。所立定的心思無法長期守住，有凶禍。

〈象傳〉說：「沒有人來增益他，是因為說的是普遍情況；有人來打擊他，是因為要從外卦下來了。」

到了上九已是求益而過甚，就是要幫助別人，但是可能會過度。上面的陽爻已經下來，再下來的話就不是益卦了。沒有人來增益他，是因為到了上位而沒有助益，這在任何一卦都是普遍的情況；有人來打擊他，是因為下一步難以避免要如同初九一樣，從外卦下到內卦去了。

〈繫辭・下傳〉中有一段可為說明，子曰：「君子安其身而後動，易其心而後語，定其交而後求。君子修此三者，故全也。危以動，則民不與也；懼以語，則民不應也；无交而求，則民不與也。莫之與，則傷之者至矣。《易》曰：『莫益之，或擊之，立心勿恆，凶。』」意思是君子要安頓好自己才行動，心情平靜了才說話，建立了交情才求人。君子修養這三方面，所以能夠萬無一失。如果自身危險而行動，百姓不會來參與；心情恐懼而說話，百姓不會有回應；沒有交情而求人，百姓不會來幫助。沒有人支持他，傷害他的人就會來到了。

這一段可以做為我們生活的參考，自己沒有安頓好就行動，可能進退失據，這是第一步；第二步，心情如果澎湃洶湧、情緒激動，就可能說錯話，過猶不及，或者得罪人；第三步，在家千日好，出門一時難，我們在社會上行走，很多時候需要朋友的幫助，沒有交情憑什麼開口？所以要先與人建立交情，也就是在必要的時候去關心別人，當別人有困難的時候，我們要伸出援手，等到將來自己有困難時，才能請求支援。人與人相處本來就是如此，朋友不來，敵人就來了；朋友多，敵人自然不敢來。沒有長期照顧百姓，最後怎能獲得擁戴？

43 夬 ䷪

下乾上兌，澤天夬

卦辭

夬（ㄍㄨㄞˋ）。**揚於王庭。孚號有厲。告自邑。不利即戎，利有攸往。**

夬卦。在君王朝廷上顯揚出來。有誠信而呼號有危險。從封邑前來告知，不適宜出兵作戰，適宜有所前往。

夬卦是消息卦，底下五個陽爻上來力量很大。〈序卦傳〉說：「益而不已必決。」不斷增加，到最後必將滿而溢，澤在天上，這麼高的位置，最後會潰決。

夬卦是五陽一陰的格局，所以全卦由唯一的陰爻取象，是為主爻。夬卦上面為兌，兌是口，有說話的機會。主爻在國君之上，也就是王庭之上；有誠信而呼號還有危險，因為這裡是五陽要把這個陰趕走，五個陽爻君子聯手往上，上六受到九五的信賴，但已知處境危險而呼號，顯然高高在上的上六並不想走。「他從封邑前來告知，不適宜出兵作戰。」到這時候怎麼能出兵作戰呢？作戰不行，前往還可以，因為前往陽爻又變成乾卦，可見《易經》是偏向陽爻，代表生命力、君子、實在的力量。

彖傳

彖曰：「夬，決也，剛決柔也。健而說（ㄩㄝˋ），決而和。揚於王庭，柔乘五剛也。孚號有厲，其危乃光也。告自邑，不利即戎，所尚乃窮也。利有攸往，剛長乃終也。」

〈彖傳〉說：「夬卦，是決斷的意思，剛強者要決斷柔順者。剛健而喜悅，決斷而溫和。在君王朝廷上顯揚出來，是因為柔順者凌駕在五個剛強者之上。有誠信而呼號有危險，它的危險才會廣傳出去。從封邑前來告知，不適宜出兵作戰，是因為往上走沒有去路。適宜有所前往，是因為剛強者成長到最後就會終止。」

「夬」是決斷，底下五個陽爻是剛強者，要把陰爻上六加以決斷。下卦乾剛健，上卦兌喜悅，決斷的手段不要太強烈，因為已經取得全盤的優勢，手段可以緩和一點。在君王朝廷上顯揚出來，是因為柔順者凌駕在五個剛強者之上，所以要在公開的朝廷場合，顯揚出來；有誠信而呼號有危險，他的危險才會廣傳出去，讓天下人都知道，他的危險並不是被冤枉的；適宜有所前往，是因為剛強者成長到最後就會終止，再進一步就變成乾卦，又回到六爻皆陽了。

五個陽爻是君子，上面一個小人，君子在這種狀況下，有時會想讓小人停滯久一些，不想做得太絕；但是夬卦提醒我們，去惡要如除草，務絕其根，先公開宣布，讓去除這件事有正當性，不要姑息。

象傳

象曰：「澤上於天，夬。君子以施祿及下，居德則忌。」

〈象傳〉說：「沼澤到了天的上方，這就是夬卦。君子由此領悟，要分配利祿給下屬，並以自居有德為忌諱。」

澤既能上於天，就要繼續，稱為膏澤下於民，將恩澤利祿分配給下屬，但要留意不可自居為有德之人，自吹自擂。人應該知道自己非常平凡，每一個人都有弱點，能有成就，往往是運氣好，沒有遇上什麼考驗，憑什麼認為自己一定可以勝過別人呢？所以，要常記得「居德則忌」。

爻辭

初九。壯於前趾，往不勝為咎。

象曰：「不勝而往，咎也。」

初九。前進的腳趾壯健，前往而不能勝任，就是災難。

〈象傳〉說：「不能勝任而前往，這就是災難。」

大壯卦（䷡，第三十四卦）的初九是「壯於趾，征凶」，在最底下類比於人體的腳趾頭，夬卦比大壯又進一步，因為陽爻又往前邁進了一步。在夬卦裡，初九暫時不能行動，因為根本不可能得勝。初九與上六相隔那麼遠，上面還有四個陽爻，當然是潛龍勿用，不要行動，行動亦是無功而返，所以不要躁進。初九在乾卦，陽爻在剛位，動向極明顯，但是不適合行動，宜戒之以不勝。

九二。惕號，莫（ㄇㄨˋ）夜有戎，勿恤。

象曰：「有戎勿恤，得中道也。」

九二。戒惕而有呼號，夜晚會出現兵寇，不必擔憂。

〈象傳〉說：「出現兵寇而不必擔憂，是因為取得居中的路。」

九二居下卦乾的中間位置，並且順著初九的上進動向，所以取義牽涉到乾卦（☰，第一卦）的九三。因為卦是由下往上走，在夬卦裡九二一動就到九三的位置，所以就取乾卦九三來說明。這是個有趣的解釋，等於是看到未來。人的生命是由未來所決定，譬如說將來想念什麼科系，於是從現在開始讀那方面的書，這就是未來決定現在；而過去的永遠過去了，能提供現在的頂多是一些資訊或是教訓。所以一個人最怕沒有目標，對未來既沒有規劃也沒有憧憬的人，生活一定是散亂的。尤其是年輕人，沒有自己的想法就會浪費生命。

這一爻辭用到乾卦的九三：「君子終日乾乾，夕惕若；厲，无咎」。莫夜的「莫」是現在的「暮」，與「夕」同意。「號」與「有戎」，都取自夬卦的卦辭，涉及五陽和上六的緊張關係。九二以陽爻居柔位，陽剛之氣稍減，並且居中而行，不致過分，所以是「有戎勿恤」。九二和九五同性，雖然不應，但也可以了解九五的位置和上六的碰撞，是一個「剛決柔」的難關。

九三。壯於頄（ㄑㄡˊ），有凶。君子夬夬，獨行遇雨，若濡有慍，无咎。

象曰：「君子夬夬，終无咎也。」

九三。顴骨壯健，會出現凶禍。君子果敢決斷而獨自前行，遇雨打濕衣服，有怒氣，但沒有災難。

〈象傳〉說：「君子果敢決斷，最終沒有災難。」

九三陽爻在剛位，三個陽爻已構成乾卦，本來就很願意有剛健的表現。「頄」是顴骨，顴骨壯健，會出現凶禍，設法把上六趕走，但是必須不動聲色，否則事機洩密，反而無法成事。上六是大家的公敵，九三與上六正應，表現太明顯，所以說「壯於頄」，臉上都表現出來了。五個陽爻中只有九三有正應，居下卦乾的上位，是必須決斷的位置，在夬卦中決斷，所以說「君子夬夬」。九三獨自與上六陰陽正應，離群而往，陰陽二氣相感，則可以說雨；上六在上卦兌中，兌為澤，澤在上則成雨，遇到雨打濕了衣服，有一點生氣是因為既要夬夬，又受到正應帶來的效應所牽連。本來是要對付上六，卻落得被人懷疑跟上六有某些關係。這須得仔細權衡，不可莽撞而行，所以「終无咎也」。

九四。臀无膚，其行次（ㄗ）且（ㄐㄩ）。牽羊悔亡，聞言不信。

象曰：「其行次且，位不當也；聞言不信，聰不明也。」

九四。臀部沒有皮膚，行走十分艱難。牽羊而進，懊惱就會消失，但是聽到這話卻不相信。

〈象傳〉說：「行走十分艱難，是因為位置不恰當；聽到這話卻不相信，是因為耳朵聽不清楚。」

九四已經到了上卦，更能感覺到上六的壓力。以九四為臀，恢復了由全卦取象，九四以陽爻居柔位，不得安坐，所以說他「臀无膚」。「次且」即趑趄，是行走難以前進的樣子。

九四到了上卦兌，兌為羊，九四只要像羊一樣被牽著走，就可以「悔亡」，換言之不要有自己的主張，因為本身的條件不夠。但是九四卻「聞言不信」，原因是「聽不明也」。上卦兌的關鍵是上六，九三與上六正應，九五與上六相比，和主爻都建立合理的關係，只有九四夾在中間卻與主爻無所攀緣，所以變成聽不明。九四下無正應，所處的位置又不恰當，真是進退兩難，在夬卦裡本來決心要有所做為，現在卻連自保都有困難，著實難堪。

九五。莧（ㄒㄧㄢˋ）陸夬夬，中行无咎。

象曰：「中行无咎，中未光也。」

九五。山羊果敢決斷的樣子，居中而行沒有災難。

〈象傳〉說：「居中而行沒有災難，是因為中道尚未光大。」

「莧陸」為細角山羊，取象仍來自上卦兌為羊。據說古代司法官皋陶在很難決定訴訟時，便抓一隻羊出來，看羊撞哪一個人，那個人就有錯，代表羊能夠判決誰是邪惡的，當然這種判決方式在今天是行不通的。「夬夬」二度出現，都與本卦的上六有關，代表陽爻對陰爻的最後決斷，所應採取的態度。「中行无咎」的「中行」與益卦提過的不同，此處是指因為九五在中間，居中而行。九五居尊位而不能達成剛決柔的任務，所以說中道尚未光大。

上六。无號，終有凶。

象曰：「无號之凶，終不可長也。」

上六。不用呼號，最終會有凶禍。

〈象傳〉說：「不用呼號而有凶禍，是因為最終的結束不會長久。」

上六在上卦兌，兌卦是口，口會呼號。但不用呼號，最終會有凶禍，時候到了就下台，接受審判，無可商量，這是夬卦。此「凶」不是指做錯事，而是在這個位置上，這樣的結果是不可避免的。

44 姤 ䷫

下巽上乾，天風姤

卦辭

姤（ㄍㄡˋ）。女壯，勿用取女。

姤卦。女子強壯，不要娶這樣的女子。

姤卦是夬卦的覆卦，《易經》六十四卦中，只有這個卦明白的說「勿用取女」。〈序卦傳〉曰：「決必有遇，故受之以姤。姤者，遇也。」「姤」就是遇、邂逅，兩個人相遇是好事，陰陽相遇才會有萬物的發展，但此處一個陰爻面對上面五個陽爻，以一敵五而有上進之能，這位女士太強了。夬卦的陰是快要下台了，已經是盛極而衰，姤卦則是剛剛要出道。姤卦是消息卦，這唯一的陰爻接著會把別的陰爻帶上來，姤卦往上到遯卦（䷠，第三十三卦），遯卦代表陽爻準備逃走；接著否卦（䷋，第十二卦）、觀卦（䷓，第二十卦）、剝卦（䷖，第二十三卦）、坤卦（䷁，第二卦）。

「勿用取女」並不是說占到這個卦不能結婚，而是要小心考慮，自己是否適合這樣的婚姻，並留意對方是否有姤卦所提的現象，例如女生個性太強、能力太高。但有時候大家不看好的對象，也許正好能與自己互補，所以要能了解卦辭之意，做正確的解讀。

彖傳

彖曰：「姤，遇也，柔遇剛也。勿用取女，不可與長也。天地相遇，品物咸章也。剛遇中正，天下大行也。姤之時義大矣哉。」

〈彖傳〉說：「姤卦，就是指相遇，是柔順者遇到剛強者。不要娶這樣的女子，是因為無法與她一起成長。天與地二氣相遇，各類事物都彰顯生機。剛強者遇到居中守正的機會，天下一切順利進展。姤卦的時勢意義太偉大了。」

不要娶這樣的女子，是因為無法與她一起成長，她一成長，上面的陽爻就要離開了，這是困難所在。一個女子太強，一旦成長，男子就紛紛被她超越了，所以男子跟這女子無法並駕齊驅。夬卦、姤卦的九二、九五，兩個中間的位置都是陽爻，大體而言這樣的卦是有事要做，但不見得可以做成，是好是壞，就要看趨勢了。

象傳

象曰：「天下有風，姤。后以施命誥四方。」

〈象傳〉說：「天下有風在吹，這就是姤卦。君王由此領悟，要發布命令，詔告四方。」

發布命令如同風行大地，散播到各地。上卦乾是天，代表君王，下卦巽為風，有如以風來散播君王的旨意。

爻辭

初六。繫於金柅（ㄋㄧˇ），貞吉。有攸往，見凶。羸豕孚蹢（ㄓˊ）躅（ㄓㄨˊ）。

象曰：「繫於金柅，柔道牽也。」

初六。捆縛在繅（ㄙㄠ）車的金屬橫槓上，正固吉祥。有所前往，會見到凶禍。拴縛住的豬確實在跳動掙扎。

〈象傳〉說：「捆縛在繅車的金屬橫槓上，是要把柔順者的路牽制住。」

初六是主爻。「柅」是車下止動之木，有如剎車器。初六上面有乾卦，乾為金，以金稱之；本身在下卦巽中，巽為繩，也是木，「繫於金柅」就是這樣來的。為什麼要把初六捆起來呢？因為初六不能動，一動這個卦就變了。若這個爻往上發展，將危及陽爻，所以見凶；反之則為貞吉，所以要牽制柔道，讓陰爻不動。

「羸」是拴縛之意，「豕」就是大豬，《易經》以羊代表陽爻，有時候以豬代表陰爻。「孚」是信實，有確實之意。「蹢躅」則來自初六在下卦巽中，巽為股、為進退，有跳動掙扎之象。初六這麼有力，女壯在此可見一斑。初六要往上走，是整個卦的結構趨勢，讓初六變得那麼有力，所以要牢牢的綑住。

九二。包有魚，无咎，不利賓。

象曰：「包有魚，義不及賓也。」

九二。包裹中有魚，沒有災難，不適宜招待賓客。

〈象傳〉說：「包裹中有魚，理當分配不到賓客。」

用「包」字一定是因為底下有東西可以把握。九二在下卦巽中，巽為木、為白，引申為白茅，可以墊在地上，也可以包物。「魚」是指初六，初六是主爻，上面每一個陽爻都希望與它建立關係。初六該如何對待呢？「姤」即遇、即捷足先登，誰先碰到誰先拿。古代人見面送禮，用布包裹魚和豚是薄禮，但表示誠意。可是客人分不到，客人就是九四，九四與初六正應，本來可以得到初六，但是九二捷足先登，就超越了九四的正應。《易經》另外還有兩處提到魚，剝卦的「貫魚以宮人寵」；中孚卦的「豚魚吉」，所指的都是陰爻。

九三。臀無膚，其行次（ㄗ）且（ㄐㄩ），厲，无大咎。

象曰：「其行次且，行未牽也。」

九三。臀部沒有皮膚，行走十分艱難。有危險，但沒有大災難。

〈象傳〉說：「行走十分艱難，是因為行走沒有牽引的力量。」

這段爻辭和夬卦的九四前半段類似。九三陽爻在剛位，位置佳，何以行動困難呢？九三在下卦巽中，巽為股，所以說「臀」；陽爻居剛位，有動向，但是上無正應，不安又動彈不得，是為「无膚」。无膚指的是受了一些傷，坐也坐不好，站也站不住，並且無由接近初六。九二、九四都有機會，九三卡在中間，與夬卦九四的情況類似，空有陽剛之力，但是沒有牽引的力量，所以必須稍安勿躁。

九四。包无魚，起凶。

象曰：「无魚之凶，遠民也。」

九四。包裹中沒有魚，發起行動會有凶禍。

〈象傳〉說：「沒有魚的凶禍，是因為遠離了百姓。」

包裹中沒有魚，是因為魚已被九二搶走了，所以九二「包有魚」，九四「包无魚」。這時候不要動，否則會有凶禍。「民」是指初六，遠離了百姓，沒有與百姓熟悉，怎麼能採取行動呢？就算行動，也不會有人支持。所謂行動就是往上發展，對全卦和陽爻來說，是不利的，因為往上發展，底下陰爻便接著上來了。

九五。以杞包瓜，含章，有隕自天。

象曰：「九五含章，中正也；有隕自天，志不舍命也。」

九五。用杞樹葉子包起瓜果，其內含藏文采，從天上掉落下來。

〈象傳〉說：「九五含藏文采，是因為居中守正；從天上掉落下來，是因為心意在於不放棄使命。」

此處所說的使命，就是要先穩住，否則讓初六一路上去，對整個陽爻都有威脅，所以要設法把初六包住。「杞」是樹高葉大的植物，取象於下卦巽，巽為木、為高。其實整個姤卦就像個放大的巽卦，九五在很高的地方，用杞的葉子來包瓜，瓜當然還是指初六。九五在天的位置，顧及全卦的發展，乃自天殞落，意思是設法穩住底下的陰爻，暫時不要讓它發展。

九五可以「含章」，是因為居中守正；而且達成穩住大局這個任務，不放棄使命的表現，在《易經》中認為是合乎時宜的。

上九。姤其角，吝，无咎。

象曰：「姤其角，上窮吝也。」

上九。遇到頭上的角，有困難，沒有災難。

〈象傳〉說：「遇到頭上的角，是因為處在上位，沒有去路而出現困難。」

上九位居上卦的最終位置，像頭上的角。上九走到這裡，下一步就是退出全局，所以說是「窮吝也」。能夠「无咎」，是因為九二與九五都在中位，還可以穩住陣腳，使上九沒有立即的災難。

45

萃 ䷬

下坤上兌，澤地萃

卦辭

萃。亨。王假（ㄍㄜˊ）有廟，利見大人，亨。利貞。用大牲吉，利有攸往。

萃卦。要祭獻，君王來到宗廟。適宜見到大人，通達，適宜正固。用大牲去祭祀，吉祥。適宜有所前往。

句中第一個「亨」字與「享」相通，代表要祭獻；舉行祭獻時聚集眾人，聚集就是「萃」。祭祀時的牛稱為「大牲」，澤地萃，地就是坤、是牛。「王假有廟」代表能夠真誠的表達心意，在六十四卦中出現二次，一次是本卦萃，另一次是五十九卦渙（䷺）。

「萃」是人聚在一起，「渙」是人群分散，在人群聚散的時候，宗教常能起重大的作用。

因為人群聚在一起，大家當然會設法追求個人利益，但是舉行宗教祭獻，會使人想到祖先，就比較可能收斂，因為要積德行善才能讓祖先滿意，不能只想到現實的利害關係。至於在人群分散的情況，舉行宗教祭獻也會讓人回憶起祖先們聯手開創的艱辛，由此使人群不至於成為烏合之眾。〈序卦傳〉曰：「物相遇而後聚，故受之以萃。萃者，聚也。」

前面姤卦是相遇，接著萃卦是聚集。萃卦是由小過卦（䷽，第六十二卦）變來，小過卦的九三和六五換位，成為九五和六三，這樣才能合乎卦辭中所謂「利見大人」、「利有攸往」兩項條件。

彖傳

彖曰：「萃，聚也。順以說（ㄩㄝˋ），剛中而應，故聚也。王假有廟，致孝享也。利見大人亨，聚以正也。用大牲吉，利有攸往，順天命也。觀其所聚，而天地萬物之情可見矣。」

〈彖傳〉說：「萃卦，就是聚集的意思。順從並且喜悅，剛強者居中而有應合，所以聚集起來。君王來到宗廟，是要盡孝心祭祀祖先。適宜見到大人而通達，是因為以正道來聚集。用大牲去祭祀吉祥，並且適宜有所前往，是因為順應天命。觀察它如何聚集，就可以見到天地萬物的真實情況了。」

澤地萃，澤是喜悅，地是順從，所以順從並且喜悅。剛強者是指九五，居中而有六二相應，所以聚集起來。「天地萬物之情」的「情」字，並不是感情，而是真實的情況。

「順天命」三字十分重要，表示有「天賦的使命」，既要安頓秩序，顯揚中正之德，也要敬奉祖先，做到慎終追遠。這一段的意思，是要設法聚集祖廟的神靈，所以到祖廟去祭獻；也要照顧百姓，讓百姓也聚在一起。上聚祖廟是神靈，下聚四海是民心，這就是順天命。

象傳

象曰：「澤上於地，萃。君子以除戎器，戒不虞。」

〈象傳〉說：「沼澤高出大地之上，這就是萃卦。君子由此領悟，要修治兵器，警戒意外狀況。」

古代的國家有兩件大事，一是祀，二是戎。戎是軍事武力，對於兵器要勤加修治。這個卦一方面告訴我們要祭拜祖先，另一方面則提醒我們預防意外狀況。古人也有把水當作兵器，澤是水，澤水匯聚高於地面，有氾濫的危險。黃河決堤，誰擋得住？千軍萬馬也沒用，水的力量更大。

爻辭

初六。有孚不終，乃亂乃萃。若號，一握為笑。勿恤，往无咎。

象曰：「乃亂乃萃，其志亂也。」

初六。有誠信而不能堅持到底，於是散亂於是聚集。如果號哭，一握手就笑了。不必擔憂，前往沒有災難。

〈象傳〉說：「於是散亂於是聚集，是因為心意混亂。」

萃卦最特別的是六爻的爻辭皆有「无咎」。初六與九四正應，是為「有孚」。但是處在萃卦，萃是聚，大家聚在一起，想前往靠攏的對象當然是主爻九五，因為九五不僅中正，並且是小過卦九三上行所成。

初六有這樣的想法，但無法將誠信堅持到底，先找了九四，心裡又想要找九五，因此心意混亂，對九四「乃亂」，對九五「乃萃」。如果追隨九四，則以九四為中位而形成互卦巽（六三、九四、九五），巽是風，引申為號哭，風聲有時候就像人在哭一樣；如果跟上九五，九五在上卦兌，兌代表喜悅，引申為笑。初六和九五之間是一個艮卦，艮代表手，手可以握，合而言之就是「若號，一握為笑」。既然決定跟從九五，就不用擔心，前往而无咎，因為終於做正確的選擇了。

六二。引吉，无咎。孚乃利用禴（ㄩㄝ）。

象曰：「引吉无咎，中未變也。」

六二。牽引到吉祥，沒有災難。有誠信，所以適宜舉行禴祭。

〈象傳〉說：「牽引到吉祥而沒有災難，是因為居中的位置沒有改變。」

六二居中且正，與九五正應，受到九五特別照顧，可以充分依靠。九五原本是小過卦的九三，在小過卦中，九三、六二相比，六二對九三多所依靠，現在原來所依靠的對象上去變成九五，九五和六二又正應，友善的關係不僅沒變，可能更上一層，這叫做「引吉」，因為牽引而吉祥。六十四卦中二、五相應的不少，卻不是每個都是那麼明確的引吉。

「禴」是古代君王春天舉行的宗廟之祭，《禮記・王制》中說：「天子諸侯宗廟之祭，春曰礿，夏曰禘，秋曰嘗，冬曰烝。」這是古代的祭名，代表四季祭祀都用當季的產品。「礿」同「禴」，春天時蔬菜長得比較多，這種祭品非常簡單，但是隆重。

這一爻何以提到祭祀呢？這一點在取象上，要依九五而論。小過卦的九三，上到九五取得君位，而小過卦的上卦原來是震，震是東方之卦，代表春季，如此則九五以君位而行春祭，是為禴祭。卦辭中的「王假有廟」，與祭祀有關，與這段爻辭正相吻合。換言之，萃卦是來自於相聚，六二把九五祭祀的用心都表現出來。六二是臣，九五是君，君臣的關係很微妙，「君覓良臣，臣覓明君」，一般人可能認為後者重要，因為有明君賞識才能發揮所長。其實，君覓良臣的急切有時更甚於前者，有良臣才能襄助國事，國家才能上軌道，人民才有幸福。好臣子如果沒有明君，他仍可退而為一個「好人」；但國無良臣，國君一人簡直擔不起政治責任，將成為國家的罪人。六二能將九五祭祀的用心都表現出來，的確是不可多得的臣子。

六三。萃如，嗟如，无攸利。往无咎，小吝。

象曰：「往无咎，上巽也。」

六三。聚集的樣子，嘆息的樣子，沒有任何適宜的事。前往沒有災難，但有小的困難。

〈象傳〉說：「前往沒有災難，是因為上位者隨順。」

六三、九四、九五是一個互卦巽，巽是風，為隨順。六三往上相聚就變成巽，所以說「上巽」。六三在下卦坤中，三個陰爻並列，是為聚集的樣子。但是初六、九四正應，六二、九五正應，只有六三與上六不應，這使得六三嘆氣。前往沒有災難，是因為本來就要它往上走和九五聚集。

九四。大吉，无咎。

象曰：「大吉无咎，位不當也。」

九四。非常吉祥，沒有災難。

〈象傳〉說：「非常吉祥而沒有災難，是因為位置不恰當。」

既然是「大吉」，為什麼還要說沒有災難呢？因為九四位置有問題，本來能和九五相靠聚在一起，完全合乎萃卦的要求，但是陽爻在柔位，不中不正，即使大吉，也只能做到无咎。九四的大吉固然由於與九五聚集，另有一個重點是底下有坤卦支持。坤卦代表百姓，底下很多百姓支持，那當然是大吉了。

九五。萃有位，无咎。匪孚，元永貞，悔亡。

象曰：「萃有位，志未光也。」

九五。聚眾而擁有君位，沒有災難。缺少誠信，開始恆守正固，懊惱就會消失。

〈象傳〉說：「聚眾而擁有君位，是因為心意尚未廣布。」

在萃聚的時候，九五是主要的位置，本來應該照顧全卦，但是九五和六二正應，這個正應反而不好，代表只照顧六二，其他的爻照顧不到，所以說「志未光」。九五居中守正，下有六二正應，但是與坤之間隔著九四，九四在互卦艮（六二、六三、九四），艮為止，如此一來，九五要照顧底下的百姓，有些困難，百姓對君上也不太相信，對百姓而言便是誠信有所不足。

上六。齎（ㄐㄧ）咨涕洟，无咎。

象曰：「齎咨涕洟，未安上也。」

上六。悲傷嘆息而淚涕滿面，沒有災難。

〈象傳〉說：「悲傷嘆息而淚涕滿面，是因為未能安居上位。」

「齎咨」就是咨嗟，悲傷嘆息；「涕洟」就是眼淚鼻涕一起流。大家都聚在一起了，只有上六還乘九五，對九五不尊重。上六底下沒有正應，孤立無援，下乘九五，不安又不順，眼見大家聚合而自己落單，所以「齎咨涕洟」。上六在上卦兌中，兌為澤、為口，合之則為聲淚俱下之貌，因為未能安居上位，有心相聚而無法如願。

我們在解釋一個卦時，首先要知道整個卦大的格局、大的形勢，然後再研究爻的好壞。其實爻只有兩個可能，非陽即陰，但是在不一樣的卦裡，會有不同的相對關係，因而引伸出各種吉凶禍福。以這樣的觀點來看，萃卦可說是非常生動有趣的材料。

46

升 ䷭

下巽上坤，地風升

卦辭

升。元亨。用見大人，勿恤，南征吉。

升卦。最為通達，可以用來見大人，不必擔憂，往南前進吉祥。

〈序卦傳〉說：「聚而上者謂之升，故受之以升。」前一卦為萃，萃是聚集，大家都聚集之後，接著就往上升了。〈雜卦傳〉說：「萃聚而升不來也。」「來」是指下來，「升不來」是往上走而不下來。「用見大人」的「用」，意為受到任用，是指九二可以受到六五重用，把握適當時機就不必憂慮。至於方位「南」，要看後天八卦，上坤地在西南，下巽風在東南，卦是由下往上走，從東南到西南必須經過南方，因此「南征吉」。

彖傳

彖曰：「柔以時升，巽而順，剛中而應，是以大亨。用見大人，勿恤，有慶也。南征吉，志行也。」

〈彖傳〉說：「柔順者依循時勢而升進，既順利又和順，剛強者居中而有應合，因此非常通達。可以用來見大人，不必擔憂，是因為會有喜慶。往南前進吉祥，是因為心意可以實現。」

升卦是由小過卦（䷽，第六十二卦）變來，六二和九四互換，就變成地風升。柔順者依循時勢而升進，是指六二升上去到了六四，就形成了升卦的下巽上坤，這樣的行動使九二可以居中，又與六五正應，所以「剛中而應」，非常通達，可以用來見大人，大人指的就是六五。九二在互卦兌（九二、九三、六四）裡面，兌為悅，亦即有慶，不用擔憂；「南征」二字總結了「柔升」、「用見」、「有慶」，是為了心意可以實現。一個爻的變化就造成了這些吉祥的事情，真是奇妙。

程頤說：「凡升之道，必由大人；升於位，則由王公；升於道，則由聖賢。用巽順剛中之道以見大人，必遂其升。」在這句話中，「巽順剛中之道」是見大人的原則，雖然順利而和順，但心中還是要有剛直的堅持。關於往南前進，有些人附會說周文王和姜太公見面，是在渭南；劉備去找諸葛亮是在南陽，這些說法很有趣，不過不必認真看待。

象傳

象曰：「地中生木，升。君子以順德，積小以高大。」

〈象傳〉說：「地中長出樹木，這就是升卦。君子由此領悟，要順勢修養德行，從微小累積成為高大。」

地中長出樹木，巽卦為風，為木。木從地下長上去，只要能長出地表之外，就不容易被擋住了。君子由此領悟要順勢修養德行，從微小累積成為高大。

爻辭

初六。允升，大吉。

象曰：「允升大吉，上合志也。」

初六，由信賴而升進，非常吉祥。

〈象傳〉說：「由信賴而升進，是因為與上方心意相合。」

初六居升卦的初位，心意是要往上走的；雖沒有正應，但與九二陰陽相比，在下卦巽中，巽為風、為隨順，隨順九二，往上依靠，所以說「大吉」。

九二。孚乃利用禴，无咎。

象曰：「九二之孚，有喜也。」

九二。有誠信，所以適宜舉行禴祭，沒有災難。

〈象傳〉說：「九二的誠信，是因為有喜慶。」

這段爻辭在萃卦六二才見過，萃卦六二與九五正應，這裡是九二與六五正應，稱為「孚」。所以孚這個字，往往是指有正應，因為有人來呼應，表示有誠信。九二原是小過卦的九四，上面震卦的九四下來，如同把東方春天的卦帶下來了，有喜是因為有正應，並且在互卦兌中。

九三。升虛邑。

象曰：「升虛邑，无所疑也。」

九三。升進到荒廢的村落。

〈象傳〉說：「升進到荒廢的村落，是因為沒有任何疑慮。」

九三上面是坤，坤是地，一片平原，九三要往上升沒有任何阻礙。周朝的祖先太王為避開敵人，遷到岐山的山腳下，剛遷過來的時候是空的、荒廢的村落，後來一年成邑，二年成都。

「邑」是大的鄉村，「都」是都城，人越來越多了。九三陽爻在剛位，位置好又有正應，且在互卦震（九三、六四、六五）裡，震為行，指升進，上臨坤卦，坤為地、為邑，所以容許它一直往前，如入無人之境。代表九三的升進非常順利，加上上六正應，所以「无所疑也」。

六四。王用亨於岐山，吉，无咎。

象曰：「王用亨於岐山，順事也。」

六四。君王在岐山祭獻，吉祥，沒有災難。

〈象傳〉說：「君王在岐山祭獻，這是順勢而做的事。」

這段爻辭也印證周朝祖先的故事，但常讓人產生疑問，為什麼在四的位置，卻稱呼王？事實上，太王此時還不是「王」，之所以這樣寫，是因為建立周朝後，後人尊稱自己的祖先也用王，與六四的位置無關。六四在互卦震裡，震為諸侯、為祭器，所以說「王用亨」。六四也在互卦兌，兌是西邊，西邊就是岐山，周朝之所以稱為「西伯」（西邊的霸主）是因為岐山在商朝首都的西邊。接續九三的氏族部落領袖以誠信而受族人擁戴，接著因為某種原因而率眾遷移到更安全而廣大的地方，也就是「升虛邑」，一切安定之後，王用亨於岐山，這一段史實是描寫周朝祖先太王（古公亶父）遷居岐山的過程。

值得留意的是九二的「禴」和六四的「亨」，皆為宗教活動，顯示了信仰對古人的特殊意義。建立一個國家，祭祀等宗教活動是大事，目的在於慎終追遠，教導人民不應只圖現世的利害關係，要能夠追本溯源，透過宗教活動把祖先和人民加以聯繫，人民也能夠凝聚在一起，進一步成長茁壯。也只有透過祭祀祖先，才能證明自己是一個合理合法的部落。如果沒有強大的內聚力與認同感，只看現實條件，很多小國家容易放棄鬥志，人民根本就活不下去。所以追念祖先創業的艱辛，對建立整個國家的共識，十分有利。

六五。貞吉，升階。

象曰：「貞吉升階，大得志也。」

六五。正固吉祥，登上台階。

〈象傳〉說：「正固吉祥而登上台階，是因為充分實現了心意。」

這個時候國家發展已經完成，周武王做得不錯，大得志了。六五有九二正應，九二在下卦巽中，巽為高，全卦又是升卦，足以使六五往上升進。六五在上坤，坤為地，有如登上高地、臺階，可以充分實現心意。

上六。冥升，利於不息之貞。

象曰：「冥升在上，消不富也。」

上六。在昏昧中升進，適宜不成長的正固。

〈象傳〉說：「居上位還在昏昧中升進，會消退而不會富裕。」

升卦上六的狀況，應該是指商紂王，在昏昧中升進，根本就不知道自己快要結束了。他高高在上，能升進嗎？再走就下台了。提到昏昧是因為坤為夜，大地沒有看到陽光；「不息」是不成長，會消退而不會富裕。我們常談「消」、「息」，消是消退，息是成長，不息便是消。上六有九三正應，九三在下卦巽裡，巽為近利市三倍，所以上六若能正固，尚可安穩，但是已經到了上位而妄圖升進，結果是不進則退，只有消退一途。但是以卦的走勢，上六想停也停不下來，繼續走就走出卦了。

比較萃與升這一組正覆卦，萃卦的六爻皆「无咎」，是因為剛剛聚在一起，還不能有所作為，最好能夠多多祭獻，並從事宗教活動，讓民心聚在一起。而升卦一開始是「大吉」，接著是「无咎」，第三個「升虛邑」沒有提及吉或不吉，這應該是吉，因為後面「无所疑」，只是沒寫出來。六四、六五都是「吉」，這一組卦相當不錯，也能給為政者不少的啟發。

47 困

下坎上兌，澤水困

卦辭

困。亨，貞，大人吉，无咎。有言不信。

困卦。通達，正固，大人吉祥，沒有災難。說了話沒有人相信。

既然是「困」又何以能通達呢？因為困是一個外表有形可見的狀況，能身困而心亨就通達了。意即身體受困但內心通達，對君子而言表面看起來是困，其實正好是檢驗自己的機會。大人之吉，可由九五、九二見之，都是陽爻居中位。「有言不信」則是在困境中說話，沒有人會相信，譬如做生意失敗時遊說別人支持，別人很難相信，會擔心被拖下水。卦辭中既吉又有无咎，因為情況總是多方面的，大人吉祥沒有災難，並不是說一般人都吉，但至少无咎，沒有災難。〈序卦傳〉說：「升而不已必困，故受之以困。」前面是升卦，一直往上升總會遇到困境，在困境的時候正好可以考驗人格，並且出現轉向通達的契機。

孔子說過：「君子固窮，小人窮斯濫矣。」這一句話很符合《易經》的精神，意思是君子在窮困的時候能夠堅持原則，小人一窮困就胡作非為。儒家的基本觀念中，人性本來就是自由的，可能行善，也可能因疏忽或故意而為惡；行善的生命會有成就感，作惡也得自行負責。

困卦是否卦（☰☷，第十二卦）變來的，困卦的九二本來是否卦的上九。

彖傳

彖曰：「困，剛揜（ㄧㄢˇ）也。險以說（ㄩㄝˋ），困而不失其所，亨，其唯君子乎。貞，大人吉，以剛中也。有言不信，尚口乃窮也。」

〈彖傳〉說：「困卦，是剛強者受到掩蔽。在險難中還能喜悅，處於困境而不失去他的堅持，依然通達，大概只有君子做得到吧。正固，大人吉祥，是因為剛強者居於中位。說了話沒有人相信，是因為重視口說就會無路可走。」

困卦是剛強者受到掩蔽，之所以稱為困，就是如此。在此卦中，剛揜者有三個：九二被六三掩蔽；九四、九五被上六掩蔽。這代表剛強者像君子，都被陰爻小人所遮蔽、壓制住了，在這樣的險難中還能喜悅，就靠人格的修鍊。困卦上兌下坎，坎卦代表危險，兌卦代表喜悅；內卦已經有困難了，外面仍能從容喜悅，這不簡單。通常一個人處在困境多是愁眉以對，若能自在安詳，處於困境而不失去他的堅持，依然通達，大概只有君子做得到吧！

正固，大人吉祥，是因為剛強者居於中位。說了話沒人相信，是因為重視口說就會無路可走。孔子之所以強調剛毅木訥，是因為要靠說話來脫困是不可能的。

象傳

象曰：「澤无水，困。君子以致命遂志。」

〈象傳〉說：「沼澤中沒有水，這就是困卦。君子由此領悟，要犧牲生命來完成志願。」

澤水困，上面是沼澤，水到了沼澤底下，代表水流光了，無水當然是困。由「致命遂志」這四個字可推知，《象傳》的作者是來自儒家的系統，因為道家老莊絕對不會要求人犧牲生命來完成志願。莊子說：「知其不可奈何而安之若命」，意思就是對命中註定的事不要勉強；儒家則說：「知其不可而為之」、「殺身成仁、舍生取義」，再到「致命遂志」，這是一貫的思想，這個志願就是仁義。儒家從來不會把「活著」視為生命中唯一可珍惜的，重要的是一生中有沒有完成某些志願，而這個志願不僅止於個人成就，而是為了成就大我。荀子也是儒家，他說過「君子畏患而不避義死」，君子害怕災難，但是不會逃避為義而死。

在《易經》裡面所有與危險有關的都會提到坎卦，但其他卦的危險似乎都比較容易避開，而困卦卻不同，因為三個陽爻都被壓制，幾乎是不容許活下去了。

爻辭

初六。臀困於株木，入於幽谷，三歲不覿（ㄉㄧˊ）。

象曰：「入於幽谷，幽不明也。」

初六。臀部困陷在枯木中，進入幽暗的山谷，三年不能相見。

〈象傳〉說：「進入幽暗的山谷，是因為昏暗不明。」

在困卦裡，每一爻都有困難，初六才一出場，看起來就很辛苦了。初六與九四正應，但是九四因被壓制而自顧不暇。九四在互卦巽（六三、九四、九五）裡，巽就是臀，九四也在互卦離（九二、六三、九四）裡，離是科上槁木，「科」是光禿無枝葉的意思，爻辭中「株木」就是枯的木頭。初六自身在下卦坎中，坎為水、為隱伏，引申為幽谷，初六是在幽谷裡面最底下，所以說「入於幽谷」。在谷底的初六，本來指望正應的九四可以幫忙，但九四卻困在株木裡，愛莫能助。從初六往上要到九四，必須經過三步，因此說「三年不相見」。初六以陰爻居剛位，又居下卦坎的底部，往上面臨互卦離，離是光明，初六在光明的底下，就是脫離光明，稱為「幽不明」也。

九二。困於酒食，朱紱（ㄈㄨˊ）方來，利用享祀。征凶，无咎。

象曰：「困於酒食，中有慶也。」

九二。困處於酒食中，大紅官服剛剛送來，適宜用來祭獻。前進會有凶禍，沒有災難。

〈象傳〉說：「困處於酒食中，是因為居中位而有福慶。」

在困卦中，只要是陽爻所在的地方，都是困於某些情況。九二困於酒食，九四困於金車，九五困於赤紱。陽爻有實在的力量，所困的事在一般人眼中看來，似乎都是很好的狀況，九二困在酒食裡面，表面上看令人羨慕，但有時候富貴也可以讓一個人處於困境。孟子說：「富貴不能淫。」擁有富貴且耽溺在富貴裡，有時候是一種懲罰，富貴之人在社會上的言行舉止常被放大檢視，哪裡有市井小民來得自在？九二在下卦坎中，坎為水，引申為酒、為酒食。九二原是天地否卦的上九，上九下來變九二，代表天的乾是大紅色，所以說「朱紱方來」，由此也可以知道九二被九五重用。

在困卦裡陽爻都被陰爻所壓制，所以陽爻互相配合；九二、九五並不相應，但在困卦裡可以配合，所以九五給他官服，但是由於身處困境，只能以這種酒食與朱紱來享祀，若是前進會有凶禍，不然可保无咎。程頤說：「諸卦，二五以陰陽相應而吉，唯『小畜』與『困』乃厄於陰，故同道相求。小畜卦，陽為陰所畜；困卦，陽為陰所揜也。」在小畜（☴☰，第九卦）和困這兩卦裡，都是陽爻被陰爻壓制，所以本來不相應的二、五兩陽爻，同是天涯淪落人，反而可以合作。

六三。困於石，據於蒺（ㄐㄧˊ）藜（ㄌㄧˊ）。入其宮，不見其妻，凶。

象曰：「據於蒺藜，乘剛也；入於其宮，不見其妻，不祥也。」

六三。困處於石塊中，倚靠在蒺藜上。進入宮室，沒見到妻子，有凶禍。

〈象傳〉說：「倚靠在蒺藜上，是因為下乘剛爻；進入宮室，沒見到妻子，這就是不吉利的事。」

這麼凶的爻真的不多見。三個陰爻的困很類似，初六困於株木，六三困於蒺藜，上六困於葛藟（ㄌㄟˇ），都是被荊棘、枯木等植物困住。六三下乘剛爻九二，沒有見到妻子是不吉利的事。六三原本在否卦是處在互卦艮（六二、六三、九四）中，艮是小石頭。上九和六二換位之後，六三動彈不得，如同困於石裡面。六三在下卦坎中，坎為堅多心木，也就是堅硬、有刺的木頭，如蒺藜。這是因為六三以陰爻居剛位，乘剛坐立不安而進退不得，等於是困處在石頭裡面，依靠的是蒺藜，如何能靠得住呢？困卦的重點是「剛揜也」，以柔掩蔽剛，六三是唯一被上下陽爻所困的陰爻，所以六三的位置不好，六三壓制陽爻，最後自己反被陽爻九二、九四包圍了。

原來在否卦是互卦艮，艮為門闕；進入困卦之後成為互卦離（九二、六三、九四），離為見；並且原在否卦的下卦坤消失，坤為母、為妻，所以說他「入於其宮不見其妻」。對六三來說，它本身沒有改變，但因為九二與上六換了位置之後，代表妻子的坤卦不見了，這當然是不祥。〈繫辭・下傳〉裡面有一段孔子對這段爻辭的引申發揮，子曰：「非所困而困焉，名必辱。非所據而據焉，身必危。既辱且危，死期將至，妻其可得見耶？」意思是不該受困的地方卻受困，名聲一定會受到羞辱；不該倚靠的地方卻去倚靠，身體一定會陷入危險。既遭羞辱又處險境，死期即將來到，怎麼可能見到妻子呢？所以凶禍是很明確的。

九四。來徐徐，困於金車，吝，有終。

象曰：「來徐徐，志在下也。雖不當位，有與也。」

九四。要慢慢下來，困處在金車中，有困難，但會有結果。

〈象傳〉說：「要慢慢下來，是因為心意在於下方，位置雖然不恰當，但有接應的人。」

九四有初六正應，是「志在下」也，因為在互卦巽裡，巽為進退、為不果，所以說「來徐徐」。困卦本來是由天地否變來的，否卦上乾下坤，乾卦代表金，坤卦代表大車子，變為困卦之後金不見了，車也不見了，但是九四沒變，所以說「困於金車」。三個陽爻中只有九四有正應，所以說他陽爻在柔位，位置雖然不恰當，但有接應的人。

九五。劓（一ˋ）刖（ㄩㄝˋ），困於赤紱。乃徐，有說（ㄊㄨㄛ），利用祭祀。

象曰：「劓刖，志未得也。乃徐有說，以中直也。利用祭祀，受福也。」

九五。鼻被割去、足被砍去，困處於紅色官服中。於是慢慢行動，可以脫離困境，適宜舉行祭祀。

〈象傳〉說：「鼻被割去而足被砍去，是因為心意沒有實現。於是慢慢行動可以脫離困境，是因為居中而行為正直。適宜舉行祭祀，是要以此蒙受福佑。」

「劓刖」是古代的刑名。九五原在否卦，否卦有互卦艮及互卦巽，艮是鼻子，巽是大腿，變成困卦之後，互卦巽、互卦艮都不見了，鼻與大腿都受損，等於是受了兩種懲罰。

否卦變為困卦，九五沒有動，所以困於乾卦的紅色官服，乾是紅色、是君、是官服。九五在互卦巽，為進退、為不果，也是要慢慢來。困卦上面是兌卦，兌為缺口，意為脫落。不過眼前的困，是可以擺脫的，因為居中守正。

九二有「朱紱」，可以「利用享祀」；九五有「赤紱」，可以「利用祭祀」，至誠就可以受福。祭與祀享，合而言之分為三個：祭天神、祀地祇、享人鬼。二在下言享，五在君的位置言祭，基本上還是要有真誠的心意，在困境裡面若還不祭祀，只得走投無路了。

上六。困於葛藟（ㄌㄟˇ），於臲（ㄋㄧㄝˋ）卼（ㄨˋ），曰動悔。有悔，征吉。

象曰：「困於葛藟，未當也。動悔有悔，吉行也。」

上六。困處於藤蔓之間，於高危之地，這稱為因行動而懊惱。有了這種悔悟，往前進就吉祥。

〈象傳〉說：「困處於藤蔓之間，是因為位置不恰當。有了因行動而懊惱的這種悔悟，就可以前進吉祥了。」

「葛藟」是藤蔓之類，「臲卼」主要是描寫在高處的危險狀態。上六下臨互卦巽，巽為木，在木的上面並且不能動彈，所以「困於葛藟」。處在困卦最終的位置，下乘九四、九五，這是「於臲卼」，在太高、太危險的地方。「動悔」是指由否卦變為困卦的動，因此懊惱而有所悔悟，這時候再往前進自然吉祥，因為可以脫離困卦。所以上六在困卦裡面，終於可以轉危為安，總算是過了這一關。

回顧在困卦裡，三個陰爻都危險，困於株木、葛藟、蒺藜，都是屬於植物類，讓人動彈不得；三個陽爻都困於比較有利的條件，但是既然講困，就代表有願望也不能實現，有好的條件也動彈不得。有時候，貧窮是一種困，富貴也是一種困，如何覺察自己的困境，並加以突破，須得靠智慧與修為，每個人都該力求這二方面的精進。

48

井 ䷯

下巽上坎，水風井

卦辭

井。改邑不改井，无喪无得。往來井井。汔（ㄑㄧˋ）至亦未繘（ㄩˋ）井，羸（ㄌㄟˊ）其瓶，凶。

井卦。可以遷移村落，但不能移動水井。沒有喪失也沒有獲得。往來井然有序。汲水時，快到而尚未拉出井口，就碰壞了瓶罐，有凶禍。

〈序卦傳〉說：「困乎上者必反下，故受之以井。」在升卦與困卦之後，一定會回到下邊，就是井卦。在卦辭直接說凶的很少，井卦看起來不錯，為什麼最後是凶呢？基本觀念是井要養人，人不能離開水井，如果挖井沒有堅持到最後，是無效的。孟子曰：「掘井九仞而未及泉，猶棄井也。」不管挖得再深，如果沒有泉水湧出，依然是一口棄井，毫無用處。而會出水的井，如果沒有將水打上來，也沒有用。這說明為政在養民，不可以半途而止。我們常常說做好事最怕為德不卒，井卦就在這一方面提醒我們。

井不隨村落而遷移，通常不會乾涸也不會滿溢。古代有井田制度，是把一平方里的土地按井字分為九份，八家各分一份，再共耕中間的公田。每井八戶人家，四井三十二戶為一邑。井卦由泰卦變來，地天泰（䷊，第十一卦）上坤下乾，乾卦的初九向上走變成九五。泰卦上卦為坤，坤為地為邑，換位形成井卦，上卦由坤變坎，邑去而水現，顯示了改邑不改井的意思。

泰卦初九變九五，下卦本來是乾卦，失掉一個初九，但是得到九五，換得一個尊位，其中有喪有得，也是无喪无得。

彖傳

彖曰：「巽乎水而上水，井。井養而不窮也。改邑不改井，乃以剛中也。汔至亦未繘井，未有功也。羸其瓶，是以凶也。」

〈彖傳〉說：「進入水中再提水上來，這就是井卦。水井養育人們而不會枯竭。可以遷移村落，但不能移動水井，這是因為剛強者居於中位。汲水時，快到而尚未拉出井口，是還沒有功勞的。碰壞了瓶罐，所以說有凶禍。」

巽者入也，巽如空氣無所不入，巽乎水而上水，意為進入水中，再提水上來。水風井的風也是木，等於是用木桶裝水。汲井最怕功敗垂成，只要未出井口，一切努力都可能白費。《老子》第六十四章談功敗垂成時說：「民之從事，常於幾成而敗之。」因為快要完成的時候，人們容易鬆懈，所以不但要慎始還要慎終。

象傳

象曰：「木上有水，井。君子以勞民勸相。」

〈象傳〉說：「木上出現水，這就是井卦。君子由此領悟，要慰勞百姓，鼓勵助人。」

井卦下巽上坎，坎為水，巽為木，所以說木上有水。在此木是指桔槔，《莊子・天地》：「鑿木為機，後重前輕，挈水若抽，數如泆湯，其名為槔。」桔槔運用槓桿原理，把水從井中拉起，就是木上有水。

君子看到水井的作用，他所得的啟發是要慰勞百姓，並且勸導百姓幫助別人。因為水井要大家用，不能據為己有，汲水要排隊，老百姓互相幫助，有福同享。

爻辭

初六。井泥不食，舊井无禽。

象曰：「井泥不食，下也。舊井无禽，時舍也。」

初六。井中的淤泥不能食用，舊的水井沒有禽獸來。

〈象傳〉說：「井中的淤泥不能食用，是因為位居底部。舊的水井沒有禽獸來，是因為時候到了就被棄置。」

水井並不是永遠可以用，很多地方都有廢井，廢棄的井必須填起來，不然很容易發生危險。初六在井的底部，是由泰卦六五下來，泰卦上卦為坤，坤為土，土入井下，井裡有水而成為淤泥。

《易經》談到禽，兼指禽獸而言，並且常與坤卦有關，坤是田地，田就是打獵，禽獸在土地上面，土地可以生養禽獸。初六由泰卦的六五變來，上坤變成坎，無田就是「无禽」。至於「舊井」，因為初六在互卦兌（九二、九三、六四）底下，兌代表毀折，有缺口，在毀折的下面，意即已經毀折之後的情況，在此為舊井。

九二。井谷射鮒（ㄈㄨˋ），甕敝漏。

象曰：「井谷射鮒，无與也。」

九二。井中積水向下流注，水罐又破又漏。

〈象傳〉說：「井中積水向下流注，是因為沒有應援。」

「谷」能積水，「井谷」是說井中積水似谷；「射」是流注；「鮒」同柎，指底部或足部。所以「井谷射鮒」是說井底的水向下流，水井有破洞，所以留不住水。因為九二與九五不應，所以轉而往下回應初六的相承，形成往下走的情況。

甕是較瓶為大的陶罐，取象於互卦兌（九二、九三、六四）與互卦離（九三、六四、九五），九二在互卦兌裡，代表毀折；上臨互卦離，離為大的甕，大的甕底下有缺口，說明「甕敝漏」。初為「泥」，二為「漏」，都對水井沒有幫助，要到九三才能修補好了。

九三。井渫（ㄒㄧㄝˋ）不食，為我心惻。可用汲，王明，並受其福。

象曰：「井渫不食，行惻也。求王明，受福也。」

九三。井淘乾淨而不去食用，使我內心感到悲傷。可以用來汲水，君王英明，大家一起受到福佑。

〈象傳〉說：「井淘乾淨而不去食用，是為了要行動而悲傷。祈求君王英明，是為了受到福佑。」

「渫」是加以治理，也就是把井淘乾淨。九三在下卦巽中，巽為股（大腿），股入水之下，大腿到水底下去了，引申為修井、淘淨井水。九三當然希望有君王可以來提拔，君王指九五，然而九三在下卦，無法這麼快被人接受。這水井本來不好，前面初六和九二的問題，九三雖已經解決了，但別人不見得立刻就要用。九三在下卦，未及於上，就好像井水沒有離開井口，怎麼能為人食用呢？

九三面臨上卦坎，坎為心病、為加憂，所以要替井說話，心裡難過，因為修好了卻沒有人來用，既然要行動而不可得，就會有所企盼。九三到九五形成互卦離，離為明，所以說「王明」。九三與上六正應，所以有信心說其實水隨時可以飲用，希望九五能夠了解，九五如果英明，就能了解井水已經準備好了。等於九三是賢臣，等待九五運用他來造福百姓，因為井就是要被大家用的，誰願意永遠不受青睞呢？

六四。井甃（ㄓㄡˋ），无咎。

象曰：「井甃无咎，修井也。」

六四。井的內壁砌好了，沒有災難。

〈象傳〉說：「井的內壁砌好了，沒有災難，這是因為井已經整修完成。」

上一爻九三將底下的問題解決了，井水已經可以用了。但是井的壁還沒有修好，汲水上來隨時會碰壞罐子。到了六四，井已經修整完成，沒有災難。本爻取象生動，上卦由泰卦的坤變為井卦的坎，坤是土，坎是水，土加水為泥；中間有互卦離（九三、六四、九五），離為火，火燒泥成磚；下卦為巽，巽為工，引申為工人，於是工人燒泥成磚，再砌磚而上完成「甃井」的任務。程頤說：「六四居高位而得剛陽之君（九五），但能處正承上，不廢其事，亦可以免咎也。」六四可以无咎，因為上有九五，到九五才真正可以來飲用。

九五。井冽（ㄌㄧㄝˋ）寒泉，食。

象曰：「寒泉之食，中正也。」

九五。井中有甘潔清涼的泉水，可以食用。

〈象傳〉說：「清涼的泉水可以食用，是因為居中守正。」

「冽」是新鮮甘潔，「寒」是清涼寒爽，這是井水的最高評價，食之可也。九五以陽剛居中守正，是有德有才的大有為之君，國君為民謀福，有如甘泉之井，供人食用。這種觀念是任何時代的領袖都應該存在心中，並且力求實踐的。所以到九五可以知道，這個水井完全準備好了。

上六。井收勿幕，有孚元吉。

象曰：「元吉在上，大有成也。」

上六。井口收攏而不要加蓋，有誠信而最為吉祥。

〈象傳〉說：「居上位而最為吉祥，是因為大功告成。」

最後一個爻，尤其是陰爻的上六，以「元吉」為結尾的僅有這一卦。另外有一個卦在上九元吉，是天澤履卦，說的是「按照禮儀來安排自己的行動，一路走到底，就是元吉。」水井到最後井口一定比較小，要不然泥沙都掉進去了，但是不要加蓋，以供人取用。不加蓋是取象自陰爻的開口。上六有九三正應，又有九五支持，因此有誠信而最為吉祥，至此井的功能便大功告成了。

程頤說：「他卦之終，為極為變，唯『井』與『鼎』終，乃為成功，是以吉也。」意思是說：別的卦最後結束時非極則變，極是走到無路可走，變就是要變成別的卦了。只有井和鼎的結束，乃為成功，是以吉也。井是元吉，鼎卦到最後上九大吉。大吉和元吉在程度上有些差別，真正與井卦同為元吉的是履卦，程頤未曾提到，可能忽略了。

49 革 ䷰

下離上兌，澤火革

卦辭

革。己日乃孚。元亨利貞，悔亡。

革卦。到了己日才有誠信。開始、通達、適宜、正固。懊惱消失。

澤火革，澤代表有水，底下是火，火水不能相容，在一起就造成互相改變的情況，「革」就是改革、改變。〈序卦傳〉說：「井道不可不革，故受之以革。」前面是井卦，一口井使用久了必須定期清理，所以井卦之後是革卦。〈雜卦傳〉說：「革，去故也。」要除舊布新。

「己」是十天干甲、乙、丙、丁、戊、己、庚、辛、壬、癸中的第六個，所以代表過中；「己日乃孚」是過一半了就取得誠信，取得了別人的信賴，才能夠動手去改革，沒有得到別人的信賴就改革，恐怕會造成猜疑和災難。關於「己日」另外有所謂的「納甲說」，八卦配十天干，乾卦納甲、壬，坤卦納乙、癸，乾坤二卦各納二個，配對的順序是乾（甲）坤（乙），接著艮（丙）兌（丁），即少男少女；接著是坎（戊）離（己），即中男中女；再則震（庚）巽（辛），即長男長女，最後壬癸又回到乾坤。己日是指離卦而言，每十天會有一個己日，意思是改革不能太快，有一半的人都相信了，才能改革，以免帶來動盪不安，所以要特別謹慎。

「元亨利貞」本來是乾卦的卦辭，用在革卦，表示改革之後，又有新的開始。變革難免造成動盪，但終將回歸正常，平息之後懊惱便會消失。

彖傳

彖曰：「革。水火相息，二女同居，其志不相得，曰革。己日乃孚，革而信之。文明以說，大亨以正。革而當，其悔乃亡。天地革而四時成，湯武革命，順乎天而應乎人。革之時大矣哉。」

〈彖傳〉說：「革卦，是水與火互相熄滅，兩個女子住在一起，但心意不能投合，就稱為革。到了己日才有誠信，是指變革取得人們的信賴。文采光明而能喜悅，非常通達而守正道。變革做到了適當，他的懊惱才會消失。天地變革才會形成四季，商湯與周武王的革命，是順從天道而應合人心的。革卦所依循的時勢太偉大了。」

革卦是上澤下火，水與火兩者都想消滅對方，澤中有火。澤為少女，火是中女，少女中女兩個女兒在家，將來要分別嫁給不同的人，各有自己的未來歸宿，彼此的心意當然不會相投；光明與喜悅，分別取自離卦與兌卦。變革做到了適當，他的懊惱才會消失，這表示變革很可能會做得不適當，如此就會引起懊惱。

得天命的天子都是順從天道的，但是為什麼夏桀商紂有天命卻被推翻，商湯周武革天子命卻能稱「順天應人」？那是因為天子可能失德，罔顧造福百姓的職責，於是就有革除天子的天命的事實產生，這可以說明革卦「時」的特色。

革卦來自大壯卦（䷡，第三十四卦），大壯卦的六五和九二換位，上下交流而陰陽得正，也就是「革而當」。大壯卦的兩個中的位置是九二與六五，不甚理想，變成革卦後六二與九五，既中且正，整個卦非常穩定。

象傳

象曰：「澤中有火，革。君子以治曆明時。」

〈象傳〉說：「沼澤裡出現了火，這就是革卦。君子由此領悟，要制定曆法，明辨時序。」

制定曆法和天時有關，明辨時序與人事有關，可知革是配合天與人來設法進行改變，意即改變時不能只看某一方面，要注意到相關的各個層面。

爻辭

初九。鞏用黃牛之革。

象曰：「鞏用黃牛，不可以有為也。」

初九。用黃牛皮做的繩子來綑綁。

〈象傳〉說：「用黃牛皮做的繩子來綑綁，是因為不可以有所作為。」

革命必須特別謹慎，初九以陽爻居剛位，動力強，但剛進入革卦，不能夠隨便亂動；與九四又不應，還不能有為，所以用黃牛皮做的繩子來綑綁，使它不能妄動，不可以有所作為，就如乾卦初九「潛龍勿用」。初九在下卦離底下，離從坤得到中爻，所以為中女；坤卦本身是牛，所以離卦據此稱牛；坤是黃色，黃也是中間的顏色，所以說「黃牛」。進入革卦，要革新、革命，大家都很興奮，但是初九還不適合，必須先行穩住，若時機未至就採取行動，難有好結果。

六二。己日乃革之。征吉，无咎。

象曰：「己日革之，行有嘉也。」

六二。到了己日才來變革。前進吉祥，沒有災難。

〈象傳〉說：「到了己日才來變革，是因為行動會有美好結果。」

六二與九五正應，前進當然吉祥，行動會有美好的結果。六二是陰爻居柔位，既中且正，在離中，離就是「己日」，為火、為明，可以進行變革。六二在互卦巽（六二、九三、九四）中，巽為近利市三倍，所以六二往上走，加上有九五正應，非常適合，在革卦裡六二已經準備好要行動了。

九三。征凶貞厲。革言三就，有孚。

象曰：「革言三就，又何之矣？」

九三。前進有凶禍，正固有危險。變革之言三度符合，才有誠信。

〈象傳〉說：「變革之言三度符合，還要往哪裡去呢？」

革卦的重點在於上卦，真正的變革是上卦三爻。變革特別需要準備，準備的工作是由下卦來負責，初九還不能動，須穩住；六二很好，準備完成；九三要動了嗎？這時候出現很大的考驗。九三居上下卦之間，正是水火衝突之際，前進與正固都有困難，是「非凶即厲」的處境，往前走是凶，停下來有危險。在革卦裡不能停，必須往上走，但往前進壓力很大，因為上面兩個陽爻擋住。還好有上六正應，可以有出路。九三在下卦中，由於聽從上六之言，而能安居其位，表現誠信，也就不必再躁動了，所以〈象傳〉說：「又何之矣？」

九四。悔亡，有孚，改命，吉。

象曰：「改命之吉，信志也。」

九四。懊惱消失，有誠信，改變天命，吉祥。

〈象傳〉說：「改變天命而吉祥，是因為有值得信賴的心意。」

到了九四，懊惱消失了，因為已經到了上卦。我們可以看到革卦的一個特色，就是九三、九四、九五都「有孚」，說明要做任何改革，最重要的就是要有誠信，取得大家的信賴。九四有孚，因為在互卦巽（六二、九三、九四），也在上卦兌，又順利又喜悅，這是一個好的位置，可以改變天命。九四的位置底下是互卦巽，巽代表風、命令，上面是互卦乾（九三、九四、九五），乾乃天，兩個互卦配合起來，是上天有命。改變天命而吉祥，是因為有值得信賴的心意。

九五。大人虎變，未占有孚。

象曰：「大人虎變，其文炳也。」

九五。大人改變而形貌如虎，尚未占問就有了誠信。

〈象傳〉說：「大人改變而形貌如虎，是說他的文采燦爛耀眼。」

有九五這個位置的叫做大人，沒有位置的只能稱為君子。至於「虎變」取象自上卦兌，兌為虎；變則是因為既然改革，當然要變。九五和六二正應，六二在下卦離，離是龜，龜可以占卦，既是正應，不用占卦就知道它有誠信。

上六。君子豹變，小人革面。征凶，居貞吉。

象曰：「君子豹變，其文蔚也。小人革面，順以從君也。」

上六。君子改變而形貌如豹，小人變換他的面目。前進有凶禍，守住正固就吉祥。

〈象傳〉說：「君子改變而形貌如豹，是說他的文采盛美可觀。小人變換他的面目，是說他順服而追隨君主。」

有位者稱大人，無位者稱君子，到上六已經退位或是宗卿的層次。君子改變形貌如豹，虎與豹同科，豹的色彩比起虎來要略遜一籌，這是古人的觀察。大人及君子都是要將內在的光明展現出來，以變化形貌。所謂內在可以觀察其下卦離，離為火、為光明。小人的改變則無法及於內在，小人之所以為小人，是無志而未自覺者也，外表可以改，但內心不容易變，所以不能洗心，只能說革面。

此時前進有凶禍，守住正固就吉祥。在改革剛剛完成時一定要先穩住，不能再躁進了，因為已到了上六的位置，往前進就會離開。文采盛美可觀稱為「文蔚」，文采燦爛耀眼是為「文炳」，後來常用以取為女孩名和男孩名，可見《易經》對後世影響之深。

50 鼎 ䷱

下巽上離，火風鼎

卦辭

鼎。元吉，亨。

鼎卦。最為吉祥，通達。

革了之後就出現鼎，大禹治好洪水之後，曾經鑄了九鼎，代表中國古代華夏的九州。後來商滅夏，周亡商，周朝各諸侯國都想要「問鼎中原」，看能否把鼎帶走。鼎為什麼那麼重要呢？因為鼎跟吃飯有關，民以食為天，如果沒有鼎，只能夠吃生食，很容易生病，有了鼎可以熟食之後，生活就不一樣了。

〈序卦傳〉說：「革物者莫若鼎，故受之以鼎。」最能變革事物的是鼎。鼎在古代是炊煮之具，使生食變為熟食，沒有比這個更徹底的變革了。〈雜卦傳〉說：「革，去故也；鼎，取新也。」要除舊布新，鼎卦開創新局，自然是元吉。

鼎卦來自遯卦（䷠，第三十三卦），天山遯的六二和九五換位，就成了火風鼎。二五依然正應，但卦象完全改變。觀察這六爻的排列就像個鼎，鼎有三隻腳，但從正面看只能看到兩隻，第一爻像底下兩隻腳，也就是鼎足；中間三爻是實實在在的鼎腹，裡面是食物；第五爻是鼎耳，鼎耳特別重要，用橫木穿過鼎耳才能抬著走；第六爻就是扛鼎的鼎鉉。

彖傳

彖曰：「鼎，象也。以木巽火，亨（ㄆㄥ）飪也。聖人亨以享上帝，而大亨以養聖賢。巽而耳目聰明，柔進而上行。得中而應乎剛，是以元亨。」

〈彖傳〉說：「鼎卦，是由鼎的形象來取卦名的。把木柴放進火內，是要烹煮食物。聖人烹煮食物來祭獻上帝，進而大量烹煮食物來養育聖賢。隨順而耳聰目明，柔順者往上前進。取得中位並與剛強者相應合，因此最為通達。」

鼎卦是由鼎的形象來取卦名的，有些人因此爭論先有鼎卦才造成了鼎？還是先有客觀的鼎，才從觀察鼎畫成鼎卦？其實有時候象與形是在互相激盪之中產生的，不見得有誰先誰後。

火風鼎，風是木，火下有木，木上有火，把木材放到火裡面，聖人烹煮食物來祭獻上帝。「上帝」二字難得出現，提醒我們人的生命必須不斷超越。我們為什麼一定要遵循某些行為規範、某些做人處事的原則？因為有一個最高神明，祂總是給人最明確的指示，指示人為善，因為善惡有報應；指示天子好好治理國家，因為有權力的人要照顧百姓。聖人要祭獻上帝，大量烹煮食物來養育聖賢，是為了要讓官員都有足夠的生活條件，官員才能安心做他的工作，國家才能上軌道。「巽而耳目聰明」中，巽卦代表隨順，離卦代表光明，也代表「目」。至於「耳」，是指六五鼎耳，鼎最重要就是耳，沒有鼎耳，煮好了食物也無法搬給人享用。

從「柔進而上行，得中而應乎剛」，可以找到鼎卦從遯卦變化而來的足跡。鼎卦六爻中只有初六和六五是柔爻，既曰上行當然不是初六，一定是六五，柔往上走，找到六五的位置，並且與九二相應。居中且正而有應，當然能最為通達了。

象傳

象曰：「木上有火，鼎。君子以正位凝命。」

〈象傳〉說：「木上有火在燒，這就是鼎卦。君子由此領悟，要端正職位，完成使命。」

前面講革卦，革卦之後就有新的局面。鼎是國家的重器，在這個位置上要好好盡力量，以完成使命。

爻辭

初六。鼎顛趾，利出否（ㄆㄧˇ）。得妾以其子，无咎。

象曰：「鼎顛趾，未悖也。利出否，以從貴也。」

初六。鼎足顛倒，適宜走出閉塞。因為兒子而娶得妾，沒有災難。

〈象傳〉說：「鼎足顛倒，但並未違背常理。適宜走出閉塞，是為了要追隨貴人。」

鼎既然是燒飯的工具，裡面一定有前次剩下來的殘渣，所以使用之前，要先把它倒過來清洗乾淨。初六與九四正應，陰要從陽，初六跟著九四走，翻過去是為「鼎顛趾」，適合走出閉塞，把殘渣、汙垢去掉。

鼎卦由遯卦變來，初六本來在下卦艮中，艮為少男，現在變為鼎卦，初六的正應是九四，九四在互卦兌（九三、九四、六五）裡，兌為妾，所以說「得妾以其子」。這個說法繞了好幾圈，真的用意在母以子貴，顛倒過去之後，得妾以其子，兩方面都兼顧了，所以沒有什麼災難。孔穎達說：「正室雖亡，妾猶不得為室主，妾為室主，亦猶鼎之顛趾而有咎過。妾若有賢子，則母以子貴，以之繼室，則得无咎。故曰：『得妾以其子，无咎也。』」這或許反映了古人生活實況，可以參考。〈象傳〉說鼎足顛倒，但並未違背常理。鼎本來站在地上，怎麼可以顛倒呢？是為了清乾淨，沒別的辦法。適宜走出閉塞，為了追隨貴人，代表初六有九四正應，有貴人來幫助。

九二。鼎有實，我仇有疾，不我能即。吉。

象曰：「鼎有實，慎所之也。我仇有疾，終无尤也。」

九二。鼎中有實在物料，我的對頭患了病，沒有辦法接近我。吉祥。

〈象傳〉說：「鼎中有實在物料，是因為謹慎安排去處。我的對頭患了病，所以最終沒有責怪。」

九二已經進入鼎的腹部，腹部是指九二、九三、九四，三個陽爻在一起，陽剛為貴，所以說「鼎有實」。「仇」是仇人，指對頭或相應的爻，此指六五，因為從遯卦變鼎卦，九二與六五換了位置，這兩爻在遯卦對應，在鼎卦雖然也對應，但兩個位置都中而不正。「我仇有疾」是因為六五位置不太適合，有些小毛病。並且九二在下卦巽裡，巽為多白眼，多白眼是對對方有些意見，所以對方不能接近。九二與六五中間隔了兩個陽爻，要接近不是很容易，雖沒辦法接近，還是吉祥。九二是由遯卦的九五所變成的，由上卦中位來到下卦中位，沒有離開中間，所以叫做「慎所之也」。六五雖有疾，但其位為九二所讓，並且仍有陰陽正應，所以「終无尤也」，結果還是吉。

鼎的九二已慢慢發揮鼎的作用了，但是真的那麼平順嗎？也不見得，燒飯的過程，甚至要開始吃飯的過程都有些困難。

九三。鼎耳革，其行塞，雉膏不食。方雨，虧悔，終吉。

象曰：「鼎耳革，失其義也。」

九三。鼎耳被革除，行動受到困阻，吃不到山雞的美肉。正在下雨，既吃虧又懊惱，最後吉祥。

〈象傳〉說：「鼎耳被革除，是因為失去它做為鼎耳的意義。」

鼎耳被革除，真正的鼎耳在六五而不是九三，為什麼九三認為自己是鼎耳呢？因為鼎卦從初六到六五，是一個大坎卦，坎是耳朵，九三正好在這個中間，所以九三自認為是耳朵。九三走不通，也是因為處在大坎、大陷阱中，有危險。上卦離，離是雉，代表有美味；「雉膏不食」，因為還不到時候，才到第三爻，還沒煮好，怎麼可以吃呢？九三在互卦兌裡，兌為澤，澤就是水，引申為雨，是「方雨」；兌又是毀折，是虧損，使九三產生悔意，所以「方雨，虧悔」。然而鼎卦四個陽爻中，只有九三位正，並且居下卦最終的位置，所以說「終吉」。

九四。鼎折足，覆公餗（ㄙㄨˋ），其形渥，凶。

象曰：「覆公餗，信如何也？」

九四。鼎足折斷，打翻了王公的粥，自己身上也沾污了，有凶禍。

〈象傳〉說：「打翻了王公的粥，結果是怎麼樣呢？」

九四在互卦兌裡，兌為毀折之象，鼎以初六為足，初六是鼎顛趾，九四與初六正應，兩者相互聯繫的結果是初六承受不了這麼大的任務而毀折。和前一爻相同，東西沒有燒到熟的地步，還不到正式享用的階段。鼎翻覆的是「公餗」，「公」是王公，九四的位置是公卿；「餗」是八珍之膳，珍貴的粥品。打翻之後粥沾到身上，「渥」為沾污，為湯汁所濕，意象也是來自互卦兌代表澤。

〈繫辭・下傳〉有一段關於這段爻辭的引申，子曰：「德薄而位尊，知小而謀大，力小而任重，鮮不及矣。《易》曰：『鼎折足，覆公餗，其形渥，凶。』言不勝其任也。」道德淺薄而地位崇高，智慧不足而謀劃大事，力量微弱而擔當重任，很少有不拖累到自己的。所以絕不是有機會就出來為官做大事，還要看自己夠不夠份量，有沒有真正的實力。功夫下得夠久，才能舉重若輕，事情交給這樣的人，大家也才安心。九四提醒我們自問「實力、份量」足夠與否？如同鼎裡面煮的食物，可以吃了嗎？不是只要「有」就可以了。

六五。鼎黃耳金鉉（ㄒㄩㄢˋ），利貞。

象曰：「鼎黃耳，中以為實也。」

六五。鼎有黃色的耳與金製的鉉。適宜正固。

〈象傳〉說：「鼎有黃色的耳，是因為居中而踏實。」

六五處在上卦中間，是鼎耳的位置，上卦離，離得坤之中，坤為土，又居中位，所以其色為黃。鼎卦由遯卦變來，上卦為乾，乾為金。鼎卦上九沒變，它的位置是鉉，鉉就是穿過鼎耳，可以把鼎抬起來的橫木，我們現在稱做「扁擔」，古時候當然是特別製作的，所以是金字邊的「鉉」。黃耳金鉉是貴重之象，所以「利貞」。六五居中又有九二正應，是為「中以為實」。

上九。鼎玉鉉，大吉，无不利。

象曰：「玉鉉在上，剛柔節也。」

上九。鼎有玉製的鉉。非常吉祥，無所不利。

〈象傳〉說：「玉製的鉉在上位，是因為剛與柔調節合宜。」

鼎卦由遯卦變來，遯的上卦原是乾，乾是金、是玉，就是最貴重的東西。為何在六五稱「金」，上九「稱玉」呢？因為六五本身的位置為金，尤其強調顏色是黃色，是帝王才有的尊榮。而玉比金溫潤，更適合柔位。上九陽爻在柔的位置，為了稍做調節，本來的金便變成玉了。上九名正言順，是真正的「鉉」，所以說它「大吉，无不利」。玉製的鉉在上位，是因為剛與柔調節合宜，金屬剛硬，玉屬柔潤，是剛柔可以調節。

從革卦和鼎卦兩個卦中，我們觀察到積弊須革，革故鼎新，開創出一番新的局面，一切都要以誠信為前提，才能得到群眾的信任與支持。

51 震 ䷲

下震上震，震為雷

卦辭

震。亨。震來虩（ㄒㄧˋ）虩，笑言啞（ㄜˋ）啞。震驚百里，不喪匕（ㄅㄧˇ）鬯（ㄔㄤˋ）。

震卦，通達。震動起來驚慌不安，談話笑聲穩定合宜，震動驚傳百里之遠，祭器、祭酒卻不失手。

震卦是八個純卦之一，震是長子，有如諸侯將來要繼承王位，這是很重大的事情，就用震卦來加以說明。震動會令人驚慌不安，因為任何大的變動，尤其是人間的人事變動，第一時間都會讓大家覺得恐慌，但是誰能夠處變不驚、臨危不亂，隨後即能恢復正常，談話笑聲穩定合宜，誰才有資格來負責大的局面。〈序卦傳〉說：「主器者莫若長子，故受之以震。震者，動也。」主持禮儀者沒有比長子更適合的。「匕鬯」是宗廟祭祀的禮器與祭器，「匕」是像湯匙一樣的器具，用以挹取鼎食；「鬯」是秬黍所釀的酒。卦中有互卦坎（六三、九四、六五），坎為堅多心之木、為棘，引申為木頭製的匕；坎又是水，引申為酒，也稱為鬯。

象傳

象曰：「震，亨。震來虩虩，恐，致福也。笑言啞啞，後，有則也。震驚百里，驚遠而懼邇也。出可以守宗廟社稷，以為祭主也。」

〈彖傳〉說：「震卦，通達。震動起來驚慌不安，是因為恐懼可以招致福佑。談話笑聲穩定和宜，是因為隨後有了言行法則。震動驚傳百里之遠，是要驚醒遠方的人並且戒懼近處的人。國君外出，長子可以守護宗廟與國家，擔任祭祀的主持人。」

戒惕謹慎讓一個人不至於碰到大的災難，因為心中已有準備，未曾鬆懈。《論語・鄉黨》中說孔子：「迅雷風烈必變。」遇到很急的雷、很大的風，孔子一定改變態度，這是自然反應。自然界的大變化會讓人震驚，如何因應變化正足以檢驗一個繼位的國君。長子是接班人，不可耽於逸樂，需要感受到自身責任的重大，常有大雷將至的戒慎恐懼，由此才可以謹言慎行，修德以致福。並且提醒每一個人都要有憂患意識，遠近都要來配合。古人把雷鳴當作上天示警，而不只是自然現象，「不喪匕鬯」，顯示處變不驚與臨危不亂的定力，這是國君應該有的修養。祭祀是重大的事件，讓長子擔任祭祀的主持人，再次肯定了宗教信仰的重大意義，這種信仰所崇拜的，固然有祖先的神靈，同時還有至高的上天。

象傳

象曰：「洊（ㄐㄧㄢˋ）雷，震。君子以恐懼修省。」

〈象傳〉說：「接二連三打雷，這就是震卦。君子由此領悟，要有所恐懼，修正省察自己。」

「洊」是重複，接二連三打雷。平常在快樂休閒時，人們往往不太會自我檢討，只有恐懼危難時才會這樣做。人若不能定期反省，就不易察覺逐漸形成的惡習，往往等到積重難返便徒呼奈何。所以活在世間不能沒有憂患意識。

爻辭

初九。震來虩虩，後笑言啞啞，吉。

象曰：「震來虩虩，恐致福也。笑言啞啞，後有則也。」

初九。震動起來驚慌不安，然後談話笑聲穩定合宜，吉祥。

〈象傳〉說：「震動起來驚慌不安，是因為恐懼可以招致福佑。談話笑聲穩定和宜，是因為隨後有了言行法則。」

初九是主爻，單獨一個震卦時，初九是唯一的陽爻，當然是主爻。兩個震卦在一起，何以選擇初九，而非九四呢？因為九四還有兩個互卦，坎與艮，不太適合代表純粹震卦的特色，所以震卦以初九為主。關於「笑言啞啞」，得考慮震卦的由來，震卦是由第十九卦地澤臨卦（䷒）變來的，九二和六四換位而成震卦。在臨卦裡初九在下卦兌中，兌為口，引申為笑，形成震卦之後，陰陽爻的搭配有它的規則，是為「後有則也」。

六二。震來厲，億喪貝。躋（ㄐㄧ）於九陵，勿逐，七日得。

象曰：「震來厲，乘剛也。」

六二。震動起來有危險，大量喪失了錢幣。登上九重山陵，不要去追趕，七天可以失而復得。

〈象傳〉說：震動起來有危險，是因為凌駕在剛爻之上。

六二在初九上面，乘在主爻剛爻之上，位置不安穩，所以震動起來有危險。震卦的六二本來在臨卦的上坤裡，坤是兩串貝，引申為錢幣甚多；變為震卦之後上坤消失，所以說「億喪貝」，古人講「億」是十萬的意思，代表大量。

「躋於九陵」是對與六二換位的九四所說，六二和九四換了位置，所以它們之間有相關性，九四化解了上坤，現在又處於互卦艮（六二、六三、九四），艮代表山，即「九陵」。六二和九四分別在下震卦與上震卦中，震為足、為行，兩者皆行，如同走在平行線上，不可能追趕得上，所以「勿逐」。六二居中行正，只要守住這個位置，就可以再得到所失去的東西；震是小的復卦，地雷復，一個爻要回到自己的位置，需要經過六個位置，這便是「七日得」。

六三。震蘇蘇，震行无眚（ㄕㄥˇ）。

象曰：「震蘇蘇，位不當也。」

六三。震動得微微發抖，因為震驚而行動，就沒有災害。

〈象傳〉說：「震動得微微發抖，是因為位置不恰當。」

六三比六二差多了，主要是因為位置不好。六三以陰爻居剛位，又在震卦中，其不安之情更為明顯，這是「位不當」所造成的。六三在互卦坎中，坎代表多災多難的車子，配合震為行，在震中行，所以沒有災難。災與眚不同，災是外面來的，眚是自己造成的。

初九是虩虩，六三是蘇蘇，上六是索索，其程度上有何差別？程頤曾特別分析說，虩虩是顧慮不安之貌；蘇蘇是神氣緩散，自失之狀；索索是消索不存之狀，一步比一步嚴重。以白話文來說，虩虩是驚慌不安，蘇蘇是微微發抖，索索是渾身顫抖。

九四。震遂泥。

象曰：「震遂泥，未光也。」

九四。震動得落入泥中。

〈象傳〉說：「震動得落入泥中，是因為陽剛之德尚未光大。」

九四到了上卦，還是震卦，陽爻在震卦本來可以大步前進，但九四居柔位，不中不正，無法施展本性，所以說「未光也」，陽剛之德尚未光大。「遂」就是墜落，震卦由臨卦變來，臨卦上坤為土，變為震卦出現互卦坎，坎為水，土加上水變成泥，所以掉到泥裡面去了，這一爻當然不可能是主爻了。

六五。震往來厲，億无喪，有事。

象曰：「震往來厲，危行也。其事在中，大无喪也。」

六五。震動時往來都有危險，沒有大量喪失，但發生事故。

〈象傳〉說：「震動時，往來都有危險，因為是在危險中行動。發生事故時居於中位，所以沒有大量喪失。」

六五往上是最終的位置，而且沒有對應；往下是乘剛而不順；所以往來都不好。六五在臨卦變震卦的過程中，守住原本的坤卦中爻，所以不像六二的「億喪貝」，而是「億无喪」，沒有損失。六五變震卦之後是一個互卦坎，坎代表危險，所以〈象傳〉說震動時往來都有危險，是因為在危險中行動。雖然有事故，但六五守住了中位，所以沒有大量損失。

程頤說：「蓋中，則不違於正，正不必中也。天下之理，莫善於中。」所以二、五即使不當位也很好，三、四即使當位，仍以不中為過，因為中大於正。這也是儒家中庸之道的思想，要大家做任何事不要過度，也不要不及，最好得其中道。但中道絕不是鄉愿，也絕不是妥協，而是居於應有的位置與作為。

上六。震索索，視矍矍（ㄐㄩㄝˊ），征凶。震不於其躬，於其鄰，无咎。婚媾有言。

象曰：「震索索，中未得也。雖凶无咎，畏鄰戒也。」

上六。震動得渾身顫抖，驚恐得四處張望，前進有凶禍。震動不在自己身上，而在鄰居那兒，沒有災難，婚配會出現怨言。

〈象傳〉說：「震動得渾身顫抖，是因為沒有取得中位。雖有凶禍但沒有災難，是因為害怕鄰居那種遭遇而有所戒懼。」

震卦從六二到上六的五個爻，是一個縮小的小過卦（䷽，第六十二卦）。小過卦有飛鳥之象，「視矍矍」是比喻鳥高飛時因往下看覺得很危險，而露出驚恐的樣子。「征凶」，往前進會有凶禍，因為上六在最上位，就要離開這個卦，本來就不適合前進。其實吉凶是相對的，任何地方都有路可以走，即使處在逆境中，慢慢調適自己，一旦適應久了，也就沒問題了。

震動不在自己身上，而在鄰居，上六的鄰居是六五，六五震動起來，往來都有危險。因為有他人可以做為參考，看到別人的狀況就會警惕自己，學到教訓，使自己不受震動所影響，知所戒惕而稍安勿躁，就可以「无咎」。

婚配會出現怨言，是說在震卦中各爻皆動，上六以陰爻居柔位，位居其首而竟不動，則其同動者將有怨言。「婚媾」指陰陽正應，震卦六爻皆無應，所以只能指同行相親者。若從無應的角度來解釋「婚媾有言」，可以說六三本來在臨卦的下卦兌中，兌為口、為言，變成震卦而下兌消失，表示有言而改，是怨言也。各爻對應的方式一般來說是初和四，二和五，三和上，但這並非絕對，也可以是初與上，二與五，三與四。譬如火雷噬嗑卦，初九是「屨校滅趾」，到上九「何校滅耳」，就是初與上對照，二者的爻辭是成組的。在震卦中也可以把三個疊詞找出來，震虩虩、震蘇蘇、震索索，等於分為外圍、中間、和內部三組，上六和初九就變成相應。但是這種相應是不太適合的，所以六三對婚媾一事有話說。

52 艮 ䷳

下艮上艮，艮為山

卦辭

艮。艮其背，不獲其身。行其庭，不見其人。无咎。

艮卦。止住背部，沒有獲得身體。走在庭院中，沒有見到人，沒有災難。

艮卦和震卦都是純卦，是一組覆卦關係。艮是山，也是停止的意思。在艮卦三爻中，九三是背，初六、六二是前面，初、二的位置是內，三是外，兩艮相疊，都是面向前面，背在後面；像兩個人排隊一樣，只看到前面排隊者的背後，沒有看到他的身體，所以說「艮其背，不獲其身」。艮代表停止，人活著就要動，但是有時候也必須停止，可以使人「无咎」。〈序卦傳〉說：「物不可以終動，動必止之，故受之以艮。艮者，止也。」震卦為動，動久必止，止有停止、阻止的意思，古人行動時遇山則止，何況二山相重？

艮卦的覆卦是震卦，震卦由臨卦變來，所以艮卦是由臨卦的覆卦觀卦（䷓，第二十卦）變來，觀卦的九五和六三換位，成為艮卦。觀卦下坤，坤為母，母懷孕稱為「有身」，所以坤也代表身；變成艮卦之後，坤象消失，這就是「不獲其身」。艮是堅多節木，堅硬又有很多關節的木頭，好像我們背的脊椎有很多骨節一樣。

艮卦本身二艮相疊，艮是門闕，二門之間有庭院，走在庭院裡面；又有互卦震（九三、六四、六五），震為行，引申為行人；還有互卦坎（六二、九三、六四），坎是隱伏，藏在看不到的地方，沒有看到人。合而言之，就是走在庭院裡面沒見到人。

彖傳

彖曰：「艮，止也。時止則止，時行則行，動靜不失其時，其道光明。艮其止，止其所也。上下敵應，不相與也，是以不獲其身，行其庭不見其人，无咎也。」

〈彖傳〉說：「艮卦，是止住的意思。該停止時就停止，該行動時就行動，動與靜都沒有錯過時機，他的道路就會坦蕩光明。艮卦所謂的止，是要止得其所。上位者與在下者沒有應合，不能彼此搭配，因此要說沒有獲得身體。走在庭院中沒有見到人，所以沒有災難。」

艮卦是止住的意思，該停止的時候就停止，該行動的時候就行動。這是艮最特別的地方，不只有停止，也包括行動，特別注意到「時機」，動與靜都沒有錯過時機，道路就會坦蕩光明。艮卦所謂的「止」，就是要止得其所。

上位者與下位者沒有應合，不能彼此搭配，所以不獲其身也不見其人，無往無來，是以「无咎」。每一個純卦的各爻都無法相應，但只有在艮卦特別指出「上下敵應」，因為要強調完全不應，所以一定要停止。

象傳

象曰：「兼山，艮。君子以思不出其位。」

〈象傳〉說：「兩座山重疊在一起，這就是艮卦。君子由此領悟，思考問題不超出自己的職位範圍。」

《論語》裡出現過兩次類似的話語。《論語・泰伯》、《論語・憲問》都提到，子曰：「不在其位，不謀其政。」就是應做自己職位上該做的事；後者是曾子補充的：「君子思不出其位。」指的是君子不要考慮超過自己職位的事情。因為換個位置，自然會得到不同的訊息；用不同的角度去看問題，就有不同的想法。

爻辭

初六。艮其趾，无咎。利永貞。

象曰：「艮其趾，未失正也。」

初六。止住腳趾，沒有災難。適宜長久正固。

〈象傳〉說：「止住腳趾，是沒有失去正當做法。」

艮卦的爻辭是以人的身體做為取象的材料。止卦第一步怎麼可能行動呢？初六和上面的六四並不相應，不適合行動，適宜長久正固，這樣做沒有失去正當性，因為初六本身是陰爻在剛位，在最初的位置，沒有能力去行動。

六二。艮其腓（ㄈㄟˊ），不拯其隨。其心不快。

象曰：「不拯其隨，未退聽也。」

六二。止住小腿，不抬起來又須隨著動。內心不痛快。

〈象傳〉說：「不抬起來又須隨著動，是因為沒有人退一步聽從它。」

「腓」是小腿。六二處在小腿的部位，居中守正，必須依卦而止，但是小腿即使不抬起來，也必須隨著股（大腿）而進退。六二在觀卦裡面本來有九五正應，變成艮卦之後變成無應，心中當然不痛快。六二希望九三能夠聽從它，但九三本身在互卦震裡，很有行動力，所以繼續往前走。

九三。艮其限，列其夤（ㄧㄣˊ），厲薰心。

象曰：「艮其限，危薰心也。」

九三。止住腰部，撕裂脊肉，有危險而憂心如焚。

〈象傳〉說：「止住腰部，是危難使人憂心如焚。」

「限」代表腰部，古人認為腰部是身體上下的分界處，將它做為上下之間的限制。六二和九三的爻辭都出現「心」，代表有想法不能實現。九三位處腰部，居上下艮之間，原是非止不可的位置，但它以陽爻居剛位，動向極強，在互卦震中，震為行，因此出現撕裂之苦。

九三也在互卦坎裡，坎是美脊馬，脊對人來說就是「夤」，所以說「列其夤」。坎也為險，對人就是加憂與心病，合之則是「危薰心也」。程頤說：「行止不能以時，而定於一，其堅強如此，則處世乖戾與物睽絕，其危甚矣。」意思是行動或是停止，不能按照時機來安排，非要強硬規定下來不可，這樣不知變通，將會在待人接物上違背常理，內心常受煎熬，有如被火薰烤。

六四。艮其身，无咎。

象曰：「艮其身，止諸躬也。」

六四。止住身體，沒有災難。

〈象傳〉說：「止住身體，就是要止住自己。」

六四以陰爻居柔位，可以順著全卦的時勢而止住身體。以位置來說，六四在腰部以上，上半身包括心臟在內，所以說「止諸躬」。有趣的是三爻談到心，四爻才談身，其實第四爻更具心的位置。能夠止住自己的話，自然就无咎了。六四位正，為什麼僅得「无咎」？因為乘剛，兩相抵銷，無法有作為。

六五。艮其輔，言有序，悔亡。

象曰：「艮其輔，以中正也。」

六五。止住上牙床，說話有條理，懊惱消失。

〈象傳〉說：「止住上牙床，是因為居中行正。」

六五有懊惱是因為陰爻居剛位，和底下六二又不應，幸而上面還有上九可以依靠。「輔」與「車」是上牙床和下牙床，上牙床不動，表示說話有條理，所以可以「悔亡」。六五位在上卦艮，也在互卦震，能止也能動，代表「言有序」大概可以避開孔子所說的「三愆」：「侍於君子有三愆：言未及之而言謂之躁，言及之而不言謂之隱，未見顏色而言謂之瞽。」不該說話就說叫急躁，該說話而不說叫隱瞞，沒看臉色就說話叫做瞎子。也就是說話要看時機、看場合、還要看臉色。

上九。敦艮，吉。

象曰：「敦艮之吉，以厚終也。」

上九。篤實地止住，吉祥。

〈象傳〉說：「篤實地止住而吉祥，是因為以厚重來結束。」

在艮卦裡只有上九特別說到「吉」。「敦艮」就是篤實的止住，因為艮卦的上九在整個卦中是最重要的位置，兩座山在一起非常厚重，可以充分發揮停止的要義。以厚重來結束本卦，是理想的結束，所以說是吉。

53 漸 ䷴

下艮上巽，風山漸

卦辭

漸。女歸吉，利貞。

漸卦。女子出嫁吉祥，適宜正固。

漸代表漸漸走向一個適當的安排，是和男女之間相處有關的。下經的第一個卦澤山咸，少女和少男有心則為感，感應非常迅速；下經第二卦雷風恆，談的是長男和長女的相處；風山漸則是長女和少男。〈序卦傳〉說：「物不可以終止，故受之以漸。漸者，進也。」艮卦為止，止到盡頭又要開始活動，如果要有秩序的前進，就要符合〈雜卦傳〉所說：「漸，女歸，待男行也。」女子要出嫁，要等待男方的行聘，以便依序進展。漸卦是由否卦（䷋，第十二卦）

變來，否卦的三、四爻互換，就成了漸卦。

程頤說：「天下之事，進必以漸者，莫如女歸。」天下需要循序漸進安排進展的事情，沒有比得上女子出嫁，因為稍微不合乎次序，不合乎規則，就會出問題。「臣之進於朝，人之進於事，固當有序，不以其序，則陵節犯義，凶咎隨之。」做官、做事都要有順序，升等升級時不要著急，如果違犯這個規則，馬上後面就有批評、有災難。「然以義之輕重，廉恥之道，女之從人，最為大也。故以女歸為義。」這段話指出了男女結婚組織家庭，應該注意什麼問題，如何漸漸發展的一番道理，可以做為參考。當然這話反映的是古人以男性為主的觀念，並不符合今天的男女平權思想。

彖傳

彖曰：「漸之進也，女歸吉也。進得位，往有功也。進以正，可以正邦也。其位剛得中也。止而巽，動不窮也。」

〈彖傳〉說：「漸卦所謂的推進，是指女子出嫁吉祥。推進而取得恰當位置，是前往有功勞。依正道推進，可以導正國家。就位置而言，是剛強者取得中位。能做到停止而隨順，行動就不會陷入困境。」

古時候的觀念是齊家治國，如果連基本單位的家都不能治好，怎麼治理大範圍的公眾事務呢？就位置來說，剛強者取得中位，是指九五；「往有功」則是指六四，六四原來是否卦的六三，三、四爻互換變為漸卦之後，兩爻都得到正位，這就是往有功也。下是艮卦代表停止，上是巽卦代表隨順，停止而隨順，等候時機成熟，行動就不會陷入困境。漸卦的特色是二、三、四、五爻都是正位，其中九五與六二居中守正，這是一個好卦的基本條件，一個卦裡面只要有九五也有六二，就不會有太大的問題。

象傳

象曰：「山上有木，漸。君子以居賢德善俗。」

〈象傳〉說：「山上長著樹木，這就是漸卦。君子由此領悟，要使所居之地充滿美好德行與善良風俗。」

巽為風、為木。山上有樹木，這是自然現象，樹木如果在平地，很容易被砍伐，或者無法得到妥善的照顧，在山上代表得其所。君子由此領悟到，就好比山上的樹木依序慢慢成長，漸進而沒有阻礙，社會賢德善俗是要逐漸形成，不可能一兩天就改變。

爻辭

初六。鴻漸於干，小子厲。有言，无咎。

象曰：「小子之厲，義无咎也。」

初六。大雁漸進到水岸邊，年輕人有危險。有些責言，沒有災難。

〈象傳〉說：「年輕人的危險，理當沒有災難。」

漸卦六爻都用鴻或大雁做例子，主要是古人觀察到鴻雁依季節遷徙而從不失信，在飛行時井然有序，並且對配偶堅貞不渝，所以用鴻為比喻來談「女歸」。年輕人冒險犯難是合理的，理當沒有災難，受點苦難的檢驗，正好讓他更有抵抗力。初六剛剛進入漸卦，上面是互卦坎（六二、九三、六四），坎為水，所以大雁飛到水岸邊。

「小子」是指初六在下卦艮，艮為少男，坎為險，所以「小子厲」，有危險，但還沒有進入互卦坎裡，所以應該不會有災難。「有言」也來自下卦艮，〈說卦〉提到：「故曰成言乎艮。」就是說他使萬物成功收場。

在後天八卦中，從震開始，震在東方春天，歷經夏天、秋天、冬天到東北方艮結束，這就是「成言乎艮」。表示成就一件事要說到艮卦，引申為要求完美而說的言語。也有人把「有言」解為媒妁之言，意思是有人幫忙說話，就沒有什麼災難，也可以做為參考。

六二。鴻漸於磐，飲食衎（ㄎㄢˋ）衎，吉。

象曰：「飲食衎衎，不素飽也。」

六二。大雁漸進到磐石上，飲食和樂的樣子，吉祥。

〈象傳〉說：「飲食和樂的樣子，因為不是白白吃飽的。」

大雁本身已經進入坎卦，下卦艮為小石頭，磐是大石頭。六二在互卦坎中，坎為水，引申為酒，有飲食之象。「衎衎」是和樂之貌，在一起聚餐當然和樂。「素」是空、是白，「素飽」就是光吃飯不做事，白吃白喝，也就是「尸位素餐」的意思，六二居中守正，位置好，上應九五，顯然不是如此。

孟子的學生曾經當面請教孟子，說老師好像是在白白吃飯，帶著一大堆學生，幾十輛馬車傳食於諸侯，這家吃完吃那家，一家一家吃，一國一國吃。把孟子講得好像他就靠說說話，什麼事也沒做，就可以有飯吃。孟子回答：「君子居是國也，其君用之，則安富尊榮；其子弟從之，則孝悌忠信。『不素餐兮』，孰大於是？」不白白吃飯，有誰的貢獻比老師大？所以，老師如果好好辦教育，把工作做好，對於整個社會幫助太大了。

九三。鴻漸於陸。夫征不復，婦孕不育，凶。利禦寇。

象曰：「夫征不復，離群醜也。婦孕不育，失其道也。利用禦寇，順相保也。」

九三。大雁漸進到台地上。丈夫出征不回來，婦女懷孕不生育，有凶禍。適宜抵抗強盜。

〈象傳〉說：「丈夫出征不回來，是因為離開了同類。婦女懷孕不生育，是因為喪失了正道。適宜抵抗強盜，是因為隨順而能保住位置。」

九三凶，要小心，只能防守不能前進了。台地是高而平的地方，九三在下卦艮中，艮為山，引申為高；也在互卦坎中，坎為水，引申為平，合之又高又平叫做「陸」。漸卦從否卦變來，否卦的九四離開了上卦乾，到底下來成了漸卦的九三，如同丈夫出征，離開了他的同類；原本否卦的六三在下卦坤代表「婦」，現在到上面變成漸卦的六四。六四在互卦離（九三、六四、九五）裡，離者大腹之人；而漸的下卦艮，是停止之意，合起來就是「婦孕不育，失其道也」。但九三在互卦坎裡，坎是強盜，也在互卦離裡，有水又有火，代表作戰，所以適宜抵抗強盜。

互卦坎既可以當作強盜，又可以當作與離配合的戈兵，卦的變化那麼複雜，占卦解卦的困難度更可見一斑，所以要能靈活運用，充分聯想，才能真正把《易經》的啟發落實到生活中。

六四。鴻漸於木，或得其桷（ㄐㄩㄝˊ），无咎。

象曰：「或得其桷，順以巽也。」

六四。大雁漸進到樹木上，或者停在屋椽上，沒有災難。

〈象傳〉說：「或者停在屋椽上，就是因為柔順而隨順。」

六四是本卦的主爻，因為〈象傳〉說的「進得位」就是指六四。六四的位置更高，到樹上了，或者停在屋椽，屋椽是古代建築中屋簷多出來的一塊，是平的。雁的腳和其他飛鳥不一樣，一般鳥足有爪子可以抓住樹枝，但雁的腳有蹼，必須站在平的地方。漸的上卦巽是樹木，六四已經到了上卦，等於是雁已經到了樹上。又何以提到屋椽？因為下卦艮是門闕，六四在下卦之上，如同屋椽在門的上面。

六四以陰爻居柔位，其柔順可知，又在上卦巽中，巽為入，為隨順，合之就是「順以巽」也，倒過來念是以巽來順，由柔順而隨順。能夠做到這一點，身段一定非常柔軟，與別人都不會吵架翻臉，自然能「无咎」。

九五。鴻漸於陵，婦三歲不孕，終莫之勝，吉。

象曰：「終莫之勝，吉，得所願也。」

九五。大雁漸進到山陵上，婦女三年不懷孕。最後沒有人能夠勝過她，吉祥。

〈象傳〉說：「最後沒有人能夠勝過她而吉祥，是因為願望得以實現。」

下卦艮，艮代表山，九五到山上去了；九五又在互卦離裡面，離為附麗、依附，所以說「鴻漸於陵」。漸卦上卦為巽，巽為長女，引申為「婦」，也就是已經結婚的女子；巽亦為不果，就是沒有結果，所以說她「不孕」。如何才能有結果呢？九五與六二正應，六二在下卦艮中，艮為果蓏，結實纍纍的樣子，從九五到六二，要經過三個位置，所以是三年不孕，不過終究還是會有結果。

上九。鴻漸於陸，其羽可用為儀。吉。

象曰：「其羽可用為儀吉，不可亂也。」

上九。大雁漸進到台地上，羽毛可以用在禮儀中，吉祥。

〈象傳〉說：「羽毛可以用在禮儀中而吉祥，是因為禮儀不可亂了秩序。」

九五的鴻已經漸進到山陵上了，為何更上一爻反而下降到台地？因為九五是君，不能超越九五；上九與九三對應，九三是「鴻漸於陸」，上九也要配合。上九在上卦巽，巽為進退，可進也可退，使大雁可以退回九三的台地。上九在互卦離的上方，離是雉、是野雞，用雉來引申，與用鴻雁是一樣的意思；上九在鴻的上方，可以指鴻的羽毛。

「儀」是禮儀，尤其是婚禮，禮儀有秩序而不可亂。〈周禮〉中記載，古代婚禮有六個步驟：一是納采，男方送一隻雁給女方；二是問名，問八字要合婚；三是納吉，要占卜了，古時候結婚這種大事，得要占卜；四是納徵，就是訂婚；五是請期，定喜日；六是親迎，就是結婚。納采用雁，新郎的帽上也要插上雁翎，這一爻談到「其羽可用為儀」，正與婚禮的儀式息息相關。

人生有許多事情要漸進，在漸卦裡就以女子出嫁來做為漸進的順序，如果不合順序便容易出問題。既是漸進，當然急不得，這一卦也許正應和了目前提倡的「慢活」主義，在幾千年前先人的智慧裡，其實已經教導我們這個時髦的觀念了。

54 歸妹

下兌上震，雷澤歸妹

卦辭

歸妹。征凶，无攸利。

歸妹卦。前進有凶禍，沒有什麼適宜的事。

「歸妹」是把妹妹嫁出去，但妹不一定是妹妹，可代表年輕的女子。上卦震是長男，下卦兌是少女，可說是哥哥要將妹妹出嫁；震也是諸侯，所以各爻取象都以諸侯娶女為典型，一娶就娶九個，所談並非一般人的嫁娶。為什麼前進有凶禍呢？因為歸妹代表結婚，結婚本身就是大事了，你還要往哪裡走呢？沒有什麼適宜的事，是因為光結婚就夠忙的，不要再想別的事情。「征凶」代表若占到這個卦，就不要再計畫往前走，先穩住現在的情況。〈序卦傳〉曰：

「進必有所歸，故受之以歸妹。」漸卦是講進展的，進展到一個階段就應該要有歸宿。〈雜卦傳〉曰：「歸妹，女之終也。」女子最後的歸宿就是要出嫁，古人認為女子出嫁是回到她真正的家，所以用「歸」字。

歸妹卦是漸卦的覆卦。由爻位看來，只有初九和上六是正，中間四爻皆不正，也就是說結婚這件事很容易出差錯。歸妹卦是由泰卦（☷☰，第十一卦）變來，泰卦的九三與六四換位，形成雷澤歸妹。

彖傳

彖曰：「歸妹，天地之大義也。天地不交而萬物不興，歸妹，人之終始也。說（ㄩㄝˋ）以動，所歸妹也。征凶。位不當也。无攸利，柔乘剛也。」

〈彖傳〉說：「歸妹卦，說的是天地間的大道理。天地的陰陽二氣不交流，萬物就無法出現；歸妹，使人類的生命可以終而復始。喜悅而行動，因為所要嫁的是妹妹。前進有凶禍，因為所處的位置不恰當。沒有什麼適宜的事，因為柔順者凌駕在剛強者之上。」

女子出嫁之後就要組成新家庭，繁衍下一代了。歸妹，使人類的生命可以終而復始，先說「終」再說「始」，代表結束還要再開始，若說「人之始終」，結束以後就什麼都沒有了。

兌卦悅，震卦動，喜悅而行動，往前進不恰當，因為所處的位置不恰當，中間四爻都是位置不當，什麼事都不適合做，因為柔順者凌駕在剛強者之上。柔順者指六三和六五，都乘剛，凌駕在剛強者之上。

象傳

象曰：「澤上有雷，歸妹。君子以永終知敝。」

〈象傳〉說：「沼澤上有雷鳴，這就是歸妹卦。君子要長久直到結束，應知道弊端而防範。」

個人生命有結束，人類要永遠傳續下去，知道有始無終的害處，所以要防患未然。

爻辭

初九。歸妹以娣，跛能履，征吉。

象曰：「歸妹以娣，以恆也。跛能履，吉相承也。」

初九。嫁妹妹時，以娣陪嫁。腳跛了還能走，前進吉祥。

〈象傳〉說：「嫁妹妹時，以娣陪嫁，是為了維持長久。腳跛了還能走，是因為有吉祥承續下去。」

「娣」是陪嫁的小妹妹，古代諸侯娶妻時，有正室一人，陪嫁的娣侄二人，稱為「媵」（一ㄥˋ）。娣是正室之妹，侄是正室的侄女。再加上這三人的娣侄各二人，結果總數是九人，「諸侯一娶九女」就是這個意思。意即這一家兩代之中，有九個人都嫁給同一個丈夫，不管誰活得長誰活得短，丈夫都離不開這個家族的範圍。這是古代的想法，古代的大部落，諸侯的家族本來就很大，比如周文王號稱有百子，也許太誇張了，但是十幾個總是有的，因為當他一娶九女，就很容易生很多孩子，一方面可以繼承自己的位置，另一方面各嬪妃彼此有親戚關係，也可以讓宮內保持穩定。

初九在下卦兌中，兌是少女，就成為妹，在本卦中角色如娣，所以說「歸妹以娣」。初九居下位為足，兌卦是毀折，所以說「跛」。初九以陽爻居剛位有動向，不但能履，腳跛了還能走，並且往前進是吉祥。就歸妹卦來說，娣是正室的助手，再往前一步就是正室，其吉可以相承。雖然現在不是正室，本身有些不圓滿的地方，但是還能走，只要有機會就接著上去了。

九二。眇（ㄇㄧㄠˇ）能視，利幽人之貞。

象曰：「利幽人之貞，未變常也。」

九二。眼有疾還能看，適宜幽隱的人保持正固。

〈象傳〉說：「適宜幽隱的人保持正固，是因為沒有改變常道。」

九二、六三、九四構成互卦離，離是眼睛，在底下的兌卦裡，兌是毀折，所以說「眇」。下卦是兌，兌代表澤，九二在沼澤裡面，等於是隱居幽隱的人，還能看是因為還在中間，居中是好的位置。初九和九二都是類似的情況，必須做該做的事，因為並非正式的妻，是陪嫁來的，就要守住這個分寸。

六三。歸妹以須，反歸以娣。
象曰：「歸妹以須，未當也。」

六三。嫁妹妹時，以妾陪嫁；要回去再以娣陪嫁。
〈象傳〉說：「嫁妹妹時，以妾陪嫁，是因為位置不恰當。」

「須」為妾，「須女」為一星座名稱。《史記・天官書》正義上說：「須女，賤妾之稱，婦職之卑者，主布帛裁製嫁娶。」六三在下卦兌中，兌為妾，所以說「歸妹以須」。六三以陰爻居剛位，不正也不中，「未當也」。至於「反歸以娣」的理由是六三若不回頭，往前就進入互卦坎（六三、九四、六五），坎為險，為加憂，回頭則是依循正途，以娣陪嫁。依常情考量，妻娣是姊妹，易於和睦相處，妻妾則難以共融了。所以古代有很多姊妹同侍一夫，比如堯把兩個女兒都嫁給舜，也許是認為這樣就不必辦兩次婚禮，也許是認為這樣就可以免去嫁得好或嫁得不好的抱怨，不論如何，我們從這個卦中可了解當時的風俗習慣。

九四。歸妹愆（ㄑㄧㄢ）期，遲歸有時。

象曰：「愆期之志，有待而行也。」

九四。嫁妹妹延誤了婚期，晚些出嫁也會有一定的時候。

〈象傳〉說：「延誤婚期的心意，是有所等待才要行動。」

其實遲歸沒關係，只要有一個日期，再晚也都會來到，就怕遲歸無時，遙遙無期。九四在互卦離裡，離代表日，一日、二日的天數；又在互卦坎裡，坎代表月，日月代表時間很長而沒有辦法決定。不過九四已經到了上卦震，震為春季、為行動，合為春季就可以出嫁。古時候結婚大部分在春季，所以遲歸有時，雖然稍微晚一點，到時機成熟還是可以行動。九四以陽爻居柔位，無正應所以必須「有待而行」，所待者既是時機也是佳偶。這一爻提醒人不要著急，所求的事情雖然晚一點，還是會到。

六五。帝乙歸妹，其君之袂不如其娣之袂良。月幾望，吉。

象曰：「帝乙歸妹，不如其娣之袂良也。其位在中，以貴行也。」

六五。帝乙嫁妹妹，這位女君的服飾還沒有娣的服飾那麼華美。月亮快到滿盈的時候，吉祥。

〈象傳〉說：「帝乙嫁妹妹，還沒有娣的服飾那麼華美。她處在中間的位置，因為是以尊貴的身分出嫁的。」

帝乙是商紂王的父親，商紂王是商朝最後一個天子，帝乙把妹妹嫁給周文王的父親，所以周文王和商紂王本是親戚關係。「女君」是天子的妹妹，女君重禮而不驕，以陰爻處尊位，地位高貴又能柔順，是以尊貴的身分出嫁的。正妻的衣服比不上娣的服飾那麼華美，因為正妻有實，不再需要外面的裝飾，就讓陪嫁的人穿得漂亮些。兩者服飾的對照，是來自於六五和九二對應。歸妹卦由泰卦變來，卦變時六五、九二未動，六五在上，上面原是坤，坤為布，一般在家裡面穿的粗布衣服。九二在下，原本是乾卦，乾代表金，穿的衣服披金戴玉；後變為兌，兌為妹、為娣。所以六五地位高，但是穿得樸素，九二在下卦，地位低卻穿得較華美。人不能既要裡子又要表面，這裡提醒人不要太過於誇張。

「望」是每月十五日，「月幾望」是月亮快要滿的時候。九二在下卦兌中，兌是農曆初八，卦象是月亮慢慢要滿了。月滿的下一步就要缺了，但帝王的妹妹下嫁諸侯，能夠謙虛，滿而不驕，所以吉。

上六。女承筐无實，士刲（ㄎㄨㄟ）羊無血，无攸利。

象曰：「上六无實，承虛筐也。」

上六。女子捧著竹筐，裡面是空的；士人宰殺活羊，無法取得血，沒有什麼適宜的事。

〈象傳〉說：「上六沒有東西，是因為捧著空的筐子。」

上六所處的上卦，是由坤變震，坤本身是虛的，變成震之後像一個內部空的竹筐。坤為女，所以說「女承筐无實」。上六所對的六三在下卦，下卦本是乾，乾為男，變為兌，兌為羊。六三在互卦坎裡，坎為血，坎在兌上，血在上而羊在下，等於是殺羊而血卻不流出來，這代表沒有任何適合做的事。古代女子出嫁三個月之後，就要參與祭祀的禮儀，然後才能被正式接納，成為一家人。男子要負責殺羊取血來祭祀，取不出血，祭祀不成，歸妹卦最終是什麼事情都不適合。

自古對這一卦的解釋很分歧，這卦究竟是好還是不好呢？依〈彖傳〉的敘述來看，似乎還不錯，天地之間一定要交往才能讓萬物生長；但是從六爻看，上六無攸利，六五吉，九四要等待，六三有問題，九二利幽人之貞，初九征吉。一個卦裡只有兩個爻還不錯，但最後結束又不怎麼好，這說明有關婚姻之事要特別小心，天下很多事情不是想像中的那麼容易。漸卦和歸妹卦都和人與人之間相處交往有關，可以做為警惕。

55

豐 ䷶

下離上震，雷火豐

卦辭

豐。亨。王假（ㄍㄜˊ）之，勿憂，宜日中。

豐卦。通達。君王帶來了豐盛，不用憂慮，適宜太陽在中午的時候。

雷火豐，上面是雷代表動，底下是火代表光明，外面有行動，裡面有光明，就是外動內明，當然非常順利，並且一定可以有各種具體的收穫。豐盛是指財多、德大。豐卦最怕有私心，太陽在中午的時候，就代表一切都坦蕩。我們常用的「是」字，原本寫為「昰」，日正就是太陽在正中間，沒有陰影，所有東西都沒有遮蔽而直接照到，這樣的狀況稱為「是」，反之則為「非」。〈序卦傳〉說：「得其所歸者必大，故受之以豐。豐者，大也。」前面的歸妹卦提到歸，歸代表來歸，也可以理解為很多人來歸向。中國傳統一向認為有土斯有人，有人斯有財，很多人歸向，財自然就豐盛了，所以是民聚國富。王假之的「假」是來到，意思是說君王將會實現天下豐盛的理想，不要擔心。這是很大的挑戰，只要學會日中，像太陽在中午一樣，以光明普照萬物，用無私之心造福百姓，天下就會豐盛。當政治領袖的人絕不能有私心，一旦有私心，以權謀私、以私害公的事情就會出現，如此就會變成少數人發財，多數人受委屈的局面。

關於「宜日中」有另一個說法，因為豐卦是由泰卦（☷☰，第十一卦）的六四和九二互換位置而來。九四是由下乾移往上坤，乾為君王，坤為百姓，所以說「王假之」，君王來到了上面；然後六二來到下卦乾的中間位置，變成離卦，離為日，所以說「宜日中」，日在中天。

彖傳

彖曰：「豐，大也。明以動，故豐。王假之，尚大也。勿憂，宜日中，宜照天下也。日中則昃（ㄗㄜˋ），月盈則食。天地盈虛，與時消息，而況於人乎？況於鬼神乎？」

〈彖傳〉說：「豐卦，是盛大的意思。光明而行動，所以豐盛。君王帶來了豐盛，是因為他所崇尚的就是盛大。不用憂慮，適宜太陽在中午的時候，是說這樣適宜普遍照耀天下。太陽到中午就會開始西

55

豐 ䷶

下離上震，雷火豐

卦辭

豐。亨。王假（ㄍㄜˇ）之，勿憂，宜日中。

斜，月亮到圓滿就會開始虧蝕。天地的滿盈與虛空，是隨順時勢而消退及成長，更何況是人呢？何況是鬼神呢？」

雷代表行動，火代表光明，一個人只要心裡清楚，採取行動就會有很好的效果。孔子曾說子貢「億則屢中」，就是很好的例子。《易經》的特色在於對變化有特殊的觀察，一般講「豐」的時候都是好事，但是豐盛之後就有各種憂慮了，因為利令智昏，容易增加欲望，這也就是為什麼有錢人常常煩惱比較多。沒有一個國君不喜歡盛大，當然都希望國泰民安。事先給予一些提醒，不要憂慮豐盛可能帶來問題，只要像太陽在中午一樣，完全沒有私心，就不用憂慮了。但是要注意太陽到中午就會開始西斜，月亮到圓滿就會開始虧蝕，這是自然現象。天地的滿盈與空虛，是隨順時勢而消退與成長，但人可以思考，可以根據天地變化的道理，安排人生如何行動，而不必只是跟著自然界打轉。譬如得意時要謙虛，失意時要堅忍，這才是我們要學的。此外公正無私是最困難的課題，「宜日中」是豐卦提醒人們要向天地學習的。

象傳

象曰：「雷電皆至，豐。君子以折獄致刑。」

〈象傳〉說：「打雷閃電一起來到，這就是豐卦。君子由此領悟，要判決訴訟，執行刑罰。」

豐卦下離上震，震為雷，離為火，火就是閃電。古代科學不發達，認為打雷閃電是在賞善罰惡，所以打雷閃電時少有人敢做壞事，一方面是出於害怕自然災難的本能，另一方面是打雷代表震動，閃電代表光明，在這種狀況下怎麼能做壞事？

〈象傳〉裡面提到法律與審判的，還有四卦。第一是火雷噬嗑卦（䷔，第二十一卦）：「雷電噬嗑，先王以明罰敕法」；山火賁卦（䷕，第二十二卦），要「明庶政，无敢折獄」，因為山下有火，那個火在山下很弱，只能夠照見山上的東西，你沒有把握可以去斷獄，賁卦代表裝飾；第三是下一卦旅卦（䷷），「明慎用刑而不留獄」；另外還有中孚卦（䷼，第六十一卦），「君子以議獄緩死」，要認真討論訟案，緩慢判決死刑。

爻辭

初九。遇其配主，雖旬无咎；往有尚。

象曰：「雖旬无咎，過旬災也。」

初九。遇到與自己搭配的主人，雖然彼此均等，但是沒有災難；前往會有好事。

〈象傳〉說：「雖然彼此均等，但是沒有災難，這是因為超過均等就會帶來災難。」

「旬」字就是平均的「均」。初九的搭配是九四，兩個都是陽爻，如何能搭配呢？在講求

「明以動」的豐卦中，初九和九四雖然不應，但互為賓主，形成二陽並進的局面，陽爻是君子，代表光明與動力，所以兩者「雖旬无咎」。豐卦的特色是中間三爻特別昏暗，初九算是還不錯，前往會有好事。一般而言，上下相對的爻不正應就有咎，在此強調明以動要搭配，兩陽爻皆為陰爻所乘，所以可以搭配，上下配合稱其為豐。

六二。豐其蔀（ㄅㄨˋ），日中見斗。往得疑疾，有孚發若，吉。

象曰：「有孚發若，信以發志也。」

六二。很大的遮蔽範圍，中午見到了星斗。前往會受到懷疑猜忌。有誠信而表現的樣子，吉祥。

〈象傳〉說：「有誠信而表現的樣子，是因為要用誠信來表現心意。」

六二在下卦離的中間位置，離為日，所以說「日中」，但上無正應，往上所見到的是一個震卦，震形狀是個仰盂，從下往上看好像斗一樣，把底下的光明蓋住了，所以「日中見斗」。斗再轉成星斗之「斗」，大白天中午看到星星代表非常黑暗，因為離卦光明在底下。「蔀」是草蓆屋頂，用來遮蔽陽光，「豐其蔀」就是其蔀豐，代表遮蔽的範圍很大。

六二本來是一個好的大臣，但是如果沒有得到信賴，往上走會受到猜忌，會有疾病。六五與它不應，又不像初九與九四雖不應卻能配合，六二與六五兩個陰爻，本身都是無力的，底下也都乘剛，兩個配合在一起沒有能力做重大的決策，所以就變成遮蔽陽光了。「有孚」代表有誠信，因為六二在上下兩個陽爻之間，可以看成一個縮小的中孚卦。特別值得說明的是，離卦和中孚卦形似，應在六二這一爻說「有孚發若」，是因為中孚卦之所以為中孚，是中間兩個陰爻，離卦之所以為離，是中間這個陰爻，所以要用誠信來表現心意。六二屬於大夫的位置，本身位正，是好的大臣，但是上面的六五卻是比較柔弱的國君，沒辦法有剛強的領導表現，所以對六二來說就會有壓力，怕這個國君不一定能夠用人唯才。

九三。豐其沛，日中見沬。折其右肱，无咎。

象曰：「豐其沛，不可大事也。折其右肱，終不可用也。」

九三。很大的陰暗範圍，中午見到小星星。折斷了右臂，沒有災難。

〈象傳〉說：「很大的陰暗範圍，不可以辦成大事。折斷了右臂，終究不能有所作為。」

很多人在講豐卦時，直接把「折其右肱」說成是商紂王時代，周文王受到壓制。周文王是西邊最大的諸侯，稱為西伯，以人的身體來看就是右手；把商王朝想成一個人站著，右手折斷，意思是把周文王抓起來了。

「沛」是幡幔，遮蔽起來不見天日。「沬」是不知名的小星星，中午能看見小的星星，表示陰暗的情況比六二更嚴重。此卦為什麼一直提到遮蔽、看到星星呢？因為上卦震像斗，九三比六二更接近這個斗，所以光明更受壓制。九三以陽爻居剛位，又有上六正應，本來可以有一番作為，但天下一片漆黑，只好韜光養晦。九三在互卦巽（六二、九三、九四）裡，巽為股，用在手上就是「肱」，國君有股肱之臣，就是指擁有最得力的助手。九三又在互卦兌（九三、九四、六五）裡，兌是毀折，也是西方的卦，西方居右，合之則為「折其右肱」。九三終究不能為君主所用，當然它以正位與正應可以「无咎」。

九四。豐其蔀，日中見斗，遇其夷主，吉。

象曰：「豐其蔀，位不當也。日中見斗，幽不明也。遇其夷主，吉行也。」

九四。很大的遮蔽範圍，中午見到了星斗。遇到與自己相等的主人，吉祥。

〈象傳〉說：「很大的遮蔽範圍，是因為位置不恰當。中午見到了星斗，是因為幽暗不明。遇到與自己相等的主人，是因為吉祥而可以行動。」

九四和六二都說到「豐其蔀」，是因為豐卦是泰卦（䷊，第十一卦）的二和四換了位置而來，所以九四和六二有同樣的命運。遇見與自己相等的主人，是指前面的初九；初九說「遇其配主」，則是指九四。九四陽爻在柔位，位置不恰當；「幽不明」是因為九四已經把代表光明的離卦放在底下；吉祥而可以行動，是因為九四和初九都是陽爻，有同樣的遭遇，所以兩者可以一起攜手並進。

六五。來章，有慶譽，吉。

象曰：「六五之吉，有慶也。」

六五。來到的是光明，有喜慶與名聲，吉祥。

〈象傳〉說：「六五的吉祥，是因為有喜慶。」

六二提到「往」，六五提到「來」，六二要往上走，希望得到六五的認同；但是六五對它不太認同，因為六五本身比較柔弱，陰爻在剛位並非很理想。這時六二「往得疑疾」，會有疑惑，並且可能有疾病；但是在六五的立場就「來章」，六二來對六五很好，這就好比兩人交朋友，不一定對兩人都好，有時候是其中一人付出較多，而另一人得到好處。六五以陰爻居中位，可以溫和招來賢才，六二代表下卦離，有文明中正之德，所以六二之來是帶來光明。六五在互卦兌裡，兌為悅、為有慶，為口、為稱譽，所以吉祥。

上六。豐其屋，蔀其家，闚（ㄎㄨㄟ）其戶，闃（ㄑㄩˋ）其无人，三歲不覿（ㄉㄧˊ），凶。

象曰：「豐其屋，天際翔也。闚其戶，闃其无人，自藏也。」

上六。房屋很高大，居室被遮蔽。從門口窺視，寂靜不見人。三年不能見面，有凶禍。

〈象傳〉說：「房屋很高大，是因為要到天空飛翔。從門口窺視，寂靜不見人，是因為自己隱藏起來。」

上六說的是商紂最後的下場，從此觀點來理解，會發現頗接近史實。這一爻講到豐盛，是商紂王即位時，六百多年的商朝有很豐厚的底子，只要君王公正無私，國祚必然無疆，但商紂王偏偏沒做到。商紂王有一個同父同母的親哥哥微子，按理說應該由微子即位，但是微子出生時他們的母親還不是王后，所以由弟弟商紂接下王位。微子很有德行，可惜無帝王命。商紂年輕時也是了不起的人才，力大無比，聰明過人，可惜後來驕奢淫逸，不好好處理政務。所以整個卦爻辭中一直提到「豐」，但是有遮蔽，以致白天見到星星，所以最後就出現上六的情況。

「无人」是因為人走了，微子去之，箕子為之奴，比干諫而死，這些兄弟長輩紛紛離開他。三年不能見面，就是說從上六到九三要經過三個位置，三這個數字的出現，經常是因為上下卦的對應。商紂王後來不祭祀上帝，也不祭祀祖先，等於是跟神明也三年不見。就商紂來說，「自藏」，可以解釋為自己傷害自己；就一般人而言，另一種解釋是在人間獲得盛大成就的人，若不能超然物外，就要善自隱誨，如果一味的招搖恐怕就會有凶禍。

豐卦給我們的啟發，可用莊子的一句話加以概括。莊子講到心齋時提到：「虛室生白」，虛是空，一個房間如果很空，一根蠟燭就可以讓整個房間顯得光亮；若堆滿東西，再亮的燈光也會有遮蔽的陰影。當一個人擁有豐盛的資產時，要懂得超然物外，了解生命的價值並不是以金錢或外在物質來衡量的。

56 旅

下艮上離，火山旅

卦辭

旅。小亨。旅貞吉。

旅卦。稍有通達。旅行守正就吉祥。

在外面旅行的時候，要想事事順利方便是不太可能的，在家千日好，出門一時難，必須遷就。出門在外如果做一些不得體、不合法的事，闖了禍是沒有人可以幫忙的，不像在自己家鄉可能得到親友的諒解或寬宥，所以在外面特別要行得正、坐得端。旅卦和豐卦互為覆卦，火山旅，山不動，火往上燒，兩者合在一起變成旅，一止一動，山和火不斷在分開，像在外面旅行一樣。〈序卦傳〉說：「窮大者必失其居，故受之以旅。」「窮」字代表極點，「窮其大」，就是大到極點，不知收斂必喪失居所。〈雜卦傳〉曰：「豐，多故也；親寡，旅也。」「多故」代表有許多故舊，旅是「親寡」，很少親友。旅是從否卦（☰☷，第十二卦）來的，六三和九五換了位置，變成九三、六五。

彖傳

彖曰：「旅。小亨。柔得中乎外而順乎剛。止而麗乎明，是以小亨。旅貞吉也。旅之時義大矣哉。」

〈彖傳〉說：「旅卦，稍有通達。柔順者在外面取得中位並且順應剛強者。停止下來依附光明，因此稍有通達。旅行守正才會吉祥。旅卦的時勢意義太偉大了。」

「柔得中乎外」就是柔得到外面的中，「中」一定是五或二，外指外卦（上卦），所以這裡可斷定為六五。六五能跟從剛爻，剛則非上九莫屬，六五與上九配合。下卦艮是止，上卦離是光明，停止下來依附光明，因此稍有通達。其實人活在世界上，每天不都是一個小小的旅行嗎？早上出門離家，晚上再回去，和別人來往動靜之間也都是旅。把人生當做旅行，就不會太執著。旅的時義大矣哉，既然人生和旅行一樣，就該順著時勢知所進退。另一方面也強調，讀萬卷書，不如行萬里路。在外旅遊讓人見多識廣，和在家唸書確實是不一樣，這也是旅的特色。

象傳

象曰：「山上有火，旅。君子以明慎用刑而不留獄。」

〈象傳〉說：「山上出現了火，這就是旅卦。君子由此領悟，要明智而謹慎地施用刑罰，並且不滯留訴訟案件。」

火在山上可以照明，山在底下阻止行動，是「明而慎」的意思。俗話說：「野火燒山，過而不留。」火在山上燒，不會留在原處，所以君子領悟到不要滯留訴訟案件。

爻辭

初六。旅瑣瑣，斯其所取災。

象曰：「旅瑣瑣，志窮災也。」

初六。旅行時猥猥瑣瑣，這是他自取的災害。

〈象傳〉說：「旅行時猥猥瑣瑣，是因為心意受困所帶來的災害。」

初六已經踏上旅途，但本身居下又為陰爻，自視甚卑。自視甚卑的人會謙虛，大家都喜歡。在外面旅行時尤其要設法收斂，凡事低調。初六在下卦艮裡，艮是少男，也是僮僕，所以表現有如僮僕般「瑣瑣」。初六上有九四正應，但本身處於艮卦，艮代表阻止，所以它與九四之間的心意受阻，無法隨心所欲。為什麼是自己帶來災害呢？因為是自己要去旅行，但力量又不夠，被人輕侮而「取災」。

六二。旅即次，懷其資，得童僕，貞。

象曰：「得童僕貞，終无尤也。」

六二。旅行到了館舍住下，身上帶著旅費，得到童僕，可以正固。

〈象傳〉說：「得到童僕而可以正固，最終沒有任何責怪。」

一般而言，六二和九五一樣，很少有不好的，因為這兩個爻在中間的位置，陰陽爻也都配合得很好。「次」就是現在所謂的館舍。《左傳・莊公三年》提到：「凡師，一宿為舍，再宿為信，過信為次。」只住一個晚上叫做舍，如今的「宿舍」一辭，雖然時間上和《左傳》所說不同，但意思是源自於這個說法。這段話本來講軍隊的行止，後來用來做客旅之用。六二在互卦巽（六二、九三、九四）裡，巽是近利市三倍，代表旅費很多。而六二本身在下卦艮，艮是僮僕。在外面旅行，有旅費又有僮僕，還有什麼好抱怨的？當然是非常好了。「終无尤」是六二居中得正，旅行時錢帶得足夠，又有童僕，所以有安定之感。

九三。旅焚其次，喪其僮僕，貞厲。

象曰：「旅焚其次，亦以傷也。以旅與下，其義喪也。」

九三。旅行時大火燒了館舍，失去了童僕，正固有危險。

〈象傳〉說：「旅行時大火燒了館舍，也對自己造成了傷害。以旅人的態度對待下人，理當失去童僕。」

上卦離是火，九三的位置直接接觸到火，而且九三在互卦巽（六二、九三、九四）裡，巽為木，木上面有火，豈不是燒掉了嗎？九三在下卦艮，艮為僮僕，也在互卦兌（九三、九四、九五）裡，兌為毀折，合其意就是「喪其僮僕」。這時候如果還正固，就顯得太過強勢。出門在外最忌諱作風強勢，所謂強龍不鬥地頭蛇。「貞」字有兩種意思：一方面代表正義、正當；另一方面代表照前面的方式一路走，不改變、固執。九三陽爻居剛位，在旅行時過於強勢，又與上九敵而不應，最後傷害了自己。

九四。旅於處，得其資斧，我心不快。

象曰：「旅於處，未得位也。得其資斧，心未快也。」

九四。旅行到了某個地方，獲得旅費與用具，我心裡不愉快。

〈象傳〉說：「旅行到了某個地方，是因為沒有取得適當位置。獲得旅費與兵器，心裡還是不愉快。」

九四陽爻在柔位，是「未得位也」。「資」是錢財，「斧」是兵器，旅行時要帶防身的武器。九四在互卦巽，巽為近利市三倍，所以得到錢財；本身到了上面離卦，離是戈兵，也就是武器，可以防身。九四與初六正應，但中間的艮卦把它阻止了，造成的結果初六是「志窮」，九四是「心未快」。

六五。射雉，一矢亡，終以譽命。

象曰：「終以譽命，上逮也。」

六五。射野雞，丟失一支箭，最後會有名聲與祿位。

〈象傳〉說：「最後會有名聲與祿位，是因為往上獲得支持。」

〈彖傳〉中所說「柔得中位而順乎剛」，是指六五得到中間的位置，並且順從上九，六五陰爻當然要找陽爻來依靠。離卦在動物裡面就是雉，野雞；離又是戈兵，引申為矢、箭頭，所以有射雉之象。六五在互卦兌裡，兌為毀折，所以說丟失一支箭。兌也為口、為悅，所以有人稱讚。它又在互卦巽裡，巽為風，引申為命令、爵命，亦即祿位，所以最終有「譽」和「命」。六五是陰爻，缺乏主動的力量，居於這麼高的位置，所以需要譽與命。「雉」在古代有象徵涵意，古代讀書人和諸侯見面時需要見面禮，稱為「贄」，雉和贄發音相同。《孟子》

之中曾提到，當孔子離開一個國家，前往另一國時，一定會帶著送另外一個國家諸侯的見面禮，「出疆必載贄」，在車上載一隻雉，這是古代的禮節，就如同現代人見面互換名片。

上九。鳥焚其巢，旅人先笑後號咷。喪牛於易，凶。

象曰：「以旅在上，其義焚也。喪牛於易，終莫之聞也。」

上九。鳥的巢被火燒掉，旅行的人先是大笑後來大哭。在邊界丟失了牛，有凶禍。

〈象傳〉說：「旅行還要居於上位，居處理當被火燒掉。在邊界丟失了牛，最後沒有聽到任何消息。」

前面九三中提到館舍被燒掉，上九在相對應的位置，和九三同病相憐，說的是鳥巢被燒掉。六五是雉，雉下有互卦巽為木，木上有鳥，就是雉。這隻鳥也是火，離卦，所以把鳥巢燒了。旅卦裡面有互卦兌和互卦巽，兌為悅，引申為笑；巽為風，引申為呼號、號哭。兌在前而巽在後，所以上九往下看會先看到兌，先笑；後看到巽，後哭。上九原本在否卦（䷋，第十二卦）裡與六三正應，否卦下卦是坤，坤是牛，一變為旅卦之後，坤卦不見了，所以牛不見了，而上九在這個卦的邊界，所以說「喪牛於易」。到最後不會有消息，是因為上九要離開這個卦，沒有機會修正錯誤了。

從「豐」和「旅」來看，豐代表聚合，很多財富聚在一起，資產多就有各種欲望，容易產生遮蔽，不見得是好事。如果將資產散開就變成旅，在外旅行無法和熟悉的朋友及環境聚在一起，這時就要步步為營，最好能夠收歛、守分。

傳說孔子雖然對魯國貢獻很大，但在約五十五歲時，魯定公卻開始疏遠他，因為齊國送了八十名能歌善舞的美女，和一百二十匹好馬給魯定公，魯定公從此就不太理會孔子。孔子因此在家中占了一卦，占到旅卦，孔子於是決定出去走走。一個人學問的精華，要經過檢驗，在人生後半段才見真章，如果沒有經過十三年周遊列國的患難，孔子的學說不見得能傳下來。因為做人處事的道理人人會講，紙上談兵何其容易，但周遊列國非常辛苦，如喪家之犬時還能夠君子固窮，學生才會知道老師的學問是經得起檢驗的。人生不就是旅行嗎？孔子能依循時勢，知所進退，可以仕則仕，可以止則止，可以久則久，可以速則速，這正是旅卦的精神所在。

57 巽 ䷸

下巽上巽，巽為風

卦辭

巽。小亨，利有攸往，利見大人。

巽卦，稍有通達。適宜有所前往，適宜見到大人。

巽卦是從天山遯卦（䷠，第三十三卦）變來，六二與九四交換，就變成巽卦了。巽是八個純卦之一，上下皆巽，巽是風，風是空氣的流動，無形無色，並沒有具體的象，所以無所不入，這是巽的特色。

〈序卦傳〉說：「旅而无所容，故受之以巽。巽者，入也。」旅行的人無處安頓，巽卦則表示可以進入某處，像風一樣隱伏不見。〈雜卦傳〉說：「兌見而巽伏也。」兌卦是顯現在外，巽卦是隱伏於內。兌卦的主爻第三爻在外面，巽卦的主爻第一爻在裡面，主爻是決定它是什麼卦的關鍵，這就是兌見而巽伏的意思。兌表現出來的是歡笑、愉悅；巽則像風看不到，近利市三倍別人也不知道。

彖傳

彖曰：「重巽以申命。剛巽乎中正而志行。柔皆順乎剛，是以小亨，利有攸往，利見大人。」

〈彖傳〉說：「巽卦相重，是要反覆宣布命令。剛強者隨順於居中守正之道，使心意得以實現。柔順者都能順應剛強者，因此稍有通達，適宜有所前往，適宜見到大人。」

古人把風當作命令，天子發布政令像風吹行大地一樣，讓天下人都知道。這個卦的特色是二、五都是陽爻，剛強者都在中正；而這兩陽爻的底下都是陰爻，陰爻在下為承，是順。六四底下九三，以位置來說不是很好，但上面有九五，順著九五就也沒什麼好擔心了。

象傳

象曰：「隨風，巽。君子以申命行事。」

〈象傳〉說：「風與風相隨而來，這就是巽卦。君子由此領悟，要反覆宣布命令，推行政事。」

風與風相隨而來，稱為「隨風」，現在講隨風飄揚，也是出自《易經》。

《論語》中有「巽與之言」和「法語之言」，法語之言是嚴格剛正的話，子曰：「法語之言，能無從乎？改之為貴。」別人很嚴肅的話，能夠不遵從嗎？但是要改變自己不當的行為才可貴。巽與之言是比較柔順悅耳的話，子曰：「巽與之言，能無說乎？繹之為貴。」聽到別人講好聽的話，會不高興嗎？但是要演繹其中的內容才可貴。若沒有進一步思考其中新的期許，只徒然沾沾自喜，這樣的話語也就失去了意義。

像平日老師對學生有嚴格的要求，要學生好好用功唸書，這當然是對的，但要學生改變自己的行為，真正用功才有用，否則有什麼意義呢？相對的，老師稱讚同學們表現很好，人人聽了很開心，但沒有演繹其中鼓勵的意思，不明白其中更高的期許，便容易自滿而不知求進步了。

爻辭

初六。進退，利武人之貞。

象曰：「進退，志疑也。利武人之貞，志治也。」

初六。進退不定，適宜武人的正固。

〈象傳〉說：「進退不定，是因為心意猶豫。適宜武人的正固，是因為心意確定。」

初六剛剛進入卦中，上下皆是風，根本無法掌握，這裡強調適宜堅定的人有堅定的意志，才能穩住這個局面。武人就如同軍人，以其勇武而保家衛國。什麼樣的表現可稱為「武」呢？剛強理直、威強叡德、克定禍亂、保民犯難、刑名克服、戎昭果毅以聽之，這六種情況都可以稱為武。譬如周武王，他至少具備第三、第四項，能夠克定禍亂，也能夠保民犯難。「武人」取象為虎，初六往上有互卦兌（九二、九三、六四），兌卦是虎。初六本身陰爻居剛位，有舉棋不定之象，又與六四不應，更加猶疑。若能往上學習武人的正固，就可以讓心意確定。

九二。巽在床下，用史巫紛若，吉，无咎。

象曰：「紛若之吉，得中也。」

九二。隨順進入床底下，讓祝史與巫覡紛紛發言，吉祥，沒有災難。

〈象傳〉說：「紛紛發言而吉祥，是因為取得中位。」

巽卦看起來就像一張床，底下是床腳。巽是木，引申解釋為床，又從上卦來到下卦，就變成床下了。在尚未明辨天意之前，最好隱藏收斂，所以巽在床下，代表極度隨順，完全沒有個人的意見，這是巽卦的特色。但如此一來會顯得猶豫不決，而九二是陽剛，陽爻居柔位，又非決定不可，只好求助於史和巫。「史」就是祝史，史官專門負責卜筮；「巫」負責祓禳消災，這是古代兩種與神明特別有來往的職業，他們可以測知天命，也就是找這些古代負責與神明溝通的人來決定。「紛若」就是紛紛發言，有話儘量說。九二在互卦兌裡，兌為口，有紛紛發言之象。

巽為風、為命令，九二對此天命還無法了解，因為相隔太遠了，二是地的位置，而天在五、上，所以一方面要採取非常謙遜的態度，另一方面要能夠多聽聽像史和巫等專家的意見，他們與天可以達到某種程度的溝通，與鬼神有某種聯繫，由他們來建議就能吉。所以九二的吉就在於合乎這個巽的要求，不會自作主張。

九三。頻巽，吝。

象曰：「頻巽之吝，志窮也。」

九三。頻繁地重複命令，會有困難。

〈象傳〉說：「頻繁地重複命令而有困難，是因為心意困窮了。」

九三在上下二巽之間，上下皆巽，如同頻繁地重複命令，但究竟這個命令要不要做呢？九三與上九不應，而上面是六四，六四乘剛，九三當然不順，所以它有困難，無路可走。心意困窮了，已沒有實踐的動力。

六四。悔亡，田獲三品。

象曰：「田獲三品，有功也。」

六四。懊惱消失，打獵獲得三種動物。

〈象傳〉說：「打獵獲得三種動物，是因為取得功績。」

六四的「悔」在於和初六不應，又被上下兩個陽爻所困，這都是值得懊惱的地方。以六四的角度而言是乘剛，從另一個角度來看，九三、九五把六四困住了。但它的悔可以消除，因為「田獲三品」。六四本來是遯卦的六二，初與二是地，地為田，所以六四是由田而來，田代表打獵。六四在上卦巽中，巽是雞，這是打獵的第一個獲得；在互卦兌裡，兌為羊，得到羊，是第二個獲得；六四又是互卦離（九三、六四、九五），離是雉，是第三個獲得；意即六四一變化可以得到三種收穫。

九五。貞吉，悔亡，无不利。无初有終，先庚三日，後庚三日，吉。

象曰：「九五之吉，位中正也。」

九五。正固吉祥，懊惱消失，沒有不適宜的事。沒有開始但有結果。庚日的前三天，庚日的後三天，吉祥。

〈象傳〉說：「九五的吉祥，是因為處在守正居中的位置。」

「庚」要配合十天干來看，十天干是甲、乙、丙、丁、戊、己、庚、辛、壬、癸，先庚三日是丁、戊、己，後庚三日是辛、壬、癸。何以「无初有終」呢?因為癸正好是十天干的結束，但是開頭是甲，不是丁，所以有結束而無開頭。在山風蠱卦（䷑，第十八卦）裡曾提及「先甲三日，後甲三日」，當時提到「終則有始」，終之後重新開始，和這裡相較，終始的意義就更清楚了。

程頤說：「先庚三日，後庚三日，吉。出命更改之道，當如是也。甲者，事之端也；庚者，變更之始也。十干，戊己為中，過中則變，故謂之庚，事之改更，當原始要終，如先甲後甲之義，如是則吉也。」他認為「庚」與「更」同音而借義，又把十天干兩個一組，分為五組，庚辛、壬癸是後面兩組，發布命令過了一半還要加以改變，目的是要使它改善，變得更好。事情要更改的時候，要推原它的開始，也要掌握它的結束。說明下命令及更改命令，不能夠朝令夕改，必須有所準備。

上九。巽在床下，喪其資斧，貞凶。

象曰：「巽在床下，上窮也。喪其資斧，正乎凶也。」

上九。隨順進入床底下，失去錢財與用具，正固有凶禍。

〈象傳〉說：「隨順進入床底下，是因為居上位而困窮。失去錢財與用具，是因為正處於凶禍中。」

「巽在床下」再次出現了。上九也是隨順到極點，兩巽相重，到最後當然是隨順到極點了。巽到極端，就變成巽在床下的樣子，好像完全隨順，沒有任何自己的看法，這時候錢財與用具都失去了。巽為近利市三倍，是「資」；底下一個互卦離，離是斧、戈兵。既然近利市三倍，本來是有資的，但是上九已經到最高的位置了，有資也享用不到，在離的上面代表已經不再有戈兵了，這時若正固，則是處於凶禍中。

在巽卦中，究竟哪一爻是主爻呢？使遯卦變為巽卦的關鍵，一是九二，一是六四，因為它們互換位置才使遯卦變成巽卦。所以有人認為是九二，有人認為是六四，因為六四是上巽卦的關鍵，就如同初六在下巽卦中的地位。其實判斷究竟哪一個是主爻，對理解每一個爻或占卦並沒有非常明顯的助益，只是說明某一個爻對生成這個卦有特殊的功勞。我們在理解《易經》時，不必太過執著於此。

58 兌 ䷹

下兌上兌，兌為澤

卦辭

兌。亨，利，貞。

兌卦，通達，適宜，正固。

兌卦也是八個純卦之一。前一卦巽卦談的是進入某種狀況，是由遯卦所變成的，兌卦是巽的覆卦，便由遯卦的覆卦大壯卦（䷡，第三十四卦）變成。大壯卦兩個陰爻、四個陽爻，其中三爻和五爻互換位置，就成了兌卦。〈序卦傳〉曰：「入而後說之，故受之以兌。兌者，說也。」進入某種狀況，接觸溝通之後才會彼此喜悅。

彖傳

彖曰：「兌，說也。剛中而柔外，說以利貞。是以順乎天而應乎人，說以先民，民忘其勞。說以犯難，民忘其死。說之大，民勸矣哉。」

〈彖傳〉說：「兌卦，是喜悅的意思。剛強者居中而柔順者居外，是因為喜悅才可適宜正固。因此，要順從天道，並且應合人心。有了喜悅再來領導百姓，百姓就會忘記勞苦。有了喜悅再去冒險犯難，百姓就會忘記死傷。喜悅的偉大作用，是要振作百姓的心志啊！」

「剛中而柔外」是指九二、九五兩個剛在中間，六三和上六兩個柔在外面。「順乎天而應乎人」這個辭在《易經》裡面出現不只一次，在革卦裡提到順乎天而應乎人才能夠革命，這種觀念到今天還適用。民勸之矣的「勸」字，就是能夠振作。在《論語》中有人請教孔子：「使民敬忠以勸，如之何？」百姓的振作對一個國家來說是很重要的，大家感覺到充滿希望，國運才能蒸蒸日上。《孟子》說：「以佚道使民，雖勞不怨，以生道殺民，雖死不怨殺者。」用佚道來使喚百姓，百姓雖然勞累，但不會抱怨；以生道來殺民，百姓死了，也不會怨恨殺他的人。「佚道」是讓百姓都很輕鬆的使喚方式；「生道」是想辦法盡量替人找生路。

比如對犯了罪的人，法官查盡各種法條替他找活路，直到找不到再判死刑，讓犯人知道自己確實犯了罪，找不到任何理由可以活下去，便無所怨恨。這是一種政治領袖的態度，做任何事都考慮到天道與人心。「悅」是讓百姓覺得開心，政治領袖真正的祕訣便在這個字上面，要讓百姓覺得喜悅，進而願意去服勞役、作戰、奮鬥。

象傳

象曰：「麗澤兌，君子以朋友講習。」

〈象傳〉說：「沼澤與沼澤互相依附，這就是兌卦。君子由此領悟，要與朋友一起討論及實踐。」

「麗」是附麗，兩個澤在一起，沼澤和沼澤互相依附。上下都是兌卦，為兩個口，所以君子與朋友來往的時候，要討論講習，互相交換心得，切磋琢磨。在《論語》裡曾子說：「君子以文會友，以友輔仁。」人類可以說話，能夠促成經驗的交流、知識的提升、文化的進步。這一切都是靠互相溝通，交換各種意見。

爻辭

初九。和兌，吉。

象曰：「和兌之吉，行未疑也。」

初九。應和而喜悅，吉祥。

〈象傳〉說：「應和而喜悅，吉祥，是因為行動沒有疑惑。」

「和」是應和，進入兌卦來應和。初九以陽爻居剛位，有動向，在下卦兌中，兌為口，為悅；上卦也是兌卦，形成上下互相唱和的局面。初九往上應和，成為「和兌」，因為初九本身有動力，在講到喜悅、和悅的時候，它可以符合卦的要求。

在大壯卦裡，只有初九和九四不應，變成兌卦之後則各爻皆不應。對初九而言沒有損失，本來就不應，變成兌卦後還是維持原狀，所以任何行動都不會有差錯，因為行動沒有疑惑。

九二。孚兌，吉，悔亡。

象曰：「孚兌之吉，信志也。」

九二是誠信而喜悅，吉祥，懊惱消失。

〈象傳〉說：「誠信而喜悅，吉祥，是因為心意真實。」

九二是陽爻為實，居中位，有中實之相，中間很實在，所以「信志」。九二和九五不應，這就是懊惱之所在，九二本來在大壯卦所正應的六五，如今下來成為六三，對九二來說，如同心意真實的老朋友變成鄰居，所以還是喜悅。初九和九二，一是「和」，一是「孚」，似乎並沒有主動去追求喜悅，而喜悅自然就來了。在初九來說，他人變化，自己不動，所以這不是自己造成的結果；九二也沒有動，動的是六三、九五，結果從正應變成相比，本身沒有什麼作為，能得到喜悅，就是因為可以互相溝通。

六三。來兌，凶。

象曰：「來兌之凶，位不當也。」

六三。來到而喜悅，有凶禍。

〈象傳〉說：「來到而喜悅，有凶禍，是因為位置不恰當。」

六三是造成兌卦主要的爻，它本身主動，希望能造成喜悅的效果，但刻意製造的事情，本身就有它的困難。就算是有心尋找喜悅，即使喜悅達成了，也不見得多高興，因為是刻意製造的。六三陰爻在剛位，位置不恰當，所以有凶禍。我們都知道人與人相處，真誠最重要，如果刻意想達成什麼效果，有心去促成，有時候會有反效果，所以很清楚看到「凶」。

九四。商兌未寧，介疾有喜。

象曰：「九四之喜，有慶也。」

九四。商量而喜悅，還不能安定；隔開了疾病，就會有好事。

〈象傳〉說：「九四的好事，是因為有喜慶。」

九四介於上下二兌之間，兌為口，二口並現，有協商而未定之象。在兌卦把九四當作上下二兌之間，在巽卦裡則把九三當作上下二巽之間，三、四本來就在上下之間，所選不同就看哪一爻有機會。但這機會是好是壞，就不一定了。在兌卦九四是好的，九四的「疾」，本來是因為與初九無應，兌卦形成之後，各爻皆無正應，大家情況相同，也就不必為了無應而耿耿於懷了。「喜」與「疾」並用，專指病癒的好事。九四的「慶」來自於它屬於互卦巽（六三、九四、九五），而巽為近利市三倍。

九五。孚於剝，有厲。

象曰：「孚於剝，位正當也。」

九五。受到衰退的人信賴，有危險。

〈象傳〉說：「受到衰退的人信賴，是因為位置正確而恰當。」

「剝」代表上六，「孚」是誠信。對九五來說，信賴它的當然是上六，因為上六想要靠向九五。上六在全卦最終的位置，底下有兩個陽爻進逼，有如被剝蝕的衰退之人。

在大壯卦中，上六與九三是正應的關係，在兌卦中，九三變成九五，九五與上六從對應關係變成鄰居，所以九五對於上六是「孚於剝」，可以信賴。九五居中守正，雖然有危險，但不會有災難。

上六。引兌。

象曰：「上六引兌，未光也。」

上六。牽引而喜悅。

〈象傳〉說：「上六牽引而喜悅，是因為自己的路不寬廣。」

上六是兌卦的主爻。六三是「來兌」，上六是「引兌」，因為上六本身是陰爻居柔位，實力不夠，在兌卦最終的位置，表示喜悅接近尾聲，所以要靠牽引，由九五而得喜悅。

在大壯卦裡，上六原本與九三正應，到了兌卦九三變成九五，就好像上六把九五牽引上來，九五因而喜悅。對上六來說，它沒有別的路可以走，否則不能成為兌卦，所以說它「未光也」，光就是廣，他的路不夠寬廣。此處並未明言上六是凶還是吉，但是既然說路不夠寬廣，又到了最後的位置，當然並不理想。所以在兌卦裡面，兩個陰爻的情況都不理想。

59 渙

下坎上巽，風水渙 ䷺

卦辭

渙。亨。王假（ㄍㄜˊ）有廟。利涉大川，利貞。

渙卦。通達。君王來到宗廟。適宜渡過大河，適宜正固。

渙卦是從天地否卦（䷋，第十二卦）變來，亦即否卦的九四與六二換位。「王假有廟」在第四十五卦萃卦曾經出現，萃卦提醒人群聚集的時候要特別小心，因為那時候有各種利益的考量；渙卦則是人群分散。所以人群的聚跟散，都會特別談到宗教的作為。「有廟」是指宗廟，宗廟是祭拜祖先的地方。這時候適宜渡過大河，適合正固，所以要保持這個原則，堅持下去。

〈序卦傳〉說：「說而後散之，故受之以渙。渙者，離也。」人在喜悅之後，心情就會渙散，所以接著要談渙卦。喜悅之後心情渙散，是有道理的，一個人在緊張痛苦的時候會提高警覺，一旦高興就鬆懈了。君王來到宗廟，可以祭祀祖先，兩個中間的位置（九二、九五）都是陽爻，表示還有能力，經得起考驗。

彖傳

彖曰：「渙，亨。剛來而不窮，柔得位乎外而上同。王假有廟，王乃在中也。利涉大川，乘木有功也。」

〈彖傳〉說：「渙卦，通達。剛強者下來而不困窮，柔順者在外面取得位置而與上位者同心。君王來到宗廟，是說君王現在處於中位。適宜渡過大河，是說乘著木舟而有所貢獻。」

渙卦是否卦的九四與六二換位而來。本來是天地否，否是閉塞不通，現在剛從上面下來，兩個爻一換位置，又重新出現了生機，不再困窮。柔順者指六四，三個陰爻只有六四在柔位，其餘都沒有得位。九二和九五都是陽剛，都在中間的位置，彼此可以相輔相成。九二、六三、六四是互卦震，震為諸侯，可以守宗廟社稷，依此而說「王假有廟」。〈繫辭·下傳〉說：「刳木為舟，剡木為楫，舟楫之利，以濟不通。致遠以利天下，蓋取諸渙。」前面講的是如何造船，造了船之後讓它在水上走。渙卦下坎上巽，坎為水、巽為木，木頭在水上就代表行船，可以讓交通方便，來往便利，正可說明渙卦的貢獻。

象傳

象曰：「風行水上，渙。先王以享於帝，立廟。」

〈象傳〉說：「風吹行在水面上，這就是渙卦。先王由此領悟，要向上帝祭獻，並且建立宗廟。」

水遇風則離散，冰遇風則融解，渙散一方面使人不會陷於壅滯不通的情境，另一方面又有分崩離析的危險，這叫做利弊互見，需要先王有所作為。所以渙卦有兩個意思：一方面是要避免壅滯不通，另一方面又怕渙散流通，就分崩離析了。宗廟祭祀是凝聚民心最根本的辦法，使人暫時忘記眼前的成敗得失，產生報本反始的感恩之心，這和第四十五卦萃卦是一樣的道理。當一個社會開始聚集或是分散時，重大的利弊就出現了，這時如果缺乏宗教信仰，大家只考慮利害關係，就會變得可怕而現實。宗教提醒人們，利益不是一切，一個人只要想到上有祖先、下有子孫，這些與祭祀有關的生命傳承，就會有所收斂、更厚道些。

曾子說：「慎終追遠，民德歸厚矣。」慎終、追遠，都是宗教的活動，在上位者辦喪事、祭禮都盡心盡力，百姓的風氣就會淳厚。所以風俗的厚薄，不是一兩個人就可以決定，在上位者要表現出宗教情操，承認自己是由祖先、由整個宗族的力量在支持。就好像國家有社（國家之神）、稷（土穀之神）等神祇支持，才有辦法讓老百姓的心真正安定下來，而不是把心思都放在有形可見的利害上，這就是古代的智慧。「帝」在古代，尤其是商朝，是最高的信仰對象，最高位階的神明。

爻辭

初六。用拯馬壯，吉。

象曰：「初六之吉，順也。」

初六。用來拯救的馬強壯，吉祥。

〈象傳〉說：「初六的吉祥，是因為柔順。」

初六與上面的六四不應，所以只能依靠旁邊的九二。本身陰爻屬柔，上承九二，表現為順，在這個特殊狀況下，完全順從，沒有任何特定的主張。原本否卦下卦是坤，現在因為九二出現變成坎，初六在下卦坎中，坎是美脊馬，當然也很健康強壯，所以有「用拯馬壯」的機會。用拯馬壯這個辭曾經在地火明夷卦（䷣，第三十六卦）六二的爻辭出現過。

九二。渙奔其机（ㄐㄧ），悔亡。

象曰：「渙奔其机，得願也。」

九二。離散而奔向几案，懊惱消失。

〈象傳〉說：「離散而奔向几案，是因為要滿足願望。」

「机」是矮的桌子，現在寫為几，茶几之意。九二從否卦的九四而來，否卦的九四原本和初六正應，現在則離開了上面的乾卦，到底下來找初六，變成鄰居。九二把初六當作矮桌子來靠，稍事休息，所以說「得願也」。至於「悔」，一方面九二與九五沒有正應，一方面是陽爻居柔位，當然有些懊惱，現在與初六比鄰相親，懊惱可以消失。

「几」字在古書中常常看到，《莊子》中有「南郭子綦隱几而坐。」隱就是靠著，靠著桌子坐著睡著了。睡著了之後情況跟以往不一樣，形如槁木，心如死灰。在〈齊物論〉中，莊子的修鍊就是形如槁木，心如死灰，形代表身體，心代表心智。

一般人會疑惑這樣的人生還剩下什麼？但莊子認為人生這樣才開始，才出現精神，出現人的真正生命。因為人活在世界上，生活的方式其實和其他動物差不多，吃喝拉撒睡，唯獨「精神」是人的特色。精神來自於道，能與道結合，悟道之後才可能成為莊子筆下的真人、神人、至人、天人、聖人。我們是平凡人，平凡人在莊子看起來跟生物差不多，所以需要修鍊。

六三。渙其躬，无悔。

象曰：「渙其躬，志在外也。」

六三。渙散了自己，沒有懊惱。

〈象傳〉說：「渙散了自己，是因為心意在外面。」

六三心意在上九，彼此正應，陰要從陽，所以它心意在外。否卦六三在下卦坤中，坤為母，可以懷孕，是為有身，身再轉而指稱自己本身，也就是「躬」。變為渙卦之後，底下坤卦不見了，就是把自己本身給渙散了。六三有上九正應，渙卦各爻只有這一對正應，所以可以「无悔」。六三陰爻在剛位，位置不正，本來有悔，但是它與上九正應，在其他四爻皆無應的比較下，懊惱的感覺就消失了。苦樂是相對的，人間沒有絕對的快樂，當苦盡甘來時，一點點甘就很滿意了；若在甘裡面待了很久，也就體會不出什麼好滋味。

六四。渙其群，元吉。渙有丘，匪夷所思。

象曰：「渙其群，元吉，光大也。」

六四。渙散了同類，最為吉祥。渙散之後聚為山丘，不是平常所能想到的。

〈象傳〉說：「渙散了同類而最為吉祥，是因為展現廣大的效果。」

很多人的聚合，常常一開始的時候心意相通，志同道合，久了之後，各自有不同的遭遇，慢慢就渙散了；而六四說的是渙散之後再聚合。六四是造成渙卦的重要角色，它與九二交換之後，取得了好位置，是柔得正位。它本來在否卦下坤，一走便把同類化解了，所以說「渙其群」。到渙卦六四之後，與六三、九五形成互卦艮，艮為山，一座山當然是泥土聚在一起的，所以說「渙有丘」，代表先散後聚，重新組合。「光大也」，就是化險為夷，先散後聚，其勢更大，這是渙卦最特別的地方。

九五。渙汗，其大號渙，王居，无咎。

象曰：「王居无咎，正位也。」

九五。散發廣布，大的政令散發出去，君王安居，沒有災難。

〈象傳〉說：「君王安居而沒有災難，是因為處在中正之位。」

九五講君王，君王安居沒有災難，是因為處在中正之位，居中守正，即使下無正應，也是「无咎」。「渙」是離散、散發，「汗」是水勢浩大，「渙汗」就是散發到極廣的範圍。「大號」是大政令，九五在上卦巽中，巽為風，為號令，陽爻為大，所以說大號。渙卦的卦象是風行水上，暢通無阻，古人認為到處都有河流，只要透過風行水上，就可以傳到全國各地。

上九。渙其血，去逖（ㄊㄧˋ）出，无咎。

象曰：「渙其血，遠害也。」

上九。渙散了血災，離開而遠走，沒有災難。

〈象傳〉說：「渙散了血災，是因為遠離了禍害。」

　　上九與六三正應，陰從陽，把下卦坎帶了上來，坎為險，稱為血卦。本來應該受到牽連，但一方面渙卦要結束了，另一方面渙卦代表散，所以上九可以透過散的力量，設法阻擋六三與它相聚。

60 節

下兌上坎，水澤節 ䷻

卦辭

節。亨。苦節不可貞。

節卦。通達。苦澀的節制不能正固。

節卦是由泰卦（䷊，第十一卦）的三和五兩爻交換位置而來。水澤節，水在沼澤上面，就會調節，如果水過高，自己會流走；如果水不夠，就會慢慢的累積聚集，這便是節。

「亨」代表亨通，節得乎中，節制得恰到好處，才能亨，代表這個節是正當的。如果是苦澀的節制，節制得很辛苦，太勉強、太委屈，便不容易長久堅持，無法「貞」。

人活在世界上，就是「節制」二字，不說別的，單就吃來說，就有多少人因為不能節制，而懊惱自己太胖，或健康出問題；有些人唸書沒有節制，最後眼睛壞了；有些人運動沒有節制，導致運動傷害；可見節制有多麼重要。

彖傳

彖曰：「節。亨。剛柔分而剛得中。苦節不可貞，其道窮也。說以行險，當位以節，中正以通，天地節而四時成。節以制度，不傷財，不害民。」

〈彖傳〉說：「節卦，通達，剛強者與柔順者分開，並且剛強者取得中位。苦澀的節制不能正固，是因為路已經走到盡頭。喜悅而去冒險犯難，位置適當而能節制，居中守正才可通順。天地有節制，四季才會形成。用制度來節制，就不會浪費錢財，也不會禍害百姓。」

剛強者取得中位是指泰卦九三往上到節卦九五。原本屬於消息卦的泰卦是「剛柔分」，現在有交錯了。苦澀的節制不能正固，因為路已經走到盡頭，這是指上六的狀況。天地一定要有節制，四季冷熱交替，如果一味的冷或熱就不得了。

我們很難想像沙漠的情況，在長期乾旱時，所有生物好像都死了，只剩下枯骨，但是一到雨季，下雨兩三天之後，只要有點水聚在一起，水中就會出現很多魚，很難想像這些生物原來藏在哪裡？這些生物總是有辦法存活下去，從人的角度來看，真是不可思議。人的生命其實不夠強，多少我們認為比較低等的生物，都比人類更有適應力。

象傳

象曰：「澤上有水，節。君子以制數度，議德行。」

〈象傳〉說：「沼澤上有水，這就是節卦。君子由此領悟，要制定數量上的限度，評議道德上的行為表現。」

節的上卦是水，水代表平，所以要制定數量上的限度；下卦澤是兌卦，兌為口，要用以評議德行。「數度」是外在的制度，可以由人來規定，但修德是永無止境的，所以雖然節是節制，但要以德行的高標準來要求自己。程頤說：「議德行者，存諸中為德，發於外為行。」在心中的是德，表現於外的是行，德行合在一起，才是我們所稱讚的。有德而無行，如何證明德呢？有行而無德，代表做好事不是發自內心，內在沒有源頭活水，只有外在的行為，是經不起檢驗的。

爻辭

初九。不出戶庭，无咎。

象曰：「不出戶庭，知通塞也。」

初九。不離開門戶與庭院，沒有災難。

〈象傳〉說：「不離開門戶與庭院，是因為知道通達與閉塞。」

在泰卦變為節卦的過程中，初九和其正應六四皆不受影響。上有互卦艮（六三、六四、九五），艮是門檻、門闕，初九離它還遠，所以不出戶庭。節卦本來就要收斂，初九剛剛進來就收斂，戶庭都不出，自然就沒有災難了。〈繫辭・上傳〉說：「『不出戶庭，无咎。』子曰：『亂之所生也，則言語以為階。君不密則失臣，臣不密則失身，機事不密則害成，是以君子慎密而不出也。』」這是非常具體的引申。孔子根據初九爻辭說：「禍亂的產生，是以言語為其階梯。君主不能保密就會失去臣子，臣子不能保密就會喪失性命，幾微之事不能保密就會造成失敗，因此君子謹慎保密，而不隨便說話。」俗語說禍從口出，不就是這個意思嗎？很多時候，一旦說了不該說的話，問題就出來了，要保密真的很難。從初九可以看到很明確的建議，就是要節制。

九二。不出門庭，凶。

象曰：「不出門庭凶，失時極也。」

九二。不走出門戶與庭院，有凶禍。

〈象傳〉說：「不走出門戶與庭院，會有凶禍，是因為過度錯過了時機。」

九二出現凶的並不多，因為二在中間的位置，九二雖然是陽爻在柔位，中而不正，但是中比正要好，所以九二直接出現凶的非常少見。講節制，代表要自我約束，但也不能夠過度錯過了時機。九二與初九一樣還在互卦艮之下，也想與初九一樣不要出去，但本身已進入互卦震（九二、六三、六四），震代表行動，非行動不可。該行動而不行動，等於是錯過時機，所以凶。

九二以陽爻居下卦中間的位置，在卦變過程中當行而未行，從原來的有應變成無應，甚至為九三所乘，對九二來說是雙重損失。很多人說這個爻不好，當然這不完全是它的責任。《易經》只是告訴我們，事情就是這樣，在這個位置和形勢，就要接受，不要有情緒反應。若不能接受而懊惱生氣，都只是徒然。

六三。不節若，則嗟若。无咎。

象曰：「不節之嗟，又誰咎也？」

六三。沒有節制的樣子，就會出現悲嘆的樣子。沒有責難。

〈象傳〉說：「沒有節制的悲嘆，又能責難誰呢？」

六三是發生變化、相當重要的一爻。六三本來是泰卦六五，居上卦中間，又有九二正應，現在成為節卦六三，位置不中不正又無應，都是「不節若」造成的，所以只能悲嘆了。六三到了下卦成為兌，兌為口，所以說「嗟若」。「无咎」的「咎」在這兒是指責難，這一切都是自己造成的，又能責難誰呢？如果占到這一爻，恐怕就要問是否因為本身選擇錯誤，沒有合乎節的要求。在節卦當然要位置正，連位置都不正，怎麼能稱為節制呢？所以位置正的幾爻都比較好，譬如初九、六四、九五三爻是當位，爻辭中便出現无咎、亨、吉；相反的九二凶、六三悲嘆不已、上六苦澀的節制，都是因為無法符合節制的精神。

六四。安節，亨。

象曰：「安節之亨，承上道也。」

六四。安定的節制，通達。

〈象傳〉說：「安定的節制之所以通達，是因為順承上位者的正道。」

泰卦變成節卦是三與五在變，六四不受影響也不動，所以它合乎節制，能夠穩住自己的位置。卦變之後在互卦艮裡，艮為止，所以是安定的節制。上位者就是九五，上承九五，又有初九正應，六四當然很順利。

九五。甘節，吉。往有尚。

象曰：「甘節之吉，居位中也。」

九五。甘美的節制，吉祥。前往受到推崇。

〈象傳〉說：「甘美的節制之所以吉祥，是因為處於中位。」

九五本是泰卦九三，取得上卦坤的中位。坤為土，依《尚書．洪範》所言：「土爰稼穡」，而「稼穡作甘」，所以九五是「甘節」。

上六。苦節，貞凶。悔亡。

象曰：「苦節貞凶，其道窮也。」

上六。苦澀的節制，正固會有凶禍。懊惱消失。

〈象傳〉說：「苦澀的節制，正固會有凶禍，是因為路已經走到盡頭。」

照著「苦節」的方式一直堅持下去，那就是凶。為什麼又說它懊惱消失呢？因為不能責怪它，上六已走到盡頭了，還能有什麼選擇？

在節卦裡，端看能不能懂得通達和阻塞的道理。譬如初九「不出戶庭，无咎」，知道初九還不能動，所以就安於自己的位置。九二進入互卦震，這時候該通達，不應該停滯，停下來就是凶。這些都讓我們了解到在節卦裡，只要位置適當，行止節制都是很好的。

61 中孚 ䷼

下兌上巽，風澤中孚

卦辭

中孚。豚魚，吉，利涉大川，利貞。

中孚卦。豬與魚出現，吉祥，適宜渡過大河，適宜正固。

六十一卦中孚卦和六十二卦小過卦（䷽），是很特別的兩個卦。大部分有變的卦，都是由十二消息卦變來，但有少數幾個是由中孚卦與小過卦變來。中孚卦上下四個陽爻，中間兩個陰爻，像個放大的離卦。〈序卦傳〉說：「節而信之，故受之以中孚。」有所節制才可取信於人，所以節卦之後便是中孚卦。符節是古代的信物，由卦象來看上下二卦搭配合宜，為「若合符節」，可作為憑信。

卦辭中提到「豚魚」，古人在這裡下了很深的功夫來探索。程頤說：「豚躁魚冥，物之難感者也。孚信能感於豚魚，則无不至矣，所以吉也。」豬沒有耐性，魚很愚蠢，這二種生物很難有感應，人如果講信用到讓豬跟魚都相信了，那什麼事情都可做成了。人類對動物的理解往往太主觀，以貌取物，怎麼知道「豚躁魚冥」呢？

另有虞翻的解釋：「訟四之初也。」天水訟卦（䷅，第六卦）的第四爻來到了初爻，形成了中孚卦。但是訟卦不是消息卦，所以他又說：「此當從四陽二陰之例。」四陽二陰的消息卦有二，一是遯卦（䷠，第三十三卦），一是大壯卦（䷡，第三十四卦），結論是：「遯陰未及三，而大壯陽已至四，故從訟來。」遯卦陰爻為初和二，不到三，不可能出現中孚卦的三與四都是陰爻；大壯的陰爻為五、上，已經過了三與四了。這兩個消息卦確實是四陽二陰，但兩個陰爻不是在底下，就是在上面，如何變成在中間？消息卦沒辦法解釋中孚卦的由來，所以說它是由訟卦變化，但問題是訟卦憑什麼變？所以較可信的解釋是先由遯卦變為訟卦，再由訟卦變為中孚卦。虞翻這樣解釋，是為了找出豚與魚的出處。遯卦有互卦巽（六二、九三、九四），巽為魚；訟卦有下卦坎，坎是豬。經過遯卦，再經過訟卦，把魚和豬的出處找到，最後出現中孚卦。古人作學問真是令人佩服，無一字無來歷。虞翻是象數派，強調層層相因；程頤則是義理派，不做太多追究，往往訴諸象徵。這裡確實不容易找到豬和魚的出處，也難怪古人出現不同的說法了。

彖傳

彖曰：「中孚，柔在內而剛得中。說而巽，孚乃化邦也。豚魚吉，信及豚魚也。利涉大川，乘木舟虛也。中孚以利貞，乃應乎天也。」

〈彖傳〉說：「中孚卦，柔順者在內而剛強者取得中位。喜悅而隨順，誠信才可感化邦國。豬與魚吉祥，是說誠信達到了豬與魚。適宜渡過大河，是說乘坐木船還有空位。內心誠信而適宜正固，則是順應天之道。」

柔順者在內，指三、四都是陰爻；剛強者取得中位，指九二與九五。底下是兌卦，代表喜悅；上面是巽卦，代表隨順。在〈彖傳〉裡面並沒有說明豬與魚怎麼出現，但解釋較接近程頤的說法，代表很誠信，連豬和魚都接受，就會吉祥。巽卦代表風、代表木，引申為木舟，木舟可行於澤上，所以是「利涉大川」。

內心誠信的取象，一是中間兩爻是虛，代表虛心；一是二與五是陽爻，代表可靠。一個真誠的人是可靠的，同時也必須虛心，如果太自以為是，就不太可能顯示誠意。程頤說：「內外皆實而中虛，為中孚之象。」內代表初九和九二，外代表九五與上九，內外皆實；而中間三、四爻是虛。「又二五皆陽，中實，亦為孚義。在二體則中實，在全體則中虛。」就上下卦分別來看，中間是陽爻，是實；以全卦六爻來看，中間是虛的。「中虛，信之本；中實，信之質。」古人這種思想很值得參考，內心謙虛不帶成見，好像隨時準備接受他人的各種建議，這是講誠信的基本；腳踏實地、很可靠，才能言出必行，做到答應的事。一虛一實配合起來，做為對人的生命的描述，那就是：說話要盡量保守，做事要盡量實在。

象傳

象曰：「澤上有風，中孚。君子以議獄緩死。」

〈象傳〉說：「沼澤上有風在吹，這就是中孚卦。君子由此領悟，要認真討論訟案，緩慢判決死刑。」

在誠信的範圍裏，判決死刑要非常慎重緩慢，盡量給別人生路。上天有好生之德，既要維持綱紀，又要照顧百姓，在追求社會正義的時候，也不要忘記同情體諒犯罪的人。事實上，有些人做出社會法律所不容的事情，背後有很深層的原因，或許是環境使然，或許是因為某種特殊的情況。很多時候了解犯人的背景越多，就越覺得值得同情。

法國有一句諺語說：「了解一切就會寬容一切。」但法律不能打折扣，不能因為了解這個殺人犯，覺得實在值得同情，進而認為他不應該被罰，這會造成社會不安，良民將無所措其手足。

爻辭

初九。虞吉，有它不燕。

象曰：「初九虞吉，志未變也。」

初九。可預料就吉祥，有其他狀況則不安。

〈象傳〉說：「初九可預料就吉祥，是因為心意並未改變。」

「虞」在古代是官吏的名稱，稱為虞官，擔任王宮貴族打獵時的嚮導。屯卦六三的爻辭有「即鹿无虞」，意思是去追逐鹿，沒有人帶領，就不會有收穫。因為古時候到山林裡打獵，要有管山林的官帶路，才容易有收穫，因為他知道哪裡有獵物，並且熟悉獵物的習性，後來就把虞引申為預料之意。

孟子曾說：「有不虞之譽，有求全之毀。」有時候得到別人讚美，自己都不覺得有像他講的那麼好，這就是不虞之譽；有時候聽到別人的批評，覺得很委屈，這是因為對方求全責備，要求完美，不能有任何缺陷。

初九在下卦兌中，兌為澤，上面有互卦震（九二、六三、六四），震為雷，有雷入澤之象。雷澤歸妹講求的是安，最好能夠預料到自己的情況。初九本身正位，上有六四正應，中孚卦初九一出場，告訴我們只要能夠了解自己的處境，可以預料就吉祥。

九二。鳴鶴在陰，其子和之。我有好爵，吾與爾靡之。

象曰：「其子和之，中心願也。」

九二。大鶴在樹蔭下啼叫，牠的小鶴啼叫應和。我有美酒一罐，要與你共享。

〈象傳〉說：「牠的小鶴啼叫應和，是發自內心的願望。」

這一爻的爻辭，可說是三百八十四爻裡面最美的一段，描寫得真是生動。九二陽爻在柔位，鶴在古代被當作一種陽禽，在二的位置代表在陰，轉化為樹蔭下。因為在互卦震，震為鳴，有鳴就是發出聲音，整合起來就是「鳴鶴在蔭」。小鶴是六三、六四、九五構成的互卦艮，艮為少男，相對於前面的大鶴，少男就變成小鶴，與牠呼應。九二與九五呼應，九二有美酒要與九五共享，同聲相應，同氣相求，這是有誠信的表現。

〈繫辭．上傳〉引述孔子對這句爻辭的評述：「君子居其室，出其言善，則千里之外應之，況其邇者乎？」君子住在自己家裡，只要說出的話是對的，千里之外都有人跟他呼應，何況是身邊的人呢？反之，「居其室，出其言不善，則千里之外違之，況其邇者乎？」住在自己家裡，說的話有問題，千里之外的人都會違背，何況是身邊的人呢？聽了別人的話之後，會在心裏判斷合不合理，正不正當，是每一個人自然的反應，正足以證明人性向善。「言出乎身，加乎民；行發乎邇，見乎遠。言行，君子之樞機。」言行就是君子的樞紐、關鍵，一個人活在世界上和別人來往，就是靠言行，有合理的言行，才能取信於他人。「樞機之發，榮辱之主也。言行，君子之所以動天地也，可不慎乎！」你要求得榮耀還是取得羞辱，就看言行怎麼表現。因為言行能感動天地，如果不真誠，光說話不做事，將無法得到真正的朋友，也無法成為一個真誠的人。

六三。得敵，或鼓或罷，或泣或歌。

象曰：「或鼓或罷，位不當也。」

六三。遇到對手。或擊鼓或休兵，或哭泣或唱歌。

〈象傳〉說：「或擊鼓或休兵，是因為位置不恰當。」

中孚卦上風下澤的排列，如同水中倒影，上下相反而一模一樣，六三居下卦最後的位置，面臨上卦可謂棋逢敵手。六三在互卦震裡，震為雷，引申為擊鼓作戰；又在互卦艮裡，艮為止，引申為休兵罷戰。六三在下卦是兌，兌為口，口代表悅，唱歌；上臨巽卦，巽為風，引申為哭泣。六三種種猶疑不定的狀態，皆來自於陰爻在剛位，不中不正。相對之下，六四就比較好一些，至少是在應該的位置上。

六四。月既望，馬匹亡，无咎。

象曰：「馬匹亡，絕類上也。」

六四。月亮已經滿盈，馬匹丟失。沒有災難。
〈象傳〉說：「馬匹丟失，是因為離開同類往上走。」

六四到了上卦巽，從先天八卦來看，巽為農曆十六，月已經滿盈了。中孚卦是由遯卦變兩次而來，遯卦上卦是乾，乾為馬，六四進入上卦使乾卦消失，馬不見了。「月既望」和「馬匹亡」都不是美好的事，但六四之所以能无咎，原因在於六四陰爻在柔位，足以取信於人。離開原本在下卦的同類往上走，從遯卦可以看到是原本的初六、六二，離開底下的位置往上走，為的是奉承九五之君。

九五。有孚攣（ㄌㄨㄢˊ）如，无咎。
象曰：「有孚攣如，位正當也。」
九五。有誠信而繫念著，沒有災難。
〈象傳〉說：「有誠信而繫念著，是因為位置正確而恰當。」

九五居中正之位，為全卦的核心。「攣」是卷曲抽緊、繫念於心。九五在上卦巽中，巽為繩，又在互卦艮中，艮為手，代表用手繫繩子來連接各爻。九五的誠信不容置疑，但與九二不應，所以只能說是「无咎」。並且真正的誠信不能全靠有形的力量來固結，因此只能達到沒有災難。

上九。翰音登於天，貞凶。

象曰：「翰音登於天，何可長也？」

上九。雞啼的聲音傳升到天上，正固會有凶禍。

〈象傳〉說：「雞啼的聲音傳升到天上，怎麼可能長久？」

《禮記・曲禮下》說：「凡祭宗廟之禮，牛曰一元大武，……雞曰翰音……。」在祭祀的時候，不會直接稱呼牲禮為牛羊豬雞，會給牠們很美的名稱，「一元大武」是牛，「柔毛」是羊，雞稱為「翰音」，因為雞的聲音特別清亮，音質很美。上九在巽裡，巽是雞，與六三正應，六三在下卦兌，兌為口，合之則有雞鳴之象。雞在上位，是天的位置，代表雞啼的聲音到天上去了。但雞有資格上天嗎？當然沒有，雞的身體很小，聲音卻很高，聲音、體型和牠在生物界的位階不能配合，所以不會持久。上九位居全卦終位，又不懼聲名太大，而未察覺前無去路，當然無法持久，一直堅持下去就會有凶禍。

最後結束是「貞凶」，全卦講求誠信，爻辭卻不是我們想像中這麼好，是因為誠信不容易，每一個人都會有各方面複雜的考慮。譬如一群人一起從事一件工作，每個人的動機恐怕都不一樣，動機不一樣，誠信的目標就很難達成。能夠聚集在一起是機緣，因為某件事情而聚在一起，是因事生緣，若彼此沒有合作共識，想要有誠信，真是不容易做到。

62 小過 ䷽

下艮上震，雷山小過

卦辭

小過。亨，利貞。可小事，不可大事。飛鳥遺之音。不宜上，宜下，大吉。

小過卦。通達，適宜正固。可以做小事，不可以做大事。有鳥飛過留下的聲音。不應該往上走，而應該往下走，非常吉祥。

小過卦陰爻有四個，陽爻有兩個，陰爻稱小，陽爻稱大，所以是小的超過了。第二十八卦澤風大過（䷛），就是中間四個陽爻，上下各一個陰爻，陽爻多於陰爻，是為大過。整個小過卦用飛鳥來做比喻，中間兩個陽爻像身體，上下各兩個陰爻是翅膀，就好像鳥在飛。鳥飛過留下聲音，可見飛得不高。鳥和雞一樣，都不是飛得很高的禽類，中孚卦上九取雞鳴之象，就提到雞不能自鳴於天，同樣的，鳥也應有自知之明，宜謙和柔順，謙卑往下走，採取柔順的態度，就可以大吉。〈序卦傳〉說：「有其信者必行之，故受之以小過。」有憑信的人一定可以通行，所以中孚卦之後接著談小過卦。小過一方面說的是小者過，陰爻比較多；一方面又說可以過關，雖然是低空飛過。小過卦六爻，沒有一個是吉的，至多是无咎，並且初、三、六都是凶，因為位置不能配合。

小過卦與中孚卦是變卦的關係，而且是經過兩度卦變而成，先是由觀卦（䷓，第二十卦）的九五與六四換位形成晉卦（䷢，第三十五卦），再由晉卦的六三跟上九換位形成小過卦。就如同中孚不可能直接從十二消息卦變來，小過也是一樣，中間兩個陽爻，怎麼可能經過一次位置調換就到中間？一定要變兩次。像這樣的卦變，只有這兩卦。

彖傳

彖曰：「小過，小者過而亨也。過以利貞，與時行也。柔得中，是以小事吉也。剛失位而不中，是以不可大事也。有飛鳥之象焉，飛鳥遺之音。不宜上，宜下，大吉，上逆而下順也。」

〈彖傳〉說：「小過卦，是說小的方面超過而可以通達。超過而適宜正固，是要配合時勢來運行。柔順者取得中位，因此小事吉祥。剛強者失去地位而沒有居中，所以不可以做大事。卦上出現飛鳥的意象，所以有鳥飛過留下的聲音。不應該往上走，而應該往下走，這樣非常吉祥，是因為往上違背時勢，往下順應時勢。」

小過卦六二與六五是柔順者，取得中間的位置，所以小的方面占得優勢；剛強者在三、四，所以沒有辦法做大事。往上違背時勢，往下順應時勢，就好像鳥飛，不管飛多久一定要停下來，停下來一定往下，到樹叢裡面休息。鳥的居處是在樹上，相較於在天上飛，離地面比較近，天遠、地近，因此說「宜下」。程頤說：「過所以就正也。」我們常強調矯枉不能過正，但是有時候為了求其通達，有些情況可以做得稍微過分一點點，能使原來不足的部分得到改善，在〈大象傳〉中就會提到三種情況。

象傳

象曰：「山上有雷，小過。君子以行過乎恭，喪過乎哀，用過乎儉。」

〈象傳〉說：「山上出現雷鳴，這就是小過卦。君子由此領悟，行為要超過一般的恭敬，喪事要超過一般的哀傷，用費要超過一般的節儉。」

雷在山上所發出的聲音，會超過它發於平地時的聲威，因為山比較高，雷聲會傳得更遠一點。有三方面行事可以稍微超過一般的節度：第一，行為要超過一般的恭敬，禮多人不怪，對別人恭敬多一些，是可以接受的，千萬不要驕傲多一點，那會惹來別人的反感；第二，喪事要超過一般的哀傷，因為這代表對亡者的悼念；至於用費要超過一般的節儉，這是第三。由此可知「超過」，其實不見得是指過多而已，譬如超過一般的節儉，就是指花費更為節省。

孟子說過：「養生不足以當大事，惟送死可以當大事。」父母親活著時每天都要奉養，如果當大事來作，怎麼吃得消呢？所以主要在於發乎內心的真誠。但是送死就只有一次，要想盡辦法讓父母滿意。以孟子來說，孟子的父親過世時，孟子只是士人；母親過世時，他是大夫，所以母親喪事的規模超過父親的，有人因此說了閒話，認為他不應該「後喪踰前喪」。但這一點不難理解，人本來就應該依自己的身分來做事，一般百姓的喪事若辦得如同帝王之家，豈不令人非議？也有學生質疑老師替母親辦的喪事，似乎太過奢華。孟子回答說，買最好的棺材是因為有足夠的錢，做子女的在這個時候不會考慮金錢，只要能負擔，就願意準備最好的東西。這是孟子的出發點，就是所謂的「喪過乎哀」。

爻辭

初六。飛鳥以凶。

象曰：「飛鳥以凶，不可如何也。」

初六。飛鳥會帶來凶禍。

〈象傳〉說：「飛鳥會帶來凶禍，這是無可奈何的事。」

小過的六爻中，初六、九三、上六都有凶，一個卦的六爻中有三個凶，不多見。小過的過，就是要通過，初六一出現就想如飛鳥一般迅捷而過，所以說凶。初六陰爻居剛位而不正，上有九四正應，本來相應是好事，但在這個卦裡反而成了壞事，因為九四也不中不正。九四在上卦震中，震為行，非走不可；初六在下卦艮中，艮為止，非擋住不可，行止相違，衝突便形成了。爻辭中直接說凶，遇到事情時若占到這一爻，就知道是外面的形勢比人強，只好接受現狀。

六二。過其祖，遇其妣（ㄅㄧˇ）。不及其君，遇其臣。无咎。

象曰：「不及其君，臣不可過也。」

六二。越過了祖父，遇到了母親。沒有趕上君王，遇到了臣子。沒有災難。

〈象傳〉說：「沒有趕上君王，是說臣子不可以越過君王。」

小過中多次提到「越」與「遇」的觀念。「祖」代表初六，而六二本身就是母親的位置，「遇」是「本身來到這個位置」的意思，並不是碰到，所以說越過了祖父，來到母親的位置。君王當然是六五，沒有趕上是因為六二與六五不應，不但不應，中間還隔兩個陽爻，阻擋得很實在。「遇其臣」代表本身來到臣的位置，六二在下卦艮中，艮為止，不可能往上走，所以說不及其君。陰爻在柔位居中守正，仍然安於臣位，不會覬覦六五的君位，所以「无咎」。「過其祖，遇其妣」是古代一種表達方式，是比喻或象徵，不必太拘泥其中的意義。

九三。弗過防之，從或戕（ㄑㄧㄤˊ）之，凶。

象曰：「從或戕之，凶如何也？」

九三。不要越過而要防範，跟著去可能受到傷害，有凶禍。

〈象傳〉說：「跟著去可能受到傷害，這種凶禍還不大嗎？」

小過卦裡陰盛於陽，陽爻不可有「過」，九三以陽爻居剛位，應該有防範能力，所以說「弗過防之」，但它與上六正應，就有「從」的意願。小過卦為陰爻主控的局面，三、四是陽爻，居於弱勢，九三陽爻居剛位，本身動力很強，好像非過不可，但它最好還是不要過，因為九三在下卦艮，艮為止。九三雖有上六正應，但追隨上六不可能得到好處，因為追隨上六便要往上走，會遇到九三、九四、六五構成的互卦兌，兌代表毀折，成了不能避免的凶禍。

九四。无咎，弗過遇之，往厲必戒。勿用，永貞。

象曰：「弗過遇之，位不當也。往厲必戒，終不可長也。」

九四。沒有災難。不要越過也會遇到；前往有危險，一定要警戒。不可以有所作為，長久保持正固。

〈象傳〉說：「不要越過也會遇到，是因為位置不恰當。前往有危險，一定要警戒，是因為終究沒有成長的機會。」

九四陽爻在柔位，稍做調和，所以比九三略好，九三是凶，九四則是无咎。九四不會過於剛強，但是遇到陰柔之君六五。九四也在互卦兌裡，兌是毀折，所以「往厲必戒」，從下往上走有危險。小過卦中沒有提到下互卦，因為這一卦是要往上走，底下的互卦對於居中守正的六二來說影響不大。九四已到了上卦震中，震為行，但往上有兩個柔爻，不會讓九四順利發展，所以特別提醒「勿用，永貞」，不要有所作為，要長久保持正固，這樣才可以无咎。

六五。密雲不雨，自我西郊。公弋取彼在穴。

象曰：「密雲不雨，已上也。」

六五。濃雲密布而不下雨，從我西邊的郊野飄聚過去。王公射箭獵取穴中之物。

〈象傳〉說：「濃雲密布而不下雨，是因為已經往上去了。」

六五在互卦兌裡，兌為澤，澤上天為雲，兌又為西方，合起來就成了「密雲不雨，自我西郊」。這句話也出現在小畜卦（䷈，第九卦）卦辭裡。古人把下雨比喻為膏澤下於民，國君的恩典就像農作物渴求的雨水，遍灑在百姓身上。密雲不雨是說雲並未變成雨，恩澤無法施及百姓，代表沒有照顧好百姓。六五與六二不應，六五要下來，中間有兩個陽爻擋著。獵取穴中之物指六二，要經過兩個關卡才能夠找到六二。

「弋」字是指在箭的後面綁上絲帶，箭一射中鳥，絲帶就會纏繞上去，讓鳥立刻掉在地上，以免鳥帶傷繼續飛行，掉落在別處，容易引起射獵者與撿拾者的爭議。《論語》出現過：「子釣而不綱，弋不射宿。」孔子釣魚的時候不用綱；射鳥時，不射在巢中休息的鳥。綱是很粗的繩子，旁邊裝上很多鉤子，一次可以釣很多魚。在古代，河湖中的魚量很多，主要是因為捕魚的工具比較原始。《孟子》也提到：「數罟不入洿池，魚鱉不可勝食也。」捕魚的網不要太細，用很細的網捕魚的話，大魚小魚全部捕光，下個季節就沒有魚可以捕了。一般來說，網洞大概是九公分寬，小於這個尺寸的魚很容易逃走，在水中繼續成長，靠水吃飯的行業才能永續經營。孟子這一段話代表在古代社會捕魚其實很容易，孔子釣魚只用一根釣鉤來釣，因為他是把釣魚視為戶外休閒活動。

上六。弗遇過之，飛鳥離之，凶。是謂災眚。

象曰：「弗遇過之，已亢也。」

上六。沒有相遇，越過去了。飛鳥陷入羅網，有凶禍。這叫做天災人禍。

〈象傳〉說：「沒有相遇，越過去了，是因為已經太高了。」

沒有相遇就越過去了，指的是與六五沒有相遇，因為已經太高了。在這個卦裡飛鳥出現兩次，一次是初六，一次是上六，代表鳥飛時上下兩端最明顯，因為翅膀在拍動。而翅膀的部位都是凶，因為小過只能稍微超過一點，開始時是因為求快心切，結束時則是過得太多，所以初和上都不合乎小過的要求，皆凶。另一個凶是九三，因為陽爻在剛位太強了，也無法符合小過的要求。災自外來，眚由己生，所以說是天災人禍，這個凶和初六比起來，似乎更嚴重些。

63 既濟

下離上坎，水火既濟

卦辭

既濟。亨小，利貞。初吉，終亂。

既濟卦。通達小的方面，適宜正固。起初吉祥，最後混亂。

六十三卦與六十四卦分別是既濟、未濟，濟代表完成，本義是渡河，既濟是已經渡過河，把事情辦完了；未濟則是還沒渡過河。有人覺得奇怪，為什麼先講既濟再講未濟呢？因為許多事情是先做完，然後再重新開始，這就是所謂的「終則有始」。

既濟已經渡河成功了，何以最後還會混亂呢？因為天下沒有任何事情，是可以真的完成的。有時候我們以為完成了，恐怕正好是危機的開始。孟子說：「生於憂患，死於安樂。」既濟卦是六十四卦中唯一六爻都在正位的，非常特別，水在上面，水性是往下流，火在底下，火性是往上燒，各得其所，所以火就把水煮滾了。〈序卦傳〉說：「有過物者必濟，故受之以既濟。」小過卦說的是有所超過，有所超過就一定可以辦成事情，所以接著談到既濟卦。

既濟卦由泰卦（䷊，第十一卦）變來，泰卦的九二到上面去變成九五，六五下來變成六二。既濟和未濟是很特別的一組，彼此的關係是既覆且變，既濟卦整個翻轉過去就是未濟卦（䷿，第六十四卦），六爻皆變也是未濟卦。三個陰爻都在三個陽爻之上，表示陰爻順利，所以說「亨小」；全卦六爻都在正位，所以「利貞」，適宜正固；適宜正固之後就不想動了，一開始還能維持，後面就亂了。我們都知道《易經》講變化，怎麼可能不動呢？現在看起來格局很漂亮，但是不能不變，一旦變化接著就亂了，這就是「初吉，終亂」。

彖傳

彖曰：「既濟亨，小者亨也。利貞，剛柔正而位當也。初吉，柔得中也。終止則亂，其道窮也。」

〈彖傳〉說：「既濟卦通達，是說小的方面通達。適宜正固，是說剛強者與柔順者都能守正而位置恰當。起初吉祥，是因為柔順者取得中位。最後停止就會混亂，是因為這條路走到了盡頭。」

起初吉祥是因為柔順者六二取得中位；最後終止在上六，快要離開了，下一步變化隨之而來，變化一來，既濟卦這麼完美的結構必將混亂，所以是「初吉終亂」，路走到盡頭了。

象傳

象曰：「水在火上，既濟。君子以思患而豫防之。」

〈象傳〉說：「水在火的上方，這就是既濟卦。君子由此領悟，要考慮禍害而預先防範。」

既濟卦外面是坎卦，坎是危險，外面有危險，所以要預防。裡面是離卦火，火代表光明、思考，要想清楚。防範便是「思患」，因為先想到了應該預防，亦即須未雨綢繆，否則很難長治久安。所以雖在事有所成的既濟卦，反而提醒人要小心，這是《易經》一貫居安思危的道理。

爻辭

初九。曳其輪，濡其尾，无咎。

象曰：「曳其輪，義无咎也。」

初九。拉住車輪，浸濕尾巴，沒有災難。

〈象傳〉說：「拉住車輪，理當沒有災難。」

初九以陽爻居剛位，動向甚明，而又不應躁進，所以要設法約束。初九面臨二坎，一是六二、九三、六四的互卦坎，一是上卦坎，初九往上一看，如同習坎卦，怎麼能動呢？坎是弓輪、是曳馬，所以說「曳其輪」；坎又是水，初九在下為尾，拉著車輪難以前行，動物浸濕尾巴也難以渡河，既然不再躁進，自然沒有災難。初九雖然想動，但還不能動，如果初九就渡過河去的話，既濟又為什麼要六個爻呢？第一爻代表尾巴，最上爻就是頭了。動物渡河與尾巴關係密切，譬如狐狸渡河時尾巴會翹起來，如果尾巴浸濕了，就如同棉花吸了水很重，就很難游水渡河了，所以這個時候過不去不會有災難。

六二。婦喪其茀（ㄈㄨˊ），勿逐，七日得。

象曰：「七日得，以中行也。」

六二。婦人丟了頭飾，不用尋找，七天可以失而復得。

〈象傳〉說：「七天可以失而復得，是因為居中而行。」

「茀」有兩種解釋，一是女孩子上街時乘坐的車前後掛的車簾，有車簾擋住，讓人看不清楚，這代表禮貌。古時候男女之間的分際非常嚴格，孔子在魯國擔任司寇時，魯國境內路不拾遺，男女分途，在路上男女各走一邊，省得誤會。茀的另外一種解釋是頭飾。這裡採用第二種解釋，婦人丟了頭飾，七天可以失而復得，是因為居中而行。既濟卦由泰卦變來，泰卦下乾上坤，坤為女為婦，乾為首；六五和九二換位，變成既濟卦之後，本來乾坤二象都消失了。頭不見了，是指頭上的裝飾品不見了，六二陰爻為婦，所以說「婦喪其茀」。六二在互卦坎（六二、九三、六四）裡，坎是強盜，是被強盜偷走了，由於六二居中而行，將可順利得回失物。

根據《易經》的規則，一個爻的運行要經過六個爻位，到第七步回到原位，所以說「七日得」。程頤曰：「雖不為上所用，中正之道無終廢之理，不得行於今，必行於異時也。聖人之勸戒深矣。」就是說六二不能被九五所用，只要居中守正，絕對不會長期被人家忽略的，今天沒有機會發揮抱負，將來也一定有。

九三。高宗伐鬼方，三年克之。小人勿用。

象曰：「三年克之，憊也。」

九三。高宗討伐鬼方，三年才征服。不可任用小人。

〈象傳〉說：「三年才征服，是說太疲憊了。」

高宗是指殷高宗武丁，他是個明君；鬼方是西北邊疆民族。泰卦變既濟卦是九二從底下往上走，成為九五，九五乾為君，指高宗。坤為國，為陰，所以叫做鬼方。從二到五經過三個位置，所以有三年之說。《後漢書・西羌傳》提到：「及殷室中衰，諸夷皆叛，至於武丁，征西戎鬼方，三年乃克。」九三在互卦坎中，也在互卦離（九三、六四、九五）中，有坎、有離代表有水、有火，有戈兵，也有甲冑，意謂著戰爭。九三上下被陰爻所包圍，又面臨上卦坎，即使成功也一定很疲憊，特別強調的是「憊」，太疲累了。征伐有時候是順天應人，勝得很容易；有時候是別人反叛了，你得去征伐平亂，那就很辛苦。九三用戰爭做比喻，談到完成一件事很不容易，更須以「小人勿用」為戒，以免功敗垂成。

六四。繻（ㄒㄩ）有衣袽（ㄖㄨˊ），終日戒。

象曰：「終日戒，有所疑也。」

六四。采色絹帛也會變成破舊衣服，整天都在警戒。

〈象傳〉說：「整天都在警戒，是因為有所疑慮。」

「繻」是彩色的絹帛，可以製成華貴的衣服，代表很漂亮的新衣服；「袽」是敝絮，衣袽是破舊的衣服。「繻有衣袽」的「有」是指變化的可能性，六四和九三一樣，受到卦變的影響最大，由泰卦變為既濟卦時，下乾上坤之象消失，坤為布，引申為帛，乾為衣，兩者皆消失，說明衣服破舊了。六四在上下卦之間，等於是出離入坎，離為光明，代表文明、亮麗；坎是陷阱、破舊的東西，這裡當作破舊的衣服。另一方面六四因為在互卦離中，離代表日，所以整天都很警戒。警戒的原因是上面是坎，坎亦為盜、為加憂、為心病，因此有所疑慮。

九五。東鄰殺牛，不如西鄰之禴（ㄩㄝˋ）祭，實受其福。

象曰：「東鄰殺牛，不如西鄰之時也。實受其福，吉大來也。」

九五。東鄰殺牛舉行大祭，還比不上西鄰的簡單禴祭，可以真正受到福佑。

〈象傳〉說：「東鄰殺牛獻祭，比不上西鄰按時序進行的薄祭。可以真正受到福佑，是說吉祥盛大地降臨。」

禴祭是指春天的時候，以應時蔬菜祭祀的薄祭。古代祭祀的祭品中有牛，才是盛大的太牢祭。九五到了尊位，居中守正，天下太平，所需要做的只有祭祀，祭祀以誠意為主，不必在乎場面規模。九五中正，為「實」的典型，所以說「實受其福」。九五在卦變中，由九二上到坤卦中位，原本上面坤卦是牛，九五上來之後牛不見了，等於牛被殺了。既濟卦上卦成坎，坎為水，有如簡單而應時的春季水菜，用於禴祭。換位之後六爻皆得正位，可以「吉大來也」，而「實受其福」。

東鄰與西鄰可能分別指商紂王與周文王，因為周朝在西邊。當時商朝已經慢慢在沒落，等於是既濟，過去了，而周朝在西方剛剛開始，才準備要去過河，但還沒有開始，既濟與未濟用這種方式來對照，相當清楚。其實很多事情都是一樣的，這件事情結束，那件事情正在開始；一個人可以做不同的事，這件事情做完，準備做下一件事，所以就這一件事來說是既濟，就下一件事而言是未濟。爻辭還提到時機的「時」，配合時機用春天的蔬菜來祭，不一定要殺頭大牛。殺牛代表有錢或有權，但不代表虔誠，有時候簡單的供品，更能反映出虔誠的心意。

上六。濡其首，厲。
象曰：「濡其首厲，何可久也？」

上六。浸濕了頭，有危險。
〈象傳〉說：「浸濕了頭而有危險，怎麼能夠長久呢？」

既然事情已經做成了，為什麼終亂呢？上六已經渡完河了，為什麼還有問題？因為已經渡完河，心中得意，太得意的時候頭也浸濕了，非常危險，恐怕要沉下去了。明明已經渡過河了，卻又沉下去，代表做完這事之後，生命力往下降了。就像很多人退休之後，沒有找到新的生活重心，比如培養嗜好或是去擔任志工、義工等等，就會像洩了氣的皮球，生命力立刻就下降了。「終則有始」這四個字要常常記得，既然知道終會亂，就不要有結束的時候。

64 未濟

下坎上離，火水未濟

卦辭

未濟。亨。小狐汔（ㄑㄧˋ）濟，濡其尾，无攸利。

未濟卦。通達。小狐狸快要渡過河，浸濕了尾巴，沒有適宜的事。

火水未濟是最後一卦了。未濟卦通達，因為知道自己未濟，就代表還有路走，既然未濟，便要設法渡過河。渡河這件事很困難，在這個情況通常手忙腳亂，自顧不暇，若還有其他的想望，往往是徒增壓力。卦辭以小狐狸浸濕了尾巴來比喻，要強調的是事情剛剛開始，沒有經驗。〈序卦傳〉說：「物不可以窮也，故受之以未濟。終焉。」既濟卦是久則窮，所以必須重啟生機，以顯示變易而不窮的《易經》原理。未濟是尚未完成，也尚未結束，所以就做為六十四卦的壓軸。這卦是由否卦（☰☷，第十二卦）的六二與九五換位而來，天地否代表不通，二五換了位置變成未濟之後，自然有所交流而暢通了。由此可見，「亨」也是由此而來。

彖傳

彖曰：「未濟，亨，柔得中也。小狐汔（ㄑㄧˋ）濟，未出中也。濡其尾，无攸利，不續終也。雖不當位，剛柔應也。」

〈彖傳〉說：「未濟卦，通達，是說柔順者取得中位。小狐狸快要渡過河，是說牠沒有離開中位。浸濕了尾巴，沒有適宜的事，是說牠不能繼續游到終點。雖然剛強者與柔順者位置皆不恰當，但是全都可以相應合。」

未濟的通達是柔順者取得中位，柔順者六二本來在底下，往上卦成六五取得中位。既濟卦六爻都在正位，未濟卦倒過來，六爻皆不當位。雖然如此，好處是初六和九四、九二和六五、六三和上九都有正應，這是本卦的特色。小狐狸過河的取象，來自於從六二到六五，沒有離開中間的位置。和既濟卦一樣，未濟卦也有兩個坎，不同的是既濟是上卦坎與一個互卦坎，河在最上面，所以已經過河了；而未濟是下卦坎與中間一個互卦坎（六三、九四、六五），外面還有一爻上九，河在上九底下，沒能過河。小狐狸未脫離中位，亦即在河中而未及上岸。

象傳

象曰：「火在水上，未濟。君子以慎辨物居方。」

〈象傳〉說：「火在水的上方，這就是未濟卦。君子由此領悟，要慎重分辨物類，使它們各居其所。」

未濟卦是下坎上離，離為火，坎為水，火在水上，火向上燒，水向下流，兩者分道揚鑣，各自發展不相為用，成為未濟，不能成事。君子領悟到要慎重分辨物類，因為火與水若放錯位置，就無法發揮作用。

爻辭

初六。濡其尾，吝。

象曰：「濡其尾，亦不知極也。」

初六。浸濕了尾巴，有困難。
〈象傳〉說：「浸濕了尾巴，也是不知道有終點的緣故。」

既濟卦的初九是「曳其輪，濡其尾，无咎。」能夠拉住車輪，理當沒有災難。而未濟卦的初六沒有拉住車輪，直接說浸濕了尾巴，因為初六本身就在下卦坎，也就是水裡。初六以陰爻居剛位，缺乏動向，上有九四正應，更使初六安於現實，無法度過二坎，甚至不知道渡河須以過河為其終點，所以說是不知道有終點的緣故。也就是初六一上來就已經忘記要過河了。

九二。曳其輪，貞吉。
象曰：「九二貞吉，中以行正也。」

九二。拉住車輪，正固吉祥。
〈象傳〉說：「九二正固吉祥，是因為居中並且行正。」

九二與六五正應，以陽剛居下，上臨陰柔之主，沒辦法走得太明確，必須有所戒惕。九二在下卦坎中，坎為弓輪、為曳馬，所以說「拉住車輪」，代表可以穩住。

六三。未濟，征凶。利涉大川。

象曰：「未濟征凶，位不當也。」

六三。尚未渡過，前進會有凶禍。適宜渡過大河。

〈象傳〉說：「尚未渡過，前進會有凶禍，是因為位置不恰當。」

一方面說前進會有凶禍，一方面說適宜渡過大河，再次印證了三、四是人的位置，本來就有選擇性。其實在這卦當中，每一爻位置都不恰當，為什麼特別提六三呢？因為六三在下卦坎和互卦坎中，前後都是水。往下看，處在水中不可能渡過，前進會有凶禍；往上走有上九正應，在全卦最終的位置，所以「利涉大川」。這兩者之間的選擇，可以解釋為現在不能動，但將來還是有希望，因為有這個實力可以利涉大川，其中所牽涉的是時間因素，否則「征凶」與「利涉大川」根本就是一種矛盾。

九四。貞吉，悔亡，震用伐鬼方。三年有賞於大國。

象曰：「貞吉悔亡，志行也。」

九四。正固吉祥，懊惱消失，振奮起來討伐鬼方。三年後成功，受到大國封賞。

〈象傳〉說：「正固吉祥而懊惱消失，是因為心意得以實現。」

本爻爻辭和既濟卦的九三相似，這是正覆卦很可能出現的情況。從歷史上看來，這裡所說的是周朝的季歷（周文王的父親）也討伐過鬼方。《後漢書・西羌傳》提到：「及武乙暴虐，犬戎寇邊，周古公（古公亶父）踰梁山而避於岐下，及子季歷，遂伐西落鬼戎。」西落就是西方，武乙是商朝高宗之後的第五世商王，九四是諸侯的位置，季歷當時是商王的諸侯，他去征討鬼方三年，得到大國的封賞。「大國」是指商朝，當時還統治天下。九四有初六正應，所以是「志行也」，也因而正固吉祥，並且居位不正的悔也會消失。在這裡九四比六三好，是因為九四離開下卦坎往上走了，雖然仍有互卦坎，但本身在離卦裡，離代表光明，代表火，因為火水不容，會有戰爭，所以就用「伐鬼方」來做取象。

六五。貞吉，无悔，君子之光。有孚，吉。

象曰：「君子之光，其暉吉也。」

六五。正固吉祥，沒有懊惱，君子的光明在照耀。有誠信，吉祥。

〈象傳〉說：「君子的光明在照耀，是說它的光輝帶來吉祥。」

六五是否卦變成未濟卦時由六二升上來的，否卦上乾，乾為君子，六五來到上乾使上卦變成離，離為明，所以說「君子之光」。其實五的位置本來是天子，在這邊特別說「君子」，是因為乾卦變成離卦的關係。就好像我們說過坤卦是陰，三個陰爻也可以說是小人。六五有九二正應，全卦下坎上離，坎為月，離為日，形成日月輝映，自然是吉了。

上九。有孚於飲酒，无咎。濡其首，有孚失是。

象曰：「飲酒濡首，亦不知節也。」

上九。有誠信而去喝酒，沒有災難。浸濕了頭，有誠信也無法沒有災難。

〈象傳〉說：「喝酒而浸濕了頭，也是不知道節制的緣故。」

整部《易經》的六十四卦到最後告訴我們，千萬要知道節制。上九有六三正應，又有六五相承，所以說「有孚」；下有兩坎，坎是水，引申為酒，可以飲酒而无咎。在水之上，可以喝酒，不至於被水淹沒。但是和既濟卦的上六處境一樣，遇到濡其首的問題，即使有誠信也會「失是」，失去「无咎」這種好運，就代表有災難。喝酒到了浸濕頭的地步，顯示耽溺於逸樂，不知節制。程頤認為：「上九居未濟之極，非得濟之位，无可濟之理，則當樂天順命而已。」意思是上九是未濟的最高位置，但並沒有真正做成事情，因為不在五的位置，也沒有理由非要渡過不可，這時候只宜樂天順命了。六十四卦以提醒人「知節」為終，可謂深富理趣。

《易經》到最後結束，可用水火來做一個說明。前面三十卦稱為上經，結束是習坎卦與離卦，亦即水與火；後三十四卦稱為下經，結束在既濟、未濟，也是水火。這是《論語》所謂：「民之於仁也，甚於水火。」老百姓需要仁德，勝過需要水火。做為生活的必需品，古時候的人對於水火十分重視，所以六十四卦最後還是要回到現實生活，提醒我們知所節制。

繫辭・上傳

〈繫辭傳〉因為篇幅長的緣故，所以分為上、下傳，其區分方式和〈彖傳〉、〈象傳〉並不相同。〈彖傳〉、〈象傳〉是分別解釋《易經》上、下經的卦辭和卦象、爻象，所以是隨上下經分為上下傳；〈繫辭傳〉所說明的是《易經》的哲學思想，所以並不是這樣區分。

什麼是哲學？哲學就是對人生經驗進行全面的反省。〈繫辭傳〉所反省的意涵，是我們的老祖先在觀察宇宙萬象，並運用符號象徵來代表萬物，透過這些符號的排列組合，說明了萬物的變化，並從中找到安頓身心的方法。可以說是以非常簡單的觀念，傳達了豐富的內容，並為我們的人生帶來相當大的啟示。

1

天尊地卑，乾坤定矣。卑高以陳，貴賤位矣。動靜有常，剛柔斷矣。方以類聚，物以群分，吉凶生矣。在天成象，在地成形，變化見矣。是故剛柔相摩，八卦相盪，鼓之以雷霆，潤之以風雨，日月運行，一寒一暑。

天在上而地在下，乾與坤的屬性就這樣界定了。從低到高陳列出來，貴與賤就有了固定的位置。運動與靜止都有常性，剛與柔就區隔開來了。同樣類別的東西會聚在一起，不同群組的事物會分途發展，這樣就產生了吉與凶。在天上展示出天體的現象，在地上演變為萬物的形體，變化就這樣彰顯出來。因此，陽剛之氣與陰柔之氣彼此往來交錯，八個單卦互相推移流轉，振作萬物時有雷與霆，滋潤萬物時有風與雨，日與月在天上運行不息，寒暑季節的變遷就形成了。

這是對於自然界所做的第一手觀察資料。《易經》是以符號來代表自然界的現象，再由符號之間的組合與變動來描述自然界神奇奧妙的變化，其基本符號分別為：乾、震、坎、艮、坤、巽、離、兌。其中，乾所象徵的是天，坤所象徵的是地，所以說「天尊地卑，乾坤定矣」。所謂的尊卑，未必是指高貴和卑賤，而是指高低上下。乾坤二字當然是因為有「乾卦、坤卦」而稱之，在還沒有《易經》的時候，天地早已存在，一旦發明乾坤二卦之後，天地就在乾坤裡，人們不一定要到外面去看天地，只要在家中畫出乾坤兩個卦，就等於把外面的天地收攝在卦象裡。

在此提到了「貴賤」。《易經》所排列出的貴賤順序，其實就是依六爻的位置排列，從下位到上位的位置並不一樣，貴賤也不相同。其實觀察自然界萬象的是人，所以不能忽略人的因素，「貴賤」二字顯然與自然界關係不大，是在人類的主觀判斷之下才有的。譬如看到天在上，地在下，便說天比較高貴，地比較卑賤。這是透過人的觀察，如果不是人在下判斷，便無所謂高低。因為人的本性就是會思考、評價、判斷與抉擇，以至於分辨尊卑，區別貴賤。

以《老子》為例，很多人會好奇，為什麼老子在第一章說出「道，可道，非常道」之後，接著說「名，可名，非常名」？那是因為在講完「道」之後，就應該要立刻問，人是怎麼看待？人們在看待任何事物時，首先必須要把握概念，缺少了概念，事物就會變得難以理解，形同虛設。因此，才會在講完「道」之後，就要接著講「名」。然而「名」是約定俗成的，世界上並沒有永恆的名。例如：我們把天上紅紅的火球稱為「太陽」，外國人用的是不一樣的名稱。所以能夠說出口的「名」，都不是渾然天成、普遍的「名」。

以形成重卦的六爻來說，初爻是元士，二爻是大夫，三爻是三公，四爻是諸侯，五爻是天子，六爻是宗廟，這是把六爻和社會現成的封建制度加以結合而成的。古代的士又分三等：下士、中士、上士。元士即為上士，已經有機會進入某種統治階級的決策機構。請注意，初爻的位置不是百姓，而是元士。百姓是接受統治的庶民，自我意識與自主能力皆受到局限，其吉凶往往是隨人俯仰。以現代人的眼光看，這樣的區分顯然不尊重每一個人的獨立生命，所以六位之分，可供參考卻不可拘泥，因為每一卦的時和位，都有其靈活解說的空間。

接著提到動靜。動代表剛強勁健，靜代表柔順敦厚。形成常態現象之後，就可以說乾、天為剛，坤、地為柔。事實上乾坤各有動靜模式，古人認為天圓地方，是因為看到天體不斷運行，顯示出旋轉的球形樣貌，如果不是圓的，為什麼昨天走了，今天又來了呢？因為每天都看得到太陽和月亮，古人自然是以自己的觀察經驗為主，認為是太陽繞地球轉，月亮也繞地球轉，所以才會認為「天圓」。「地方」是說大地安穩不動，有如四方確立的磐石一般，這是古代很簡單的宇宙觀。

事物的聚散分合，按它的類和群而定，在自然界的萬物分合之際，出現了客觀上的得與失，以及人在主觀上的吉與凶。我們說過「天道無吉凶」，就整個宇宙萬物運行來說，沒有吉凶問題，每個卦都不可少，《易經》教人如何明辨吉凶而加以趨避，就是所謂的趨吉避凶。天上有日月星辰的運行，風雨雷電的變遷；地上有山川的形成，以及動植物的化育，這些變化都是我們可以觀察的對象。

所以剛柔相互激盪就形成八卦，八卦象徵的是：乾為天，震為雷，坎為水，艮為山，坤為地，巽為風，離為火，兌為澤。

乾道成男，坤道成女。乾知大始，坤作成物。乾以易知，坤以簡能；易則易知，簡則易從；易知則有親，易從則有功；有親則可久，有功則可大；可久則賢人之德，可大則賢人之業，易簡而天下之理得矣。天下之理得，而成位乎其中矣。

乾卦所代表的法則構成了男性，坤卦所代表的法則構成了女性。乾卦主導萬物的創始，坤卦運作形成了萬物。乾卦以容易的方式來主導，坤卦以簡單的方式來運作；容易就易於讓人了解，簡單就易於讓人跟隨；易於了解就會有人來親近，易於跟隨才可能成就功業；有人親近就可以維持長久，有了功業就可以發展壯大；可以維持長久的才是賢人的德行，可以發展壯大的才是賢人的事業。光靠容易與簡單，就可以使人領悟天下萬物的道理。領悟了天下萬物的道理，就可以在其中成就自己的地位了。

「道」字在此譯為法則，「乾知」中的「知」字代表知道，知道就能夠去運作主導、負責控制的意思。古代地方官之所以稱為知府、知縣，便從這個概念而來，代表他能夠去治理、控制、主導。

深入的說，乾卦代表陽氣，坤卦代表陰氣，陽陰是萬物二元配對的基本形態；乾代表創始，坤代表生成，乾坤還代表著「把所創始的萬物孕育形成」。所以，把握了乾與坤，就可以進而明白萬物的道理。

朱熹說：「乾健而動，即其所知，便能使物，而無所難，故為以易而知大始。坤順而靜，凡其所能，皆從乎陽而不自作，故為以簡而能成物。」所以乾是偏重知，知代表主導；坤是偏重能，只要有潛能，就會發揮出來。

這段話也說明了「易與簡」，學者常說「易有三義：變易、不易、易簡。」為什麼稱「易簡」而非「簡易」呢？事實上，原文也確實是先講易再講簡：易代表乾，簡代表坤，這種豐富的涵意，實在不應忽略。從「易」到易知、有親、可久、賢人之德；從「簡」到易從、有功、可大、賢人之業，由此，我們可以領悟到天下之道。所以乾往往是指創始，坤才是完成，人要能從中找到人生的方向和位置。

換言之，每一個人都可以，並且應該成為有德有業的賢人。這個論斷在人性論上有什麼根據呢？我們講的是人性向善，所以一個人行善並不難。孟子說：「可欲之謂善。」意思是說：只要看到覺得相當值得欣賞的行為，那就是善。要想做到善，就必須修鍊。事實上，每一個人都可以，也應該達成這樣的目標。

2

聖人設卦，觀象繫辭焉而明吉凶，剛柔相推而生變化。是故吉凶者，失得之象也；悔吝者，憂虞之象也；變化者，進退之象也；剛柔者，晝夜之象也。六爻之動，三極之道也。

聖人設計卦的圖案，觀察卦象又附上了解說，用以彰顯吉祥與凶禍，藉由剛爻柔爻互相推移而展現變化。因此，吉祥與凶禍，是描寫喪失與獲得的現象；懊悔與困難是描寫煩惱與鬆懈的現象；各種變化，是描寫推進與消退的現象；剛爻與柔爻，是描寫白晝與黑夜的現象。六爻的活動，代表了天地人三個層次的運行規則。

這一段如同名詞解釋的敘述，是為了定義一些專有名詞，因為在談論哲學之前，必須先界定觀念，以免讀者不知所云。本段首先提及聖人設計卦的圖案，以現代眼光來看，其實是簡單的數學原理：以兩個爻做基礎，一卦三爻就是二的三次方，共有八種組合，也就是八卦。重疊為六爻，就是二的六次方，共有六十四種組合，也就是六十四卦。「繫」就是附上，「辭」就是解說，聖人在觀察卦象之後，又附上了解說，〈繫辭傳〉就是在《易經》之後的解說，用以彰顯吉祥與凶禍。聖人做的是設卦、觀象、繫辭三件事，發現吉凶之後，再設法找出因應之道。

「是故吉凶者，失得之象也」這句話中的「吉凶」是就得失而言，凶代表失去了某些重要的東西；反之，吉祥代表得到了欲求的事物。人生不能沒有欲求，此處所指的欲求當然必須是正當的，如果以不正當的欲求去占卦，占得準也沒用。也就是說不正當的欲求不見得不能得逞，壞事也可以順利做完，但將來會有嚴重的後果，所以並不是《易經》所鼓勵的。

「悔吝者，憂虞之象也」中的「憂」是指煩惱，「虞」是喜悅而不知預防，以致鬆懈。有關悔吝，朱熹曾提出很好的解釋：「蓋吉凶相對，而悔吝居其中間，悔自凶而趨吉，吝自吉而向凶也。」只要懊惱悔恨，就有希望，意即知道改過，就能夠慢慢趨向吉了；相反的，有困難還不知收斂，完全沒有懊惱的情況，就會慢慢走向凶了。

「剛柔者，晝夜之象也。」對古人來說，晝夜的區別非常明顯，古時候沒有電，夜晚只依靠蠟燭、油燈，這些物資不但稀少而且貴重，因此白晝可以活動、可以做事，代表陽剛；黑夜則什麼都看不到，不能活動，代表安靜，就變成陰柔。

「六爻之動，三極之道也」之中的「極」字可以解為三個層次或是三個極端，把宇宙分為三個層次，上有天下有地，中間就是人類。《中庸》提到：「參贊天地的化育。」其中「參贊」的「參」也是三的意思。這句話是說：天地中間有人，人要負責把世界治好，就會有和天地並駕齊驅的機會了。

是故君子所居而安者，《易》之序也；所樂而玩者，爻之辭也。是故君子居則觀其象而玩其辭，動則觀其變而玩其占。是以自天佑之，吉无不利。

因此之故，君子所安心靜處的，是《易經》顯示的位序；他所樂於玩味的，是卦爻辭的內容。因此之故，君子靜處時就觀察卦爻的圖象，並且玩味其中的語辭；行動時就觀察卦爻的變化，並且玩味其中的占驗。所以，上天會保佑他，吉祥而沒有任何不利。

「是故君子所居而安者，《易》之序也」，這句話的涵義是：當處在某個位置時，就應該在它的順序上安心靜處，不要勉強。我們總認為只要努力就一定會有成果，其實未必。當所處的時間不對、位置不對，都可能白費力氣；一旦耗盡了力氣，卻發現真正的機會來了時，反而沒有辦法使上力氣去做。

「動則觀其變而玩其占」所引申的意思是：在玩味占驗結果時，要從各方面思考，譬如占到一個爻是吉，便要思慮為什麼吉？位置對嗎？有沒有當位？在上下卦有沒有陰陽對應？是不是在中間的位置？然後再看看變爻，確認一下變爻之後新的卦是什麼卦？一定要從多方面了解，才能夠知道更多更詳盡的訊息，而不是只要看到「吉」就覺得沒有問題。所以說《易經》是研究不完的。

在《易經》中，常常講到兩卦相連關係的是覆卦，也有些是變卦，另外還有倒卦，例如山水蒙和水山蹇，彼此的關係比較遙遠，屬於旁通了。在人生中遭逢的每一段際遇，並非呈割裂狀態，任何一個狀況出現，都可以旁通到我們生命的過去與未來如網般的脈絡。只要我們平常多加練習，累積多次的占驗，就會慢慢知道占卦時應該怎麼解，要注意哪些細節，然後逐漸發展出個人的心得。如此一來，便能得到上天的保佑，變得吉祥而沒有任何不利。

《易經》的觀點是，只要一個人行事有分寸，安居無事時會去思考生命的各種變化，有所行動時會去確認占驗所得的趨勢，也就是說只要手邊有一本《易經》，一生就不會犯下什麼錯誤。孔子說：「加我數年，五十以學易，可以無大過矣。」指的就是這個意思。

3

彖者，言乎象者也；爻者，言乎變者也。吉凶者，言乎其失得也；悔吝者，言乎其小疵也。无咎者，善補過者也。是故列貴賤者存乎位，齊小大者存乎卦，辯吉凶者存乎辭，憂悔吝者存乎介，震无咎者存乎悔。是故卦有小大，辭有險易；辭也者，各指其所之。

彖辭是說明卦象的；爻辭是說明各爻變化的。吉與凶，是說明喪失與獲得的；悔與吝，是說明小的缺失的。至於無咎，則是指善於補救過錯而言。因此之故，貴賤的排列在於爻位，陰陽的均等在於卦象，分辨吉凶要看卦爻辭，憂慮悔吝要看幾微的心思，戒懼無咎要看是否悔悟。所以，卦有陰陽小大之分，卦爻辭有凶險與平易之別；卦爻辭指示了變化發展的趨向。

從「彖者，言乎象者也；爻者，言乎變者也。」可知，卦辭乃是綜述一卦之占驗，彖辭則是說明及發揮卦辭的意思，大象說明卦象，小象說明各爻。

「无咎」一詞是指善於補救過錯。《易經》裡出現「无咎」一詞的地方很多，每一個人的過錯都和自己的性格有關，若能善於補過，久而久之，性格就會調整。

4

《易》與天地準，故能彌綸天地之道。仰以觀於天文，俯以察於地理，是故知幽明之故。原始反終，故知死生之說。精氣為物，游魂為變，是故知鬼神之情狀。與天地相似，故不違，知周乎萬物而道濟天下，故不過。旁行而不流。樂天知命，故不憂。安土敦乎仁，故能愛。範圍天地之化而不過，曲成萬物而不遺，通乎晝夜之道而知，故神无方而《易》无體。

《易經》的制作是以天地為參考的模型，所以能夠普遍涵蓋天地的法則。聖人抬頭觀察天文的現象，低頭考察地理的形勢，所以知道幽暗與明亮的緣故。推原於開始，追究到結束，所以知道死與生的說法。精氣凝聚就是生物，精氣飄散造成變化，所以知道鬼神的真實情況。《易經》的卦象與天地的活動相似，所以不會違背天地的法則；其中的智慧遍及萬物，道理則是幫助了天下人，所以不會有過錯。廣泛運行而不會超出界線。樂天道而知天命，所以不會憂慮。安於所處的位置，培養深厚的仁心，所以能夠愛人。全盤籠罩天地的變化而沒有失誤，細緻安排萬物的形成而沒有遺漏，徹底了解晝夜的道理而展現智慧。所以，神妙的變化沒有固定的方式，而《易經》也沒有固定的形態。

「《易》與天地準，故能彌綸天地之道。」其中的「準」所指的是「法」，以天地為取法，以天地為模型。換言之，《易經》是按照天地所顯示的象，而創作出各卦，所以能夠普遍涵蓋天地的法則。

「原始反終，故知死生之說。」開始就是生，結束就是死，任何東西都有開始和結束，每一種生物都有其既定的壽命，莊子說：「朝菌不知晦朔，蟪蛄不知春秋。」所說的就是這個意思。朝菌是一種非常簡單的生物，朝生暮死，從來不知道月亮有盈虧；蟪蛄是一種春生夏死，夏生秋死的昆蟲，亦不知道年復一年的更迭，這都是自然界的壽命。通常人們看到自然的結束並不會太難過，比如一隻走不動的老獅子，躺在地上被土狼吃掉時，我們只會覺得老死是自然的生命現象；但看到小獅子被土狼咬死，便會覺得傷感，因為小獅子這麼幼小可愛，牠的生命不應該這麼早結束，這時我們就恨不得插手去干涉，制裁弱肉強食的一方。事實上，這是自然界食物鏈的制衡，人類對所有生命均應報以了解與尊重。

顏淵過世時，孔子說：「不幸短命死矣！」因為顏淵只活了四十歲。四十歲的生命，畢竟令人遺憾，但事實上，人的生命價值並不在於長度。後來，孟子就還了顏淵一個公道，他說：「禹、稷、顏回，易地則皆然。」這是一句千古名言。孟子認為，顏淵如果和禹、稷易地而處，也會有一樣的表現。大禹在舜的時代治水，後來建立了夏朝，他在擔任國君時，只要是知道天下有人被水淹死，便覺得是自己的責任；周朝的祖先后稷則是只要聽聞有人因饑饉而死，便會覺得是自己的責任。顏淵有過什麼功蹟呢？他既不曾治水，也沒有教老百姓種植五穀，但孟子仍然給予他一樣高的評價。由此可知，生命的品質並不在於活到多大年紀，而是在於所修鍊的德行。

孔子自己也曾經明確的說：「朝聞道，夕死可矣。」「朝」和「夕」分別指的是早晨和晚上，兩個字放在一起代表時間短暫。孔子認為，生命的關鍵在於聞道與否。可能有人會認為，聞道卻未能行道，不是很可惜嗎？其實，真正人生的智慧，就在於能夠覺悟何謂「光明」，儒家的可貴在於對人類生命的了悟，認為一個人真正的價值在於能否培養德行、啟發智慧、增強能力，能否做到安頓自己，也安頓別人。

談完了生死，接著便是論及鬼神。鬼神的精氣已飄散，不再是生物，變成無所不在，而且無所不知。《中庸》之中也曾強調「真誠」，認為人不能做出欺騙的行為，就算是騙得了人，也騙不了鬼神，因為鬼神無所不在。由此可證明《易傳》、《中庸》、《大學》等書，寫作的年代相差不遠，但不可能是出自春秋時代，也不會是孔子所寫，而是孔子的後代學生。以其寫作手法推測，應是出自戰國末年，約當荀子的時代到秦漢之際。所以我們要肯定這是儒家思想的演變，而不必堅持一定是孔子本人所寫的。

「與天地相似，故不違，知周乎萬物而道濟天下，故不過。樂天知命，故不憂。」其中的「樂天知命」一辭大家常用，這也是《易經》整部書予人最大的啟示。「安土敦乎仁，故能愛。」當我們站穩自己，樂天道知天命，幫助別人便成為很自然的事情。老子說：「既以為人己愈有，既以與人己愈多。」所指的不是有形可見的財物，而是指精神價值或精神力量。

「範圍天地之化而不過，曲成萬物而不遺，通乎晝夜之道而知，故神无方而《易》无體。」由這段話可知，自古以來《易經》就沒有固定的解法，我們在學習這部經典之後，應練習獨力解卦，因為自己的問題只有自己知道，別人所解的卦，對自己來說永遠像隔靴搔癢，無法抓住問題的重點。西方有句俗諺：「真正可以回答問題的，是提出問題的人。」也是這個意思。

有關鬼神的觀念，在《禮記・祭義》中，有一段宰我與孔子的對話可供參考。在這段對話中，宰我詢問孔子鬼神二字的意義。孔子說：「氣也者，神之盛也。魄也者，鬼之盛也。合鬼與神，教之至也。」神會在氣裡表現出它的特色，鬼必須藉著身體才能夠表現力量，當把鬼與神合起來時，便可達教化的最高標準。

一般人通常會因為害怕鬼神，而不敢做壞事；很多人拚命做好事，也是因為相信鬼神，如果百姓認為根本沒有鬼神存在，便會無所畏懼而放肆為惡了。事實上，祖先死了之後，我們稱為鬼神，也是一個傳統的習慣。

孔子又說：「眾生必死，死必歸土，此之謂鬼。骨肉斃於下，陰為野土，其氣則發揚於上，為昭明，焄蒿，悽愴，此百物之精也，神之著也。」有生命的人都會死，人死後會變為鬼，骨肉在地底下消失掉，慢慢變成野土，但他的氣並沒有消失，而是發揚於上，那活動的光景，所聞到的氣味，那連帶產生的傷痛感，是百物的精華，是神最明顯的部分。「因物之精，制為之極，明命鬼神，以為黔首則。百眾以畏，萬民以服。」把萬物最精華的部分拿來當作標準，明白的說，這叫做鬼神。百眾萬民就會敬畏、就會服從。

從孔子的言論中可以知道，孔子並不否定鬼神。因為人的體內有魂與魄，魂是氣裡面精華的部分，那精華的部分不會隨著身體而消失，至於會存在多久則沒有人知道，因為死後的世界並不是一般人所能經驗到的。所以孔子也說：「務民之義，敬鬼神而遠之，可謂知矣。」在上位者必須專心做好百姓認為該做的事，敬畏鬼神，並定期敬拜鬼神，但是保持適當的距離，這樣才能稱為明智。以上是儒家對鬼神所抱持的立場。

5

一陰一陽之謂道，繼之者善也，成之者性也。仁者見之謂之仁，知（ㄓˋ）者見之謂之知（ㄓˋ），百姓日用而不知。故君子之道鮮矣。顯諸仁，藏諸用，鼓萬物而不與聖人同憂，盛德大業至矣哉。富有之謂大業，日新之謂盛德。生生之謂易，成象之謂乾，效法之謂坤，極數知來之謂占，通變之謂事，陰陽不測之謂神。

一陰一陽搭配變化，就稱為道；繼續道的運作的，就是善；完成道的運作的，就是性。行仁者見到道，稱它為仁；明智者見到道，稱它為智。百姓每天使用它，卻一無所知，所以君子體認的道很少有人明白。它顯現在仁愛上，隱藏在日用中，鼓動萬物的變化而不與聖人一起憂慮，這種盛美的道德與偉大的功業，是至高無上的啊。富有無缺就稱為偉大功業，日日更新就稱為盛美道德。生生不已就稱為變易，形成現象就稱為乾元，跟隨法則就稱為坤元，推究數理而知道未來就稱為占筮，通達變化就稱為事件，陰陽運作不可測度就稱為神妙。

陰陽二字本來是指這個宇宙萬物的變化，受動力為陰，主動力是陽，宇宙大化流行，一切都在變化，寒來暑往、日夜輪流出現。而天地有其基本的規則與運作的模式，要由人來完成，便是「參贊天地之化育」的概念。人活在天地之間，不像其他生物自生自滅就算了，人有責任。而宇宙變化的目的只有一個，就是使人可以在生命中把潛能發揮出來，使向善變成擇善固執，最後目標是止於至善。

什麼是邪惡？凡是壓制、扼殺、消滅生命、抹煞希望的都是邪惡。相對的，讓道能夠繼續變化發展，而不終結的，就是「善」。具體地將它凝結成一物，完成道的運作的就是性，這代表人並非生下來就有固定的性，而是完成道的運作即是性。因此萬物各有其性，此性無關乎善惡，只是要讓道可以經由它來形成萬物。至於善，是由生生不已的角度，肯定存在比虛無為佳。

《中庸》的第一句話，開宗明義指出「天命之謂性，率性之謂道。」意思是說，「道」就是人生該走的正路。那麼，人生該走的路是怎麼決定的呢？《中庸》指出，順著性去走，就是人生該走的路。簡單的說：一個是繼續，一個是完成，繼續道的運作是善，完成道的運作是性。而性是「本善」還是「向善」呢？當然是向善。本性要去完成道的運作，道的運作是善，要完成道的運作，就是要將善加以實踐，所以性只有「向善」，不可能是「本善」。如果是本善，所謂的繼續、所謂的完成，都沒有著落。由於是向善，才要繼續、才要完成，那就是道了。朱熹說：「道具於陰而行乎陽。繼，言其發也；善，謂化育之功，陽之事也。成，言其具也；性，謂物之所受，言物生則有性，而各具是道也，陰之事也。」這段話描述的是客觀事實，認為每一個事物都有它的本性，本性就是要設法讓道的變化可以繼續下去，並沒有提到人性是不是本善的問題。

「仁者見之謂之仁，知者見之謂之知，百姓日用而不知。」行仁者見到道，稱它為仁；明智者見到道，稱它為智；百姓每天實行了道，卻一無所知。我們如今常說的「見仁見智」，是表示各有看法，不過在《易經》這句話的用法中，是針對「道」來說。事實上，仁與智是可以並行而不悖的，孔子說：「仁者樂山，智者樂水。」還說：「智者樂，仁者壽，智者動，仁者靜。」這些都是仁智並舉。至於老百姓為什麼對道一無所知？是因為老百姓根本沒有特別去思考「仁」與「智」的問題，只是依循著別人立下的模範來學習，所以君子體認的道，很少有人明白。

「顯諸仁，藏諸用，鼓萬物而不與聖人同憂，盛德大業至矣哉。」這句話中提到了「憂」。道本身處於圓滿狀態，依時序而變動不已，所以沒有憂的可能性。聖人對天下一直有所憂慮，是因為人世間的問題層出不窮，所以聖人是替世人感到憂慮。人活在世界上，就應追求盛美的道德，使自己的道德越來越高；要建立偉大的功業，讓眾人都可以活得更好。

「陰陽不測之謂神」所說的是，陰陽運作不可測度就稱為神妙。《易經》中的「神」有很多意思，前面所提到的是鬼神，在此是指「陰陽不測」，也就是陰爻陽爻的變化不可測度。

6

夫《易》，廣矣大矣！以言乎遠則不禦，以言乎邇則靜而正，以言乎天地之間則備矣。夫乾，其靜也專，其動也直，是以大生焉。夫坤，其靜也翕（ㄒㄧˋ），其動也闢，是以廣生焉。廣大配天地，變通配四時，陰陽之義配日月，易簡之善配至德。

《易經》的道理廣闊啊！宏大啊！用它說明遠方的事情，則沒有界線；用它說明身邊的事情，則清楚正確；用它說明天地之間的事情，則完備無遺。乾所代表的陽氣，靜止時專一，活動時正直，所以有最大的生產能力。坤所代表的陰氣，靜止時閉合，活動時張開，所以有最廣的生產能力。廣闊宏大可以配合天地，變化流通可以配合四季，陰陽的原理可以配合日月，容易簡單的優點可以配合至高的德行。

其實人活在世界上，所應力行的就是容易與簡單，只要心中有一個目標，任何事情都很單純。例如當我們在判斷要不要去做某件事時，如果有目標，就可以很容易地做出判斷，那是不是自己的專長？是不是自己所願？即使得到他人眼中的好處之後，能改善現在的生活，或更快樂嗎？當各方面條件皆成熟時，就會順其自然，此時就沒有願不願意的問題，而是條件成熟了就做，做的時候就不再多想。這樣一來，不是很容易、很簡單嗎？生活要單純，才能夠配合至高的德行。德行修養高的人，一定有他特有的處世方式。

7

子曰：「《易》其至矣乎！夫《易》，聖人所以崇德而廣業也。知（ㄓˋ）崇禮卑，崇效天，卑法地。天地設位，而《易》行乎其中矣。成性存存，道義之門。」

孔子說：「《易經》說出了最高明的道理了吧！《易經》是聖人用來推崇道德及擴大功業的。智慧崇高而禮節謙卑，崇高是效法天，謙卑是效法地。天地設定了位置，《易經》的道理在其中運行。助成萬物的天性，保存萬物的存在，就是通往道義的門徑。」

莊子稱「內在有聖人的德行，外在有帝王的功業」為「內聖外王」，後來這四個字卻幾乎成為儒家的目標。內聖是個人修養德行，外王則要有功業配合，若是只有內在的德行，卻沒有立下功業，對天下人就沒有幫助。這也是當顏淵過世時，孔子會難過地說「不幸短命死矣」的原因。孟子能理解孔子的遺憾，所以他會說：「禹、稷、顏回，易地則皆然。」

「知崇禮卑」意謂智慧崇高而禮節謙卑。要辨析智慧崇高與否，可以用哲學來做一比擬，我們常說「哲學沒有好壞，只有高低。」哲學是對人生經驗做全面的反省，每個人都有不同的人生經驗，只要是努力思考後，都可以講出一番道理，只要能自圓其說，建立起系統，都可以算是哲學，所以無從比較好壞，但卻有高低之分。高低如何分呢？越高深的哲學，解釋力越強，可以涵蓋越多的存在層次。真正的大哲學家所提出的說法可能較為抽象，但可以觀照的層面卻是全面性的。所以如何把哲學講成「極高明而道中庸」的境界，也就是思想達到崇高的境界，但卻能以很平常、普通的話語說出，就是一種理想，一種始終存在於哲學家心中的挑戰。不管智慧多崇高，既然我們是處在人世間與他人來往，就一定要重視禮節，行使禮節時態度就必須謙卑。

所謂「成性存存」，有助成之意，萬物的發展為什麼需要人類來助成呢？例如在發生天災之時，可能會對某些野生動物或植物造成生存威脅，人類在這樣的情況下施行了保護措施，就是助成萬物的天性，維護萬物的存在，這就是通往道義的門徑。這個議題可以歸結到善惡，邪惡是扼殺生命，因此反對邪惡，助成萬物，保存萬物的存在，這就是善。「成性」一方面是前面所提及的「成之者性也」，另一方面也有「需要人類來助成」的意思。由存其所存，就可以肯定人類有參贊化育的偉大使命。孔穎達說：「性謂稟其始也，存謂保其終也。」一個是始，一個是終。開始時有這樣的「性」，而「存」則可以保持不斷生存發展，這叫作道義之門。換句話說，我們人類所談的「道義」、「正當的路」，就是從我們對萬物的保護開始。只要我們保護了萬物，就能讓萬物各自的本性能適當地實現出來。

本段一開頭用「子曰」，朱熹針對這二字，有一番說法。朱熹說：「十翼皆夫子所作，不應自著子曰字，疑皆後人所加也。」朱熹認為，十翼既然皆為孔子所寫，理當不會在內文之中稱呼自己之言為「子曰」，因此「子曰」二字恐怕是後人所添加。現在大家公認十翼是孔子及其後學的共同心得，為數代相傳的成果，因此發現有「子曰」的敘述就不會感到意外。至於《易傳》是由孔子的學生所流傳，其最佳證據是司馬遷的父親司馬談。司馬談是孔子弟子傳《易經》的第十代，他是個史家，對傳承的記錄必定非常確實，不會胡亂編派。由於孔子研究《易經》，在日常生活或教學上常活用《易》理，因而留下許多關於《易經》的講述，這是無庸置疑的。

8

聖人有以見天下之賾（ㄗㄜˊ），而擬諸其形容，象其物宜，是故謂之象。聖人有以見天

下之動，而觀其會通，以行其典禮，繫辭焉，以斷其吉凶，是故謂之爻。言天下之至賾而不可惡（ㄨˋ）也，言天下之至動，而不可亂也。擬之而後言，議之而後動，擬議以成其變化。

聖人見到天下事物的複雜微妙，就模擬其形態，描繪其樣貌，所以有卦象之稱。聖人見到天下事物的變動發展，就觀察其會合通達的方式，依循常規法則，再附上解說來裁斷吉凶，所以有爻的稱呼。這些是要說明天下最微妙而不可破壞的現象，說明天下最繁複而不可混亂的活動。模擬比較之後再做說明，商議討論之後再去行動，模擬商議之後才能成就一切的變化。

因為天下萬物都來自於天與地的配合，既然有共同的來源，就可以相通，這是基本的原理。在乾卦的卦辭：「元亨利貞。」之中，「元」代表創始，萬物都由乾卦創始；「亨」代表通達，因為來源是相同的，產生的結果再怎麼千變萬化，彼此也都有關係，都可以相通。如果來源不同的話，彼此之間恐怕就扞格不入，甚至會產生衝突矛盾。這就是《易經》所說，把會合通達的方式掌握住。爻本來是效法的意思，也就是論及吉凶，則有爻來仿效並說明之。

9

「鳴鶴在陰，其子和（ㄏㄜˋ）之。我有好爵，吾與爾靡之。」子曰：「君子居其室，出其言善，則千里之外應之，況其邇者乎？居其室，出其言不善，則千里之外違之，況其

邇者乎？言出乎身，加乎民；行發乎邇，見乎遠。言行，君子之樞機。樞機之發，榮辱之主也。言行，君子之所以動天地也，可不慎乎？」

「大鶴在樹蔭下啼叫，牠的小鶴啼叫應和。我有美酒一罐，要與你共享。」孔子說：「君子住在屋內，說出的話有道理，那麼千里之外的人也會呼應他，何況是身邊的人？他住在屋內，說出的話沒有道理，那麼千里之外的人也會違背他，何況是身邊的人？言語從自己口中說出，百姓都會聽到；行為在身上表現出來，遠處也會看到。言語與行為是君子處世的樞紐機關。樞紐機關一發動，就決定了獲得榮耀還是受到恥辱。言語與行為，是君子藉以感動天地的關鍵，可以不謹慎嗎？」

這段話比較長，有些人懷疑是孔子說的嗎？從《論語》中可知，孔子說的話通常很簡潔，這段話卻像是寫文章一樣，所以會讓人產生這樣的疑惑。不過，從內容來看，基本的觀點還是出於孔子，這是不必懷疑的。

大鶴和小鶴的應和是純屬自然的感應；人類的社會則是除了自然情感之外，還有選擇餘地。自然界的關係稱為「實然」，指的是「實際的情況」；人世間的關係稱為「應然」，指的是「應該有的情況」。人的世界是有自由、有選擇的，所以就會產生「應該」與「不應該」的問題。

人類從自然界的各種現象，去反映或是象徵人類世界應有的相處狀態，當看到自然界大鶴與小鶴互相呼應，顯得很和諧，很有互信的氣息，便受到感動，於是設法建構出令人嚮往的道義世界。

「同人，先號咷而後笑。」子曰：「君子之道，或出或處（ㄔㄨˇ），或默或語，二人同心，其利斷金。同心之言，其臭如蘭。」

「初六。藉用白茅，无咎。」子曰：「苟錯諸地而可矣，藉之用茅，何咎之有？慎之至也。夫茅之為物薄，而用可重也。慎斯術也以往，其无所失矣。」

「勞謙君子，有終，吉。」子曰：「勞而不伐，有功而不德，厚之至也。語以其功下人者也。德言盛，禮言恭，謙也者，致恭以存其位者也。」

「聚合眾人，先是痛哭後是歡笑。」孔子說：「君子所奉行的原則，是該從政就從政，該隱退就隱退，該靜默就靜默，該說話就說話。兩人心意一致，其鋒利可以切斷金屬；心意一致所說的話，其氣味就像蘭花一樣。」

「初六。用白色茅草墊在底下，沒有災難。」孔子說：「就是把祭品擺放在地上也可以啊，底下還要墊一層茅草，這會有什麼災難呢？這是謹慎到了極點。茅草是一種微薄的東西，但是可以產生重大的作用。按照這種謹慎的方法去做事，就不會有什麼過失了。」

「有功勞而謙卑的君子，有好結果，吉祥。」孔子說：「勞苦而不誇耀，有功績而不自認為有德，真是忠厚到了極點。這是說那些有功績依然謙下待人的人。德行要講求盛美，禮儀要講求恭敬，而謙卑正是使人恭敬以致保存自己地位的坦途。」

以上內容分別來自三個卦。第一個是同人卦（䷌，第十三卦）九五爻辭，孔子在此提出處事原則。人群相聚一方面要考慮自己的角色與職責，把握「出處進退語默」的時機，同時要結交志同道合的朋友，感受同心同德的美妙趣味。這和孟子推崇孔子「聖之時者也」的意思完全契合，「時」代表時機，在適當的時候，做適當的事。

第二部分來自大過卦（䷛，第二十八卦）初六爻辭。與人來往，尤其是自己還在初六的年輕階段，凡事謹慎，對人有禮，總是值得肯定的。禮多人不怪，在小地方謹慎，讓別人感覺到用心，效果一定很好。

最後一段來自謙卦（䷎，第十五卦）九三爻辭，這句爻辭使人想起顏淵的志向：「無伐善，無施勞。」不誇耀自己的優點，也不把勞苦的事推給別人。若是對社會有些貢獻，不但不驕傲，反而更謙虛，這樣的德行自然會得到孔子的高度讚賞。

進入〈繫辭傳〉之後，可以看到充分的哲學思維出現，挑戰更大了，不像前面只是從個別的卦學習，而是要進行全面的思考。

「亢龍有悔。」子曰：「貴而无位，高而无民，賢人在下位而无輔，是以動而有悔也。」

「龍飛得太高，已經有所懊悔。」孔子說：「地位尊貴卻沒有職位，高高在上卻失去百姓，賢人居下位而無法前來輔佐，所以他一行動就會有所懊悔。」

由這一段我們便可得知，〈繫辭傳〉並不是按照順序來寫。孔子對這段話的解釋是因為上九地位太高了，遠離了百姓。如果講政治，上卦是統治者，下卦是百姓；若講人事，上卦是老闆，下卦是工作人員。上九最高，與下卦的距離最遠，接著就要離開這個卦了，所以說「貴而无位，高而无民，賢人在下位而无輔」，但因為是陽爻，所以一定會有動性，而動則有悔。假設我們占到乾卦（䷀，第一卦）上九，就安分不要動。孔子對爻辭的理解，可以幫助我們延伸自己的了解與想像。

「不出戶庭，无咎。」子曰：「亂之所生也，則言語以為階。君不密則失臣，臣不密則失身，幾（ㄐㄧ）事不密則害成。是以君子慎密而不出也。」

「不離開門戶與庭院，沒有災難。」孔子說：「禍亂的產生，是以言語為其階梯。君主不能保密，就會失去臣子；臣子不能保密，就會喪失性命；幾微之事不能保密，就會造成失敗。因此，君子謹慎保密而不隨便說話。」

這段話是出自節卦（䷻，第六十卦）初九，節卦就是要人節制。

在《論語》的記載中，孔子很少主動談到利、命、仁，也不與別人討論怪力亂神。利就是利益，他不會與學生談論如何鑽營獲利；由於命有不可知的因素，所以他不談命；為什麼很少談仁呢？仁是個人的正路，人生正途在於擇善固執，必須依個人的處境來判斷，很難做概括的說明，所以他總留待學生請教時，再依個人的狀況加以解說，而鮮少主動在講課時提及。

孔子也不語怪力亂神，是因為他的言和語都很謹慎，「言」代表主動去說，「語」代表互相討論。孔子不主動討論這四者，並不代表它們不存在，只是他不願意討論，因為不會有結果。討論奇怪反常的事或靈異的事件，有什麼意義呢？人必須活在當下，好好珍惜自己的生命，善用每一天，這才是正確的態度。儒家的思想就是要學者多修養，沒有修養便無法提升層次，便缺乏人文素養與真正的內涵。

子曰：「作《易》者，其知盜乎？《易》曰：『負且乘，致寇至。』負也者，小人之事也。乘也者，君子之器也。小人而乘君子之器，盜思奪之矣。上慢下暴，盜思伐之矣。慢藏誨（ㄏㄨㄟˋ）盜，冶容誨淫。《易》曰：『負且乘，致寇至。』盜之招也。」

孔子說：「《易經》的作者大概懂得強盜的心理吧？《易經》上說：『背著東西坐在車上，招來了強盜。』背負東西，是小人的工作；車子是君子代步的工具。小人卻坐在君子代步的工具上，強盜就會想要搶奪他。居上位的傲慢，在下位的粗暴，強盜就會想要攻擊他。不藏好珍貴之物，是教唆別人來搶奪；打扮得過於妖艷，是教唆別人來調戲。《易經》上說：『背著東西坐在車上，招來了強盜。』正是說明招來強盜的緣故。」

這一段出於解卦（䷧，第四十卦）六三。意思是說：若是君子坐在車上，不會背著東西，小人背著東西又坐在車上，一看就知道他的身分不正當，強盜就來了，因為他知道這小人所持為不義之財。「在上位的傲慢，在下位的粗暴，強盜就會想要攻擊他，」這表示內部不合，物必自腐然後蟲生。「不藏好珍貴之物，是教唆別人來搶奪」，所以財不要露白。「打扮得過於妖豔，是教唆別人來調戲。」這句話在今日仍有參考價值。

孔子在〈繫辭傳〉中，特別將這一段提出來加以引申，對世人的告誡之意，可見其用心深刻了。

10

天一，地二，天三，地四，天五，地六，天七，地八，天九，地十。天數五，地數五。五位相得而各有合，天數二十有五，地數三十，凡天地之數五十有五，此所以成變化而行鬼神也。

天數一，地數二，天數三，地數四，天數五，地數六，天數七，地數八，天數九，地數十。天的數共有五個，地的數共有五個。五個方位的數分配得宜並且各自配合。天數加起來是二十五，地數加起來是三十；天地之數合起來是五十五，這些數造成了各種變化，並且使鬼神之道得以運作。

天數是一、三、五、七、九，也就是奇數；地數為二、四、六、八、十，是偶數；這十個數字可以統括後面所有的發展。在這段話中，「鬼神之道」指的是占卦，透過數字來了解天地每個方位合起來的現象。

朱熹對這一段話的解釋是：「變化，謂一變生水而六化成之，二化生火而七變成之，三變生木而八化成之，四化生金而九變成之，五變生土而十化成之。」他講的是相對，一、六，二、七……依此類推。一、二、三、四、五是生數，六、七、八、九、十是成數，先生再成，生數為主，成數與之配合，就是變化。變代表陽爻，有生命力，朱熹以陽數為變，陰數為化，化代表接受之後，再加以化成，這是坤，陰爻的作用。所以一、三、五就先講變，二、四就先講化。

至於鬼神，朱熹說：「凡謂奇耦生成之屈伸往來者。」這個說法不太明確，我們可直接把鬼神認為是占卦的神妙作用，好像有鬼神從中安排一般。到目前為止，我們所知道的鬼神是指不受限制的力量，朱熹沒有特別提到鬼神，或許覺得既然是子不語，後學者就不該談論。其實孔子曾說：「務民之義，敬鬼神而遠之，可謂知矣。」孔子認為鬼神是存在的，對待的方法便是要「敬」，也就是虔誠對待，至於保持距離，則是不要隨意麻煩鬼神，這是要慎重對待的事。

下一段是講到占卦實際的做法。

大衍之數五十，其用四十有九。分而為二以象兩，卦一以象三，揲（ㄕㄜˊ）之以四以象四時，歸奇（ㄐㄧ）於扐（ㄌㄜˋ）以象閏；五歲再閏，故再扐（ㄌㄜˋ）而後掛。乾之策二百一十有（ㄧㄡˋ）六，坤之策百四十有（ㄧㄡˋ）四，凡三百有（ㄧㄡˋ）六十，當期

（ㄐㄧ）之日，二篇之策，萬有（ㄧㄡˋ）一千五百二十，當萬物之數也。是故四營而成易，十有八變而成卦。

在進行大型演算時，準備五十根籌策，真正使用的是四十九根。將這四十九根分為兩組，象徵天地兩儀；由任何一組中抽出一根掛在左手小指間，象徵天地人三才；再以四為單位去計算籌策，象徵一年的四季；把剩下的零數夾在左手中三指間，象徵閏月；每五年有兩次閏月，所以要把另一組籌策依四為單位計算所剩下的零數，也夾在指縫掛起來。乾卦的策數是二百一十六，坤卦的策數是一百四十四，總數為三百六十，相當於一年的天數。《易經》上下篇六十四卦的策數有一萬一千五百二十，相當於萬物的數目。所以，要經過四次經營才能形成《易經》的一爻，經過十八次變化才能完成一卦。

為什麼進行大型演算時，只使用四十九根呢？因為有一根要拿出來做為太極，代表安定下來，構成一個世界、一個宇宙。前面提到「天地之數五十有五」，這裡卻只用五十，有兩個說法。一說是天地之數五十有五，但因為已經有了六爻，所以五十五必須減六為四十九；另一種說法是天地之數到九了之後，第十不要用十，因為十是兩位數，所以再把十算做五，亦即九之後再一個五，加起來是五十。這兩種說法，很難決定到底何者正確。

一般常說三個月之內不要占同樣的問題，三個月之後就變成另外一個季節，事情或許會有變化。古時候的曆法與我們現在的不完全一樣，是根據陰曆，也就是月亮實際的演變來算，一年是三百六十天。我們如今是一年三百六十五天，每一年多出五天，每隔五年就等於比古時候多一個月。

「乾之策二百一十有六，坤之策百四十有四，凡三百六十，當期之日。」乾卦的策數是二百一十六，因為乾卦有六個陽爻，每爻以四策為一組，陽術用九，所以總數是六乘三十六，共二百一十六；坤卦的策數是一百四十四，因為坤卦是六個陰爻，陰爻每四策為一組，陰數用六，所以四六二十四，再乘以六，就變成一百四十四。兩個加起來三百六十，一年的天數就由這樣相加而來。

至於萬物的數目呢？「二篇之策，萬有一千五百二十，當萬物之數也。是故四營而成易，十有八變而成卦。」《易經》上下篇六十四卦的策數是一萬一千五百二十，便相當於萬物的數目。六十四卦有三百八十四爻，陽爻陰爻各半，意即各一百九十二爻，陽爻乘以三十六，得六千九百一十二，陰爻乘以二十四，得四千六百零八，總數即是一萬一千五百二十。要經過四次經營才能形成《易經》的一爻。所謂四次經營，指的是「分二」、「挂一」、「揲四」、「歸奇」四個步驟。

事實上，完成一爻要經過三次同樣的方式演算，六爻才會經過十八次變化。這一段原文恐怕是漏掉了一些字句，經過後代學者一再的研究，大家才了解。我個人在這一方面要感謝程石泉教授，他研究《易經》一輩子，也寫了很多相關的資料，是方東美先生最早期的學生，治學的範圍很廣，長期在美國教書。我曾研讀他的著作，並驗證他的占卦方法，可以證實他所提出的方法是正確的。

八卦而小成，引而伸之，觸類而長（ㄓㄤˇ）之，天下之能事畢矣。顯道神德行，是故可與酬酢（ㄗㄨㄛˋ），可與佑神矣。子曰：「知變化之道者，其知神之所為乎？」

八個單卦代表初步的成就，由此引發而延伸出去，再按感觸的類別擴展出去，天下可能取象的事物就全在裡面了。《易經》呈現天地之道，使其功能與效應顯得神妙無比，所以它不但可以用來應對各種需要，也可以用來助成神明的化育。孔子說：「了解變化之道的人，大概也會了解神明的作為吧。」

知道變化之道，就知道神之所為，這是很好的觀念。變化一定有規則，只要了解規則，就知道下一步大概往哪裡走，就知道神怎麼安排。八個單卦代表初步的成就，由此引發而延伸再按感觸的類別擴展出去。八個單卦有六十四種結合的方式，天下可能取象的事物就全在裡面了。

《易經》呈現天地之道，其功能與效應顯得神妙無比，所以不但可以用來應對各種需要，也可以用來助成神明的化育。「酬酢」就是各種需要，原意則是有任何情況都可以應對；現在則把酬酢當作與別人往來社交活動，一起吃飯喝酒等。「可與佑神」的意思是可以助成神明的化育，因為知道神明的安排，人便可以配合。

《易經》最主要是要教我們德行、智慧與能力，人生除了這三點，還有什麼是可靠的呢？其他不管是依賴錢財、依賴權力、依賴他人，都是向外求，只有德行、智慧、能力是在自己身上，開發之後可以在很多方面協助神明、幫助別人。

11

《易》有聖人之道四焉：以言者尚其辭，以動者尚其變，以制器者尚其象，以卜筮者尚其占。是以君子將有為也，將有行也，問焉而以言，其受命也如嚮。无有遠近幽深，遂知來物。非天下之至精，其孰能與（ㄩˋ）於此？參（ㄙㄢ）伍以變，錯綜其數。通其變，遂成天下之文；極其數，遂定天下之象。非天下之至變，其孰能與（ㄩˋ）於此？《易》无思也，无為也，寂然不動，感而遂通天下之故。非天下之至神，其孰能與（ㄩˋ）於此？

《易經》在四方面展現了聖人之道：用在言語方面的人會推崇它的言辭，用在行動方面的人會推崇它的變化，用在製造器物方面的人會推崇它的圖象，用在卜筮方面的人會推崇它的占驗。因此，君子準備有所作為，準備有所行動時，用言語去詢問，它就會接受提問，並且像回音一樣地答覆。無論提的是遠的、近的、幽隱的、艱深的問題，它都可以讓人得知未來的狀況。不是天下最精微的智慧，誰能做到這些？用三與五來演變，交錯綜合相關的數字。貫通其中的變化，於是形成天下的形態；推究其中的數字，於是確定天下的現象。不是天下最卓越的變化，誰能做到這些？《易經》的卦象沒有思慮，沒有作為，寂靜不動，一受到感應就能通達天下的道理。不是天下最神妙的力量，誰能做到這些？

這段話非常重要。先提到從四方面展現聖人之道，再提及「至精」、「至變」、「至神」，用以描述《易經》的作用。

《易經》在四方面展現聖人之道。首先是在言語方面，學習《易經》的人在說話時就會引用「二人同心，其利斷金」等文雅的好辭。

其次是用在行動方面，能了解變化之必然，知道儘管是同樣的事情，發生在不同的時空中，將會有不同的狀況，所以研究《易經》學占卦，應避免受情緒困擾，以提升智慧。有智慧的人能觀察真相而不動情緒，因為情緒太主觀了，而真相是客觀的。天下沒有完全客觀的事，但是只要化解情緒的干擾，客觀程度就能提高。

第三是用在製造器物方面的人，會重視它的圖象，例如鼎卦（䷱，第五十卦）的圖象，就可以告訴我們古人如何製作鼎，底下是鼎足，上面是鼎耳，最上面的是鼎鉉，至於中間三個是鼎腹，可以用來烹調食物。

最後，用在卜筮方面的人會推崇它的占驗，有些人不太了解，認為學《易經》為什麼一定要講到占卦？這是因為他們有先入為主的觀念，把占卦視為迷信，所以才會排斥。其實，占卦不但展現了聖人之道的其中之一，與其他三方面的關係還特別密切。

「是以君子將有為也，將有行也，問焉而以言，其受命也如響。」這句話很清楚的聚焦在提問上面。古代學《易經》，本來就是要用來占卦，我們再三強調，因為現代人有太多迷信了，再加上許多算命的人運用不少與《易經》類似的東西，所以才會讓人有這樣的誤會。所以這裡說得很明白，要有所作為，要有所行動，就好好去提問，它會給你回答，像回聲一樣。

「參伍以變」的解釋，到現在還有沒確定的說法。有人說，乾卦六爻的主動力在於三和五，因為初爻剛剛進來動性不強，三五是陽爻的位置，動力最強，所以稱為「參伍」。第二個解釋認為，三是變化之始，三之前是兩儀，兩儀還不能變，所以三是天數；至於五則是地數，像水火木金土，土排第五，是稱為地的數字。一般學者認為，前一種說法比較可靠，但仍無定論。

「感而遂通天下之故」中的「故」代表道理。《易經》就是感通的道理，從一卦感通到另一個卦，只要一個爻變，就會有新的卦出現。一個卦本身有變卦、覆卦，還有倒卦，這就是感而通之所產生的。

其實我們活在世界上，不是只與過去、未來，而是可以跟所有現存的一切產生某種性質的感應，這叫作「共時性原理」（Synchronicity）。共時性是心理學在當代重要的發展之一，受到《易經》啟發的心理學家就是榮格（C. G. Jung）。人們看事情往往容易失之片面，忽略某些因素，而占卦的時候，所有因素會同時呈現，以提醒我們不要只看到自己想看的部分，如此一來，就可以避免盲點。

以下還有很多類似的描述，都非常扼要。每一段都希望能將《易經》的道理一言以蔽之。

夫《易》，聖人之所以極深而研幾（ㄐㄧ）也。唯深也，故能通天下之志；唯幾也，故能成天下之務；唯神也，故不疾而速，不行而至。子曰：「《易》有聖人之道四焉」者，此之謂也。

《易經》這本書，是聖人用以探求深奧與研究幾微的憑藉。由於深奧，所以它能貫通天下人的心意；由於幾微，所以它能成就天下人的功業；由於神妙，所以它不匆忙卻迅速反應，不行走卻照樣抵達。孔子說：「《易經》在四方面展現了聖人之道」，說的就是這些。

在這段文字中，提到了幾個重點。首先，「天下之志」是什麼？百姓活在世界上，只有兩個要求，這兩個要求古今中外都沒有改變過。第一，是希望主政者仁愛，讓人民得以存活下去；第二，是希望正義，使善惡有其報應，否則仁愛就沒有保障。其次，「天下之務」，也就是天下人的功業是什麼？就是要讓大家有所發展，比如學生進德修業的目標是學業，大人的修業是對社會有所貢獻。

再則談到「不疾而速，不行而至」這八個字，道家的學說在這方面有相當大的發揮。最貼切的應是《莊子・說劍》裡的一段，莊子假扮成武士，與趙文王談劍術，他用「後發先至」四個字就把趙文王說服了。一般認為，這段文章不是《莊子》的原文，應是後人所添加，但頗能符合莊子的思想。

這四個字的意思是：比別人後發招，但先抵達對方的要害。別人一劍砍過來，我紋風不動，但只要我一出手，對方就立刻斃命。趙文王一聽，讚為天下第一。祕訣就在看得「準」，很多事情不是埋頭苦幹就有成果，抓對方法、看準形勢、把握條件，一出手就解決了問題，才最有效率。

12

子曰：「夫《易》何為者也？夫《易》開物成務，冒天下之道，如斯而已者也。」是故聖人以通天下之志，以定天下之業，以斷天下之疑。是故蓍之德圓而神，卦之德方以知，六爻之義易以貢。聖人以此洗心，退藏於密，吉凶與民同患。神以知來，知以藏往，其孰能與於此哉？古之聰明睿知（ㄓˋ），神武而不殺者夫！

孔子說：「《易經》可以用來做什麼？《易經》的哲理可以開發萬物，成就功業，涵蓋天下的法則，如此而已。」因此之故，聖人用它來貫通天下人的心意，奠定天下人的事業，裁斷天下人的疑問。所以，蓍策的作用圓通而神妙，卦象的作用方正而明智，六爻的特性變易而彰顯。聖人用它來潔淨心思，退藏於隱密之中，與百姓一起憂慮吉凶的發生。神妙可以讓他知道未來的狀況，明智可以讓他容納過去的經驗，誰能做到這些呢？大概只有古代耳聰目明、智慧過人、勇敢無比又不願誇耀的人吧！

古代司法制度不夠獨立，通常由部落領袖同時擔任當地的最高法官，這時就要看他的智慧夠不夠，如果智慧不足以分辨善惡，缺乏正義，人民將不知所措。所以，蓍策的作用圓通而神妙，卦象的作用方正而明智，六爻的特性變異而彰顯。「蓍」指的是蓍草，聖人以之做為占卦的用具，這種草的特色是底下的根有一百多條，拿來作籌策聽說是最靈驗的。在河南地區如今還長蓍草，這可以證明河南確實是古代文明基礎的發源地。

占卦最好是清晨起來，心中沒有雜念的時候，因為它要求心神專一，所謂：「絜靜精微，易教也。」心思要非常乾淨，平靜專一，這是《易經》教化的結果。神妙可以讓他知道未來的狀況，明智可以讓他容納過去的經驗。明智的人從歷史之中學取教訓，但是未來怎麼辦呢？因為事情不會重複，所以未來就要靠這個神妙的占筮方法。誰能做到這些呢？大概只有古代耳聰目明、智慧過人、勇敢無比、又不願誇耀的人吧！

「神武而不殺者夫」一句中的「殺」字本義為殺伐，在此代表誇耀，「不殺」是說不利用這種專長來對付別人或誇耀自己。「耳聰目明、智慧過人」指的就是聖。在古代，「聖人」二字並不是專指德行，通常還有「最聰明者」的意思。因為聰明，所以能夠了解整個狀況，看透一切事情，譬如能了解百姓的心思、準確掌握最有利的發展、帶領人民做最佳的營生，所以古代稱統治者為聖人。

讀到這裡，大家可以發現，〈繫辭傳〉確實是很豐富的、具有概括性的哲學智慧。雖然其中有很多文句似乎只是提出結論，並沒有精確說明其中原委，這就要靠我們自己從六十四卦中體會，多加了解過去，並想像未來。

是以明於天之道，而察於民之故，是興神物以前民用。聖人以此齋戒，以神明其德夫！是故，闔戶謂之坤，闢戶謂之乾。一闔一闢謂之變，往來不窮謂之通。見（ㄒㄧㄢˋ）乃謂之象，形乃謂之器。制而用之謂之法，利用出入，民咸用之謂之神。是故，《易》有太極，是生兩儀，兩儀生四象，四象生八卦，八卦定吉凶，吉凶生大業。

因此，明白自然界的運行規律，又了解百姓的實際狀況，這才發明神奇的蓍占，引導百姓去使用。聖人用它來齋戒心思，使占筮的功能神妙而明顯啊！所以，關起門來靜處就稱為坤，打開門來活動就稱為乾。有關有開就稱為變化，往來不已就稱為通達。顯現出來的就稱為現象，具體賦形的就稱為器物。制定出來使用的就稱為法則，進進出出利用它，百姓都要使用的就稱為神妙。所以，《易經》揭示了做為究竟真實的太極，從太極展現出天地兩種體式。天地兩種體式展現出四季的現象。四季的現象展現出八個單卦。八個單卦決定了吉與凶。由吉與凶再衍生出偉大的功業。

人們談到《易經》就常提到太極，其實「太極」二字在整部《易經》中只出現這一次。我相信每個人在讀到本段這最後一句：「《易》有太極……」都會覺得非常興奮，因為我們對《易經》的認識，大概就是始於這一句。常常聽到老師們這樣念：「太極生兩儀，兩儀生四象，四象……」一路念下去，都覺得很神祕，一般人並不容易理解，現在能夠了解到原來《易經》的背景與內容是如此，已經跨越了以前間接聽別人轉述的層次，直接把以往似懂非懂的東西捧在眼前研究，應該會覺得學習實在是很大的快樂。將來我們自己在談這些時會覺得很有信心，也可以讓別人知道我們是從原典加以理解，並非口耳相傳，人云亦云而來的了。

講到「天」，就讓人覺得很神聖，但是又很模糊。此處將「天之道」翻譯為自然界的運行規律，老子說「天之道，其猶張弓與？」意思是說：自然的法則，不是像拉開弓弦一樣嗎？使多的減少，少的增加。而且損有餘而補不足，把多出來的去掉，不夠的幫忙補足。譬如夏天太熱了，一定會變成秋天；冬天太冷了，又會變回春天。前面曾討論過九與六要變，因為九代表夏天，已經熱到極點；六代表冬天，冷到極點，所以非變不可。七和八因為是在中間，所以不用變。人之道不一樣，常損不足以奉有餘，不夠的還要剝奪，已經有了還要更多，所以貧者越貧，富者越富。由此可以理解《易經》。

「制而用之謂之法，利用出入，民咸用之謂之神。」這段話是對「神」的再一次解釋，前面提到「神」，都會提及變化，這裡提到的「出入」卻是代表日常生活，指的是百姓都要使用的最平凡之物。譬如有一句話說，最好的照相機也比不上人的眼睛，就我眼前所見每一個人臉上的表情、衣服的色彩，都是最自然的，不論再好的相機，也不能百分之百如實呈現；不僅眼睛如此，人的耳朵所聽到的東西也是最神妙的，聽一個人唱歌就知道他今天心情好壞，聽別人說話就知道他今天有什麼樣的想法，這絕對不是音響設備能夠比擬的。所以人的生命不就是最奇妙的嗎？希臘悲劇家索弗克利斯（Sophocles）說：「宇宙萬物之中，沒有比人的存在更值得驚訝的。」就是這個意思。

「是故《易》有太極，是生兩儀。」《易經》揭示了做為究竟真實的太極，從太極展現出天地兩種形式。此處我們用「究竟真實」來探討太極存在之必要，要知道真正偉大的哲學構成一個系統，不能沒有究竟真實，否則一切都在變化之中，抓不住任何事物，到最後就成了虛無。從《易》有太極，就知道這一套哲學不是只講變化，不是只讓人知道吉凶悔吝。「太」代表最高的，「極」也代表終點，萬物沒有再比它更高遠的，講太極的目的是要推到一個最原始的、統一的力量根源。

接著解釋「生」的意義。「生」有兩個意義：一是出生、生產，種子把花生出來，父母把孩子生出來；另一義是展現，比如老子說：「道生一，一生二，二生三，三生萬物。」其中的「三生萬物」是真的生出來，前面的一、二、三則是展現。道生一，道展現為一個整體；一生二，這個整體展現為陰陽二氣；二生三，陰陽二氣在某種程度的結合，構成一個和氣，陰、陽與和總共是三，然後三生萬物。「萬物負陰而抱陽，沖氣以為和」，負就是背，負陰而抱陽，是背靠著陰，面向著陽，經過陰陽二氣的結合與變化，造成和氣、和諧的狀態。一朵花有它做為花的和諧狀態，有陰陽二氣的某種組合、某種比例，使它構成花，而不是草。至於草呢？有它另一種陰陽相合的狀態，使它構成草，如此一來，便構成了所有的萬物。萬物都來自於同一個根源，即「陰陽二氣」，陰陽二氣又來自於同一個根源「道」。

「兩儀生四象，四象生八卦。」這句話有一種說法是由陰陽（兩儀）兩兩相疊，成為二畫的太陽、少陰、少陽、太陰（四象），再往上疊為三畫的八卦（乾、兌、離、震、巽、坎、艮、坤）。不過在《易經》之中，從來沒有出現過太陽、少陰、少陽、太陰，也沒有提及兩爻代表何種意義，因此我較傾向於把兩儀說成天地。天是主動性的乾卦，地是被動性的坤卦，由天地兩種體式展現出四季的現象，而天、地、雷、山、火、水、澤、風也跟著四季的變化而能夠出現。

「八卦定吉凶，吉凶生大業。」當我們了解吉凶之後，便會盡量設法趨吉避凶。有人認為，天下的吉凶總量是一樣的，我們這邊趨吉，會造成了別人凶。其實不見得，很多事情可以大家一起來趨吉避凶。例如說，從事水利建設、河川防治，把這些會對公眾造成影響的公共事務做好，大家都吉。許多災難歸因於人謀不臧，百姓的損失與痛苦，真不知向誰去投訴才好。

《易經》的展現和《老子》不一樣。《易經》的內容就是太極，有一個統一的整體，再展現出兩儀，之後一再展現，由一而二而四而八；《老子》則是道一生二生三，以「一」為「究竟真實」，這是現代人的理解。每一個哲學家都必須回答自己理解的究竟真實是什麼，如果避開這個問題，就不可能成為第一流的哲學家，因為沒有辦法建構思想系統。宇宙到最後要結束，人的生命最後也會結束，若不講到究竟的層面，將使生命無所依託。宗教也是給人究竟的境界，佛教談解脫，解脫之後去哪裡呢？探討的正是終極，也是究竟。

《易經》將太極做為存在上最後的根源，意即不論如何，人生最後都是回到太極。這樣的說法當然會引來消極的心態：既然殊途同歸，何必要費心安排？好死歹活不都是一樣嗎？這就是聖人的憂患所在，也就是「作《易》者其有憂患乎？」因為人的世界不是只有活著而已，人需要學習、確立正確的觀念以及不斷的修鍊，讓自己的生命有趣味、有意義。許多人一生拚命存錢，反而錯過了對生命的品味，等於是為了虛擬的目的，而錯過了實際的生命。這並非否定未雨綢繆之必要，只是勸人不要憂慮過多，不用只著眼於擔心物質生活好壞。耶穌說：「身體勝於衣服，生命勝於飲食。」關於人應創造生命的價值，不論是中國的《易經》及儒道墨法各家、古今中西的哲學流派，甚至世界各地流行的各種宗教，所持的理念都是類似的。

是故法象莫大乎天地，變通莫大乎四時，懸象著（ㄓㄨˋ）明莫大乎日月。崇高莫大乎富貴。備物致用，立成器以為天下利，莫大乎聖人。探賾索隱，鉤深致遠，以定天下之吉

凶，成天下之亹（ㄨㄟˇ）亹者，莫大乎著龜。是故，天生神物，聖人則之。天地變化，聖人效之。天垂象，見吉凶，聖人象之。河出圖，洛出書，聖人則之。《易》有四象，所以示也。繫辭焉，所以告也。定之以吉凶，所以斷也。

因此之故，取法的對象沒有比天地更大的，變化通達的情形沒有比四季更大的，懸掛而顯明的現象沒有比日月更大的。讓人推崇仰望沒有大過富貴的。齊備物品供人使用，制定現成器物來謀求天下人的福利，沒有大過聖人的。探究精微，考察幽隱，擷取深奧，推及遙遠，以此來確定天下人的吉凶，促成天下人勤勉不息的，沒有大過蓍與龜的。因此之故，上天賜下神奇的東西，聖人要取法。天地之間變化無窮，聖人要仿效。天垂示天象，顯現吉凶之兆，聖人要模擬。黃河出現龍圖，洛水出現龜書，聖人要參照。《易經》有這四種重要的取象，就是要用來彰顯奧祕的。附上卦爻辭，就是要用來告訴人們的。判定它是吉是凶，就是要用來裁斷的。

以「是故」二字開頭，是接續前段「易有太極」而來。在這段話中提到了「日月」，古人為什麼重視日月呢?因為往天上看最大、最明顯的就是日月。此外，這段話中的「富貴」是中性的，代表某種肯定。一個社會必然有富貴之人，富是有錢，只要手段正當，聰明加上機運，發財並非罪惡。有錢人蓋很大的工廠，創造很多就業機會，對員工好，從事社會福利，回饋社會，這都是好事。貴代表地位崇高、擁有權勢的貴人，如果配合能力、德行、智慧，就會令人敬重。老百姓看到富貴者，自然會仰望、推崇他們，因為他們掌握社會的資源，好的行為必然產生風行草偃之效，可以改變整個社會風氣，所以說「崇高莫大乎富貴」。孔子說：「富與貴，是人之所欲也。」我們對於富貴不必批評或反諷，但一定要求德慧兼備，對社會才是好事。

「蓍」就是籌策，「龜」是指龜甲，都是古代人常用的占筮工具。古代人用龜來占卜的事很多，也未必完全準確，只是一旦形成慣例之後，便具有心理建設的作用。譬如出兵打仗，沒有任何精神上的嚮往或號召，即便師出有名，也不一定有提高士氣的效果。如果透過占卦肯定自己為正義之師，討伐對方是義舉，必然士氣大振。打仗時人多不一定有用，歷史上有很多例子，譬如淝水之戰，苻堅的軍隊投鞭足以斷流，八十幾萬大軍，最後還是戰敗了；赤壁之戰，曹操也以人多卻打了敗仗，這說明士氣的重要。為什麼人雖少而能以寡擊眾呢？因為士氣高昂，這也是老子所說的「哀兵必勝」，哀不是悲哀，是心懷善念、有慈悲心。老子認為有慈愛的心，有不忍人之心，反而產生最大的力量。

以占卜來確定吉凶，是讓人做事有因應的方向，占到吉就要繼續往前努力，占到凶也不要擔心，只要換個方向盡量低調謙虛，就能避開凶險了，這是讓天下人勤勉努力的方法之一。有很多人視占卜為神祕的事情，並不用心去了解，只希望能得到結果，占卜完畢之後沒有得到啟發，一味心存僥倖。事實上，學《易經》卜卦，在看到占卦的結果後，應進一步了解其中的內容，明白該往哪一方面繼續努力。譬如二與五兩個中間的位置，是提醒我們只要居中行正，到任何地方都能逢凶化吉，這就是占卦的正面意義，幫助我們了解行事的方向，並勉勵我們提高德行。

關於河圖洛書，孔安國說：「河圖者，伏羲氏王天下也，龍馬出河，遂則其文以畫八卦。

洛書者，禹治水時，神龜負文而列於背，有數至九，禹遂因而則之，以成九類。」伏羲氏時代，有龍馬背上背著圖，稱作「河圖」；到了大禹時，又有神龜負文，稱為「洛書」，後來大禹分天下為九州，就是根據洛書而定。推測河圖洛書上面可能有數字、方位、形狀等資料，後來很多人拿來做為建築的參考，把數字的比例加以配合，使建築物可以站得很穩。至今仍有人在研究，天壇的建築或是皇宮的建築，可能是根據河圖洛書而制訂。這些自古流傳的資料，是聖人要參照的。

13

《易》曰：「自天佑之，吉无不利。」子曰：「佑者，助也。天之所助者順也；人之所助者信也。履信思乎順，又以尚賢也。是以『自天佑之，吉无不利』。」子曰：「書不盡言，言不盡意。」然則聖人之意，其不可見乎？子曰：聖人立象以盡意，設卦以盡情偽，繫辭焉以盡其言。變而通之以盡利，鼓之舞之以盡神。」

《易經》上說：「獲得天的助佑，吉祥而無所不利。」孔子說：「佑是幫助。天所幫助的是順從的人，人所幫助的是誠信的人。履行誠信並且存心順從，還會因而推崇賢者。所以獲得天的助佑，吉祥而無所不利。」孔子說：「文字不能完全表達言語，言語不能完全表達心思。」那麼，聖人的心思就不能充分顯示了嗎？孔子說：「聖人設立爻象來盡量表達心思，設立卦象來盡量表達真實與虛偽，附上卦爻辭來盡量表達他要說的話。藉由卦爻的變化與通達來盡量表現可取的利益，藉由鼓動它與活躍它來盡量表現神妙的作用。」

這段話的第一句出現在大有卦（䷍，第十四卦）的上九。在此，天不是指自然界，而是能夠保佑人的天，也就是代表最高的神。自然界無所謂保不保佑，它是規則。孔子又說：「文字不能完全表達言語，言語不能完全表達心思。」說話有時候不見得能夠把意思說清楚，基本上情感是不能用言語表達的，總覺得有未盡之意，需要不斷再補充、再調整、再修正，到最後連自己原來想說什麼都弄不清楚了。如同水清則無魚，水有點雜質，有點顏色，裡面就可以藏魚；水一清，魚就都被撈光了，所以，很多時候真正想說的話是盡在不言之中的。莊子是最擅長表達這種境界的了，他所說的「相視而笑，莫逆於心」，意思就是大家有默契不用多說，一說就落入形跡；若對不同的人說，就開始有差別心了。「書不盡言，言不盡意」很精彩的八個字把人類表達的限制說了出來。

那麼，聖人的心思就不能充分顯示了嗎？孔子說：「聖人設立爻象來盡量表達心思，設立卦象來盡量表達真實與虛偽，附上卦爻辭來盡量表達他要說的話。藉由卦爻的變化與通達來盡量表現可取的利益，藉由鼓動它與活躍它來盡量表現神妙的作用。」百姓本來就希望有利益，這是聖人時時掛念的事。古代受教育的是少數，能學《易經》的是更少數，我們在學習《易經》的過程中，除了從中得到許多觀念之外，還要學習古代聖人照顧別人的心態。如果僅僅是執著其中，沒事為自己占個卦，格局就未免太小了。

聖人要傳達智慧讓眾人分享，所以寫下《易經》，所表達的是「意」、「情偽」、「言」、「利」與「神」。「情偽」是指真偽，情者，實也，要避免真假混淆；「利」是自求多福，而非損人利己；所謂「變而通之」，是強調人生不會走投無路；「神」則是展現造化的奧妙，亦即要人從卦爻的活潑變化中，找到無限的生機與趣味。讀《易》讓我們感覺到生命多麼可貴，人的智慧一旦能夠通達各種道理，人生的快樂真是無窮，每一剎那都不一樣。人的一生所求的就是活得從容，不慌不忙，知道該如何做每一件事，該如何走出每一個正確的步伐，能這樣掌握自己的生命，才能活出踏實的意義。

乾坤，其《易》之蘊邪（ㄧㄝˊ）？乾坤成列，而《易》立乎其中矣。乾坤毀，則无以見《易》。《易》不可見，則乾坤或幾乎息矣。是故形而上者謂之道，形而下者謂之器。化而裁之謂之變，推而行之謂之通。舉而錯之天下之民，謂之事業。

乾卦與坤卦，是《易經》所含藏的精華吧？乾卦與坤卦排列成序，《易經》的法則就在其中建立起來了。乾卦與坤卦毀壞，就沒有辦法見到《易經》的法則。《易經》的法則無法見到，乾卦與坤卦的作用也幾乎消失了。因此之故，超越在形體之上的就稱為道，落實在形體之下的就稱為器物。讓道化解而裁定的，就稱為變化；使道推演而運行的，就稱為通達；把道推舉出來並且加在天下百姓身上的，就稱為事業。

在〈繫辭傳〉之中，我們充分看到澄清概念的作用，把一個概念反覆加以說明，以便讓人明白其中的意涵。《易經》的法則就是乾與坤，乾是六爻皆陽，代表主動的生命力；坤是六爻皆陰，代表被動的承受力。一個是主動，一個是受動，這兩個合起來就構成所有的變化。

從「《易》不可見，則乾坤或幾乎息矣。是故形而上者謂之道，形而下者謂之器。化而裁之謂之變，推而行之謂之通。舉而錯之天下之民謂之事業。」這一段話，我們可以做如下聯想：人類要充分利用大自然的資源，造成文明的產品。人類文化的進步是一件好事，但是這件好事是要讓百姓可以獲得各種利益，而利益不單是指有形可見的，大家都知道光吃飽喝足是不夠的，還需要心智和靈性的發展。

道是形而上的，具體來說可以代表路、規則、原理。譬如桌子，必然有其構成桌子的原理，就是桌子的「道」。道在有形可見之外，所以看不到，能看到的是桌子這個「器」。器可以個個不同，而道則是唯一。再以建造水庫為例，採用什麼樣的建築材料是一回事，但是建築水庫的原理要能把握住，才能成就一座蓄水的水庫。同樣的，當我們活在世界上身為一個人時，表現在外的是器，而做人的道理就是道。聖人也是體悟到「道」，才能發明《易經》之理的。

乾卦與坤卦所象徵的，不只是有形的天與地，還包括陽氣與陰氣這二元力量，宇宙萬物無一不是這二元力量所形成。但是推究乾坤與陰陽之根源，依然可以找到一個究竟原理，亦即「道」。「道」做為究竟原理，與「太極」做為究竟真實，這兩者是二而一的，只是分別由萬物的結構與生成來觀察，使用不同的名稱而已。

是故，夫象，聖人有以見天下之賾，而擬諸其形容，象其物宜，是故謂之象。聖人有以見天下之動，而觀其會通，以行其典禮，繫辭焉以斷其吉凶，是故謂之爻。極天下之賾者存乎卦，鼓天下之動者存乎辭，化而裁之存乎變，推而行之存乎通。神而明之存乎其人。默而成之，不言而信，存乎德行。

因此之故，《易經》中的象，是聖人見到天下事物的複雜微妙，就模擬其形態，描繪其樣貌，所以有卦象之稱。聖人見到天下事物的變動發展，就觀察其會合通達的方式，依循常規法則，再附上解說來裁斷吉凶，所以有爻的稱呼。窮盡天下精妙的在於卦象，鼓舞天下活動的在於卦爻辭，讓卦象化解而裁定的在於變化，使卦象推演而運行的在於通達，把握卦象的神妙，並且彰顯出來的在於聖人。默默地成就卦象，不說話而有誠信的，在於德行。

原文中所說「存乎其人」其中的「人」是指聖人而言，不會是一般人。因為只有聖人才能夠把握卦象的神妙，並把它彰顯出來。默默地成就卦象，不說話而有誠信的，在於德行。由此可知，只要能修德行善，《易經》趨吉避凶的道理自然就會實現於自身，最好的方法還是在於德行。人為什麼要有德行？以儒家來說，答案很清楚，因為人性向善，沒有其他路可走，只能擇善固執，最後目的是止於至善。

繫辭．下傳

〈繫辭傳〉的下傳，共分為十二小段。

1

八卦成列，象在其中矣。因而重之，爻在其中矣。剛柔相推，變在其中矣。繫辭焉而命之，動在其中矣。吉凶悔吝者，生乎動者也。剛柔者，立本者也。變通者，趨時者也。吉凶者，貞勝者也。天地之道，貞觀者也。日月之道，貞明者也。天下之動，貞夫一者也。

八卦排成系列，卦象就在其中了。取八卦來重疊組合，六爻就在其中了。剛爻與柔爻互相推移，變化就在其中了。附上卦爻辭的說明，活動就在其中了。吉凶悔吝，是由活動產生出來的。剛爻與柔爻，是建立卦象的基礎。變化與通達，是配合時勢趨向的發展。吉與凶，要定位在助人取勝。天地的法則，要定位在可供觀察。日月的法則，要定位在可供照明。天下的活動，要定位在一個常道上。

八卦是指單卦三爻，重卦就變成每卦六爻。剛爻與柔爻互相推移，變化就在其中了，附上卦爻辭的說明，活動就在其中了。我們在研讀《易經》時，從卦辭和爻辭可知，卦不是固定的靜態的圖案，而是不斷地變遷，有往有來。

在這段話中的「貞勝」的「貞」字解做「定位」，定位在助人取勝，就是讓人能夠順利、趨吉避凶。「天地之道，貞觀者也。」在這句話中，出現了「貞觀」一詞，唐太宗的著名年號，其實就是出自這段文字。

夫乾，確然示人易矣。夫坤，隤（ㄊㄨㄟˊ）然示人簡矣。爻也者，效此者也。象也者，像此者也。爻象動乎內，吉凶見乎外，功業見乎變，聖人之情見乎辭。天地之大德曰生，聖人之大寶曰位。何以守位曰仁，何以聚人曰財。理財正辭，禁民為非曰義。

乾卦以其剛健向人顯示容易；坤卦以其柔順向人顯示簡單。所謂爻，就是仿效這些的。所謂象，就是模擬這些的。爻與象在卦裡活動，吉與凶表現於外，功業表現在變化上，聖人的情意表現在卦爻辭中。天地最大的功能是創生，聖人最大的實物是地位。如何守住地位則說是仁德，如何聚集眾人則說是財物。因此經理財物，導正言論，禁止百姓為非作歹，就說是義行。

這段話從天地乾坤，推到人的適當作為。講《易經》乾坤的特性時，會先說「易」再說「簡」。易是容易，簡是簡單；易代表時間的變化，簡代表空間的架構。一般談坤談地，立刻想到空間，大地很平靜，並不會感覺到它一直在變化之中。而談乾談天時，通常要稍微想一下，天是天體，太陽月亮不斷的運行，所以代表時間的變化。所謂爻就是仿效，陽爻陰爻，就是仿效宇宙萬物變化的主動力與受動力。

接著談到「天地之大德曰生，聖人之大寶曰位。」這是把聖人與天地對照，類似的結構亦出現在《老子》的內容中：「天地不仁，以萬物為芻狗。聖人不仁，以百姓為芻狗。」這說明了儒家與道家思想的來源，可以從《易經》之中找到一些線索。天地的功能在於讓萬物可以不斷的出生，「德」是「功能」，不要理解為道德，天地沒有道德的問題。很多人常常說上天有好生之德，但是萬物有出生，難道沒有結束嗎？若萬物有生無死的話，那大地豈不是塞滿了嗎？如果好生之德是光明的一面，難道萬物必將死亡是上天失德嗎？事實上那只是變化的過程，天地沒有道德的問題。

2

古者包犧氏之王天下也，仰則觀象於天，俯則觀法於地，觀鳥獸之文與地之宜。近取諸身，遠取諸物，於是始作八卦，以通神明之德，以類萬物之情。作結繩而為網罟（ㄍㄨˇ），以佃（ㄊㄧㄢˊ）以漁，蓋取諸離。

古代伏犧氏統治天下時，抬頭就觀看天體的現象，低頭就考察大地的規則，檢視鳥獸的花紋與地理的特性。就近取材於自己的經驗，並且往遠處取材於外物，然後著手制作八卦，用以會通神明的功能，比擬萬物的實況。他編草為繩，並且製成羅網，用來打獵捕魚，這大概是取象於離卦。

這一段開始描寫中國古代歷史的發展，非常的詳細。只要談中國古代歷史，任何人都不容錯過這一段。

包犧氏指的就是伏羲氏。在伏羲氏之前，還有有巢氏、燧人氏，人類的祖先最早是住在樹上，因為地上猛獸太多了，這樣比較安全。後來燧人氏發明火了，人們就住到地上來，用火對付各種野獸。到了伏羲氏，進一步可以馴服野獸，把牠們變成家畜家禽，開啟了漁獵社會階段。伏羲氏之後有神農氏，代表文明進入農業時代。

伏羲氏知道，萬物不是隨意出現，而是在某種力量的安排下出現的，他把這種力量稱為「神明」。伏羲氏了解周圍的環境，尋找生存之道，製作八卦來會通神明的功能，讓一陰一陽的「道」變化發展下去。然後再比擬萬物的實況，他編草為繩，並且製作羅網，用來打獵捕魚，這大概是取象於離卦（䷝，第三十卦）。所以歷史上第一個出現的不是乾卦，不是坤卦，而是離卦，因為「離」代表「羅網」。把兩個基本的離卦重疊在一起時，看起來就像是外實內空的網子，可以用來捕魚、捕鳥，供應日常生活所需。所以「離」字又稱做羅，有如可以捕捉生物的羅網。

離卦之所以是第一個出現的卦，應該也和「火」的出現有關。西方文化發展，通常會由西方神話進行探討，其中有一則是一位名叫普羅米修斯的神明，替人類偷火的故事。普羅米修斯在天神宙斯造人之後，看到沒有火的人間，看起來潮溼泥濘，讓人類難以生存，沒有安全感。

普羅米修斯覺得很不忍心，於是到天界偷火，讓人間有了光明與溫暖，也較適於生存。人類的文明就是從火開始，離卦除了羅網的意思，應該也包括火，代表有了光明。

包犧氏沒，神農氏作。斲（ㄓㄨㄛˊ）木為耜（ㄙˋ），揉木為耒（ㄌㄟˇ），耒耨（ㄋㄡˋ）之利，以教天下，蓋取諸益。日中為市，致天下之民，聚天下之貨，交易而退，各得其所，蓋取諸噬嗑。神農氏沒，黃帝、堯、舜氏作，通其變，使民不倦，神而化之，使民宜之。《易》窮則變，變則通，通則久。是以自天佑之，吉无不利。黃帝、堯、舜，垂衣裳而天下治，蓋取諸乾坤。

伏犧氏死後，神農氏興起。他砍削木頭製成犁，揉彎木條製成犁柄，取得耕地鋤草的便利，再用來教導天下百姓，這大概是取象於益卦。每天正午開設市集，招來天下的民眾，聚集天下的貨物，大家相互交換然後散去，讓人人都得到所需之物，這大概是取象於噬嗑卦。神農氏死後，黃帝、堯、舜相繼興起，會通各種變化，使百姓不會倦怠，以神奇能力化解困難，使百姓適宜生存。《易經》的法則是：窮困就會變化，變化就會通達，通達就會持久。因此，獲得上天的助佑，吉祥而無所不利。黃帝、堯、舜讓衣裳下垂而天下得到治理，這大概是取象於乾卦與坤卦。

這段文字提到風雷益（䷩，第四十二卦）。益卦的卦象為下震上巽，中有互卦艮與互卦坤。下卦震為足，為行動，上卦巽為木；互卦坤是田，互卦艮是手。以非常原始的象來說明便是：手持著木器，腳入地下而行動，就好像在鋤草耕田，所以它「取諸益」。這是最原始的益卦取象，與我們現在所認識的風雷益卦似乎不同。

接著是「日中為市，致天下之民，聚天下之貨，交易而退，各得其所，蓋取諸噬嗑。」「日中為市」的「市」代表市場，為什麼市集要在正午的時候設立？因為陽光照在正中央，沒有陰影，做生意不能有任何陰影，大家都應光明正大。古代人是採取以物易物，每一個人都得到所需之物，這大概取象於噬嗑卦（䷔，第二十一卦）。火雷噬嗑上面是離卦，離代表日，太陽在中間；底下是雷，震為行；中有互卦艮，艮是手，合之則變成在太陽下，行人以手易物。離也是龜，龜是值錢的貨物。此外，「噬嗑」一辭還有「市合」之音，在市場裡大家都合得來，在以物易物的時候彼此相合、滿意，就是「市合」。在《易經》六十四卦中，噬嗑卦很凶險，好像嘴巴咬合，咬斷而合。判斷各種訴訟案件，從腳開始就「屨校滅趾」；最後是「何校滅耳」，還有各種別的刑罰。其實，噬嗑卦的原始取象很單純，就是在市集裡大家都可以合意，然後交換東西各自回家。

《易經》的法則是窮困就會變化，變化就會通達，通達就會持久。窮、變、通、久，因此獲得上天的助佑，吉祥而無所不利。黃帝、堯、舜，讓衣裳下垂而天下得到治理，這大概是取象於乾卦（䷀，第一卦）與坤卦（䷁，第二卦），乾代表衣，坤代表裳，黃帝垂衣裳而天下治。所以此兩卦並不是講天地，而是談衣裳。

以上都是用卦來做為參考，表達生活的過程、發展的軌跡，接著要更進一步推演各種人類生活的實況了。

刳（ㄎㄨ）木為舟，剡（ㄧㄢˇ）木為楫，舟楫之利，以濟不通，致遠以利天下，蓋取諸渙。服牛乘馬，引重致遠，以利天下，蓋取諸隨。重（ㄔㄨㄥˊ）門擊柝（ㄊㄨㄛˋ），以待暴客，蓋取諸豫。斷木為杵，掘地為臼，杵臼之利，萬民以濟，蓋取諸小過。弦木為弧，剡木為矢，弧矢之利，以威天下，蓋取諸睽。

挖鑿樹幹做成船，砍削木頭做成槳，船與槳的便利，可以助人渡過橫阻的河流，前往遠方造福天下的人，這大概是取象於渙卦。馴服牛，乘著馬，可以拉著重物去到遠方，造福天下的人，這大概是取象於隨卦。重重門戶加上打更巡夜，用以防備凶暴的來者，這大概是取象於豫卦。截斷木頭做成杵，挖掘平地做成臼，杵與臼的便利，讓所有的百姓得到幫助，這大概是取象於小過卦。揉彎樹枝做成弓，削尖樹枝做成箭，弓與箭的便利，用以威鎮天下，這大概是取象於睽卦。

這段取五種卦來做為生活上的參考。首先是渙卦。渙就是風水渙（䷺，第五十九卦），上面是風，也代表木；底下是水，木在水上，不就是船的樣子嗎？何況中間還有互卦震，震代表行動，船在水上面，又可以行動，很明顯的，把船造好之後，遠方就可以相通了。中國古代有很多湖泊、河流，很需要船的便利，水運的載貨量大，可以節省很多人力。

其次是隨卦。隨卦是上澤下雷（䷐，第十七卦），震卦一再出現，說明行動的重要，要靠行動，才能改變生存的條件。隨卦由否卦變來，否卦下坤上乾（䷋，第十二卦），乾為馬，坤為牛，天地否一變為隨之後，乾坤都不見了，也就是馬牛都不見了，其實不是不見，是用來行走。震為行動，澤是喜悅，馬和牛不見了，變成行動而喜悅，皆被人用來行走，並因而使人喜悅。把牠們馴服之後變成家畜，可以替人拉車、耕田，運送貨物，人自然感到喜悅。

第三個是豫卦。雷地豫（䷏，第十六卦），打雷就好像敲著木盤提醒人，下卦為坤，代表把門關起來。中有互卦坎，坎是強盜，合併為重門擊柝，以待暴客。古時候的人生活比較原始單純，最怕亡命之徒打家劫舍，這時候就靠著關閉門戶與打更示警來防範強盜。仔細看此卦，果真能體會如此直接又具體的取象。

第四個是小過卦。雷山小過（䷽，第六十二卦），山是不動的，雷是動的，上面在動，底下不動，如同舂米一般。最後是睽卦。火澤睽（䷥，第三十八卦），火和澤背道而馳，需要威鎮，離是戈兵，卦裡面有互卦坎，只要有離和坎就代表要打仗了，因為有戈兵，又有弓輪。弓跟箭可以威鎮天下，在古代的兵器之中，弓箭是很重要的，因為弓箭可以遠距離制服敵人，若要靠近距離的搏殺來制敵取勝，那太辛苦了。

〈繫辭・下傳〉的第二段，連續用了十三個卦，提到五位聖人。這十三個卦包括接下來提及的三卦，就把天下安定了，使古代社會慢慢形成。當易經六十四卦全部用完，人的社會必然是非常完善了。

上古穴居而野處，後世聖人易之以宮室，上棟下宇，以待風雨，蓋取諸大壯。古之葬者，厚衣之以薪，葬之中野，不封不樹，喪期无數。後世聖人易之以棺槨，蓋取諸大過。上古結繩而治，後世聖人易之以書契，百官以治，萬民以察，蓋取諸夬。

上古時代，人們住在洞穴與野外，後代的聖人改變為建造宮室，上有棟樑下有屋宇，用來防禦風雨，這大概是取象於大壯卦。古代埋葬死人，用許多層柴草把人裹起來，埋在荒野中，不堆成墳墓，也不設立標誌，服喪也沒有固定的期限。後代的聖人改變為用棺槨殮葬，這大概是取象於大過卦。上古時代，用結繩記事的方法來治理，後代的聖人改變為使用文字記事，官員得以治理，百姓得以監察，這大概是取象於夬卦。

這段文字提到三個卦。首先是大壯卦。雷天大壯（䷡，第三十四卦）的上面兩個陰爻就像是兩片彎彎的屋頂一樣，在這屋頂之下，可以住人。

其次是大過卦。澤風大過（䷛，第二十八卦），就好像是有人位於上下二木之間，兌在上面是反巽，為反蓋過來的木，中間兩個互卦乾，代表中間是人，上下都是木頭，把這個人裹起來，埋在地底下。

第三個是夬卦。澤天夬（䷪，第四十三卦），下卦為乾，代表金；上卦是澤，代表口。用金屬刻下言語，合起來就變成是用文字記事，意即發明了可以書寫的書契。人類的文明發展是先有語言，口說傳承一段時間之後，才產生了紀錄。紀錄下來之後才能監察任官職者的優劣，沒有過往可靠的紀錄，對於現任的官員來說就沒有壓力，歷史經驗也將難以傳承。

這裡所謂的結繩，並不是很複雜的東西，我們可以想像自己生活在原始的時代，要怎麼和別人傳遞消息？例如發現有個地方有很多水果，另外一個地方有很多猛獸，就用結繩記事當做記號來表達。在這傳遞之間，當然有些是約定俗成的信號。也許是以手肘做為長度單位，在這一段長度之內，如果沒有打結，就是一個陽爻；中間打了個結，就是陰爻；這就是結繩記事。將六段合起來就是一個卦，這個卦告訴別人安全與否，有沒有近利市三倍。在沒有文字的時代，就是靠結繩把事情紀錄起來，傳承下去了。

3

是故《易》者，象也。象也者，像也。彖者，材也。爻也者，效天下之動者也。是故吉凶生而悔吝著也。

因此之故，《易經》所展示就是卦象。所謂卦象，就是要模擬外在的現象。彖辭是要裁斷一卦的意義。爻辭是效法天下的變動。所以，吉凶由此產生，而悔吝也顯現出來。

「彖者，材也。」中「彖」字，在古代讀音為斷，代表「材」，也就是裁斷。「爻也者，效天下之動者也。」之中的「爻」，我們已一再強調，就是效的意思。這句話是說：爻是要效法天下的變動。

4

陽卦多陰，陰卦多陽，其故何也？陽卦奇，陰卦偶。其德行何也？陽一君而二民，君子

之道也。陰二君而一民，小人之道也。

陽卦中多陰爻，陰卦中多陽爻，這是什麼緣故？這是因為陽卦要求奇數，陰卦要求偶數。它們的功能與表現是什麼？陽卦一個陽爻為君，兩個陰爻為民，這樣合乎君子的作風。陰卦兩個陽爻為君，一個陰爻為民，這樣屬於小人的作風。

陽卦中多陰爻，陰卦中多陽爻，多的不值錢，物以稀為貴。所以除了乾坤兩個全陽、全陰的卦之外，震卦、艮卦、坎卦都是一個陽爻兩個陰爻，稱為陽卦；巽卦、離卦、兌卦則是多陽，是陰性卦。

陽卦要求奇數，陰卦要求偶數。陽卦與陰卦的奇偶算法是：不斷裂的陽爻算一，斷裂成二半的陰爻算二。例如震卦一陽二陰是五，乾卦為三，都是奇數；坤是六，巽、離、兌都是四，均為偶數。所以說，陽性為主的卦都是奇數，陰性為主的卦就是偶數。但這些卦的功能與表現如何？德代表功能，行代表表現；人必須修德行善，卦不可能修德行善。陽卦一個陽爻為君，兩個陰爻為民，合乎君子的作風；陰卦呢？兩個陽爻為君，一個陰爻為民，屬於小人的作風。所謂君子作風，是說陽爻為主，這是正常情況；陰爻是受動力，若以陰爻為主，要倚賴何人來主導呢？變成很多事情都無法找到發動的力量。沒有一個人始終是陽爻，一個人在家中是父親，這時是陽爻；他的工作是老師，到了學校，到了學校遇見校長，他變成陰爻，校長變成陽爻了。如此一直向上推演，最後是一個國家的最高領袖，不過這位領袖也許回到家，見到妻子就變為陰爻了。這就是相對的觀點，在一個組合裡面，誰是發動者誰就是陽。不可能有一個人，走遍全天下一直都是扮演著發動者的角色，一定有某些環節需要別人發動，自己前去配合。

接下來，從第五大段開始，連續引用了九個卦的十句爻辭來加以說明。〈繫辭・上傳〉針對七個卦加以發揮，〈下傳〉則提出九個卦的十個爻，加總起來，共提及了十六個卦。中間另提到的十三個卦，是在說明古代製作各種器物的過程，加總起來，所使用到的，也不過二十九個卦左右。〈繫辭傳〉是儒家自孔子以後，學生們研究《易經》的一些心得，並沒有把三百八十四爻全部介紹出來。我們在閱讀〈繫辭傳〉時，只能將之視為一種練習，從中習得不同的觀點。譬如從伏羲氏、離卦開始，經過乾坤，一直到噬嗑卦，讓我們知道早期人類是如何參考卦象，以回應生活需求，讓文明越來越進步的。這些先民的生活狀況，相當值得我們研究。雖然所處的時代不同，不過就算科技再怎麼進步，人的需求、人際互動的關係還是有類似之處的。

5

《易》曰：「憧憧往來，朋從爾思。」子曰：「天下何思何慮？天下同歸而殊途，一致而百慮。天下何思何慮？日往則月來，月往則日來，日月相推而明生焉。寒往則暑來，暑往則寒來，寒暑相推而歲成焉。往者屈也，來者信也，屈信相感而利生焉。尺蠖（ㄏㄨㄛˋ）之屈，以求信也。龍蛇之蟄（ㄓˊ），以存身也。精義入神，以致用也。利用

安身，以崇德也。過此以往，未之或知也；窮神知化，德之盛也。」

《易經》說：「忙著來來往往，朋友跟從你的想法。」孔子說：「天下萬物思索什麼又考慮什麼？天下萬物有共同的歸宿卻經由不同的途徑，有同樣的目標卻出自千百種考慮。天下萬物思索什麼又考慮什麼？日往則月來，月往則日來，日月互相推移而光明自然產生。寒往則暑來，暑往則寒來，寒暑互相推移而一年自然形成。前往的要屈縮，來到的要伸展，屈縮與伸展互相感應就會出現有利的情況。尺蠖這種小蟲屈縮起來，是為了向前伸展；龍與蛇蟄伏起來，是為了保存自身。探究精微義理到神妙的地步，是為了應用在生活上；藉由各種途徑安頓自己，是為了提升道德。超過這些再向前推求，就沒有辦法清楚知道了；能夠窮盡神妙的道理並懂得變化的法則，已經代表道德盛美了。」

本段文字首先提到的是咸卦（䷞，第三十一卦）九四的爻辭。澤山咸，很有感應的意思。孔子的意思是：只要心意真誠，則天下君子皆會前來呼應，不必忙著交際應酬。《莊子》之中一再出現「何思何慮」這樣的問題，是認為只有人才會構成問題的開始，也才能謀求問題的解決，除了人之外，其他萬物其實沒什麼煩惱。

「精義入神，以致用也。」想去外面發展事業，要先做自我修鍊的工夫，如果不能探究精微義理到神妙的地步，如何應用在生活上？即使能應用在生活，若不能真正理解，也只是模仿別人的做法。所以說，從外部模仿，和從內在理解，兩者之間的差別是相當大的。當我們從內在理解來做事情時，便具有相當高的主動性。主動性一旦出現，便不需他人的提醒或規範，才是成熟的人格表現。所以孔子說的「精義入神，以致用也」，講的是內在要有覺悟，外在才能應用，否則將難以持久，而且也難以得到快樂。

「利用安身，以崇德也。」這句話提到「利用」一辭，可以聯想到《尚書・大禹謨》的「正德、利用、厚生」。其中的「厚生」是針對「身」；「利用」是針對「心」；「正德」是針對「靈」。從哲學的角度來看，可以發現所有的一切都來自人的生命結構，即「身、心、靈」。這樣的生命結構可以解釋文化的內涵，「身」與器物有關；「靈」代表理念的層次；「心」則和制度有關，因為人的心智或理智提升到某種程度時，便會有自我意識；有了自我意識以後，就可能損人利己，所以需要制度來穩定秩序。以「正德、利用、厚生」來理解「身、心、靈」，我們可以解釋為：讓人的生命可以擁有較多資源，是「厚生」；讓社會變得很有效率，有好的制度可以運作，是「利用」；「正德」則是理念的部分，屬於「靈」。所以《尚書》之中之所以提到「正德、利用、厚生」，就是在提醒政府對待百姓時，要設法注意這三方面的問題。

《易》曰：「困於石，據於蒺藜，入於其宮，不見其妻，凶。」子曰：「非所困而困焉，名必辱。非所據而據焉，身必危。既辱且危，死期將至，妻其可得見耶？」

《易經》上說：「困處於石塊中，倚靠在蒺藜上。進入宮室，沒見到妻子，有凶禍。」孔子說：「不該受困的地方卻受了困，名聲一定會受到羞辱。不該倚靠的地方卻去倚靠，身體一定會陷入危險。既遭羞辱又處險境，死期即將來到，怎麼可能見到妻子？」

此段文字所提及的是困卦（䷮，第四十七卦）六三的爻辭。澤水困，水到底下，澤裡面空了，受困了。孔子在此處只是簡單地提醒我們反省：這是該受困的地方嗎？為什麼讓自己陷入眼前這種情況？這裡所謂的受困，並不是加諸在身體方面實質的受困，而是像地震來臨，身體被掩埋在土石裡的受困，這一類受困是任何人都避不開的。我們要處理的，是類似與人相處問題的受困。對於這一類的受困，可以在平常行事表現得寬厚些，並在與人有嚴重衝突時即時化解，而不是等困難發生才設法化解。孟子曾對孔子和學生們困於陳蔡的故事加以評論，他認為，這是因為孔子和學生們與陳國蔡國的國君及大臣都沒有交往，未曾建立必要的人際關係，所以才會被困得七天沒有開火燒飯。所以，我們要領悟到累積人脈的重要，平日多多與人為善。當然也要酌量情形，不需要終日只是為了與人建立關係而汲汲營營。

《易》曰：「公用射隼於高墉之上，獲之无不利。」子曰：「隼者，禽也，弓矢者，器也，射之者，人也。君子藏器於身，待時而動，何不利之有？動而不括，是以出而有獲，語成器而動者也。」

《易經》上說：「王公去射高牆上的鷂鷹，擒獲牠就無所不利。」孔子說：「鷂鷹是飛鳥，弓箭是武器，要去射的是人。君子身上帶著武器，到了時候就要行動，會有什麼不利呢？行動時運用自如，因此一出手就有收穫，這是在強調練好了武器再去行動。」

這段話是運用解卦（䷧，第四十卦）上六的爻辭加以發揮。重點在最後這一句：「動而不括，是以出而有獲，語成器而動者也。」我們應該時時自問：平日是否練好了基本功？功夫沒有練好，雖有舞台，有用嗎？所以說，君子是隨身帶著武器，時候到了就會採取行動。我們現在所進行的學習，雖然不見得立刻能派上用場，但可以確定的是，一個不學習的人，在需要發揮所長時，絕對是手足無措的。

子曰：「小人不恥不仁，不畏不義，不見利不勸，不威不懲。小懲而大誡，此小人之福也。《易》曰：『屨校滅趾，无咎。』此之謂也。」

「善不積不足以成名；惡不積不足以滅身。小人以小善為无益而弗為也，以小惡為无傷而弗去也，故惡積而不可掩，罪大而不可解。《易》曰：『何校滅耳，凶。』」

孔子說：「小人不知羞恥就不會行仁，無所畏懼就不會行義，不見到利益就不會振作，不受到威脅就不知懲戒。受到小的懲戒而避開大的過錯，這是小人的福氣啊！《易經》上說：『帶上腳枷，遮住腳趾，沒有災難。』說的就是這個意思。」

「善行不累積，不足以成就名聲；惡行不累積，不足以害死自己。小人以為小善沒有益處而不去做，以為小惡沒有害處而不排斥，所以惡行累積到無法遮掩的地步，罪過也大到無法開脫的程度。《易經》上說：『肩扛著枷，遮住耳朵，凶禍。』」

這兩段文字都是出自於噬嗑卦（☲☳，第二十一卦）。第二段或許讓大家感到熟悉，三國時代劉備所說：「勿以惡小而為之，勿以善小而不為。」就是源於此處，這句話並非他自己的發明。

這裡所引用的是噬嗑卦之中最不好的兩爻，初九和上九。其中，孔子對初九提到了「小懲而大誡，此小人之福也。」「福」是《易經》較少提到的觀念。對年輕人來說，犯錯之後，受到懲戒是件好事，因為他後面還有很長的路要走。如果年輕人犯了錯，父母替他化解，老師也原諒他，未必是好事。因為他可能以為犯錯是無所謂的事，將來就算出了問題，也會有人幫忙，那麼這位年輕人的一生恐怕就這麼毀掉了。

到了上九，就不一樣了。有哪一種大奸大惡，不是從小慢慢養成的？如果在過程中沒有停下來悔悟，到了上九，也就是最高階段之時，就沒希望回頭了。孔子說：「後生可畏，焉知來者之不如今也？」年輕人值得敬畏，怎麼知道將來的人不會比現在的人更好，會比不上我們呢？這是對年輕人很大的尊重，因為他看到每一個年輕人都充滿了希望。

但是孔子也說：「四十、五十而無聞焉，斯亦不足畏也已。」到了四、五十歲還沒有什麼好的名聲，那就沒什麼好敬畏的了。這句話還有另一種解釋法，認為其中的「聞」是指「聞道」，到了四、五十歲還沒有了解人生的道理，那就沒有希望，也沒什麼好敬畏的了。有些人覺悟得早，有些人比較晚，但切莫超過五十歲。年過五十已慢慢走向衰老，若無甚長進，這一生多半是不足觀了。所以我們都應盡快了解人生的正路，以便及早改惡向善。

子曰：「危者，安其位者也；亡者，保其存者也；亂者，有其治者也。是故君子安而不忘危，存而不忘亡，治而不忘亂；是以身安而國家可保也。《易》曰：『其亡其亡，繫於苞桑。』」

孔子說：「危險的，是那安居其位的人；滅亡的，是那保住生存的人；動亂的，是那擁有治績的人。因此之故，君子在安居時不忘記危險，在保存時不忘記滅亡，在太平時不忘記動亂，如此才能使自身平安，並且保住國家。《易經》上說：『想到要滅亡了，要滅亡了，這樣才會繫在大桑樹上。』」

這是取材自否卦（䷋，第十二卦）九五的爻辭。一正一反，一治一亂，亂起自何時？必然是在治的時候，亂就開始萌芽，只是沒有注意到，所以天下最危險的事就是太平，一旦太平，背後就有問題，誰能夠長期保持太平呢？所以《易經》才會說：「其亡其亡，繫於苞桑。」大桑樹可以穩定，不至於隨著風、隨著雨、隨著河水而漂流。人若有這樣的覺悟就沒有問題，要經常想著《易經》乾卦的九三：「君子終日乾乾，夕惕若，厲，无咎。」把這句話記好，終身都不會有困難。「乾乾」是戒惕謹慎的意思，提醒我們要不斷努力進修，白天如此，晚上也不能夠大意。

子曰：「德薄而位尊，知小而謀大，力小而任重，鮮不及矣。《易》曰：『鼎折足，覆公餗，其行渥，凶。』言不勝其任也。」

孔子說：「道德淺薄而地位崇高，智慧不足而謀畫大事，力量微弱而擔當重任，很少有不拖累到自己的。《易經》上說：「鼎足折斷，打翻了王公的粥，自己身上也沾污了，有凶禍。」

這幾句話說得真好。為什麼會有人讓自己陷入這種處境呢？這個人應該自問：我的道德容許我去做這麼崇高地位的事嗎？如果不夠，就不應勉強而為，以免事後受人糾舉，才尷尬下台。同樣的，對於自己的智慧和力量也應該有自知之明。老子也說：「知人者智，自知者明。」在這句話中，老子強調的不是智巧，而是強調覺悟。

子曰：「知幾其神乎！君子上交不諂，下交不瀆，其知幾乎？幾者，動之微，吉之先見者也。君子見幾而作，不俟終日。易曰：『介於石，不終日，貞吉。』介如石焉，寧用終日？斷可識矣。君子知微知彰，知柔知剛，萬夫之望。」

孔子說：「知道事情的幾微，可以算是神奇吧！君子與上位者交往不諂媚，與下位者交往不輕慢，可以算是知道幾微吧？幾微，是變動的微妙徵兆，是吉祥的預先顯示。君子見到幾微就起來努力，不用等一整天。《易經》上說：『耿介如堅石，不用一整天，正固吉祥。』耿介有如堅石，怎麼會等待一整天？一定會有他獨到的見識。君子察知幾微也察知彰明，懂得柔順也懂得剛強，所以成為百姓的盼望。」

這一段取自豫卦（䷏，第十六卦）六二的爻辭，而且發揮得相當透徹，前後都加上了心得。比較容易了解的是「下交不瀆」這一句，今日的下位者，到了未來，有可能變成頂頭上司，這是常見的例子。所以，我們對於下位者不應輕慢，要對他們抱持尊重的態度，或許他們將來有所發展，會感念昔日的老主管，以前在擔任他長官時，並沒有對他輕視怠慢。與上位者交往，不要諂媚，盡忠職守；對下不慢待，尊重每一個人，依法行政，這樣才能夠算做知道幾微。幾微代表見微知著，看到一點點的現象，就知道真正的情況如何，也就是我們常說的「一葉落而知秋」。「萬夫之望」充分表達出《易經》對領導人物的提醒，不要讓百姓失望。

子曰：「顏氏之子，其殆庶幾乎？有不善未嘗不知，知之未嘗復行也。《易》曰：『不遠復，无祇悔，元吉。』」

孔子說：「顏回的修養大概差不多了吧？有錯誤很快就能察覺，察覺之後就不再犯了。《易經》說：『走得不遠就返回，沒有到懊悔的程度，最為吉祥。』」

本段文字是取材自復卦（䷗，第二十四卦）初九的爻辭。由「顏氏之子」一詞我們可以知道，這句話應該是出自孔子之口，如果不是孔子，誰能直接呼喚顏回為「顏家的這個年輕人」？在《論語》之中，孔子用「不遷怒，不貳過」六個字來描述顏回的好學，說他「知之未嘗復行」，也就是一旦發現自己有什麼錯誤，就不再重犯。這項美德相當難能可貴，相信每個人都能體認到達成之困難。

天地絪（一ㄣ）縕（ㄩㄣ），萬物化醇。男女構精，萬物化生。《易》曰：「『三人行則損一人，一人行則得其友。』言致一也。」

天地的陰陽二氣親密流通，萬物得以變化而豐富。雄性與雌性精血交合，萬物得以變化而產生。《易經》說：「三人一起行走就會減去一人，一人行走就會得到友伴。」說的就是陰陽要合而為一。

這段取材於損卦（䷨，第四十一卦）六三的爻辭，從爻辭而引申出天地陰陽二氣的配合，和原文的意思有較遠的距離，但也都是《易經》的一種啟發。

子曰：「君子安其身而後動，易其心而後語，定其交而後求。君子修此三者，故全也。危以動，則民不與也；懼以語，則民不應也；无交而求，則民不與也；莫之與，則傷之者至矣。《易》曰：『莫益之，或擊之，立心勿恆，凶。』」

孔子說：「君子要安頓好自己才行動，心情平靜了才說話，建立了交情才求人。君子修養這三方面，所以能夠萬無一失。如果自身危險而行動，百姓不會來參與；心情恐懼而說話，百姓不會有回應；沒有交情而求人，百姓不會來幫助；沒有人支持他，那麼傷害他的人就會來到了。《易經》上說：『沒有人來增益他，卻有人來打擊他，所立定的心思無法長期守住，有凶禍。』」

這是益卦（䷩，第四十二卦）上九的爻辭。此處提到了君子的修養，其實，要做到這三點並不困難。第一，安頓好自己才行動：在行動上不要著急，沒有把握不要出手；第二，心情平靜才開口說話：心情激動時所說的話，有時候是氣話，但話一出口，往往很難補救；第三，建立了交情才求人：人都會有困難的時候，當有所請求的對象是有交情的人，對方會樂意答應；如果與所請求的對象沒有交情，就算是費盡力氣懇求，對方還是會對你的要求打個折扣，到頭來還幫不上真的忙。

人活在世界上，除非是遺世獨立，完全不與人來往，若是與人來往，必然會有一些共同的事情要做。我們的緣分來自於事情，因為有事要做，所以才會與人結緣。沒有適當的準備，就難以獲得別人的幫助。人生的處境本來就是順逆相迭，順就是得到很多人幫助，相反的，沒有人幫助，做起事來就覺得困難重重。益卦上九爻辭所說的：「莫益之，或擊之，立心勿恆，凶。」就是這個意思。

6

子曰：「乾坤，其《易》之門邪？」乾，陽物也；坤，陰物也。陰陽合德，而剛柔有

體。以體天地之撰，以通神明之德。其稱名也，雜而不越。於稽其類，其衰世之意邪？

孔子說：「乾卦與坤卦，是進入《易經》的門徑吧？」乾卦代表陽性的東西；坤卦代表陰性的東西。陰性與陽性要互相配合功能，然後剛強與柔順才會有各自的體質。由此可以體現天地的化育，可以貫通神明的功能。《易經》所稱各卦的名目，雜亂而不會過當。考察其中的各類情況，大概有描寫衰世的意思吧？

在《易經》中，有的卦是剛強居多數，有的卦是陰柔居多數，各自的性質不同，由此可以體驗天地的化育，可以貫通神明的功能。六十四卦每一卦都不同，配合起來才能造成這樣的效果。《易經》用於稱呼各卦的名目雜亂而不會過當，此之謂「雜而不越」。考察其中的各類情況，大概是對人世間的狀況有深刻的憂慮，所以會說它有描寫衰世的意思吧！這是第一次在《易經》出現「衰世」一詞，後面會一再出現類似的說法。

夫《易》，彰往而察來，而微顯闡幽。開而當名辨物，正言斷辭則備矣。其稱名也小，其取類也大。其旨遠，其辭文，其言曲而中，其事肆而隱。因貳以濟民行，以明失得之報。

《易經》明白過去並且察知未來，進而探究現象的細微變化，闡發幽隱的內情。解釋時，以恰當的名稱分辨事物，用準確的言詞來下斷語，做到完備的程度。它所使用的名稱雖然有限，但是取材的類別卻很廣大。它的特色是：旨意深遠，語詞文雅，所說的話委婉而中肯，所說的事直率而含蓄。用這些來輔佐卦象，因而有助於百姓的行動，顯示喪失與獲得這兩種報應。

明白過去、探究現象變化、闡發內情，這些都是要靠占卦才能夠說得通。

7

《易》之興也，其於中古乎？作《易》者，其有憂患乎？是故「履，德之基也。謙，德之柄也。復，德之本也。恆，德之固也。損，德之修也。益，德之裕也。困，德之辨也。井，德之地也。巽，德之制也。」

《易經》的興起，大概是在中古時代吧？創作《易經》的人，大概是有憂患吧？因此之故，「履卦談德行的基礎；謙卦談德行的要領；復卦談德行的本質；恆卦談德行的穩固；損卦談德行的修鍊；益卦談德行的充裕；困卦談德行的辨別；井卦談德行的處境；巽卦談德行的制宜。」

〈繫辭．下傳〉的第七大段非常複雜，直接談到了與德有關的九個卦，也就是從九個層面，提醒人們修養德行。我們介紹過有關智慧方面的占卦方式，不能忽略《易經》對於德行修養的重視。

首先是「《易》之興也，其於中古乎？作《易》者，其有憂患乎？」在談《易經》的憂患意識時，都會特別引用這番話。天地有其自然運作的規則，例如自然界的生態、食物鏈等等，都是在這個規則之下運作；但是在人類的世界，情況就不一樣了。人一定要培養德行，不能像生物圈一樣，以弱肉強食、優勝劣敗的方式運作，一個人活在世界上的價值與尊嚴，來自於能夠修養德行，能夠扶助弱勢。

接著，就開始說明有關德行修養的九個卦。第一個履卦（䷉，第十卦），是德行的基礎。天澤履包含了一個陰爻和五個陽爻，對應到人生的路走起來很辛苦，但是只要記得禮儀、禮節、禮貌就沒有問題。人活在世界上要有德行，因為禮儀的內在實質是一個人的德行。

第二個謙卦（䷎，第十五卦），是德行的要領。只要能夠謙虛，經常調整自我意識，不驕傲不狂妄，就能把握德行的要領。

第三個復卦（䷗，第二十四卦）是德行的本質。復卦是天地之心，就是天地的用意，一陽復起，陽爻從初九又開始出現，代表德行的本質要從自身慢慢修養，從最基礎開始做起。

第四個恆卦（䷟，第三十二卦），談德行的穩固。有恆，才能夠讓德行真的穩固下來，我們在學習的時候，常談到有恆是久而久之養成的習慣。有句話說得好：「習慣是人的第二天性。」要想擁有好的德行，沒有任何祕訣，就是長期努力修養，過程中所經歷的各種考驗挑戰，都是再平常不過的事。

第五個損卦（䷨，第四十一卦），談的是德行的修鍊，也就是損己利人。

第六個益卦（䷩，第四十二卦），談德行的充裕。益是損上益下，當處在高位、行有餘力時，就可以幫助底下的人。

第七個困卦（䷮，第四十七卦），談德行的辨別。當一個人處於困難之時，才能分辨德行的真假。孔子說：「君子固窮，小人窮斯濫矣。」不是在困難中，怎能檢驗結果呢？所以當我們占到一些看起來不太好的卦，要設法讓自己的心情盡量不要受到干擾，但提醒自己小心謹慎。

第八個井卦（䷯，第四十八卦），談德行的處境。一口水井要從底下慢慢修砌好，完成了之後，大家一起分享。

第九個巽卦（䷸，第五十七卦），談德行的制宜。巽代表風，風本身是空氣，無所不入，到任何地方都能夠隨順。意指德行不能夠僵固，不應一味堅持立場，要因時因地而制宜。德行的發揮，誠心最重要，只要心意是善的，方法可以隨機應變。

這九個卦的特別之處在於，其順序是按照六十四卦的前後排列，並沒有為了某種結構而將先後順序加以調整。以上所談的是各卦與德行的關係，接著要談的是每一卦的特性。

「履，和而至。謙，尊而光。復，小而辨於物。恆，雜而不厭。損，先難而後易。益，長裕而不設。困，窮而通。井，居其所而遷。巽，稱而隱。」

「履卦和諧而有成。謙卦尊貴而光耀。復卦幾微而可分辨事物。恆卦紛雜而不厭倦。損卦開始困難而以後就容易了。益卦增長充裕而不造作。困卦是窮困中求其通達。井卦是處在自己位置上再分施利益。巽卦是配合時勢而潛入人心。」

履卦的「履」字，就是禮儀的「禮」。謙卦指的是一個謙虛的人，不但無損其尊貴，反而讓別人更肯定他。復卦是幾微而可分辨事物，其中的「幾微」代表陽氣從底下出現，要隨時留意改變的契機。恆卦所說的「雜而不厭」，可以引申為要想保持恆心，應在生活方面做好規律的協調。例如說，在一天之內只是埋頭拚命唸書，其他事情通通擱到一邊，這樣的生活型態，恐怕到了第二天、第三天就難以為繼了。所以「雜而不厭」是在提醒自己，要把生活調節得多采多姿。

損卦的意思是人總是會有自我中心的思想，損己利人並不容易，一開始必然會覺得為什麼老是自己吃虧，放下我執以後就容易多了。益卦講的是充實自我之後，幫助別人就會變得很容易。困卦是「困而亨」，在窮困之中仍要正面思考，努力奮鬥反而有路可以走。井卦是處在自己位置上再分施利益，最終是要幫助別人。巽卦是配合時勢而潛入人心，讓別人感覺到像風一樣，我們常說春風化雨，就是類似的觀念。

「履以和行，謙以制禮，復以自知，恆以一德，損以遠害，益以興利，困以寡怨，井以辨義，巽以行權。」

「履卦用來和諧行動，謙卦用來制定禮儀，復卦用來自我反省，恆卦用來專一德行，損卦用來遠離禍害，益卦用來興辦福利，困卦用來減少怨恨，井卦用來分辨道義，巽卦用來權宜行事。」

這一段文字談的是這九個卦的具體效應。第一，履卦之所以用來和諧行動，是因為人的社會一定要有禮儀才能和諧，履是行走，表示人的言行都要合乎禮的規範；第二，謙卦用來制定禮儀，就是說禮的精神在於謙讓，不能表面上行禮如儀，而內心有驕傲之念；第三，復卦用來自我反省，說的是要回到自身，省視自己的對錯，以此得到自知之明；第四，恆卦用來專一德行，因為「恆」指的就是「恆心」，沒有恆心，又怎能成就德行？第五，損卦用來遠離禍害，只要做到損己利人就不會造成禍害；第六，益卦用來興辦福利，是以上益下，設法為眾人謀利；第七，困卦用來減少怨恨，若處在困難中而能夠堅持原則，便不會招致別人的怨恨。在人生中偶爾受點苦是合理而適宜的，若是一路順利、沒有遭遇過困難，別人是不願意去肯定他的；第八，井卦用來分辨道義，在有利可圖時要設法與人分享；第九，巽卦用來權宜行事，做任何事都要記得像風一樣，以柔軟的姿態，保持彈性，顯示智慧。

以上是從德行方面所選出的九個卦，提醒我們培養德行有方法，可以從外在的禮儀、和別人互動的心態、對自我的要求、身處困境……等各種情況著手。

8

《易》之為書也不可遠。為道也屢遷，變動不居，周流六虛，上下無常，剛柔相易，不可為典要，唯變所適。其出入以度，外內使知懼，又明於憂患與故，无有師保，如臨父母。初率其辭而揆其方，既有典常。苟非其人，道不虛行。

不可以將《易經》這部書看成遙遠無關。它所揭示的法則常在遷移，演變活動而不會靜止，在六個爻位上循環流轉，往上往下沒有常規，剛爻柔爻互相交換，不可當成固定模式，總是隨著變化去發展。它的來去按照節度，在外在內都足以讓人知所戒懼。還會讓人明白憂患及其緣故。即使沒有老師與保護者，也會好像面臨父母在指導一樣。起初要依循它的言辭，再去推度它的方法，就會找到固定規則。如果不是這樣的人，《易經》的法則也不會徒然運行。

這段話的最後八個字是關鍵，「苟非其人，道不虛行。」無論所說的道理有多麼完善，最終還是要看人如何遵行與運用，只要善念與誠意存乎內心，做任何事都能自然而然的合乎《易經》的要求了。

我們無須將《易經》視為遙不可及。學習《易經》之前，我們看到每個卦，都覺得高深莫測，好像遙不可及。這時，只要稍微懂得算命的人，就會把我們唬住，覺得這個人很神祕、很特別。當我們了解了《易經》原文，就會發現很多人只是略懂皮毛，然後利用人類的恐懼心理，虛張聲勢而已。

「為道也屢遷。變動不居，周流六虛，上下無常，剛柔相易，不可為典要，唯變所適。」所說的是《易經》的變化。以占卦為例來解釋的話，我們可以說：當看到內卦沒變、外卦有變，就要撐三個月，撐到它變，有時候不見得要等三個月，端看主爻所在的位置。外卦在上面，上面只有三爻，也就是在「四」的位置時，多半需要三個月，在「五」則是兩個月，在「六」的話，可能下個月就會變了，所以不用太擔心。

《易經》講的就是變化，今天占卦得到結果後，並不會永遠定案。「外內使知懼」所指的「在外」和「在內」，就是指「外卦」、「內卦」，也就是「對外面來說」和「對自己來說」。這一段告訴我們不必太執著於占卦的結果，要懂得變通，要懂得適時改變自己的觀點。例如說，我們原本把事情想得很樂觀，但是占卦出來的結果並沒有想像中的樂觀，於是想法就會隨之改變，趨向謹慎保守。如此一來，說不定原本可能會發生的問題，會因為行事謹慎，因而自動化解了。所以說，改變自己的觀念態度，往往是一件事情的成敗關鍵。

9

《易》之為書也，原始要終，以為質也。六爻相雜，唯其時物也。其初難知，其上易知，本末也。初辭擬之，卒成之終。若夫雜物撰德，辨是與非，則非其中爻不備。噫！亦要存亡吉凶，則居可知矣。知者觀其彖辭，則思過半矣。

《易經》這部書，推究初始，歸納終局，以此做為它的實質。六爻相互錯雜，全都根據應時的事物。它的初爻很難理解，上爻就容易明白了，這就如同事情的開始與結束。初爻的爻辭擬議後續的發展，上爻則完成而有了結果。至於錯綜爻畫以確定卦的功能，辨別是與非，那就不靠中間四爻不能完備了。啊！要了解存亡與吉凶，看爻處於什麼位置就知道了。明智的人仔細考察彖辭，就會想到一半以上的情況了。

《易經》這部書設法把人生的變化說清楚，這段話說明如何理解六爻。每六爻合成一個卦，一個卦就是一個生命狀態，有開始也有結束，相互錯雜，全都是根據應時的事物。應時的事物就是指現在想到的事，或是卦爻辭裡面的寫法，有些爻辭寫的是當時的事，例如戰爭、文王、箕子，都是當時的事情。

六爻之中的初爻很難理解，上爻就容易明白。因為初爻剛開始，上面還有很多可能性，最後一個爻就沒有太多可能，因為底下都定了。這如同事情的開始與結束，為什麼在一開始時要小心呢？因為後面的變化很大，若開始時不小心，走偏了路途，到最後一步想變已經沒機會，只能夠接受這樣的結果。

「初辭擬之，卒成之終。若夫雜物撰德，辨是與非，則非其中爻不備。」位於六爻中間的二、三、四、五爻往往是了解存亡與吉凶的關鍵，因為初爻剛開始進入這個卦，上爻則準備離開了。所以說，要了解存亡與吉凶，看爻處於什麼位置就知道了，明智的人仔細考察彖辭，就會想到一半以上的情況了。在古代，一個卦常有彖辭或卦辭是吉，而各爻未必是吉的情況；反之亦然。所以說「思過半矣」，所指的是看它的卦辭與爻辭，就可以知道大概要往哪裡發展，也就可以想到一半以上的情況了。

接下來，開始針對每一個爻的特色進行解說。

二與四同功而異位，其善不同。二多譽，四多懼，近也。柔之為道，不利遠者。其要无

咎，其用柔中也。三與五同功而異位，三多凶，五多功，貴賤之等也。其柔危，其剛勝也。

二爻與四爻功用相同而位置有別，好壞就有差異了。二爻美譽較多，四爻戒懼較多，這是因為遠近不同。柔爻的法則，是不適於離剛爻太遠。如果要能沒有災難，就用柔爻居中位。三爻與五爻功用相同而位置有別，三爻凶禍較多，五爻功勞較多，這是因為貴賤等級不同。在這兩個位置上，柔爻有危險，剛爻則可以勝任。

為什麼二爻和四爻的功用相同呢？是因為都居於柔位。二爻美譽較多，四爻戒懼較多，這是因為遠近不同。

其實「遠近不同」這四個字很難理解。二爻位於下卦的中間，四爻則距離中間比較遠，但是四爻和五爻接近，所以就二與四相比，不提到五。柔爻的法則，是不適宜離剛爻太遠，以二四相比，六二比六四好，都講柔爻，下卦距離人近些。如果要能沒有災難，就用柔爻居中位，那就是二的位置。

三爻和五爻都是剛位，功用相同而位置有別。正因為貴賤等級不同，五在天的位置為貴，並且在上卦的中間，三爻凶禍較多，五爻功勞較多。在這兩個位置上，柔爻有危險，換言之，若是六三或六五柔爻居剛位便比較不好，剛爻則可以勝任。

這是非常扼要的說明，其實每個卦的情況不完全一樣，以上所說，均是大原則。

10

《易》之為書也，廣大悉備。有天道焉，有人道焉，有地道焉。兼三才而兩之，故六。六者非它也，三才之道也。道有變動，故曰爻。爻有等，故曰物。物相雜，故曰文。文不當，故吉凶生焉。

《易經》這部書，範圍廣大而無所不備。其中有天的法則，有人的法則，有地的法則。綜括天地人三才而兩兩相重疊，所以每一卦都有六爻。六爻所代表的不是別的，就是三才的法則。法則有變遷移動，所以稱為爻。爻有等級差別，所以稱為事物。事物交錯呈現，所以稱為文。文的錯雜不恰當，所以產生了吉與凶。

這段話說明吉凶是如何而來的。《易經》這部書範圍廣大而無所不備，其中有天的法則，有人的法則，有地的法則。我們一般習慣講「天地人」，這裡按照六爻順序，從上到下分三組，天道、人道、地道，就是由每一卦中的六爻兩相重疊而來。

我們多次提到「爻」字就是效法的「效」，所要效法的就是宇宙裡的變化，爻有主動性和受動性，陽爻與陰爻分開了，也就是爻有等級差別，才能夠讓事物在裡面顯示出來，區分為高貴的，或者是比較低層次的。

「物相雜，故曰文。」中的「文」字本來是「交叉畫」的意思。人的世界有文化，是因為人會用思考調整及改變自然界的事物，例如把木頭砍下來，然後加以設計，製作成桌子，這就是「文」。文的錯雜會有恰當與否的問題，便會有吉凶的差異。這是各種選擇交錯之下所得的結果，有可能符合大家的要求，也有可能違反大家的要求，當符合便能順利，就會走向「吉」的道路，反之就會走向「凶」的道路。以投資做生意為例，當違反趨勢或規則時，就變得不利，露出凶兆了。

11

《易》之興也，其當殷之末世，周之盛德邪？當文王與紂之事邪？是故其辭危。危者使平，易者使傾。其道甚大，百物不廢。懼以終始，其要无咎，此之謂《易》之道也。

《易經》的興起，大概是在殷商的末世、周朝道德興盛的時代吧？是在周文王與商紂王發生事故的時候吧？所以，它的言辭充滿了危機感。危殆的讓他平安，輕忽的讓他傾塌。它的道理非常廣大，各種事物都不廢棄。從始到終都有戒懼之感，所要做到的就是沒有災難，這就是《易經》的道理。

這段話很直接也很具體。《易》有三種，《連山》、《歸藏》、《周易》，而這裡應是指《周易》而言。「周文王與商紂王發生事故的時候」，指的是周文王被商紂關在羑里七年之事。他在此時期製作了卦辭爻辭，《易經》的內容才具體完成。

《易經》的道理非常廣大，各種事物都不廢棄，從始到終都有戒懼之感，所要做到的就是「无咎」。不要輕忽了無咎的觀念，「平安就是福」是人生在世的箴言，這句話不只是簡單的口號，我們能過著日日無咎的生活，應該心存感恩。西方諺語也說：「沒有新聞就是好新聞（No news is good news.）。」可見人同此心，心同此理，大家所盼望的都是沒有災難，這就是《易經》的道理。

12

夫乾，天下之至健也，德行恆易以知險。夫坤，天下之至順也，德行恆簡以知阻。能說諸心，能研諸侯之慮，定天下之吉凶，成天下之亹（ㄨㄟˇ）亹者。是故變化云為，吉事有祥。象事知器，占事知來。天地設位，聖人成能，人謀鬼謀，百姓與能。

乾卦代表天下最為剛健的力量，它的功能與效應總是容易的，由此讓人知道險難。坤卦代表天下最為柔順的力量，它的功能與效應總是簡單的，由此讓人知道困阻。這種道理可以愉悅人們的心思，可以探求諸侯的考慮，進而界定天下人的吉凶，成就天下人勤勉努力的工作。因此之故，在變化紛紜的狀況中，吉祥的事情會有先兆。由它所模擬的現象，可以知道制作器物；由它所占斷的事情，可以知道未來發展。天地設立了位置，聖人成就了它們的功能。人的謀畫與鬼的謀畫配合，百姓也來參與這種功能。

在本段中，「德行」的「德」是指功能，「行」是指效應，並非一般所說的道德行為。此處的說法可呼應前面談過的「乾以易知，坤以簡能」，乾卦剛健，所以容易，然後稍有偏差，便能立即知險。代表最簡單、直接，且最容易的事情通常是最正常的，只要稍微提高警覺，發現到不符合此原則的狀況時，便能立刻察覺出問題。

我們無論做任何事情，只要遇到困難，就應思考：事情原本是簡單容易的，為什麼會有障礙？可能是因為我們原先所想像的和實際情況落差太大，如果充分了解實際情況的條件，是否有機會把想法實現出來？只要遭遇阻礙，就隨時警覺，不要勉強。《易經》教給我們的，就是要順勢而行。

「亹亹」指的是勤勉努力。在今日社會上，最令人憂心的，就是許多努力工作的人，沒有獲得預期的成果。少數為非作歹者，為多數人帶來了苦難，而這些受苦者皆是信賴政府與領導者的善良百姓。我們學《易經》，了解到這層道理，便能明白「作《易》者，其有憂患乎？」中，所提的「憂患」指的是什麼了。所以學《易經》怎麼能不學占卦？占斷事情之後，就能知道未來的發展。至於人為的努力還是有用的，否則為什麼提到九種德行的修養與培養呢？天地設立了位置，聖人成就了功能。有天地之後，有萬物發生，然後聖人成就它的功能。如果宇宙裡人類自相殘殺，都過著非人的生活，大家有仇恨有戰爭有各種罪惡，那何必讓人類出現呢？我們人類應透過努力，讓自己過得快樂，而這種能力有待開發與教育。

「人謀鬼謀，百姓與能。」意味著人們在占卦的時候要有信心，知道這是光明正大的事，只要問的事情合理，就真誠地提問，不必擔心別人批評。

八卦以象告，爻彖以情言，剛柔雜居，而吉凶可見矣！變動以利言，吉凶以情遷。是故愛惡相攻而吉凶生，遠近相取而悔吝生，情偽相感而利害生。凡《易》之情，近而不相得則凶，或害之，悔且吝。將叛者其辭慚，中心疑者其辭枝。吉人之辭寡，躁人之辭多。誣善之人其辭游，失其守者其辭屈。

八卦是用圖象來告知，爻辭與彖辭則依實情來敘述。剛爻與柔爻交錯取位，吉與凶就顯示出來了。變動要按適宜來說明，吉凶要隨實情而改變。因此之故，愛好與厭惡互相衝突就產生了吉凶，遠方與近處互相對照，就產生了悔吝，真實與虛偽互相感通就產生了利害。大體說來，《易經》所描述的實情是：兩爻相近而不相容，就有凶禍，或者有傷害，造成懊悔與困難。將要背叛的人說話羞慚，心中疑惑的人說話支離。吉祥的人說話少，浮躁的人說話多。誣陷好人的人說話游移，失去操守的人說話卑屈。

最後的結論重點都放在「辭」，亦即「說話」。象數的「象」是指圖象，意思是根據圖象，用恰當的語辭來描述實際的狀況。「遠近相取而悔吝生」中的「悔」是懊惱，「吝」是困難，周圍的人處境都很艱難時，自己也就不覺得困難；若聽到別人都很順利，就會覺得自己的困境格外艱難。

人們常常會抱怨：為什麼自己特別倒楣呢？這是對照之後所產生的煩惱。人就怕比較，一比較之後就會產生悔吝。在早期，整個社會普遍窮困，卻從來沒有人覺得窮。沒有電視機，只是聽聽收音機就覺得很開心，如果能看到黑白電視，就會覺得高興得不得了，這些都是比較之後產生的反應。跟別人比較，是永遠比不完的，因此我們應該自問：是否能回歸自己的生命，讓自己安定下來，珍惜自己所喜歡、所選擇的事物，而不必羨慕別人。

在本段中提到：「凡《易》之情，近而不相得則凶，或害之，悔且吝。」這只是概括的說法。事實上，把《易經》主體六十四卦三百八十四爻全部讀過一遍，就會知道這並不是三言兩語可以解釋清楚的。

〈繫辭傳〉最後以有關說話的方式做為結束，言為心聲，讓我們知道：學習《易經》之後，要懂得觀察變化，然後表達心中的意念。此外，還應檢視自我，是否在學習過程中，逐漸調整自己，讓意念更單純、更能扣緊對生命有幫助的部分。

人要懂得收斂，學習《易經》的好處在於絜靜精微、心思純潔。《易經》教導我們，讓我們不急著下判斷，也不急著表達自己的想法——把想法先退守到心裡，想清楚該怎麼說，該怎麼做，然後才行動。

說卦傳

〈說卦傳〉是說明聖人作《易經》的用心與目的。前幾段敘述相當精彩，後面就是解釋基本的八卦、先天八卦圖和後天八卦圖，以及一些基本的數字，還有卦象所代表的事物。

1

昔者聖人之作《易》也，幽贊於神明而生蓍。參天兩地而倚數，觀變於陰陽而立卦，發揮於剛柔而生爻，和順於道德而理於義，窮理盡性以至於命。

從前聖人創制《易經》，是要暗中贊助神明的作用而發明蓍草占筮。從天地分別為奇數偶數來確定演算方式，觀察陰陽的變化而設立卦，依循剛柔的活動而產生爻，協調順從規律與功能，而以合宜為依歸，窮究事理探求本性，直到掌握命運為止。

人類出現後，神明的作用就退到一邊，讓人類發揮其自主性。如果人類始終受到神明力量干預的話，不僅生命無法成長，也將無法建構人文的世界。聖人了解神明為什麼要讓人類出現，以及什麼才是人類應該走的道路，因此使用蓍草來占筮，由此可知，占筮是要彌補人類在理解上的不足。人的理智有其限制，在面臨選擇時，會因為考量到各種因素而產生盲點，而聖人以蓍草占卜，將天地分別為奇數偶數，來確定演算方式。

原文中的「參天兩地」，指的是數字三與二，意指前面五個生數。一、二、三、四、五，稱為「生數」；六、七、八、九、十稱為「成數」。有生有成，先生再成。在五個生數中，有三個奇數，兩個偶數，所以稱為「參天兩地」。

在道家的學說當中，也曾提到「一、二、三」這幾個數字，以「一」代表一個物體本身的完整性；「二」代表其內在可能分為陰陽兩面；「三」則是因為有陰陽，才可能產生出第三個力量。以人來說，「我」是個統一體，但必有使「我」變成「非我」的部分，因為「我」在時間流逝的過程中，必定有少許變化。譬如，今天的我在讀了一本書之後，就可能跟昨天的自己不同。因此，一方面來說，「我」是完整的，另一方面來說，「我」還是有變成新的可能性，一、二合成了三，三之後延伸的就更多了。

在本段當中的「道德」二字要理解為「規律與功能」。在此強調，《易經》在提到天地時，是不涉及修養問題的。「道」是規律，「道」字的原義是指「路」，走路有一定的規則，路的演變也是合乎規則的；「德」是功能，意思是協調順從規律與功能，做事以合宜為依歸。任何事情都沒有固定運作的道理，應設法順從外在條件，做出適當選擇，才可稱為合宜。最終則是以窮究事理、探求本性，直到掌握命運為依歸。宋朝學者很喜歡講「窮理盡性以至於命」，就與這個意思相近。「窮理盡性」的意思是「窮究事理、探求本性」，很符合他們對外在事物探討的立場；「命」就是指「命運遭遇」，也就是直到能夠掌握命運為止。

〈說卦傳〉第一段把「蓍、數、卦、爻、義、命」六個字做了清楚的定義，若將《易經》的〈易傳〉當做一套哲學來看，此處便是在澄清概念。學《易》者必須學會屬於它的概念，由此進入《易經》的世界，透過它的方式了解宇宙萬物。

2

昔者聖人之作《易》也，將以順性命之理，是以立天之道，曰陰與陽，立地之道，曰柔與剛，立人之道，曰仁與義。兼三才而兩之，故《易》六畫而成卦。分陰分陽，迭用柔剛，故《易》六位而成章。

從前聖人創制《易經》，是要以它順應本性與命運的道理，因此確立天的法則，稱之為陰與陽；確立地的法則，稱之為柔與剛；確立人的法則，稱之為仁與義。綜括天地人三才而兩兩相重疊，所以《易經》以六畫組成一卦。分開陰與陽，交替使用剛與柔，於是《易經》以六個爻位組成一卦的交錯。

一般常認為性命學很複雜，其實性就是本性，命就是命運。人若要研究某一種植物或是動物，當然要先知道它的本性，確認它適合生長在高山或是平地等等的特性，然後根據本性將這些事物分類，才能明白如何與它相處，或是如何充分利用它的特質。至於命運，指的就是能夠存活的時間長短。以蓋木屋為例，有些木材能夠維持數十年不腐壞，不過因為價格相當昂貴，於是不考慮木材壽命的人，隨便找些材料來蓋房子，這種房子可能沒住幾年就毀壞了。所以說，萬物皆有其性與命，並不是人類才有。不過，人類性命的特別之處在於，因為人可以行善，也可以為惡，所以會有不同的命運遭遇。

〈說卦傳〉以整體的眼光從三方面分析順著本性與命運的道理：確立天的法則，稱之為陰與陽；確立地的法則，稱之為柔與剛；確立人的法則稱之為仁與義。「陰、陽」顯然比「柔、剛」更為抽象，境界也更深奧，我們至多只能了解「陰」代表受動力，「陽」代表主動力。「柔」與「剛」則較容易落實，我們可以從「水是柔的，石頭是剛」的，進而以「是否為有形可見」的觀點，來分辨事物的柔與剛。天地是容納萬物最主要的場所，天沒有不覆蓋的事物，地沒有不承載的事物，天地的法則是如此確立，然後再確立人的法則。人類的法則稱之為仁與義，這就不屬於自然的條件了。「陰陽」或「剛柔」都是客觀的對象，但「仁義」並非如此，它顯然需要某種修行。人類不能和自然界萬物一樣，只要活著就好，人性如果沒有以仁義為原則來發展，那麼只能稱為動物之一。因此，人需要修行，人的生命必須以實現價值為其依歸，這是儒家的基本立場。然後再綜括天地人三才而兩相重疊，從三爻變成六爻，就會更加完整了。所以《易經》才會以六畫組成一卦，分開陰與陽，交替使用剛與柔。

我的老師方東美先生，強調中國哲學有三大特色：

第一，以生命為中心的宇宙觀。宇宙可以用天地來代表，是以生命為中心，有變化就有生命，整個宇宙充滿生命的演變，一座山、一塊石頭都有自己的生命，只是我們觀察不到它們生命的運作。

第二，以價值為中心的人生觀。人的生命並非只是活著而已，要以「價值」為中心。年紀越大，就越要提升或實踐更高的價值，如果不能確立仁義等道德層面的價值，只是一味的追求利益，而逃避災害，完全落入身體層次的需求與滿足，將難以避免落入生物層次。如果不談仁義，為什麼要談哲學呢？談哲學就是希望了解人生，然後知道應該如何發展。《易經・說卦》之中，就曾直接提出了仁義。

第三，朝向超越界開放。人的生命有限制，最大的限制是痛苦、罪惡以及死亡。什麼是超越界？就是經驗和理性無法達到的範圍。有人質疑，既然經驗與理性達不到，如何知道祂存在呢？這個問題很合理，確實，沒有人能證明超越界的存在。我們只能說：如果沒有超越界的存在，人們便會輕忽生命與生存，對修養善惡更是毫不在意。如果沒有對超越界抱持信仰、信念與盼望，人生最後都歸於虛無，就不免懷疑奮鬥努力有什麼意義？向善與否有什麼差別？

如果孔子、孟子沒有對天的信仰，他們怎麼堅持下去呢？孔、孟在關鍵之時都曾提出「天」的觀念，例如孔子說：「五十而知天命。」孟子說：「夫天，未欲平治天下也；如欲平治天下，當今之世，舍我其誰？」孔子、孟子在世時，常受世人批評與奚落，但能堅持「知其不可而為之」的原則，是對天、對超越界有其基本的信念。道家的莊子則是體驗到人類活在天地之間，是一件愉悅的事情，他的思想之精彩，就在於以其高超的智慧朝向超越界開放。

《易經》多次提到鬼神，都在暗示人生並不只有眼前所見的一切，還有必須負責的部分：為人處世安心與否？忍心與否？儒家透過人的安心與忍心，讓人們知道有個超越界可以與自己的內心互相呼應，只要真誠，就會發現內心所要求的，與超越界所設定的標準是一致的。儒家強調人們只要真誠，就會有希望，不一定要成為飽學之士。由此可知，《易經》的教化比較偏向儒家。

儒家和道家的學說，是標準的中國哲學，至於墨家、法家、名家則都有顯而易見的缺失。以墨家為例，墨家會用鬼神來恐嚇人。墨子信仰天，認為天是有意志的，祂要求人們「兼相愛、交相利」，因為大家都是天的子女；要人行善避惡，並認為沒有做到的話，鬼神將會對付人。人的惡念或惡行若只是因遭到嚇阻而停止，自我還有什麼內在價值可言呢？此外，「兼相愛」之說要求人做到「愛人如己」，也就是愛街上的陌生人如同自己的父母，這是違反人性的。墨家理想很高，但事實上難以達成。

至於法家的學說，主張的是古代專制社會裡的統治技術，不適用於現在的法治社會。集法家之大成的韓非子，最重要的兩篇哲理作品是《解老》和《喻老》，內容主要是在解釋老子，以及設法說明老子，這具有傳世價值的部分，反而和道家的關係較為密切。

談到名家和陰陽家的學說，莊子的朋友惠施是名家的代表人物，名家的學說喜歡談邏輯，玩語言遊戲，好像人類理智的最大用途，就是環繞著某些概念，進行詭辯。陰陽家的學說與盛於漢代，主要是在觀陰陽消息，知天人感應。陰陽家主張天災必因天怒，天所以怒乃因人為惡。例如發生地震了，就得有人負起責任，必須設法找出做壞事惹怒上天的罪人加以懲戒。如果任何事情都得靠天人感應，訴諸人與萬物的互動來驗證善惡的話，就等於是靠外部的事件來決定人的良窳，這樣的學說把人類的價值看得太低了。

因此，綜觀九流十家的學說，我們可以發現，儒家與道家思想的確是能夠符合中國哲學特色的學說。

3

天地定位，山澤通氣，雷風相薄，水火不相射，八卦相錯。數往者順，知來者逆。是故《易》逆數也。

天與地上下定位，山與澤氣息貫通，雷與風相互激盪，水與火背道而馳，八卦形成彼此交錯的現象。推算過去，要順序向前數；測知未來，要逆序向後數。因此之故，《易經》是逆序而數的。

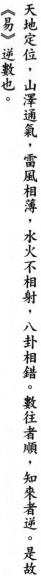

「天地定位，山澤通氣，雷風相薄，水火不相射」，很明顯的，這幾句話屬於先天八卦，天地、山澤、雷風、水火都在相對的位置上。「不相射」代表背道而馳，互不相容。先天八卦的結構就是從這裡來的。有關八卦的順數為：乾1，兌2，離3，震4，右邊為巽5，坎6，艮7，坤8，這也正是伏羲氏的先天八卦，這個圖被普遍使用。

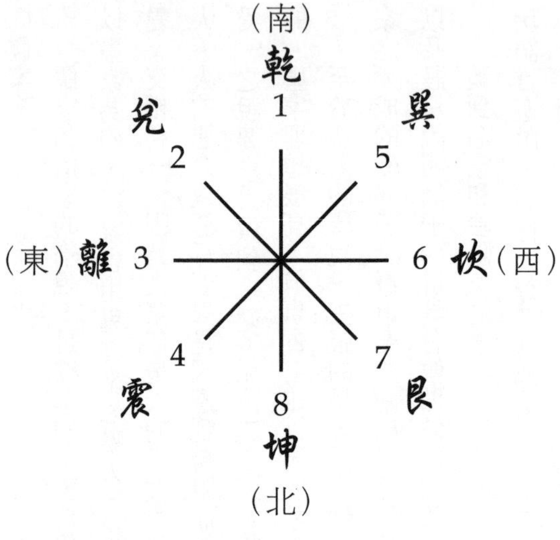

先天八卦數字圖

後天八卦就不一樣了，八卦的逆數是：坎1，坤2，震3，巽4，中5，乾6，兌

7，艮8，離9。這組數字比較難記，古代有靈龜出於洛的說法，洛水有一隻烏龜游出來，龜身的甲殼有四十五片，戴九履一，以後天八卦圖配合，上下相對的離和坎分別為9和1；左右相對的震和兌分別為3和7；坤和巽為肩；乾和艮為足；5居於中央。如此一來，後天八卦圖的每一對角線數字加起來皆為十，先天八卦圖的每一對角線數字加起來皆為九，兩張圖的數字是不同的。

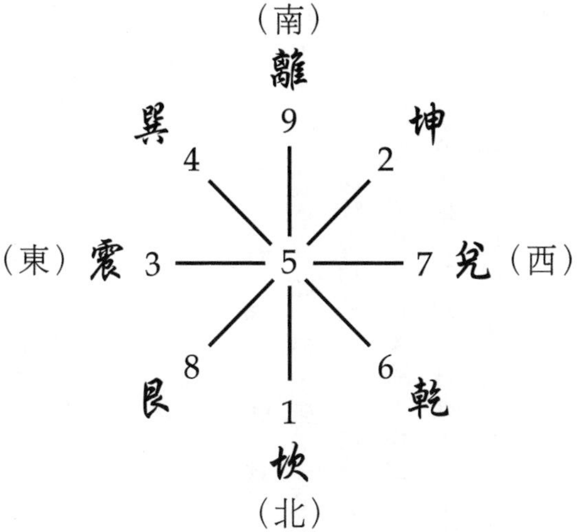

後天八卦數字圖

4

雷以動之，風以散之，雨以潤之，日以烜（ㄒㄩㄢˇ）之，艮以止之，兌以說（ㄩㄝˋ）之，乾以君之，坤以藏之。

雷（震卦）可以振作萬物，風（巽卦）可以散播萬物，雨（坎卦）可以滋潤萬物，日（離卦）可以曬乾萬物，艮卦（山）可以阻止萬物，兌卦（澤）可以愉悅萬物，乾卦（天）可以主宰萬物，坤卦（地）可以包容萬物。

這一段簡單的說明每一卦有什麼特色。

這段文字中，到了艮卦開始，就直接以卦名呈現，和前面以「雷、風、雨、日」取象的形式不同，這樣的敘述方式，讓前面四個卦相形之下顯得較有彈性。

5

帝出乎震，齊乎巽，相見乎離，致役乎坤，說言乎兌，戰乎乾，勞乎坎，成言乎艮。萬物出乎震，震東方也。齊乎巽，巽東南也；齊也者，言萬物之絜（ㄐㄧㄝˊ）齊也。離也者，明也；萬物皆相見，南方之卦也；聖人南面而聽天下，向明而治，蓋取諸此也。坤也者，地也；萬物皆致養焉，故曰致役乎坤。兌，正秋也；萬物之所說也，故曰說言乎兌。戰乎乾，乾，西北之卦也，言陰陽相薄也。坎者，水也，正北方之卦也；勞卦也，萬物之所歸也，故曰勞乎坎。艮，東北之卦也，萬物之所成終而所成始也，故曰成言乎艮。

天帝從震位出發，到了巽位使萬物整齊生長，到了離位使萬物彼此相見，到了坤位使萬物得到幫助，到了兌位使萬物愉悅歡喜，到了乾位使萬物相互交戰，到了坎位使萬物勞苦疲倦，到了艮位使萬物成功收場。萬物從震位生長出來，震卦位在東方。到了巽位萬物整齊生長，巽卦位在東南方；所謂整齊，是說萬物完備而整齊。離位是指光明而言；使萬物都可以相見，它是南方的卦；聖人面向南方聽取天下事務，面向光明來治理，大概就是取象於此。坤位是指大地而言；萬物都依賴大地的養育，所以說它使萬物得到幫助。兌位是正秋；是萬物所喜歡的，所以說它使萬物愉悅歡喜。到了乾位使萬物相互交戰，乾卦是西北方的卦，是說陰氣與陽氣在此互相接觸而激盪。坎位是指水，正北方的卦；它是勞苦的卦，是萬物所要歸藏的地方，所以說它使萬物勞苦疲倦。艮位是東北方的卦，萬物在此成功結束又重新開始，所以說它使萬物成功收場。

本段所談的是後天八卦的來源，首先提到了「帝」的觀念，其涵意大致可分為如下兩種。第一個涵意是指北極星。古代有天帝之稱，當時認為北極星是不動的，孔子也說過：「為政以德，譬如北辰，居其所而眾星共之。」在上位者要用德行作示範來治理國家，就好像北極星一樣，本身不動，別的星辰就按照它的位置而定位。

第二個涵意指的是萬物的造化者，位階顯然比乾卦還高。這裡可以把「帝」理解為天帝，是一種造化萬物的力量。

「聖人南面而聽天下」這句話的意思是：聖人面向南方，聽取天下事物。我們以往在解釋「南面而王」時，往往認為是因為中國在北半球，帝王面向南方。事實上，古人不見得認為自己在北方，這由我們自稱中國可知。那為什麼帝王要面向南方呢？因為對於北方黃河流域的人來說，太陽是偏向南方在運行的，所以面向南方是面向光明的意思。

從這一段可以知道後天八卦應用比較廣，包括我們常說的左青龍、右白虎、南朱雀、北玄武；以及與五行的配合：從震卦是木，然後到離卦是火，到土把坤帶進來，接著金是兌，坎為水。其實有的不是單一的對應，譬如震和巽都屬木，例如水風井、火風鼎，其中的風都是巽卦，巽就是風，風就是木。坤屬於土，艮也屬於土，地和山都屬土。兌和乾都屬於金，乾是貴重的金玉。八卦配五行的情況，大致如此。

6

神也者，妙萬物而為言者也。動萬物者莫疾乎雷。撓萬物者莫疾乎風。燥萬物者莫熯（ㄏㄢˋ）乎火。說萬物者莫說乎澤。潤萬物者莫潤乎水。終萬物始萬物者莫盛乎艮。故水火不相逮，雷風不相悖，山澤通氣，然後能變化也，既成萬物也。

所謂神，是就萬物的奧妙而說的語詞。震動萬物，沒有比雷更迅捷的。曲撓萬物，沒有比風更快速的。乾燥萬物，沒有比火更炎熱的。取悅萬物，沒有比澤更有效的。滋潤萬物，沒有比水更潮濕的。使萬物終結又重新開始，沒有比山更宏大的。所以水火不相容納，雷風不相背離，山澤氣息貫通，然後才能出現變化，生育成就萬物。

本段所談的是六大自然現象對萬物的作用，說明為何可做為一切變化的示範。在這段文字的一開始就提到「神」，這個神不是神明，也不是鬼神，而是萬物的奧妙變化。

7

乾，健也；坤，順也；震，動也；巽，入也；坎，陷也；離，麗也；艮，止也；兌，說也。

乾為剛健；坤為柔順；震為震動；巽為進入；坎為下陷；離為附麗；艮為阻止；兌為喜悅。

這是我們最熟悉的八卦屬性，已由自然現象移轉入人類觀察的對象，並與人類世界產生了聯繫。此處所談的順序又回到了先天八卦，自此之後皆依此序。

8

乾為馬，坤為牛，震為龍，巽為雞，坎為豕，離為雉，艮為狗，兌為羊。

乾是馬，坤是牛，震是龍，巽是雞，坎是豬，離是野雞，艮是狗，兌是羊。

馬能健行，牛溫順又能負重致遠，所以常說父母是做牛做馬。震為東方之卦，古代四象以蒼龍居東。巽為風，古代風神皆為鳥形，常看到的圖像是竹尖上面有一隻鳥，或是一隻雞，稱為「風雞」，用以指示方向。坎是水，因為豬喜歡潮濕。離為南方之卦，古代四象以朱雀居南，所以說它是雉。艮為止，狗能看守阻人入內。兌在西邊，為羊，大量牧養於西部草原的沼澤邊。這些解讀都可供參考，但並非定論。

9

乾為首，坤為腹，震為足，巽為股，坎為耳，離為目，艮為手，兌為口。

乾是頭，坤是肚子，震是腳，巽是腿，坎是耳朵，離是眼睛，艮是手，兌是口。

身體的部位也對應到八卦，理由相當有趣：乾為主宰，理當在頭；坤能容納，是以為腹；震為起動，指涉雙腳；巽為風行順利，有如股腿搭配；坎是耳，耳朵能夠把聲音聚在一起，好像水能夠聚在一起一樣；離是目，因為離是光明，眼睛才能看到；艮為手，人手可以止物；兌為澤為口，人口可以吞吐如澤。

10

乾，天也，故稱乎父；坤，地也，故稱乎母。震一索而得男，故謂之長男；巽一索而得女，故謂之長女；坎再索而得男，故謂之中男；離再索而得女，故謂之中女；艮三索而得男，故謂之少男；兌三索而得女，故謂之少女。

乾卦象徵天，所以稱為父；坤卦象徵地，所以稱為母。震卦是坤卦從乾卦索取到第一個陽爻而生出的

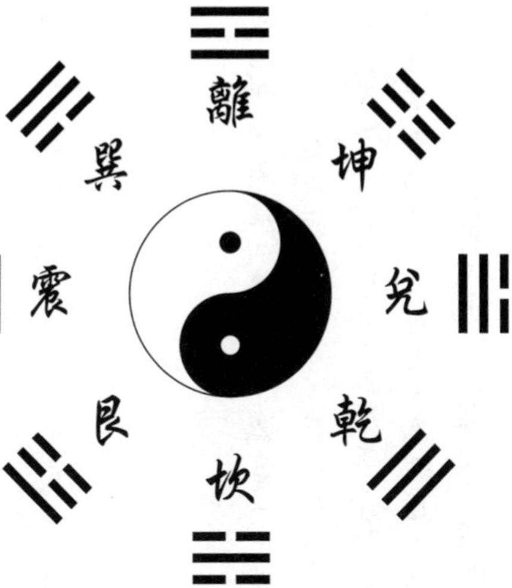

後天八卦圖

男孩，所以稱為長男。巽卦是乾卦從坤卦索取到第一個陰爻而生出的女孩，所以稱為長女。坎卦是坤卦從乾卦索取到第二個陽爻而生出的男孩，所以稱為中男。離卦是乾卦從坤卦索取到第二個陰爻而生出的女孩，所以稱為中女。艮卦是坤卦從乾卦索取到第三個陽爻而生出的男孩，所以稱為少男。兌卦是乾卦從坤卦索取到第三個陰爻而生出的女孩，所以稱為少女。

把八卦放在一個家庭裡面，排列順序中的「乾坤震巽」，是按照家庭中父母、長男、長女、中男、中女、少男、少女的方式來排。

以「震卦為長男」說明，震卦是因坤卦從乾卦處得到一個陽爻，才形成的，因為陽爻居初位，所以就代表長男。巽卦則是相反的情況，三個陽爻得到一個陰爻，在卦裡以稀為貴、以少為主，所以是長女。其他家庭成員，依此類推。

以下第十一大段開始，是如同字典般，列出各卦的象徵意義。

11

乾為天，為圜（ㄩㄢˊ），為君，為父，為玉，為金，為寒，為冰，為大赤，為良馬，為老馬，為瘠馬，為駁馬，為木果。

坤為地，為母，為布，為釜，為吝嗇，為均，為子母牛，為大輿，為文，為眾，為柄，其於地也為黑。

乾卦的象包括：天，圓形，君主，父親，玉，金，寒，冰，大紅色，良馬，老馬，瘦馬，雜色馬，植物果實。

坤卦的象包括：地，母親，布帛，鍋，吝嗇，均勻，小母牛，大車，文采，眾人，握柄，就地而言是黑色的。

震為雷，為龍，為玄黃，為旉（ㄈㄨ），為大塗，為長子，為決躁，為蒼筤（ㄌㄤˊ）竹，為萑（ㄏㄨㄢˊ）葦，其於馬也，為善鳴，為馵（ㄓㄨˋ）足，為作足，為的顙（ㄙㄤˇ），其於稼也，為反生。其究為健，為蕃鮮。

巽為木，為風，為長女，為繩直，為工，為白，為長，為高，為進退，為不果，為臭（ㄒㄧㄡˋ）。其於人也，為寡髮，為廣顙，為多白眼，為近利市三倍，其究為躁卦。

震卦的象包括：雷，龍，青黃色，展開，大路，長子，急躁，青色竹子，蘆荻葦子。就馬而言，是善鳴，後左蹄白色，抬足而動，白額頭。就禾稼而言，是反向而生。變到最後是剛健的乾卦，茂盛鮮潔的巽卦。

巽卦的象包括：木，風，長女，繩而直，工巧，白色，長，高，進退不定，沒結果，有氣味。就人而言，是頭髮少，大腦袋，白眼多，近利市三倍。變到最後是急躁的震卦。

由這兩卦可知所謂「變到最後」，是指變卦，震與巽互為變卦，震卦三爻皆變就成為巽卦。

坎為水，為溝瀆，為隱伏，為矯輮，為弓輪。其於人也，為加憂，為心病，為耳痛，為血卦，為赤。其於馬也，為美脊，為亟（ㄐㄧˊ）心，為下首，為薄蹄，為曳。其於輿也，為多眚，為通。為月，為盜。其於木也，為堅多心。

離為火，為日，為電，為中女，為甲冑，為戈兵。其於人也，為大腹，為乾卦，為鱉，為蟹，為蠃（ㄌㄨㄛˇ），為蚌，為龜。其於木也，為科上槁。

坎卦的象包括：水，溝渠，隱伏，可曲可直，弓或車輪。就人而言，是憂愁多，心病，耳痛，血象，紅色。就馬而言，是美脊，心急，低頭，薄蹄，肯拉車。就車而言，是多災難，通行。月亮，強盜。就樹木而言，是堅實多刺。

離卦的象包括：火，日，電，中女，盔甲，戈兵武器。就人而言，是大肚子。乾燥的象，鱉，螃蟹，甲蟲，蚌，龜。就樹木而言，是樹葉脫落而枯槁。

艮為山，為徑路，為小石，為門闕，為果蓏（ㄌㄨㄛˇ），為閽（ㄏㄨㄣ）寺，為指，為狗，為鼠，為黔喙之屬。其於木也，為堅多節。

兌為澤，為少女，為巫，為口舌，為毀折，為附決。其於地也，為剛鹵。為妾，為羊。

艮卦的象包括：山，小路，小石，門闕，植物果實，守門人，手指，狗，鼠，黑嘴禽獸。就樹木而言，是堅硬多節。

兌卦的象包括：澤，少女，巫覡，口舌是非，毀折，脫落。就地而言，是堅硬多鹹。妾，羊。

上述幾段文字就如同字典般，把各卦所代表的象徵條列出來，沒有什麼特別的道理。雖然有些部分說得並不是非常明確，不過，大致上都算說得通，也有助於我們對卦辭和爻辭的理解。

序卦傳

〈序卦傳〉的內容，已分別在每一卦出現過，此處為完整的呈現，借以重新複習已經學過的六十四卦。

有天地，然後萬物生焉。盈天地之間者唯萬物，故受之以屯。屯者，盈也，屯者，物之始生也。物生必蒙，故受之以蒙。蒙者，蒙也，物之稺也。物稺不可不養也，故受之以需。需者，飲食之道也。飲食必有訟，故受之以訟。訟必有眾起，故受之以師。師者，眾也。眾必有所比，故受之以比。比者，比也。比必有所畜也，故受之以小畜。物畜然後有禮，故受之以履。

乾卦為天，坤卦為地，有天地，然後萬物才會產生。充滿天地之間的就是萬物，所以接著出現的是屯卦。屯是盈滿的意思，也是萬物開始出生的意思。萬物出生時一定是蒙昧的，所以接著有蒙卦。蒙是指蒙昧，萬物的幼稚狀態；萬物在幼稚時不可以不養育，所以接著有需卦。需是指飲食之道。飲食一定會有爭訟，所以接著是訟卦。爭訟一定會有眾人起來參與，所以接著是師卦。師是眾人的意思。人多了一定會有所親近，所以接著是比卦。比是親近依靠的意思。比合在一起一定會有所積蓄，所以接著是小畜卦。物資積蓄之後就要推行禮儀，所以接著是履卦。

履而泰，然後安，故受之以泰。泰者，通也。物不可以終通，故受之以否。物不可以終否，故受之以同人。與人同者，物必歸焉，故受之以大有。有大者不可以盈，故受之以謙。有大而能謙，必豫，故受之以豫。豫必有隨，故受之以隨。以喜隨人者必有事，故受之以蠱。蠱者，事也。有事而後可大，故受之以臨。臨者，大也。物大然後可觀，故受之以觀。

遵守禮儀就會通達，然後得到安定，所以接著有泰卦。泰是通達的意思。事物不可能永遠通達，所以接著有否卦。事物不可能永遠阻滯，所以接著有同人卦。與人同心相處，外物必來歸附，所以接著是大有卦。富有的人不可以自滿，所以接著是謙卦。富有又能謙虛，一定會愉悅，所以接著是豫卦。愉悅一定會有人跟從，所以接著是隨卦。因喜悅而跟從人的一定會有事故，所以接著是蠱卦。蠱是事故的意思。有事故然後可以創造大業，所以接著是臨卦。臨是盛大的意思。事物盛大才有可觀之處，所以接著是觀卦。

可觀而後有所合，故受之以噬嗑。嗑者，合也。物不可以苟合而已，故受之以賁，賁者飾也。致飾然後亨，則盡矣，故受之以剝。剝者，剝也。物不可以終盡，剝窮上反下，故受之以復。復則不妄矣，故受之以无妄。有无妄，然後可畜，故受之以大畜。物畜然後可養，故受之以頤。頤者，養也。不養則不可動，故受之以大過。物不可以終過，故受之以坎。坎者，陷也。陷必有所麗，故受之以離。離者，麗也。

盛大可觀才可符合眾望，所以接著是噬嗑卦。嗑是相合的意思。事物不可以苟且求合，所以接著是賁卦。賁是文飾的意思。經過文飾而通達，也就到了盡頭，所以接著有剝卦。剝是剝蝕的意思。事物不能一直剝蝕下去，剝蝕到最上面還是會回到底下再開始，所以接著有復卦。回復正道就不會虛妄了，所以接著是无妄卦。能夠无妄就可以有所集聚，所以接著是大畜卦。事物集聚之後才可以蓄養，所以接著是頤卦。頤是養育的意思。不蓄養就不可以有所行動，所以接著是大過卦。事物不可能總是通過，所以接著是坎卦。坎是坎陷的意思。陷落時一定要有所附著，所以接著是離卦。離是附麗的意思。

行文至此，〈上經〉的三十卦告一個段落。接著是〈下經〉，又重新進行開宗明義的解說：有天地，然後有萬物，不過接下來的走向就和〈上經〉不一樣了，由此亦可以了解，六十四卦何以要分為上下經。

有天地，然後有萬物；有萬物，然後有男女；有男女，然後有夫婦；有夫婦，然後有父子；有父子，然後有君臣；有君臣，然後有上下；有上下，然後禮儀有所錯。夫婦之道，不可以不久也，故受之以恆。恆者，久也。物不可以久居其所，故受之以遯。遯者，退也。物不可以終遯，故受之以大壯。物不可以終壯，故受之以晉。晉者，進也。進必有所傷，故受之以明夷。夷者，傷也。傷於外者必反其家，故受之以家人。家道窮必乖，故受之以睽。睽者，乖也。乖必有難，故受之以蹇。蹇者，難也。物不可以終難，故受之以解。解者，緩也。

有了天地，然後才會產生萬物；有了萬物，然後才會有男女兩性；有了男女兩性，然後才會有夫婦；有了夫婦，然後才會有父子；有了父子，然後才會有組成國家的君臣；有了君臣，然後才會有上下尊卑之分；有了上下尊卑之分，然後禮儀才可以有所安排。夫婦的正道不可以不長久，所以在咸卦之後，接著就有恆卦。恆是長久的意思。事物不能長久占住一個位置，所以接著是遯卦。遯是退避的意思。事物不能一直退避，所以接著是大壯卦。事物不能一直壯大，所以接著是晉卦。晉是前進的意思。一味前進必定會受到傷害，所以接著是明夷卦。夷是傷害的意思。在外受到傷害一定會回家，所以接著是家人卦。家道困窮一定會出現乖離，所以接著是睽卦。睽是乖離的意思。乖離一定會遇到險難，所以接著是蹇卦。蹇是阻難的意思。事物不能永遠阻難，所以接著是解卦。解是緩解的意思。

緩必有所失，故受之以損。損而不已必益，故受之以益。益而不已必決，故受之以夬。夬者，決也。決必有所遇，故受之以姤。姤者，遇也。物相遇而後聚，故受之以萃。萃者，聚也。聚而上者謂之升，故受之以升。升而不已必困，故受之以困。困乎上者必反下，故受之以井。井道不可不革，故受之以革。革物者莫若鼎，故受之以鼎。

緩解鬆懈一定會有所損失，所以接著是損卦。一直減損下去必定會獲得增益，所以接著是益卦。一直增益下去必定會遇到潰決，所以接著是夬卦。夬是決退的意思。決退之後一定會有遇合，所以接著是姤卦。姤是相遇的意思。事情相遇之後才能聚合，所以接著是萃卦。萃是聚合的意思。聚合之後往上發展就稱為升進，所以接著是升卦。一直升進必然會遭遇困阻，所以接著是困卦。在上位受到困阻一定會回到底下，所以接著是井卦。正常的水井不能不定期變革清理，所以接著是革卦。能變革事物沒有比得上鼎的，所以接著是鼎卦。

主器者莫若長子，故受之以震。震者，動也。物不可以終動，止之，故受之以艮。艮者，止也。物不可以終止，故受之以漸。漸者，進也。進必有所歸，故受之以歸妹。得其所歸者必大，故受之以豐。豐者，大也。窮大者必失其居，故受之以旅。旅而无所容，故受之以巽。巽者，入也。入而後說之，故受之以兌。兌者，說也。說而後散之，故受之以渙。渙者，離也。物不可以終離，故受之以節。節而信之，故受之以中孚。有

其信者必行之，故受之以小過。有過物者必濟，故受之以既濟。物不可窮也，故受之以未濟終焉。

主持國家之鼎的沒有比得上長子的，所以接著是震卦。震是動的意思。事物不可以一直在動，要使它停止，所以接著是艮卦。艮是停止的意思。事物不可以總是停止，所以接著是漸卦。漸是漸進的意思。漸進一定要有歸宿，所以接著是歸妹卦。得到所歸的一定盛大，所以接著是豐卦。豐是大的意思。窮極奢大的人一定會失去住所，所以接著是旅卦。旅行而無處容身，所以接著是巽卦。巽是進入的意思。進入安頓才會愉悅，所以接著是兌卦。兌是愉悅的意思。愉悅然後就會渙散，所以接著是渙卦。渙是離散的意思。事物不可以一直離散，所以接著是節卦。有節制才可取信於人，所以接著是中孚卦。有憑信的人一定可以通行，所以接著是小過卦。能超過其他事物的人一定可以辦事成功，所以接著是既濟卦。事物發展不可能窮盡，所以接著是未濟卦，然後六十四卦結束。

從〈序卦傳〉可知，在《易經》中出現的一個字常有多重解釋，不過〈序卦傳〉主要強調的是「物極必反」，當一條路走不通時，不是回到原點，而是一直往不同的層次發展。這也意味著人生的變化規則雖然是一樣的，但變化的內容卻不會重複。

以人生中所接觸的人為例，在與不同的人相處時，絕對不會有相同的公式；即使是與同一個人相處，每次來往的經驗也不會一樣；就算是犯下同樣的錯誤，在過程中的經驗也是相異的。

我們在學《易經》時，會發現其中的道理非常貼切地反映出現實生活，不學《易經》不可能會有這樣的辯證觀念，這些反覆的「正、反、合」經驗，並非永無止境，而是永遠會回到一個基點，而這個基點就是人性。所以《易經》一方面有卦辭、爻辭，還有後面的〈彖傳〉、〈象傳〉等等，這些都是儒家的詮釋，把儒家思想中君子修德的觀念加入其中，也正說明了以人性為基礎的生命理路。

雜卦傳

傳統的想法認為，〈雜卦傳〉是古人研究《易經》時，將個人體悟所寫成的文章，所以一向不受重視。〈雜卦傳〉的內容雖然比較複雜，沒有順序，也沒有說明排列的道理，不過它對每一卦的敘述，還有將兩卦加以連結並對照的描述方式，均相當具有參考價值。

乾剛坤柔。比樂師憂。臨觀之義，或與或求。屯見而不失其居，蒙雜而著。震，起也；艮，止也。損、益，盛衰之始也。大畜，時也。无妄，災也。萃聚而升不來也。謙輕而豫怠也。噬嗑食也。賁无色也。兌見而巽伏也。隨，无故也。蠱，則飭也。剝，爛也；復，反也。晉，晝也；明夷，誅也。井通而困相遇也。咸，速也；恆，久也。渙，離也；節，止也。解，緩也；蹇，難也。睽，外也；家人，內也。

乾卦剛健，坤卦柔順。比卦和樂師卦憂苦。臨卦觀卦的意義，有的給與，有的求取。屯卦出現而不會失去居所，蒙卦錯雜而顯著。震卦是發動，艮卦是阻止。損卦益卦是興盛與衰退的開始。大畜卦把握時機。无妄卦是災難。萃卦聚合而升卦不下來。謙卦輕己而豫卦懈怠。噬嗑卦講究飲食。賁卦沒有顏色。兌卦顯現於外而巽卦隱伏於內。隨卦沒有事故。蠱卦整飭積弊。剝卦是朽爛；復卦是返回。晉卦是白晝；明夷卦是誅滅。井卦暢通而困卦相遇受阻。咸卦是迅速；恆卦是長久。渙卦是離散；節卦是節制。解卦是緩解，蹇卦是險難。睽卦是乖離於外；家人卦是和睦於內。

否、泰，反其類也。大壯則止；遯則退也。大有，眾也；同人，親也。革，去故也；鼎，取新也。小過，過也；中孚，信也。豐多故也；親寡旅也。離上而坎下也。小畜，寡也；履，不處也。需，不進也；訟，不親也。大過，顛也。姤，遇也，柔遇剛也。漸，女歸待男行也。頤，養正也。既濟，定也。歸妹，女之終也。未濟，男之窮也。夬，決也，剛決柔也，君子道長，小人道憂也。

否卦泰卦是狀況相反。大壯卦就會停止；遯卦就會退避。大有卦擁有眾多；同人卦彼此親近。革卦是除去舊的；鼎卦是採取新的。小過卦是越過；中孚卦是誠信。豐卦是故舊多；親友少是旅卦。離卦往上燒而坎卦往下流。小畜卦是積蓄少；履卦是不停留。需卦是不前進；訟卦是不親和。大過卦是顛覆。姤卦是相遇，柔爻遇到剛爻。漸卦是女子出嫁等待男方行聘。頤卦是養之以正。既濟卦是安定。歸妹卦是女子有終身歸宿。未濟卦是男子窮途末路。夬卦是決斷，剛爻決去柔爻，君子的作風成長，小人的作風受困。

《易經》占卦與解卦實例

占卦之於《易經》

占卦對於《易經》來說，是一個很重要的環節。

歷代讀書人都知道，學習《易經》有兩個重點：一是義理，一是象數。儒家的《論》、《孟》、《學》、《庸》都談義理，就是「人生應該如何」。人的生命與其他生物的相同，有「實際上如何」的問題，不同之處是還要自問「為人處事應該如何」。《易經》六十四卦的〈彖傳〉、〈象傳〉都提到做人處事的原則，但也談到吉凶的問題，這不免令人好奇，既然講義理，就有明確的是與非，為什麼還會有吉與凶？因為吉凶來自人的欲望，每一個人都希望趨吉避凶，這是人之常情。然而人有做選擇的自由，人類世界的恩怨、吉凶、禍福，正是各種複雜的選擇與彼此互動的關係所造成的。

《易經》用六十四卦代表六十四種大的格局與形勢，每一卦的六爻，代表六個位置，六十四卦乘以六，共有三百八十四爻，人生所有可能的情況，大概都包含在內了。人要常常問自己，在一個不斷變化的過程裡面，自己究竟處於什麼樣的形勢中？當然，這三百八十四種情況，不可能與我們所要問的事情完全吻合，《易經》的特色就在於可以配合吉、凶、悔、吝這些占驗之辭，來說明人生進行的方向，其中最大的原則就是要成為君子。

漢朝時著重在《易經》的象數，到了三國時代，王弼開始談義理，並逐漸成為主流。象數很容易被誤認為是算命之類的迷信，其實研究《易經‧繫辭》的內容後，即可發現義理與象數是同時並進的，如果只談義理，《易經》便缺少了一半的特色。《易經》的占卦提供了其他經典無法達成的效果，讓我們了解未來的大致發展，所以特別在此提出說明。

人生是由無數的選擇所構成，選擇之後就有結果，有的結果令人失望，有的結果令人滿意，因而人們總希望能夠提前知道選擇對未來的影響。例如說，決定學習《易經》就是一種選擇，這個選擇讓我們未來在遭遇困難時，可以常保平安，至少不會陷於重大的凶險。〈繫辭傳〉說：「无有師保，如臨父母」人到中年之後，已經成為家中的長輩，多半是沒有老師與保護者的。此時學習《易經》占卦，面對人生的各種挑戰，就像得到父母與老師的照顧。另外，《易經》所提及的「人謀鬼謀，百姓與能」，表示人的努力佔一半，另外一半是某種命運在操縱。《易經》充分把握了鬼謀的部分，「百姓與能」是百姓也可以參與這樣的功能。我們學會了之後，在遇到理性與經驗都無法明確論斷的困境時，就可以進行占卦。

占卦原則

占卦時要謹守「三不占」原則，第一，不誠不占。占卦是和鬼神溝通，這絕對不是迷信，人本來就有許多執著與盲點，請教祖先、神明，是古人的信仰。在占卦時，一定要以真誠的心意進行，如果缺乏誠意，自然不會相信占卦的結果，又何必浪費時間去占卦？第二，不義不占。義代表正當性、合理性，不是自己應該過問的事，如別人的隱私或遭遇等，當然不該占問，即使占了，也不見得會有結果。第三，不疑不占。在真正感到疑惑時，才占卦問事，凡是憑藉理性及經驗便能輕易下判斷的事，就不必浪費力氣，麻煩鬼神。

占卦時的一個重要關鍵是「提問題」。在提問時，一次只能問一個問題，提出自己心中已做出的選擇，詢問其結果如何，而不是列出多種選項來請求指示，也不能一心只想求得好的結果。《易經》講的是變化的道理，就算眼前看到了好的結果，說不定還有後續的發展。占卦的目的並不是要改變結果，而是在設法了解結果之後，採取適當的態度，讓自己可以在德行、能力、智慧方面有所增長。

提問題時，最好能夠很明確，把大問題分成小問題，例如孩子今年考大學，他的分數可以進兩所學校，這時要問的不是「他該進哪個學校」，而是分別就「進甲校會如何」，「進乙校會如何」進行兩次占問。兩次所得的結果自然不同，這時再衡量願意接受哪一個結果，然後做出選擇。占卦不能有預設立場，也許一般人都認為選擇甲校比較好，但占出來的結果似乎選擇乙校比較好。事實上，別人的想法和當事人的發展是兩回事，即使天下人都說甲是好學校，卻不見得適合這個孩子唸。如果想買房子，還沒著手去找，就問可不可以買，這是沒有答案的問題，神明也無法告訴你。正確的做法是先找到中意的房子，或是在發現兩棟房子都很喜歡時，分成兩次來占，然後參考占卦的結果做出決定。

同一個問題可以換不同方式來占卦，也可以由不同的人來占卦，但是由不同的人占卦時，理解的角度會不同，結果自然也會不一樣。一旦有了結果，同樣的問題要等到三個月之後才能再占，因為三個月代表一個季節，隨著時間的發展，各種條件有了變化，結果自然不同。

占卦的方式

當理性無法掌握事情的後果，又不願意在盲目的情況下隨便選擇時，就可以進行占卦。占卦是一件光明正大、堂而皇之的行為，方法很多，此處用的「蓍草」是古代的名稱，現在稱為「籌策」。占卦的時間最好是在清晨，心思清靜，意念集中。先想好自己的問題，準備紙筆，拿出籌策，握於手中，心中默唸：「假爾泰筮有常，某（自己的名字）今有某事（想做的選擇）未知可否，爰質所疑於神之靈，吉凶、得失、悔吝、憂虞，惟爾有神，尚明告之。」

「假爾泰筮有常」這六個字是古代的習慣用語，「泰」代表大；「筮」是指蓍草，古代將這種草視為天生神物，是非常靈驗的一種植物。如果用龜甲來占，就要改為「假爾泰龜有常」。「常」代表能夠很穩定的表達某種智慧，「有常」就是常規常則。這句話的意思是：藉著您這個偉大的蓍草占筮方法，我（說出自己的名字）提出疑問來請教神明。究竟結果是吉凶、得失、悔吝、憂虞，您有神明的力量，希望能夠明白的告訴我。即使沒有十分明確的唸這些辭句，最重要的還是真心誠意說出問題，請《易經》所引介的神明來幫助我們。

接著就按照以下步驟來占卦。

1.先想好要問的問題，譬如「最近的運氣如何？」人謀鬼謀，「人」就是我，我想知道最近的運勢如何，「鬼謀」就是我不能控制的結果。占卦時，一定要仔細計算確實有五十根籌策，接著取出一根，放在正前方，這一根代表「太極」，從頭到尾都不動，因此實際用到的籌策是四十九根。

2.將太極定位之後，把四十九根籌策任意分成左右兩堆，然後從左手邊拿一根，夾在左手的指間，接著就以四根一組為單位開始計算，最後一組會出現餘數（餘數可能為一到四根），將它取出來夾在指間。此步驟最易出錯的地方，就是誤以為最後一組沒有餘數，而沒有取出。接著是右邊這堆，這一堆不必先取一根出來，直接以四根一組為單位開始計算，也是把最後一組（餘數可能為一到四根）取出來，也夾在指間。最後將所有夾在指間的籌策取出，集中放在左前方，這些目前都不需要使用，最好斜著放，避免混淆。

3.接著再把剩餘的籌策聚合在一起，從中間任意分成兩堆，繼續採用相同的做法。先從左手邊取出一根，夾在左手的指間，接著就以四根一組為單位開始計算，最後一組會出現餘數（餘數可能為一到四根），將它取出來放指間。然後是右邊這堆，這一堆不必先取一根出來，直接以四根一組為單位開始計算，也是把最後一組（餘數可能為一到四根）取出來，同樣放在指間。最後也是將指間所有籌策，集中斜放於左前方。兩堆斜放的籌策位置盡量分開來，這樣就不會忘記已經進行兩次了。

4.接著把剩餘的籌策聚合起來，再重複一次步驟2和步驟3。完成後，面前斜放的籌策便有三堆，代表已經反覆了三次，第一個爻已經出現。此時桌面上以四根為一組的籌策，可能為六組（二十四根）至九組（三十六根）不等。取一張白紙，將結果（也就是籌策的組數，為六～九之間的數字）寫在紙上的最底下，代表第一爻。

5.把桌上所有的籌策全部聚合起來，只有太極維持不動，重複步驟2到步驟4，便能再得一爻。把這一爻寫在第一爻的上方，是為第二爻。

6.接著每一爻都是重複步驟2到步驟4，慎重用心的做。每一爻三次，六個爻共是十八次，得出完整的一卦六爻。

解卦實例

經過上述六個步驟，假設所得到的數字由下而上為：七、八、八、九、八、九，數字七和九是陽爻，六和八是陰爻，所得的卦為「上卦是火，下卦為雷」的噬嗑卦（䷔，第二十一卦）。占出的噬嗑卦是「本卦」，然後要找出「之卦」，之卦的產生是因為其中有變爻。「之」字的本義是「往……去」，由本來的狀況向下一步發展。九稱為老陽，六稱為老陰，遇九陽爻要變陰爻，遇六就從陰爻變陽爻。在此例中第四、六爻為老陽九，變為陰之後，演變成地雷復卦（䷗，第二十四卦）。（如果所得數字只有七或八，則只有本卦而無之卦。）

逢六與九要變的問題，可以從四季的變化來說明。老陰、老陽的「老」字意思是到頭了，六是老陰，代表冬季；八是少陰，代表秋季；九是老陽，代表夏季；七是少陽，代表春季。七和九是陽性，氣候溫暖的春夏二季。秋冬寒冷，就是六和八。六九要變，因為六是冬季，冬季到頂了就要變成春天，九是夏季，夏季到頂了就要變成秋天。七和八不變，因為七是春天，春天到夏天的變不是從熱變冷，而是越來越熱，所以七沒什麼好變的；八從秋天到冬天狀況也差不多，是越來越冷。

所占問的是最近的運勢，先看大的形勢，噬嗑卦的卦辭為：「噬嗑。亨。利用獄。」適合判決訴訟。訴訟不僅限於打官司，也包括人和人之間的爭論，要經過公正的裁決才能判斷誰是誰非，這都是與用獄、訴訟有關的。復卦則比較明確，是從頭開始，一陽復起，一切是新的局面。從本卦噬嗑到之卦復，我們大概了解是有些過去的事情將要有一個了斷，未來可以有新的發展，因為噬嗑卦是「咬斷而合」，就是與別人之間的糾紛可以告一段落，然後重新開始。這是大的形勢，至於運勢如何，還是得解卦。

解卦時就要看有幾個變爻，變爻代表要問的事情其明確結果為何。這裡噬嗑卦的九四與上九變了，兩個爻都要參考，然後再問以哪個爻為主。噬嗑卦九四：「噬乾胏，得金矢。利堅貞，吉。」意思是：咬食骨頭上的乾肉，獲得金屬箭頭，適宜在艱難中正固，吉祥。在艱難中正固代表有困難，這時候不能採取行動，能夠守住現狀就算是不錯了。再看噬嗑卦上九：「何校滅耳，凶。」意思是：肩扛著枷，遮住耳朵，有凶禍。根據朱熹的解法，兩爻變時，要根據本卦所變的兩爻的上爻爻辭來決定，在此例中便是上九，一看便知時運是「凶」。占到這個卦與爻，知道是凶，就要想最近是否有官司呢？跟別人有沒有糾紛呢？如果有就要小心了。未來三個月到半年，要特別注意這方面，除了自我收斂之外，沒有別的方法。《易經》是幫助我們了解未來的發展，不管我們喜不喜歡，該發生的就會發生。《易經》既不會提供奇門遁甲，也不會告訴我們化解之道，所以不要對占卦結果產生情緒反應。

如果不知道近來的運勢，按照我的個性與習慣作風原本是會與人爭執的，可是占到噬嗑卦，就會有所收斂了。未來半年會特別注意，避免跟別人起糾紛，如果有與我意見不同的人想要挑釁或找麻煩時，應盡量退讓。接著還有轉機，因為已經到上九，應該是最後關頭，也許再一個月，最多再一季就要變了，不需要等一年，因為問的是最近的時運。經過變爻後，從本卦噬嗑到之卦復，內卦不變，代表我沒有改變，但是外面的變化很大。相反的，如果外卦沒變，內卦變了，就要問自己最近是否有什麼改變，有沒有升學、出國、搬家、移民，從中找出線索。噬嗑卦變為復卦，外卦從本來的離卦（☲）變成坤卦（☷），本來是火，火代表戰爭干戈，變成了坤卦，坤是順從。所以我現在的處境是噬嗑卦，外面有水火之災，可能會和別人產生嚴重的糾紛，要特別小心。內卦是震，震為行動，我還是做我該做的事，按照本來的方式生活與行動。外卦會變，由火變成地，亦即外面的形勢將來會變得比較順利，只不過最近這兩三個月要特別小心，因為在爻辭裡已明確出現了凶，若還不小心，何必占卦呢？所以現在就要謹言慎行，任何事情都要收斂，排除個人的念頭，能夠以退為進，自然是柔弱勝剛強了。

占卦後的解卦最困難。解卦有很多方法，換個角度，也可以說外卦火代表光明，也許會有好運；之卦變成地，代表柔順，完全順從，逆來順受，處境可能有委屈，但不用憂慮，這段時間過了之後便是復卦，一切重新開始。所以《易經》占卦的方法和解卦的原則有很多，需要慢慢體會。特別要強調以卦象為主，從卦象裡得到啟發。

簡易的占卦方式

接著介紹一個比較簡單的占卦方法。首先，隨機提出三個三位數，譬如第一個數字是756，第二個是123，第三個數字444。這三個數字，依照順序，第一個是下卦，第二個是上卦，第三個是變爻。第一個除以八，餘數四（如果除盡的話，就是八）。第二個除以八，餘數三。第三個除以六，就是第六爻變，剛好除盡，就是六。然後我們來回憶一下先天八卦的數字：乾為一，兌為二，離為三，震為四，巽為五，坎為六，艮為七，坤為八。四是震卦，下卦為震；三得離卦，上卦為離；六代表第六爻變。所以得到的是上卦火，下卦雷的火雷噬嗑，完全巧合，也是火雷噬嗑，變爻也在上九。對於這個占卦的提問，如果是「出門是否可搭飛機？」這時當然要改搭火車或其他交通工具。也許有人認為，別人搭飛機不會出事，所以我們也不會有什麼大事，這也不見得，說不定會暈機，或是在飛機上與別人起衝突。占了卦就要相信並了解，否則就不要去占問。荀子說：「善為易者不占」，占卦有時會讓人不知如何是好，很多事情本來想做，占了之後反而不太敢做，所以解卦很重要。

數字占卦簡便好用，隨時可占。類似的方法還有很多，例如街頭算命的米卦，問卦的人要以食指和拇指抓一些米，放在桌面上，共抓三次；然後以第一、二次的米減去八或用八除的餘數，得出上下卦；第三次的米減六或用六除的餘數，得出變爻。變爻是幫助我們了解所問的問題應在哪一爻，也才能得到明確具體的指示。如果只談卦，講得太廣泛，便難有很明確的占驗結果。

占卦與解卦實例

接著，我們再問一卦，問《樂天知命》出版後銷路如何？我希望能夠早點知道，因為我的用意是推廣關於《易經》義理和象數的知識，讓它能為世人所用，使老祖先的智慧不被浪費。想好問題之後，心裡面先默禱：「假爾泰筮有常，我現在要問《樂天知命》未來的銷路如何，希望神明告訴我吉凶、得失、悔吝、憂虞，讓我知道大概的狀況。」接著依照步驟進行，十八次得六爻。得到上卦山下卦風，山風蠱卦（䷑，第十八卦），五、六兩爻變，之卦為水風井卦（䷯，第四十八卦）。兩爻變按照朱熹的解釋是以上爻為主，另外一派則認為是以陰爻為主，基本上兩個變爻都要參考。

解卦的第一步，是先把蠱卦卦辭找出來：「蠱。元亨，利涉大川。先甲三日，後甲三日。」意思是：蠱卦最為通達，適宜渡過大河，開始之前的三天，開始之後的三天。蠱代表事情需要改革，事先要做好準備，事後也要能夠安排好，才能有新的開始。「元亨」二字代表最為通達，所以顯然這件事是很好的事情。接著看井卦卦辭：「井。改邑不改井，无喪无得。往來井井，汔至亦未繘井，羸其瓶，凶。」意思是：井卦可以移動村落，不能移動水井，沒有喪失也沒有獲得。往來井然有序，汲水時，快到而尚未拉出井口，就碰壞了瓶罐，有凶禍。

再回到蠱卦看兩個變爻，我們所問的問題就應在變爻上，一是蠱卦的六五，另一是上九。「六五。幹父之蠱，用譽。象曰：『幹父用譽，承以德也。』」意思是：救治父親留下的積弊，受到稱譽，是因為以道德來繼承父業。「幹父之蠱」我們可以理解為《易經》這門學問自古以來累積了很多資源，也有很多積弊，有人用《易經》來算命，視它為一種迷信或是算命的工具，並沒有了解其中的義理，所以我們要救治這些積弊。「上九。不事王侯，高尚其事。象曰：『不事王侯，志可則也。』」意思是：不去事奉王侯，以高尚來要求自己的作為。不去事奉王侯，是因為他的心意值得效法。如果按照朱熹的解法用上九來解，就是《易經》的推廣不可能靠政治人物來幫忙，必須自己努力把其中的優點發揮出來，把推廣工作視為理想，來延伸發展。

另外一種解法是說陰爻代表虛，陽爻代表實，占卦的時候「實」就代表這件事情本身已經如此，「虛」則代表還沒有實現，所以應以陰爻為主，在此就是蠱卦六五，將來可以實現。第三種解法是看本卦與之卦，內卦巽不變，代表我自己不變，不會因為推廣工作而耗費太多的時間與力氣，也不會造成生活多大的變化；外面的情況則變了很多，從艮卦變成坎卦，艮本來是停止的意思，外面有一座山，讓人不能再往上走，變成坎卦之後，上卦變成水，水有很多意思，可以代表艱難險阻，也代表不斷的活潑流動。之卦的水風井，風代表順利，水代表財。製作《樂天知命》一書的成本相當高，花費人力物力也很大，我一向把它當作一種手段，而不是目的。如果當作目的，純粹當作商業產品、商業行為，只冀望銷路很好，那就太狹隘了。既然談到和金錢往來有關，外面本來是山擋住，後來變成水，風生水起，正好是好運，所以在我個人看來，這個理解是不錯的。

最主要是兩個變爻都相當正面，都是說《易經》這門學問自古流傳，有很多地方恐怕是誤解，現在經過學術研究，把各家的說法和比較合理的解釋做一個系統的說明，這對很多人確實有參考的價值，因為一般研究占卦的人，比較懂象數，不見得會強調義理，以致很多人占卦之後，就只能以情緒反應得意或失意。我們學習《易經》要了解修德應該操之於己，掌握自己可以負責的部分。

大家在占卦時，難免占到凶卦，這時候該如何自處呢？這裡舉一個實例。有一個同學想要開餐館，我便幫他用數字簡單的占了一下卦，他任意寫下三組三位數，一占出來結果是凶。此時他的籌備工作都已完成，不開張也不行，但眼前明明白白就是一個凶，我也沒辦法幫他改變這個事實。在這樣的情況下，他必須了解《易經》占卦的目的只是在提醒他，狀況會不順利，要特別謹慎思考應該怎樣做生意。譬如現在的大環境不好，當然是能省就省，開餐館有各種方式，要開高檔餐館還是低檔？如何訓練服務生，為他們建立良好的接待技巧，讓顧客來了一次還想再來，這就是經營之道。所以我就對他說，不要太難過，做生意本來就要有這種心理打算，一定會有過渡期，不可能一開張就發財。如果現在占卦很順利，說不定就放手做了，結果反而會大意。占到凶代表起頭很困難，前三四個月會虧錢，因為它變爻在第三，代表直到第四步才能夠度過這個卦。

《易經》裡直接說凶的爻有四十九個，大約佔三百八十四爻的百分之十二，代表每占卦七到八次，就可能有一次是凶。所以占到凶也不必太擔心，因為易就是變化，凶說不定很快就會過去了，只是在這段時間內不要心存僥倖，要好好面對現實情況，步步為營，自然也就能走得平穩妥當。

記得前幾年發生禽流感的時候，我在講授《易經》的課堂上，有學生提議以占卦的方式來了解怎麼預防禽流感，結果占到兌卦九四：「商兌未寧，介疾有喜。」意思是：隔開了疾病就會有好事。當時大家都覺得不可思議。我們問如何預防禽流感，卦象提示我們隔開，也就是與禽類保持距離就沒事。後來我寫過一篇文章，把《易經》三百八十四爻中，與疾病有關的爻找出來，共找到七個，其中就是這一爻最適合，所以我對這一爻印象很深。

我們看一個卦或是一個爻，會覺得不太容易了解，因為《易經》中常運用一些故事做為象徵，所以我們運用時，就要善於與眼前的情況做出聯結思考。除了看文字之外，還要看整個卦象，譬如說內外卦，內卦代表自己，外卦代表外面的條件。變化時，哪一方面變得比較多？如果自己沒變，一般來說還是握有主動權，可以操在自己手上。外面變的話，這件事情受到外在環境的影響較大。譬如選學校，學校有好老師，再怎麼不理想的學校，也能念得很愉快。反過來說，念最好的學校，老師卻處處為難學生，學生當然苦不堪言。所以我們占卦時，有些事情本來並沒有特別的好壞，好壞往往只是相對的情況。

解卦時該以哪一爻為主，根據朱熹的解法，一爻變以本卦變爻為斷；二爻變以本卦變爻的上爻為斷；三爻變看本卦的卦辭，而另外一種看法是說看卦辭之外，還要看這三爻中間那一爻的爻辭；四爻變就要看之卦沒有變的兩個爻的下爻；五爻變就看之卦沒有變的那一爻；六爻皆變，乾坤二卦時，採「用九」和「用六」，其餘六十二卦以之卦卦辭為斷；六爻皆不變，以本卦卦辭為斷。不過朱熹自己也明白這不是惟一的解法，有時候需要配合經驗。

總之，占卦解卦方法很多，只要秉持著不誠不占、不義不占、不疑不占的原則，占了之後不要有情緒反應，要設法思考從卦象、卦辭、爻辭裡得到何種啟發，當啟發很明確時，就設法照著做。基本上，《易經》提醒人的是居安思危，我們要盡量保持柔順的姿態，因為謙虛納百福，只要能謙虛就可以化解很多困難。這個道理並不特別，只是透過占卦會讓我們了解得更清楚，就像有老師與父母在提醒我們，做人處事也就能更得宜了。

學《易》心得

學者對《易經》的觀點

《易經》是重要的典籍，在此將古代學者對《易經》的觀點，進行概略的介紹。首先從學《易》心得方面說明。

首先是《莊子・天下》曾提及：「《易》以道陰陽。」這句話的意思是：《易經》只是說明陰陽兩個力量的變化。因為莊子認為陰陽二氣是萬物的來源，對人來說就是父母親，是主動和受動兩種力量。

其次是《荀子》：「善為《易》者不占。」有人強調學《易經》最好不要占卦，但卻無法提出明確的資料來源。荀子是推崇理性的人，他的學問淵博，但他的哲學之中，缺乏中國哲學的第三個特色：向超越界開放。換一個方式來說，他在運用「道」解釋超越界時，所採取的並不是孔子或老子的「道」，而是以「禮」做為道，那是由古代聖王所完成的。孔孟以「天」做為超越界的代表，道家老莊則是以「道」做為代表。荀子一方面採取道家的道，認為「道」超越了「天」，另一方面他也講屬於自然界的「天」，所以他顯然是同時採取了儒道兩家的學說。

荀子的思想到最後無法自圓其說。荀子認為「天」是屬於個人信仰的部分，有迷信的色彩，所以不願意談天，而接受道家的道；但他依然覺得自己是儒家，所以就把「禮」拿出來，認為「禮」可以跨越時間空間的限制。但是對儒家來說，禮是外在的規範，「行禮如儀」一定要有內心的真誠，「禮」從來就無法代替天的作用，否則「人而不仁如禮何？人而不仁如樂何？」這樣的說法很難說服他人。因此，荀子所說的「善為《易》者不占」，指的應該是：真正懂《易經》的人，會知道要靠自己努力修德、培養智慧、增加能力，不需要事事皆占卦。但在碰到重大事件，或面臨重大抉擇時，占卦則是無可厚非。人生不堪回首，我們不應將時間浪費在反覆的經驗和教訓之中，所以善用《易經》占卦，並沒有什麼壞處。

第三，《禮記．祭義》：「昔者聖人建陰陽天地之情，立以為易。易抱龜南面，天子卷冕北面。雖有明知之心，必進斷其志焉。示不敢專，以尊天也。」意思是說：聖人了解到自然界的各種條件，就建立了《易經》。負責《易經》的官員，抱著龜殼，面向南方。天子穿上衣服，戴上帽子，面向北方。天子雖然很聰明，有很高的智慧，仍然尊重天意，會請占卜的官員來負責提供建議，以便下判斷，不敢擅自專權。

第四段比較重要，是出自於《禮記．經解》。

孔子曰：「入其國，其教可知也：其為人也，溫柔、敦厚，詩教也。疏通、知遠，書教也。廣博、易良，樂教也。絜靜、精微，易教也。恭儉、莊敬，禮教也。屬辭、比事，春秋教也。故詩之失愚，書之失誣，樂之失奢，易之失賊，禮之失煩，春秋之失亂。

「其為人也，溫柔、敦厚而不愚，則深於詩者也。疏通、知遠而不誣，則深於書者也。廣博、易良而不奢，則深於樂者也。絜靜、精微而不賊，則深於易者也。恭儉、莊敬，而不煩，則深於禮者也。屬辭、比事，而不亂，則深於春秋者也。」

這段文章描述的是《六經》的教化及其要求，在此解說有關《易經》的部分。「絜靜、精微，易教也。」其中的「絜」與「潔」同義，這句話的意思是說：心思非常乾淨，極其平靜，而且能夠觀察到精細入微之處，這就是《易經》的教化。所以學《易經》要常常記得觀察幾微的變化，不要等到事情發生到一半，才忽然覺悟到應該隨時注意細節。

「易之失，賊」之中的「賊」代表賊害，意思是「傷害了做人處事的正確道理」。也就是說，如果一個人無論大小事情都要去占卦，都注重細節，變得疑神疑鬼，反而會失去了正常的處事原則。我們特別強調《易經》的教化作用，要將「絜靜精微」常常放在心上，不要損害到做人處事的常理原則。

《易經》的特色

綜觀整部《易經》的內容，可以整理出許多特色，有助於我們對這部典籍的理解。

首先，《易經》非常重視「時」，在〈彖傳〉裡針對「時」十二次提到大矣哉。「時」代表時機，「時義、時用」也是同樣的意思。因為變化會使得時機不斷地重新調整，所以好的時機一瞬即逝，做一件事情，一旦錯過時機，其結果也將不同。當我們把《易經》運用在生活當中時，對「時」的把握就要格外精準。

其次，很多人對「元吉」很感興趣，元吉總共出現在十二個卦裡，詳見下列表格。

《易經》中提及「元吉」之處

卦序	卦名	出處	備註
2	坤卦	六五。黃裳，元吉。	
6	訟卦	九五。訟，元吉。	
10	履卦	上九。視履考祥，其旋元吉。	在最後一爻出現元吉的卦
11	泰卦	六五。帝乙歸妹，以祉元吉。	
24	復卦	初九。不遠復，无祇悔，元吉。	只有一個初九是陽爻，陽氣開始從下而升，所以最為吉祥。
26	大畜卦	六四。童牛之牿，元吉。	
30	離卦	六二。黃離，元吉。	
41	損卦	損。有孚，元吉，无咎，可貞。利有攸往。曷之用？二簋可用享。 六五。或益之十朋之龜，弗克違。元吉。	卦辭和爻辭之中共出現兩個元吉
42	益卦	初九。利用為大作，元吉，无咎。 九五。有孚惠心，勿問元吉。有孚惠我德。	唯一在六爻之中，出現兩次元吉的卦
48	井卦	上六。井收勿幕，有孚元吉。	在最後一爻出現元吉的卦
50	鼎卦	鼎。元吉，亨。	卦辭內出現元吉
59	渙卦	六四。渙其群。元吉。渙有丘，匪夷所思。	

接著要特別說明和宗教活動有關的卦爻辭。古代的社會比較原始，以現在的眼光來看，難免覺得有點迷信，但祭祀是人與超越界關係的落實。例如：大有卦的上九「自天佑之，吉无不利。」天不是天空，是超越界，否則怎麼可能保佑人呢？提到「帝」的是益卦的六二「王用享於帝」。

此外，家人卦、萃卦、渙卦均提到「廟」；睽卦上九則是提到「鬼」；西山、岐山都提到周朝的背景；「獻祭」、「禴祭」也出現多次，意義很簡單，有心、有誠意去舉行祭祀，就會受到祝福。

困卦的九二與九五爻辭中分別出現了「享祀」和「祭祀」，讓人體會到在困難的時候，特別要有宗教情操，要能超越、要能看得開，不要在艱困的環境裡做無謂的掙扎，以有限的能力掙扎，不見得有用。巽卦還提到「史巫紛若」，意思是祝史與巫覡紛紛提出他們的說法。涉及祭祀的還有大過卦、損卦、萃卦、震卦、中孚卦、觀卦，以次數而言，六十四卦約有四分之一提到與宗教活動有關的內容，在日常生活中，委實不少。

《易經》的特殊統計

另有一些數字上的統計，也可看出古之學易者在儒、道二顯學間的歸屬。如，〈大象傳〉裡談到「德」的概念有十四個卦。談到「君子」的有五十三卦，像「天行健，君子以自強不息。」「地勢坤，君子以厚德載物。」是大家耳熟能詳的。提到君子，往往就牽涉到某種修養，某種高標準的要求，勉勵人們不斷提升改善，並且以修德為主。

由此可知〈大象傳〉，甚且《易經》，都是偏向儒家的學說，否則怎麼會提到君子與修德呢？〈大象傳〉在坤卦中提及「厚德載物」，指的是使自己的品德敦厚，以包容所有的人事物；在蒙卦中提及「果行育德」，是要以堅決的行動，培養自己的德行；在小畜卦中提及「懿文德」，指的是美化自己的文采與德行；在否卦中提及「儉德辟難」，指的是要收斂修德，以避開災難；在豫卦中提及「作樂崇德」，是要製作音樂來推崇道德，代表音樂的教化作用；在蠱卦中提及的「振民育德」，是振作百姓，培育道德；在大畜卦中提及「畜其德」，在習坎卦中提及「常德行」，說的是讓自己的德行有恆；在晉卦中提及「自昭明德」，是自己主動彰顯明德；在蹇卦中提及「反身修德」，是碰到困難，反求諸己，修養德行；在夬卦中警惕我們「居德則忌」，德行雖高但不宜自傲，因為一旦自視甚高就會開始墮落；在升卦中提及「順德」，指的是要修養德行，從微小累積到高深；在漸卦中則是提及應「居賢德善俗」，也就是要使所居之地充滿美好德行與善良風俗。這些都是透過〈大象傳〉對學者在進德修業上的勉勵。

還有一些有趣的統計，例如在《易經》中，有將近五十卦出現動物之名，代表古人的生活是與動物相當貼近的。其中出現次數最多的是馬，可見馬與古人生活之息息相關，其次是牛、豬、羊、虎、龜、魚等。

我們對先秦學者學習《易經》的大致情況，以及對《易經》的看法，有了全盤的了解後，自然而然有助於我們學習《易經》。

學《易》觀點

學習《易經》有三個特點：第一，不學，一定不會；第二，學了，不一定會；第三，學會，終生受用。學習《易經》的第一步，就是先把握文本，將原典一字不漏看一遍。我的解讀是自己到目前為止最完整的理解，毫無保留的呈現於本書。不過，我還在繼續深入研究當中，所以未來仍有進步的可能。

學習《易經》時，要從象數和義理兩方面加以掌握。在義理方面，如果要一次了解六十四卦的內容，會覺得每一段都很重要，所以，比較具體的建議是從象數著手。各位可以先自行提出一個問題，然後進行占卦。占得結果之後，先不要急著找人解卦，而是自己多研究幾遍卦辭和爻辭。以這樣的方式，平均每個月占一個卦。依此類推，一年下來就可以研究十個卦以上，加上之卦，就可能多了一倍。

在研究象數時，要將個人親身的處境，對應到所提出的問題與所占得的卦、爻辭，以及占驗結果之吉凶悔吝，然後思考這些卦爻辭的意義，最後再依據此結果來理解義理，會比較具體。例如，有一位朋友占問他兒子當兵的情況，結果問到與作戰有關的既濟卦九三爻辭：「高宗伐鬼方，三年克之。小人勿用。」看到這個爻辭，你可能會懷疑，這個爻所提的討伐者是何人呢？其中所提到的「小人勿用」，必須要特別留意。因為當兵時期有點類似處於患難之中，很容易結交到朋友，但也很容易識人不清。這個爻辭中所提點的，就是交朋友的問題。由這個實例我們可以了解到，藉由占卦結果去了解義理，是比較具體的方式。

《易經》這部經典是研究不完的，可以用一輩子的時間慢慢研讀。當我們的年紀越大，生活經驗越豐富，會理解得更加圓滿，在對他人講解時，也能夠說得更加透徹。

沒有一個人能把《易經》的每一個字都說得清楚透徹，也許是因為文本不完整，所以必須多參考前輩們的研究。每個人在進修時，首先要把六十四卦都背熟，熟到一聽到卦名，就知道是由哪兩個單卦組成，接著要注意每一個爻的相對關係。身為學者的我，所扮演的只是橋樑的角色，從不認為我的解釋就是定論；我的任務只是把哲學經典解釋清楚，供人得以入門理解。每個人在理解之後，再各自去深造，這就要看個人的造化。

學海無涯，最重要的還是要去實踐。在這方面沒有完美的止境，但只要你願意繼續做，就代表你一直在提升自己。以價值為中心的人生觀，就是指在知識方面力求真實，在感受方面提升審美價值。最重要的還是行善，德行修養要越臻完善，才能讓求知與審美有一個堅實的基礎。

國家圖書館出版品預行編目資料

樂天知命：傅佩榮談《易經》/傅佩榮著. -- 第一版. -- 臺北市：遠見天下文化, 2011.08

面； 公分. --（心理勵志；293）

ISBN 978-986-216-799-1（精裝）

1. 易經　2. 注釋

121.12　　100015297

心理勵志 ㉙③

樂天知命

傅佩榮談《易經》

作　　者／傅佩榮
總編輯／吳佩穎
責任編輯／丁希如、李美麗（特約）
封面暨內頁設計／黃淑雅（特約）

出版者／遠見天下文化出版股份有限公司
創辦人／高希均・王力行
遠見・天下文化 事業群榮譽董事長／高希均
遠見・天下文化 事業群董事長／王力行
天下文化社長／王力行
天下文化總經理／鄧瑋羚
國際事務開發部兼版權中心總監／潘欣
法律顧問／理律法律事務所陳長文律師　　著作權律師／魏啟翔律師
社 址／台北市104松江路93巷1號2樓
讀者服務專線／（02）2662-0012
傳真／（02）2662-0007；（02）2662-0009
電子信箱／cwpc@cwgv.com.tw
直接郵撥帳號1326703-6號　遠見天下文化出版股份有限公司

電腦排版／立全電腦印前排版有限公司
製版廠／東豪印刷事業有限公司
印刷廠／柏皓彩色印刷有限公司
裝訂廠／精益裝訂股份有限公司
登記證／局版台業字第2517號
總經銷／大和書報圖書股份有限公司　電話（02）8990-2588
出版日期／2011年08月18日第一版第1次印行
　　　　　2024年05月18日第一版第26次印行

定　　價／600元
ISBN: 978-986-216-799-1
書號：BBP293
天下文化官網　bookzone.cwgv.com.tw